DAS SPIELZEUG

IM LEBEN DES KINDES

VON

PAUL HILDEBRANDT

In diesem Werke sind die Mitteilungen, welche unsere namhaftesten Dichter und Dichterinnen über Spiele und Spielzeug ihrer Kindheit an den Verfasser sandten, veröffentlicht und zwar von den nachstehend Verzeichneten:

CONRAD ALBERTI • CARL BLEIBTREU • VICTOR BLÜTHGEN
WILHELM BUSCH • FELIX DAHN • RICHARD DEHMEL
CLARA EYSELL-KILBURGER • M. EYTH • GUSTAV FALKE
ARTHUR FITGER • CÄSAR FLAISCHLEN • LUDWIG FULDA
OTTO FRANZ GENSICHEN • RUDOLF VON GOTTSCHALL
MARTIN GREIF • WILH. HEGELER • HERMANN HEIBERG
RUDOLF HERZOG • PAUL OSKAR HÖCKER • WILH. JENSEN
HANS LAND • DETLEV VON LILIENCRON • THOMAS MANN
MARX MÖLLER • MAX NORDAU • PAUL REMER • JULIUS
RODENBERG • FERDINAND VON SAAR • PAUL SCHEERBART
HEINRICH SEIDEL • CARMEN SYLVA • C. TORRESANI
A. TRINIUS • JOHANNES TROJAN • RICHARD VOSS
ADOLF WILBRANDT • ZOOZMANN

BERLIN 1904

VERLAG VON G. SÖHLKE NACHF. HEINR. MEHLIS

Nachdruck der Ausgabe Berlin 1904, erweitert um einen Bildteil.
Mit 92 Abbildungen im Text und 23 Bildseiten.

CIP-Kurztitelaufnahme der Deutschen Bibliothek
Hildebrandt, Paul:
Das Spielzeug im Leben des Kindes
von Paul Hildebrandt.
Neuausg., Nachdr. d. Ausg. Berlin, Söhlke, 1904.
Düsseldorf, Köln : Diederichs, 1979.
ISBN 3-424-00655-6

Neuausgabe 1979

Umschlaggestaltung: Tilman Michalski
Druck und Bindung: E. Rieder, Schrobenhausen
ISBN 3-424-00655-6

INHALTSVERZEICHNIS.

DICHTERSTELLEN-VERZEICHNIS.

Das nachstehende Verzeichnis soll dem Leser dieses Buches Gelegenheit geben, sämtliche Mitteilungen jedes einzelnen Dichters über das Spielzeug, die auf die verschiedenen Kapitel und Abschnitte verteilt werden mußten, schnell aufzufinden, damit eine Übersicht über Inhalt und Zusammenhang der einzelnen Dichterbriefe gewonnen werden kann. Wo es besonders gewünscht werden sollte, wird der Herausgeber für einzelne Literaturfreunde auch gern eine Abschrift des einen oder anderen Dichterbriefes im Zusammenhang herstellen lassen. Außer den Briefen der lebenden Dichter wurden auch einige Stellen aus Werken nicht mehr lebender Dichter benutzt. Dieselben sind bei Anführung stets an die erste Stelle gesetzt; im übrigen ist die Reihenfolge alphabetisch.

EINLEITUNG.

Für Eltern und Erzieher ein Haus- und Familienbuch zu schaffen, aus welchem sie sich über eines der wichtigsten Mittel zum Erfreuen und Erziehen der Kinder, nämlich über das Spielzeug eingehend unterrichten können, ist der Hauptzweck der vorliegenden Arbeit.

Der Titel „Das Spielzeug im Leben des Kindes" deutet mit Absicht auf eine Abweichung von den Bestrebungen hin, die unter dem Namen „Die Kunst im Leben des Kindes" zusammengefaßt werden können, aber es steht dieses Werk darum doch keineswegs etwa in einem Widerspruche zu diesen Bestrebungen, nur die Wege, die beschritten werden, um zum Ziele zu gelangen, sind andere.

Obgleich das Spielzeug wohl in Zukunft einer der wichtigsten Faktoren bei der Erziehung der Kinder werden wird, so sind heute die Meinungen und Ansichten über Wert oder Unwert des Spielzeugs doch noch sehr geteilt, und es war deshalb schwierig, sich ein Urteil über die Bedeutung des Spielzeugs besonders auch für die künstlerische Erziehung zu bilden, weil es bisher an einem Werke fehlte, in welchem das gesamte Gebiet des Spielzeugs in seiner kulturgeschichtlichen Entwicklung, in seiner heutigen modernen Gestaltung und zu gleicher Zeit in seinem Werte für die Erziehung und Berufswahl behandelt worden ist.

Die nachfolgende Arbeit soll nun ein „Versuch" zur Schaffung eines solchen Werkes sein.

Ich möchte das Wort „Versuch“ dabei ganz besonders betonen, weil ein diese gewaltige Aufgabe wirklich erschöpfendes Werk ein Studium und eine Arbeit von vielen Jahren erfordert haben würde, während das vorliegende Buch in nicht ganz einem halben Jahre geschaffen werden mußte, sollten Umfang und Kosten sich eben noch in den Grenzen halten, die es ermöglichten, das Werk als ein richtiges Haus- und Familienbuch zu einem für jedermann erschwinglichen Preise herzustellen.

Die Leser mögen die Mängel, die sich aus der Behandlung eines überreichen Stoffes „in gedrängter Kürze“ ergeben haben sollten, nachsichtig entschuldigen, umsomehr als diese erste größere Monographie des Spielzeugs, die in Deutschland erscheint, der Bewältigung und richtigen Einteilung des Stoffes mehr Schwierigkeiten entgegensetzte, als irgend ein anderes schon behandeltes Thema, bei dem sich von den Vorzügen oder auch von den Fehlern des Werkes eines Vorgängers etwas hätte profitieren lassen.

Was mir in den am Schlusse dieses Buches unter „benutzte Literatur“*) angeführten Werken und Aufsätzen irgendwie wissenswert und für die Leser dieses Buches interessant erschien, habe ich verwendet und angeführt, und wenn dies Werk auch an Umfang mit den großen und recht kostbaren englischen und französischen Werken über Spielzeug sich nicht messen kann, so hoffe ich doch, daß es an Vielseitigkeit des Inhalts trotzdem nicht hinter den ausländischen Publikationen zurückstehen wird.

Für Deutschland ist, ganz abgesehen von den erfreuenden und erzieherischen Eigenschaften des Spielzeugs, die Hebung und Förderung desselben eine Ehrensache. Während uns Frankreich und England durch ihre gepflegtere und ungestörter entwickelte Kultur in fast allen kunstgewerblichen

*) Die meisten Werke sowie ein Teil der Illustrationen sind mir durch die aufopfernde Liebenswürdigkeit des Herrn Dr. Heinrich Doege in der Freiherrlich von Lipperheideschen Kostümbibliothek Berlin zusammengestellt und zugänglich gemacht worden.

Zweigen voranschreiten und die modernen Kunstströmungen, die die Welt bewegen, gerade aus diesen Ländern zu uns zu kommen pflegen, so sind wir diesen beiden Nationen in einer Kunstindustrie doch weit überlegen, denn seit Jahrhunderten sind wir die unübertroffenen Hersteller des Spielzeugs und unser Spielzeugexport, der schon zu Zeiten Dürers in Nürnberg blühte, hat jetzt die gewaltige Höhe von circa 60 Millionen Mark pro Jahr erreicht.

Der Umstand, daß Hunderttausende von Menschen in Deutschland von Herstellung und Verkauf von Spielzeug leben, und daß das Kunsthandwerk der Spielzeugherstellung sich in tausenden von Familien in Sachsen, Thüringen, Bayern und Württemberg von Generation zu Generation vererbt hat und weiter fortvererbt, legt uns schon im Interesse der mehr als bescheidenen Existenz dieser unzähligen armen Spielzeughersteller, die die Nachkommen und Erben unserer altdeutschen Handwerksmeister sind, die Pflicht auf, dafür zu sorgen, daß wir die Weltmeisterschaft in der Spielzeugfabrikation auch weiter behalten.

Die mehr als 500jährige Entwicklung dieses echt deutschen Kunsthandwerks hat denn auch zu einer Vervollkommnung des Spielzeugs bei uns geführt, die von keinem anderen Volke der Erde und von den mit uns konkurrierenden Franzosen nur auf einzelnen wenigen Gebieten erreicht worden ist und es ist daher nicht zu verwundern, daß sich immer wieder Stimmen gegen den Luxus auf dem Spielzeuggebiete erheben.

Der Leser dieses Buches wird sich nun überzeugen, daß wir die Zeitepoche eines in der Tat übermäßigen Luxus bereits weit hinter uns haben und daß nur noch auf einzelnen Gebieten, die im Interesse der Vollständigkeit des Werkes auch eingehend behandelt sind, ein Übermaß herrscht.

Es ist aber ganz unrichtig, jeden Sinn für reicheres Glück, für höhere Genußfähigkeit und für alles das, was nur der Luxus einer höheren Kultur gewährt, gleich als „Übermaß“ bekämpfen und vernichten zu wollen, denn es liegt die

Oben: Kind und Buch. „Möchte gern spielen und springen herum, und du bleibst immer so stumm und dumm? Geh, garstiges Buch, du ärgerst mich. Dort in die Ecke werf ich dich." Text von Wilhelm Hey, Lithographie von Otto Speckter (Funfzig Fabeln für Kinder, 1833). Unten: Reifen werfen, aus J. Jakob Sprüngli, Die Jugendfeste — Freudesgabe auf das Jahr 1838 für die Jugend, ihre Eltern, Lehrer und Freunde. Zürich 1837. Lithographierter Kupferstich

Oben links: Ballkorbspiel. Oben rechts: Kreiselspiel. Radierung 1766.
Unten: Stelzengehen, Besen-, Reifen-, Pferdchenspiel. Kupfer 1788

Gefahr nahe, daß bei solchen Reformen zur „absoluten Einfachheit“ auch die Kunst mit vernichtet wird. Der Reichtum, der doch nicht ausstirbt, wird sich dann eben nur weniger edlen Passionen hingeben, als es die Schmückung des Lebens durch die Kunst ist.

Darum kann es besonders mit den Grundsätzen einer künstlerischen Erziehung der Kinder durchaus nicht als vereinbar angesehen werden, daß man unter Nichtachtung der Vervollkommnung, die unser Spielzeug eben in einer vielhundertjährigen Entwicklung erlangt hat und in vollem Gegensatz zu der gesamten unsere Kinder umgebenden modernen Kultur, ihnen so einfaches Spielzeug darreicht, wie es, wie wir sehen werden, die unzivilisiertesten Völker ihren Kindern nicht darbieten, soweit nur ihre technischen Kenntnisse irgendwie ausreichen, besseres Spielzeug herzustellen.

Alle Unklarheit und Unsicherheit in Bezug auf das Spielzeug wird meiner Ansicht nach aufhören, wenn wir uns klar werden über Wert oder Unwert desselben.

Wert hat nur das Spielzeug für unsere Kinder, das ihren Neigungen entspricht, oder von dem wir uns versprechen, daß es die Neigungen unserer Kinder in einer für ihre Erziehung günstigen Weise beeinflussen kann.

Spielzeug, das gesundheitsschädlich ist, ist von vornherein schlecht und unbedingt von den Kindern fernzuhalten, aber ein Spielzeug, das sie langweilt, das ihre geistige Frische und Gesundheit schädigt, ist gleichfalls wertlos, und damit kommen wir zu dem eigentlichen Kernpunkt der Sache.

So verschieden wie die Menschen in ihrem Aussehen und in ihren Charaktereigenschaften sind, so verschieden sind sie auch in ihren Anlagen und in ihren Neigungen, und zwar schon als Kinder.

Das Kind, das wir mit fertigem Spielzeug aufs höchste langweilen, dem sollen wir Spielgeräte geben, mit dem es sich nach seinem eigenen Wunsche und Willen sein Spielzeug selbst anfertigen kann; das Kind aber, das keinerlei Lust und Neigung für irgend eine Handfertigkeit hat, dem mögen wir fertiges Spielzeug geben und es nicht zu Anfertigungsarbeiten zwingen, die ihm Lust und Freude am Spiel verleiden. Das Kind, das Lust hat, sich auszutoben in Gottes freier Natur, und turnen, schaukeln, Reifenspiele, Ballschlagen oder auch Kampfspiele spielen will, das mögen wir durch Geschenke aus den „Spielen im Freien“ erfreuen, und das Kind, das wieder für wissenschaftliche oder maschinelle Spiele sich interessiert, das mögen wir diesen Neigungen folgen lassen, womit natürlich nicht gesagt sein soll, daß wir das „Stubenhocken“ befördern wollen, denn hinaus ins Freie sollen sie wenn möglich alle, schon im Interesse ihrer Gesundheit.

Aber wollen wir unsere Kinder glücklich und fröhlich machen und zu lebensfrohen, schaffensfreudigen Menschen erziehen, so werden wir ihren Neigungen und Abneigungen für bestimmtes Spiel und Spielzeug weit größere Aufmerksamkeit schenken müssen, als dies bisher geschehen ist.

Schon Plato läßt in seinem ersten Buche über die Gesetze*) den Athener über das Spielzeug folgendes sagen: „Ich sag' also und behaupte: wer dereinst als Mann in irgend etwas Tüchtiges leisten soll, der muß sich schon von Kindheit an eben darauf einüben, indem er in Spiel und Ernst sich mit den einzelnen Sachen, die dazu gehören, beschäftigt. Zum Beispiel: Einer, der späterhin ein guter Landwirt oder ein guter Baumeister werden soll, muß schon im Kinderspiel kleine Häuslein aufsetzen, und der Andere ein Bäuerlein sein; dazu muß jedem sein Erzieher ein kleines Handwerkszeug herbeischaffen, das dem rechten nachgemacht ist. Namentlich aber muß sich jeder auch alle notwendigen Vorkenntnisse schon im Voraus aneignen. Ein künftiger Architekt z. B. muß mit Maß und Richtschnur umgehen lernen. Ein künftiger guter Soldat muß reiten oder sonst etwas der Art, alles im Spiel. So muß man versuchen,

*) Deutsch von Ed. Eyths, s. benutzte Literatur.

schon durch ihre Kindereien den Vergnügungen und Wünschen der Kinder die Richtung auf ein Ziel zu geben, an welchem angelangt sie ihren letzten Zweck erreicht haben. Als Hauptstück der Erziehung bezeichnen wir demnach die rechte Angewöhnung, welche die Seele des spielenden Kindes vorzugsweise zu einer Neigung für denjenigen Gegenstand hinleitet, wodurch es, wenn es einmal ein Mann geworden, die vollständige Meisterschaft in seinem Geschäft erlangt.“

Inwieweit die Neigung der Kinder hierbei mitsprechen soll, ist zwar nicht gesagt, aber auch für uns modern empfindende Menschen, für welche Neigung, Wunsch und Wille des Kindes ein weit wichtigerer Faktor ist, als für die Menschen des Altertums, enthalten diese Worte des großen griechischen Philosophen eine unendlich wertvolle Anregung in bezug auf Spiel und Spielzeug unserer Kinder.

Wir sollten in Zukunft die Jugendgeschichten der bedeutendsten Männer der verschiedensten Berufsklassen, so der hervorragendsten Künstler, Feldherren, Staatsmänner, Gelehrten, Erfinder, Entdecker und auch der bedeutendsten Kaufleute und Handwerker durchstudieren, um zu sehen, inwieweit aus ihrem Lieblingsspielzeug und aus ihren Kindheitsspielen sich schon eine Neigung für ihren später erwählten Beruf erkennen läßt. Auf Grund solcher Studien ließe sich dann erforschen, in welchem Maße wir aus den Neigungen unserer Kinder für bestimmte Spiele und bestimmtes Spielzeug Rückschlüsse machen dürfen auf ihre Fähigkeiten und Talente für einen bestimmten Lebensberuf.

Ich glaube zwar keineswegs, daß das Studium des Lieblingsspielzeugs allein zu der wertvollen Erkenntnis von den im Kinde ruhenden Fähigkeiten, die im Leben in reale Betätigung umgesetzt werden können, führen kann, aber ich bin überzeugt, daß die Wissenschaft vom Spiel und Spielzeug des Kindes, zu deren weiteren Erforschung ich hierdurch anregen möchte, unbedingt einen nicht zu unterschätzenden Beitrag zu der Lehre von der Berufswahl bilden kann.

In dieser Lehre von der Berufswahl, die als eine unserer wichtigsten Kenntnisse betrachtet werden muß, weil die Berufswahl einst über das Glück oder Unglück unserer Kinder entscheidet und in unserem eigenen Leben wenigstens bei vielen von uns eine oft nur ach zu verhängnisvolle Rolle gespielt hat, scheint mir sich ein Studium darzubieten, das der Beschäftigung seitens der bedeutendsten Psychologen würdig ist.

Wenn ich es mir nun auch versagen mußte, um nicht von dem eigentlichen Zweck des Werkes abzuweichen und um auch nicht den Rahmen desselben zu überschreiten, das Thema von dem Verhältnis der Spielneigungen der Kinder zu ihrem späteren Beruf eingehend zu behandeln, so ist es mir doch gelungen, für dies Buch eine Anregung zum weiteren Ausbau der Wissenschaft vom Spiel und Spielzeug zu erhalten, wie sie wertvoller überhaupt gar nicht gedacht werden kann.

Im Interesse des Gelingens und der nachhaltigen Wirkung dieses dem Wohle unserer Kinder gewidmeten Werkes haben die nachfolgend genannten Dichter und Dichterinnen mir in liebenswürdigster Weise Angaben über die Neigungen und das Spielzeug ihrer Kindheit gemacht:

Conrad Alberti, Carl Bleibtreu, Victor Blüthgen, Wilhelm Busch, Felix Dahn, Richard Dehmel, Clara Eysell-Kilburger, M. Eyth, Gustav Falke, Arthur Fitger, Cäsar Flaischlen, Ludwig Fulda, Otto Franz Gensichen, Rudolf von Gottschall, Martin Greif, Wilhelm Hegeler, Hermann Heiberg, Rudolf Herzog, Paul Oskar Höcker, Wilhelm Jensen, Hans Land, Detlev von Liliencron, Thomas Mann, Marx Möller, Max Nordau, Paul Remer, Julius Rodenberg, Ferdinand von Saar, Paul Scheerbart, Heinrich Seidel, Carmen Sylva, Carl Torresani, A. Trinius, Johannes Trojan, Richard Voß, Adolf Wilbrandt, Zoozmann.

Mögen diese Mitteilungen, für die ich den Genannten zu größtem Danke verpflichtet bin und denen ich aus mehreren

Biographien noch die Mitteilungen über das Spielzeug anderer Dichter, vor allem auch über das Spielzeug Goethes hinzugefügt habe, von allen Kinderfreunden, von allen Eltern und Erziehern und auch von den Spielzeugherstellern, das heißt von Künstlern und Fabrikanten, als köstliche Gaben angesehen werden, wie sie eben nur die besten Erzieher des Volkes, die Dichter, zu spenden vermögen.

Sichert doch die Beteiligung erlauchter Dichter an einem Werke über Spielzeug diesem Gegenstande von nun ab ein dauerndes Interesse bei allen Gebildeten.

Außer diesen Stellen aus den Dichterbriefen und Dichterbiographien, die immer am Ende des Abschnittes stehen, in dem das Spielzeug behandelt ist, auf das sie sich beziehen, sind mitten im Texte noch die Aussprüche hervorragender Kunstschriftsteller und bedeutender Pädagogen unter Quellenangabe zitiert, soweit sie in bezug auf Spiel und Spielzeug in den letzten Jahren etwas wesentliches gesagt oder veröffentlicht haben. Während ich aber hier nur das auswählte, was mir die Richtung dieses Werkes zu fördern schien, habe ich im Interesse der Objektivität aus den mir zugesandten Dichterbriefen auch die Stellen angeführt, die sich in direkten Widerspruch zu der Tendenz dieses Buches setzen.

Die historische Entwicklung jedes einzelnen Spielzeugs ist, soweit sie von mir ermittelt werden konnte, vor der Schilderung des modernen Spielzeugs in jedem Abschnitte angegeben, und wenn auch dieser kulturgeschichtliche Teil vielen Lesern vollauf genügend, vielleicht sogar zu umfangreich erscheinen wird, so muß ich doch bekennen, daß er in jahrelanger Arbeit, die eben im Interesse der Preiswürdigkeit des Buches nicht aufgewendet werden konnte, weit erschöpfender und sorgfältiger ausgefallen sein würde.

Die Illustrationen für den kulturgeschichtlichen Teil sind teils aus den unter benutzte Literatur angeführten Werken entnommen, teils sind sie nach älteren Kunstblättern und Werken, die sowohl die Direktion des Germanischen National-

Museums in Nürnberg sowie die Direktion der Freiherrlich von Lipperheideschen Kostümbibliothek in Berlin in liebenswürdigster Weise hergeliehen haben, reproduziert. Die Illustrationen des modernen Spielzeugs sind nach Originalen gefertigt, die der Herr Verleger zur Verfügung stellte.

Was das „moderne" Spielzeug anbetrifft, so habe ich in diesem Werke, unbeirrt durch momentane Modebegriffe, dasjenige Spielzeug als modern bezeichnet, das einzig und allein nach der gesamten historischen Entwicklung des Spielzeugs diesen Namen verdient, weil es eben erst im Gegensatz zu allem anderen schon früher existierenden Spielzeug sich erst in der Neuzeit entwickelt hat. Der Leser wird über die Begriffe „modern" und „künstlerisch", soweit sie auf das Spielzeug Anwendung finden können, an den verschiedensten Stellen dieses Werkes, ganz besonders aber im ersten und dritten Kapitel eingehend orientiert, was schon deshalb erforderlich erschien, weil „die Erziehung der Kinder zum Künstlerischen im modernen Sinne" als Leitmotiv durch alle Abschnitte dieses Buches geht.

Ich betrachte das Spielzeug als Kunstwerk im Leben der Kinder und trete sehr vielmehr dafür ein, durch Vermittlung des Spielzeugs, also „spielend" oder „im Spiele" Kunst in das Leben des Kindes einzuführen, als durch die Kunst direkt, deren wirkliches Verstehen infolge der notwendigen Kenntnis von den technischen Mitteln selbst vielen Erwachsenen Schwierigkeiten bereitet.

Weil ich aber das Spielzeug als Kunstwerk, als Kleinplastik betrachte, so konnte ich konsequenter Weise die Spielzeugfrage auch nicht als eine Preisfrage behandeln.

Weder Ärmlichkeit noch Luxus, weder „Besitz" noch „Nichtbesitz" kommen bei der Beurteilung der Güte des Spielzeugs in Frage, das billigste Spielzeug kann vorzüglich, das teuerste langweilig und schädlich sein. Die Sehnsucht nach einem gesehenen Spielzeug kann die Phantasie des Kindes unter Umständen mehr beschäftigen und anregen, als das Spielzeug, was es schon besitzt.

Wir verachten die Zeichnung eines hochgenialen Künstlers, der sie, der Not gehorchend, für wenige Mark hergeben muß, nicht, weil sie billig ist, und ebenso wenig schätzen wir das Werk eines klassischen Meisters, das in einer Galerie hängt, nur etwa deshalb hoch, weil es viel tausende Mark gekostet hat und teuer ist. Die Güte des Kunstwerks ist in beiden Fällen allein ausschlaggebend.

So dürfen wir auch das Spielzeug, das das Kunstwerk im Leben des Kindes ist, nicht nach dem Preise, sondern nur nach der künstlerischen oder technischen Qualität beurteilen, und das ist der Grund, weshalb in diesem Werke fast alle Preisangaben mit Ausnahme der interessanten Notizen über Spielzeugpreise früherer Zeiten strengstens vermieden wurden.

Obgleich dies Buch in der Hauptsache für Eltern, Erzieher und Kinderfreunde bestimmt ist, so ist doch auch für Kinder eine Fülle des Interessanten durch die Beschreibung des existierenden Spielzeugs darin enthalten, weil hier auch den Kindern zum erstenmale ein Wegweiser für ihr Wünschen gegeben wird. Die die Kinder nicht interessierenden künstlerischen und pädagogischen Betrachtungen werden sie wohl von selbst überschlagen und an der Hand des alphabetischen Registers am Schlusse gleich zu dem für sie wichtigsten, nämlich zum Spielzeug selbst übergehen.

Sollte dies Werk dazu beitragen, daß der Staat und die Gesellschaft dem Spielzeug als Erziehungsmittel mehr Aufmerksamkeit zuwenden als bisher, und sollte es die Anregung geben, daß recht viele und hervorragende Autoren sich mit diesem Thema in Zukunft beschäftigen, so würde der Zweck dieser als ein Versuch bezeichneten Arbeit erfüllt werden, vorausgesetzt natürlich, daß der leitende Grundgedanke aus dem Widerstreit der Meinungen siegreich hervorgeht, der sich in die Worte zusammenfassen läßt: „Für das Wohl unserer Kinder und für eine fröhliche und sie glücklich machende Gestaltung ihrer Kindheit, für die Erforschung und Veredelung ihrer Neigungen und Talente und für ihre Erziehung zum einstigen Erkennen der Schönheiten in Kunst und Natur wollen wir sorgen."

Möge durch unser reges Interesse am Spielzeug und durch seine Verbesserung im künstlerischen Sinne dasselbe mithelfen, dies hohe und schöne Ziel zu erreichen.

Berlin, Herbst 1904.

Paul Hildebrandt.

1. KAPITEL

KÜNSTLERISCHE SPIELE.

Das Spielzeug ist im Leben des Kindes das, was in dem Leben der Erwachsenen das Kunstwerk ist, aber während wir die Darbietungen unserer Kunst nur im Anschauen und im Anhören genießen, will das Kind seine kleine Spielzeugs-Kunstwelt außerdem auch mit den Händen fassen können, es will seine Kunst wirklich greifbar genießen, es will vor allem selbst schaffend und mitwirkend Künstler und Zuschauer in einer Person sein.

Die Puppen- und Spielwelt des Kindes ist etwas ganz wunderbares. Die Kinder können nicht in dem kleinen Puppenzimmer wohnen, aber sie tragen die Puppe hinein, ein totes Wesen, das sie mit der göttlichen Macht kindlicher Phantasie beleben und das nun mit allen Gaben und Eigenschaften eines wirklichen Kindes ausgestattet, statt ihrer in diesen kleinen Puppenräumen schalten und walten muß. Das Wägelchen oder die kleine Eisenbahn, die vielleicht viel zu klein sind, um selbst nur ein winziges Püppchen oder einen Zinnsoldaten in ihrem Innern aufzunehmen, werden von den Kindern mit unsichtbaren kleinsten Phantasiewesen gefüllt, und indem die Kinder nun mit den greifbaren Spielwerken oder mit den Gebilden ihrer Phantasie spielen, für die sie auch gar oft greifbare Symbole verwenden, — wobei eine Spielmarke zum

Menschen, ein Dominostein zum Hause wird, — walten sie über diesen durch die künstlerische Illusion belebten Spielzeugsdingen als Schicksal.

Alle diese kleinen Menschen- und Tierfiguren, welche die Puppenstuben und Puppenküchen, die Kaufmannsläden und die Festungen, die Kriegsschiffe und Eisenbahnen bevölkern, sind dem Willen und der Willkür unserer Kinder voll und ganz preisgegeben. Sie lassen sie verunglücken und sterben, wieder auferstehen und leben, von neuem wirken, wieder sterben und leben und so fort, und so walten die Kinder frei wie Künstler und Schöpfer in ihrer kleinen Welt, während wir Erwachsenen in der unseren unfrei sind und wissen, daß wir dem über uns verhängten Schicksal nicht entgehen können.

So bereiten denn die dem Kinde fertig gekauften Spielsachen oder die von ihm selbst gefertigten ihm so reine und ungetrübte Freuden, wie wir, die wir beim Genießen von Kunstwerken uns nicht gleich den Kindern über die Welt- und Naturgesetze hinaus zu erheben vermögen, sie auch nicht annähernd mehr empfinden können. Dieses unbegrenzte Genießen des Kindes zeigt sich übrigens, wie wir im weiteren Verlauf der Betrachtung in den verschiedenen Kapiteln sehen werden, bei fast allen Spielen, besonders auch bei den Spielen der eigenen Person im Kampf-, Kriegs- und Heldenspiel, wobei jedes gelesene Märchen, jede gehörte Sage oder Geschichte mit einer Naivität in Spiel und Genuß umgesetzt wird, die unsere aufrichtige Bewunderung erregen muß.

Dieses fortwährende Umsetzen aller in das Bereich des Kindes kommenden Dinge oder Erzählungen in dramatisches Spiel ist eine unbedingt künstlerische Tätigkeit, und die noch nicht durch viele Verstandesarbeit gestörte Phantasie des Kindes ist so überreich, daß sie nicht kostbaren Spielzeugs bedarf, um sich betätigen zu können.

Als Spielzeug genügen, wie jeder aus seiner eigenen Kindheit weiß, Muscheln am Strande, Steinchen auf dem

Felde, Zweige im Walde, Früchte an den Bäumen, also alle jene Spielsachen, mit denen auch die jungen Tiere in der Wildnis spielen. Freilich die in den Zoologischen Gärten sind, wie Direktor Dr. L. Heck dem Verfasser anvertraute, schon etwas zivilisierter, die kleinen Elefanten spielen mit als Walzen rollenden Stücken von Baumstämmen, die kleinen Löwen mit Holzkugeln und die Menschenaffen mit Schaukeln, Schaukelringen, Tauen und sogar mit einem primitiven Schaukelpferd. Im allgemeinen folgen übrigens die Tiere beim Spiel in der Wildnis ihren charakteristischen Fähigkeiten; junge Tiere, die Krallen haben, greifen sich, kleine Huftiere laufen wie z. B. die Füllen lustig hintereinander her und Tiere, die Hörner haben, wie die Ziegen, spielen am liebsten das Spiel des Hörnerstoßens.

Aber unseren Kindern geht es mit dem Spielzeug ungefähr so wie uns mit den Kunstwerken. Wer nie ein anderes Bild gesehen und besessen hat, wie einen ganz gewöhnlichen schlecht ausgeführten Bilderbogen, ja der findet den wunderbar schön, wenn er nun aber feine Farbenlichtdruckbilder nach wirklich guten Gemälden erhält, da ändert sich allmählich der Geschmack und die Bilderbogen sinken in der Achtung, und hat der Betreffende soviel Geld, daß er sich Originalgemälde kaufen kann, ja dann werden eines Tages auch die besten Reproduktionen in der Wertschätzung fallen und dem verfeinerten Kunstgeschmacke des Sammlers werden nur noch Originale als des Besitzes wert erscheinen. Auf diesem Wege sind wir Kunstschriftsteller fast alle einmal Kunstkenner geworden, nur mit dem Unterschiede, daß meist das Anschauen ohne den Besitz genügte, sobald nämlich die Kunstobjekte für unseren Ausgabeetat zu teuer wurden. Auch brauchten wir nicht alle gerade mit „schlechten“ Bilderbogen unsere Kunststudien zu beginnen.

So geht es auch mit dem Spielzeug. Das Kind, das sich in einen Holzzweig vier Holzstifte steckt, ist ganz glücklich in dem Gedanken, daß dies primitive Tier ein Schaf, einen Esel oder ein Pferd vorstellt, wenn es aber eine 50

Pfennig-Schachtel mit ganz einfachen, bunt lackierten Holztieren bekommt, unter denen sich die genannten drei Tiere, wenn auch nicht der Form, so doch der Farbe nach verschieden befinden, das Pferd ist braun, der Esel grau, das Schaf weiß, so fliegt der Zweig in die Ecke, denn die Entwicklung in der Kunstkennerschaft des Spielzeugs beginnt.

Eines Tages kommt das Kind in einen Spielzeugladen, da liegen in einer Schachtel mit einer Schäferei reizende kleine, ganz natürlich aussehende Holzschäfchen mit einem Fell aus weißer Wolle, das Kind greift heimlich eines derselben an, das fühlt sich so wohlich und weich an wie ein richtiges Schaf, und wie niedlich sieht es aus und ach, um den Hals ist ein Glöckchen gebunden, das leise und lieblich läutet. „Ja, das ist doch viel schöner“, sagt es schüchtern zum Vater, „wie meine Holzschafe. Diese hier sind ja wie wirkliche Schäfchen“, und der Vater kauft die kleine Schäferei und da ist die Glanzzeit der lackierten und so wenig formgerechten Holzschafe ebenso wie die der anderen Holztiere zu Ende, sie werden wohl aus alter Freundschaft noch ab und zu einmal vorgenommen, aber zu einer so vertrauten Liebe wie einst will es zwischen dem Kind und ihnen nicht mehr kommen, seit die reizenden Wollschäfchen ihren Einzug ins Haus gehalten haben.

Daraus können wir die Lehre ziehen, ein Kind ist vollkommen glücklich bei dem einfachsten Spielzeug, solange es noch kein besseres kennt, sobald es ein vollkommeneres kennen lernt, wird es dies meist bevorzugen. „Meist“, aber nicht immer, weil auch mancher Erwachsene von seinen Bilderbogen oder Schauerromanbildern auch nicht gleich Abstand nimmt, sondern zähe am Unkünstlerischen festhält, manchmal leider das ganze Leben hindurch. Im allgemeinen aber erfaßt das Kind mit seiner reichen Beobachtungsgabe schnell die Vorzüge einer verfeinerten Kultur und greift, wie gesagt, meist sofort zum Besseren. Die wichtigste Erkenntnis aber ist dabei die, daß die Freude des Kindes am einfachen Spielzeug in

Ermangelung oder Unkenntnis eines schöneren und künstlerisch vollkommeneren nicht als Beweis dafür angesehen werden kann, daß das einfache Spielzeug für das Kind genügt.

Man behauptet nun, daß einfaches Spielzeug erziehlicher sei wie das ausgeführtere, weil bei dem einfachen Spielzeug die Phantasie des Kindes mehr Spielraum behalte, als bei dem mehr vollendeten.

Das ist aber doch wohl ein Trugschluß. Ebensowenig wie der schlechte Bilderbogen etwa erziehlicher ist wie ein Gemälde unserer ersten Meister, ebensowenig ist der Mangel technischer Ausführung bei dem Spielzeug als ein pädagogischer Vorteil anzusehen.

Je künstlerisch vollendeter das Spielzeug ist — auch das, was sich das Kind selbst herstellt — umso erziehlicher und wertvoller ist es, und jede Theorie, die Kunst in das Leben des Kindes einführen will und zu gleicher Zeit in bezug auf die Kleinplastik im Leben des Kindes, also in bezug auf das Spielzeug auf die jämmerlichen Spielzeugprodukte ganz roher und wilder Volksstämme zurückgreift mit dem inhaltslosen Streitruf nach dem „Allereinfachsten", verwickelt sich in Widersprüche der schlimmsten Art.

Es ist nicht die Aufgabe dieses Werkes, diese Widersprüche alle aufzusuchen oder gar aufzuzählen, in einer der reformatorischsten und auch sonst vorzüglichsten Schriften, die in diesem neuen Jahrhundert erschienen sind, wird sie jeder, der sich mit dem Spielzeug und der pädagogischen Literatur näher beschäftigt, schon selbst finden, aber es wird sehr wohl die Aufgabe dieses Werkes sein, mit seinem gesamten Inhalt zu beweisen, daß nicht das einfachste, sondern das vollkommenste Spielzeug für unsere Kinder grade gut genug sein soll, und daß wir im Spielzeug mehr wie auf jedem anderen Gebiete nicht dem Rückschritte, sondern dem Fortschritte huldigen müssen, wollen wir in der Erziehung unseren Kindern die Segnungen einer höheren, einer künstlerischen Kultur zu teil werden lassen.

Daß wir neben der Beschäftigung der Kinder mit solchem vollendeten Spielzeug immer ihren Sinn für das einfache, sich in der Natur selbst darbietende Spielzeug wachhalten können, ist selbstverständlich. Das Spielen mit Haustieren, mit Blumen, Steinen und Muscheln kann ihren Geschmack nie verderben, wohl aber kann ein Spielzeug, das eine plumpe und unkünstlerische Nachbildung von Dingen in der Natur gibt, sehr nachteilig auf ihre Geschmacksbildung wirken, wenn ihr natürlicher Sinn nicht stark genug ist, solche schädlichen Einflüsse durch ein sicheres Gefühl für Form und Farbe zu überwinden.

Von all den vielen Spielen nun, die in diesem Buche behandelt werden und die eigentlich alle durch die vom Kinde beim Spiel entwickelte dramatische Tätigkeit einen teils mehr, teils weniger künstlerischen Charakter haben, erscheinen doch einige Spiele ganz besonders berufen zu sein, Kunst in das Leben des Kindes zu tragen.

Es sind dies die Spiele aus den Gebieten der Baukunst, der Bildhauerkunst, der Malerei und Zeichenkunst, der Musik, der Dichtkunst und der Schauspielkunst.

Da diesen Spielen, wie gesagt, ganz besonders die Eigenschaft inne wohnt, das künstlerische Empfinden der Kinder zu wecken und auszubilden, so sind sie unter dem Namen „künstlerische Spiele“ hier zusammengefaßt.

Die vornehme Mission, die gerade diesen Spielen zu teil wird, berechtigt sie, an der ersten Stelle zu stehen und so möge denn auch gleich das erste Kapitel dieses Werkes den „künstlerischen Spielen“ gewidmet sein.

1. BAUSPIELE.

Von den bildnerischen Spielen ist das Bauspiel oder das Spiel mit einem Baukasten nicht nur eines der beliebtesten, sondern auch dasjenige, das vermittelst der fertig geformten, leicht aufeinander fügbaren Steine es auch schon kleinen Kindern ermöglicht, ein ihrem Ideenkreise angepaßtes, kleines selbständiges Werk auszuführen.

Es braucht nicht immer ein Haus, ein Turm oder überhaupt ein Gebäude zu sein, das das Kind baut, es kann und wird mit seiner reichen Erfindungsgabe sich bald einen Tisch oder Stuhl, bald einen Wagen oder eine Eisenbahn, bald wieder eine Schulbank oder sonst irgend einen gerade für sein Spiel passenden Gegenstand zusammenfügen, und das jüngere Kind wird seine Bauklötze sogar an die Stelle von Menschen- und Tierfiguren treten lassen und mit ihnen Schlachten schlagen, wobei der Klotz bald Krieger, bald Geschoß sein muß.

Der eigentliche Zweck des Baukastens wird aber natürlich immer der sein, wirkliche Bauwerke im Spiele nachzubilden, und wir können ruhig annehmen, daß schon in grauer Vorzeit die Kinder der Höhlenbewohner kleine Miniaturhöhlen aus Erde oder Steinen gebildet haben werden, wenn uns auch Beweise dafür nicht vorliegen.

Je mehr sich nun aber die Baukunst von einem reinen Handwerk, das nur der Nützlichkeit diente, zu einer schönen Kunst entwickelte, die herrliche Bauwerke schuf zur Ehre und zum Heime der Götter und ihres Dienstes, umsomehr wurde auch das nachahmende Bauen der Kinder zu einem künstlerischen und die Phantasie mächtig anregenden Spiel.

Dem Hinausbauen in den Himmel hinein, dem Drange, immer höher und höher zu bauen, dem so viele gewaltige Bauten wie die ägyptischen Pyramiden und vor allem unsere großen Dome und endlich auch der moderne Eifelturm ihre Entstehung verdankten, will auch das phantasievolle Kind besonders gerne folgen, und wenn auch von den Nordlandskindern in alter Zeit nur berichtet wird, daß das Hausbauen ein beliebtes Spiel bei ihnen gewesen ist, so können wir doch sicher sein, daß so mancher kleine Wikingssohn sich hoch auf den Felsen oder in den höchsten Wipfeln der nordischen Baumriesen sein Haus als luftiges Burgnest errichtete.

Bei den Naturvölkern und auch bei uns auf dem Lande mag noch heute das Bauen der Kinder als eine Art Zimmermannskunst bestehen, zumal der zehn- oder elfjährige Knabe schon dem Vater bei dieser oder jener Bauarbeit helfen muß, aber es handelt sich hier meist mehr um eine Arbeit als um ein Spiel, und das Bauspiel im modernen Sinne ist eng verknüpft mit dem Begriff eines Baukastens, mag er nun, wie die einfachsten Fröbelkästen aus wenigen Klötzen, oder wie die großen Baukästen aus einer größeren Anzahl von Steinen bestehen.

Unsere heutigen Baukästen zerfallen in Holzbaukästen und in Steinbaukästen. Die Holzbaukästen sind als Industrieartikel die älteren, wenngleich nicht vergessen werden darf, daß historisch die Steine als Baumittel den Klötzen und Hölzern nicht nachstehen, denn die Kinder der Urzeit werden ebenso sehr mit Steinen und am Strande mit Muscheln gebaut haben, als mit Baumzweigen und Blättern.

Wohl am meisten eingeführt und über den ganzen Erdkreis verbreitet sind die Ankersteinbaukästen, denen sich seit einigen Jahren die Brückenbaukästen gewissermaßen als Ergänzung zugesellt haben.

Diese Bausteine bedeuten nach der praktischen Seite hin gegenüber den früheren Bauklötzen einen wesentlichen Fortschritt, denn sie geben den Kindern Gelegenheit, nach einem Grundriß ein Bauwerk in dem natürlichen Material unserer modernen Bauten, nämlich in „Stein", ganz naturgetreu auszuführen; und der Forderung nach größter Realistik suchen sie nach Möglichkeit gerecht zu werden.

Bei einem künstlerischen Spiel, wie es das Bauspiel nun ist, sind aber doch noch andere und höhere Forderungen als „nur die der Realistik in der Technik" maßgebend.

Der Baukasten soll seinem Zwecke als Erziehungsmittel zum Schönen, als Einführung in die Kunst der Architektur und ihrer Stilarten unbedingt dienen; ist dies auch für kleine Kinder nicht erforderlich, so ist es für die heranwachsende Jugend unbedingt notwendig, die Kunsterziehung auch auf die Architektur auszudehnen.

Von diesem Gesichtspunkte aus ist es wünschenswert, auch den älteren Holzbaukästen wieder eine erhöhte Aufmerksamkeit zuzuwenden; denn so große Vorzüge die Ankersteinbaukästen auch haben und so beliebt und verbreitet sie sind, da die mit ihnen ausgeführten Bauwerke, wie gesagt, in Aussehen und Material der Wirklichkeit entsprechen, sie werden die Holzbaukästen mit ihren mehr künstlerischen Qualitäten doch nicht verdrängen können, es sei denn, daß die Industrie der Steinbaukästen noch ganz gewaltige Fortschritte nach der künstlerischen Richtung hin mache.

Zunächst kommen die großen Holzklötze jenem bereits angedeuteten Streben einer hochgehenden Phantasie des Kindes beim Bauen von Türmen bis an die Decke, sehr entgegen, und da diese Bauten im Verhältnis zu dem kleinen Zinnsoldaten, der daneben an der Erde steht, wirklich gigantische sind, so hat das Kind beim Errichten solcher Werke jenes großen Künstlern eigene schöpferische Lustgefühl, etwas Übermächtiges, ja das Höchste, was in seinen Kräften stand, geschaffen zu haben. Schon in der Erweckung dieses Hochgefühls liegt eine Erziehung zum Künstlerischen.

Doch diese Holzbaukästen haben außer der Größe ihrer Klötze noch weit höhere künstlerische Qualitäten.

So geben der „romanische" und der „gotische" Baukasten mit ihren fein geschnitzten und gedrechselten Säulen und ihren Rund- und Spitzbogen der Fenster dem Kinde eine Anschauung der Stilarten, ohne daß es nun unbedingt nötig ist, das Kind an der Hand dieser Spiele zu unterrichten. Es genügt für das kleine Kind, wenn es sich an der schönen Form der Säule, an der Linie des Bogens erfreut, wenn diese Linien und Formen als schön empfunden in seine Anschauung und so in sein Gedächtnis übergehen.

Für die größeren Kinder, die lernen und sich bilden wollen, ist wohl der schönste aller dieser Baukästen der Kasten: „Kunst und Spiel", der es den Kindern ermöglicht, mit den entsprechend konstruierten Bauklötzen sich nach trefflichen Vorlagen im Bauen aller Baustile zu üben.

Wir sehen da zunächst die Akropolis von Athen, die wirklich aufgebaut viel schöner als in der Vorlage wirkt und nicht nur einen ganz entzückenden Anblick gewährt, sondern den Kindern ein treffliches architektonisch schönes Miniaturmodell dieser durch Kunst und Geschichte gleich verklärten Stätte darbietet. Daß durch derartige Bauspiele auch der Geschichtsunterricht eine dankenswerte Unterstützung erfährt, liegt wohl klar auf der Hand. In den Vorlagen des Kastens „Kunst und Spiel" finden wir dann eine „indische Pagode", ein „römisches Wohnhaus", einen „romanischen Dom", eine „Ritterburg", ein „gotisches Rathaus", einen „Erker in Benares", einen „arabischen Bogen", eine „maurische Bogenhalle", ein „holländisches Haus im Renaissancestil", einen „Bau in italienischer Renaissance", den „Vorderbau eines venezianischen Palastes", eine „Renaissance-Giebelfassade", ein „Lustschloß und ein Sommerschlößchen in Roccoco", ein „Rathaus und eine Kirche im Barockstil", eine „japanische Brücke", ein „modernes Denkmal“, einen „Bahnhof für eine Straßenhochbahn“ und eine Menge „Villen“ im Burgstil, Schweizerstil und anderen Stilarten.

Was mit diesem Kasten, dessen geringer Anschaffungspreis seine Verbreitung in weitesten Kreisen ermöglicht, in

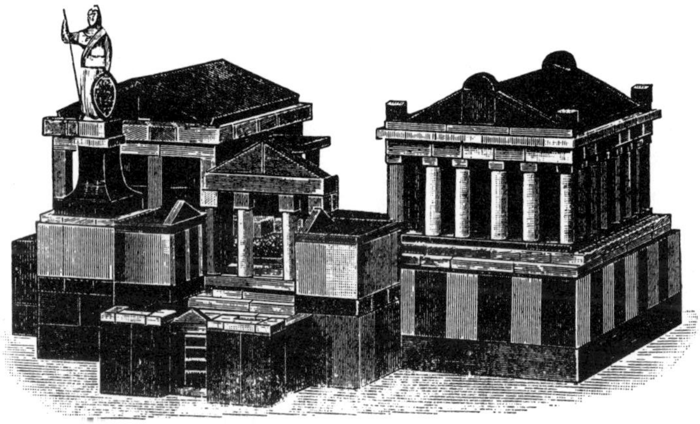

Akropolis von Athen aus dem Baukasten „Kunst und Spiel“.

aufs höchste zu lobender Weise künstlerisch angestrebt ist, das sollte von einsichtsvollen Fabrikanten in Zusammenarbeit mit tüchtigen Architekten in wenn auch teureren Zusammenstellungen weiter ausgebaut und vervollkommnet werden.

Man sollte zum Beispiel die Säulen mit verschiedenen Kapitälaufsätzen versehen, ihnen selbst die genaue Form und Kannellierung geben und überhaupt alle Architektur-Details nach Möglichkeit ausarbeiten, sodaß diese verbesserten Holzbaukästen auch noch für ältere Kinder, die bereits Kunstgeschichte treiben, eine Quelle der Freude und Belehrung bilden könnten.

Moderne Großstadtkinder, die auf Reisen in eine altertümliche Stadt kommen, pflegen oft genug über die alten, ihnen häßlich und baufällig erscheinenden Häuser sich lustig zu machen, anstatt sich an der architektonischen Schönheit und am Malerischen dieser Bauten und Straßen zu erfreuen. Haben sie aber zu Hause mit ihrem Baukasten solch ein schönes altes Rathaus selbst schon einmal gebaut, dann werden sie, wenn sie nun ein solches Bauwerk in Wirklichkeit sehen, da es ihnen in allen Details vertraut ist, es nicht belächeln, sie werden es sich im Gegenteil ganz genau ansehen und werden es bewundern, schätzen und lieben, und Reisen grade durch solche altertümliche Städte wird für sie zu einem reichen Genusse und zu einer schönen und auch künstlerischen Erinnerung werden.

Außer den Holz- und Steinbaukästen gibt es auch solche aus Metallschienen, zum Zusammenfügen, doch entbehren diese aller künstlerischen Qualitäten, und Kästen aus Eisenkonstruktionsteilen, Steinwürfeln und Holzteilen, vielleicht mit aus Holz zu erbauenden Fassaden, existieren nicht, trotzdem jeder moderne Bau auf die Kombination von Holz, Stein und Eisen hinweist, die denn auch in Bezug auf Stein und Eisen im Brückenbaukasten vorhanden ist.

Sehr lehrreich sind dagegen die „Fachwerkbaukästen“ und „Zimmerbaukästen“, bei welchen sich die Kinder mit kleinen Nägeln und Stäbchen Häus'chen, Gartenzäune, Ställe und Scheunen selbst zusammenzimmern können, doch führen diese Baukästen schon in das Gebiet des reinen Handwerks- und Nützlichkeits-Schaffens über. In das Gebiet des Bauspiels fallen übrigens noch die Baukästen, die sich mit Brückenbau (wie bereits erwähnt), Festungsbau, Windmühlenbau und Kasernenbau beschäftigen, während die Baukästen für Eisenbahnwagenbau, Schiffsbau, Wagenbau und endlich Uhrbau (nämlich eine Schwarzwälder Holzuhr), trotzdem alle Teile dieser zusammenzuzimmernden Modelle aus Holz sind, schon mehr in das Bereich des Maschinenbaufachs und der Mechanik gehören.

* *
*

Zu den Dichtern, die dem Bauspiel besonderes Interesse widmeten, gehört auch Ferdinand Freiligrath.*)

Fräulein Doris Sagel, die Jugendgespielin Ferd. Freiligraths, schreibt über den kleinen Ferdinand und sein Spiel: „Wenn wir in der Stube zusammen spielten, hatten wir Bauklötze, von welchen wir allerlei Bauten und Figuren zusammenstellten; erschienen ihm diese Tempel und Hallen nicht schön genug, so warf er das Ganze über den Haufen; war aber nach seiner Einbildung das Werk gut gelungen, dann lief er nach seiner guten Mutter oder dem Vater, holte diese herbei und freute sich seiner Kunst."

Conrad Alberti schreibt: „Der Baukasten erzog mich zur Pflege der Formen, lehrte mich zuerst die Reize der Umrißlinien kennen und pflegen."

Arthur Fitger, der die Erbauung eines Löwengartens des Königs Franz schildert, schreibt: „Den Zwinger erbauten wir aus unsern Bauhölzern, dem einzigen Spielzeug, das uns jemals als ein fertiges gegeben worden."

Cäsar Flaischlen schreibt, daß er als Kind auch „mit Bauklötzchen" gespielt habe.

Ludwig Fulda schreibt: „Hübsche Spielsachen können mich heute noch ebenso entzücken, wie sie mich in meiner Kindheit entzückt haben. Ja, ich schäme mich nicht, bei Gelegenheit noch selbst damit zu spielen. Puppentheater und Baukasten waren wohl einst mein Höchstes," und nachdem er ausgeführt, aus welchem Grunde ihn das Puppentheater (s. dieses) nicht mehr so interessiert wie einst als Kind, fährt er fort: „aber mit Richters Anker-Steinbaukasten vermag ich mich noch stundenlang zu unterhalten."

---

*) Siehe benutzte Literatur.

Wilhelm Hegeler schreibt: „Ein Schaukelpferd und einen Baukasten habe ich davon (es ist von dem üblichen Spielzeug die Rede) besonders bevorzugt.“

Max Nordau schreibt: „Mein einziges einsames Spiel, etwa bis zu meinem siebenten Lebensjahre, bestand darin, daß ich mir im Hof unseres Hauses aus hinausgeschleppten Stühlen, Fußschemeln und Plättbrettern ein Haus baute, zum großen Verdruß meiner armen Mutter, die nach mir aufräumen mußte.“

Paul Scheerbart schreibt: „Auch eine Kirche und ein Kuhstall haben für mich »vielleicht« eine ähnliche Bedeutung gehabt (nämlich wie die kleine Postkutsche, siehe Seite 248). Die Dächer der Kirche und des Kuhstalls waren mit rotem Papier beklebt, das Ziegelform hatte. Ich weiß nun ganz bestimmt, daß ich in meinen späteren Lebensjahren immer wieder nur die Dachkonstruktionen der Häuser betrachtete und mit einander verglich. Aus diesem Dächerstudium entwickelten sich alle meine architektonischen Pläne ganz naturgemäß.

Ähnliches könnte ich noch von anderen Spielzeugarten erzählen, und es erscheint mir in jedem Falle sicher, daß unsere höchsten intimsten Anschauungsfreuden auf ein halb oder ganz vergessenes Spielzeug zurückgeführt werden könnten. Für den Psychologen ist das Spielzeug sicherlich »kein leeres Spielzeug«.“

Carmen Sylva schreibt: „Ein Knabe, der später ein berühmter Architekt wurde, baute in seinem Pulte ein Haus für seine Eidechsen, die zahm waren wie Haustiere, und später ein Haus, das als Modell in Schulen gedient hat. Manches Talent zeigt sich im Spiel, wenn man es nur still beobachtet und das Kind gewähren läßt.“

A. Trinius erwähnt in seinem Schreiben als Lieblingsspielzeug seiner Kindheit auch den „Baukasten“.

* * *

Jedenfalls sollten alle diejenigen, die bestrebt sind, Kunst in das Leben des Kindes einzuführen, nicht versäumen, grade dem Baukastenspiel, bei dem die Phantasie des Kindes sich am freiesten und mannigfaltigsten betätigen kann, die größte Beachtung und Aufmerksamkeit zu schenken. Auch die Baukunst hat in unserer Zeit gewaltige Wandlungen durchgemacht, der Ingenieur ist an die Seite des Architekten getreten und Brücken, Tunnels, Hallen und Riesen-Geschäftsbauten drückt er den Stempel seines Geistes auf; mögen wir in unsern Kindern beim Bauspiel Interesse und Verständnis für diese modernen Zauberwerke der Ingenieurkunst erwecken, aber mögen wir nie vergessen, daneben in ihnen den Sinn für die Formen-Schönheit all der herrlichen Bauwerke wach zu halten, die in einer Entwickelung von vielen Tausenden von Jahren die trefflichsten Baumeister der Welt geschaffen haben.

2. PLASTISCHE SPIELE.

So alt wie das Bauspiel ist auch wohl das Spielen des Modellierens und Formens, und überall da, wo sich in einer Gegend das geeignete Erdmaterial findet, sehen wir auch ohne besondere Anleitung und Veranlassung die Kinder sich mit dem Modellieren beschäftigen.

In Schottland ist in einzelnen Orten am Strande bei abnehmender Flut eine weiche Tonmasse vorhanden, die bald hart wird. Diese wird von den Kindern zum Modellieren gerne benutzt, und ebenso ist in Ungarn*) im Bezirk Potatschna ein sehr guter Lehm zu finden, aus dem sich die Kinder Figuren von Menschen, Tieren und außerdem allerlei Geräte formen.

Diese ungarischen Kinder schnitzen sich übrigens auch ihr Spielzeug selbst, so zum Beispiel kleine Boote, kleine Waffen und Schlitten, und bekunden damit eine besondere Lust für die Plastik, wenn auch nicht unerwähnt bleiben darf, daß ihr guter Wille weit stärker ist als ihr künstlerisches Können, und tausende und abertausende Holzschnitzerkinder in Deutschland, die ihren Eltern beim Schnitzen von Spielzeugfiguren, namentlich von Tieren, also dem Inhalte der beliebten Archen Noahs helfen, sind in ihren plastischen Talenten den

*) Nach Angaben von Franz von Gabnay im „Globus", s. benutzte Literatur.

ungarischen Kindern weit überlegen, wogegen diese sie wieder in der musikalischen Veranlagung übertreffen.

Der Drang zu formen und zu bilden, der auch den in der Kultur am niedrigsten stehenden Völkern seit Anbeginn inne wohnt, äußert sich auch bei unsern Kindern schon in sehr frühem Alter, denn sobald sie auf den Sand gesetzt werden, sei es nun auf dem Lande, am Strande, im Garten oder auf den Spielplätzen der Großstadt, so beginnen die Kleinen sofort ihre bildnerische Tätigkeit, sie bauen und sie formen. Da aber die Phantasie meist mit den kleinen Bildhauern durchgeht, und manchmal recht ungeheuerliche Gebilde geschaffen werden, auch das Sand-und Erdmaterial nicht so viel Festigkeit besitzt, um diese Werke auch nur die kurze Zeit zusammenzuhalten, in der die kleinen Schöpfer sich ihres Kunstwerks erfreuen wollen, so hat man in den Sandformen aus Holz und Blech für die Allerkleinsten ein reizendes Spielzeug erfunden, vermittelst dessen sie Kuchen, Eier, Früchte, Häuser, Zahlen und Buchstaben, ja sogar Menschenköpfe in feuchtem Sand einfach abdrücken oder formen können. Am liebsten freilich werden die Kuchenformen der Puppenküche in Kuchenteig abgeformt, wenn vor dem Feste gebacken wird, doch wird hierbei der Form wohl weniger Interesse zugewendet als dem Teig, weshalb diese Art des Formens mehr eine „lukullische“ als „künstlerische“ genannt werden muß.

Wir dürfen überhaupt dem Formen mit Sandformen, das zuletzt eine rein mechanische Tätigkeit ist und dann vor allem doch auch nur für kleinere Kinder in Betracht kommt, durchaus nicht etwa einen anderen Wert beimessen, als den, daß die Kleinen sich in Tätigkeit erhalten und daß die Form der oft drolligen Tiere und Menschen, die sie ausstechen, sie amüsiert und erheitert. Daß viele dieser Sandformen recht hübsch sind und das, was sie darstellen, auch charakteristisch darstellen, ist gewiß kein Fehler und vom Standpunkte der künstlerischen Erziehung aus gewiß gutzuheißen.

* * *

Welchen Zauber trotzdem ein einziger Sandhaufen für das Kind in sich birgt, das schildert uns Doris Sagel, die Jugendgespielin Ferdinand Freiligraths*). Sie schreibt über den kleinen Ferdinand:

„Sein liebstes Kinderspiel war es, aus einem Sandhaufen, wie ihn Rat Clostermeier oft in den Zwischenraum zwischen den beiden Häusern fahren ließ, allerlei Figuren, Berge, Höhlen usw. zu machen, wobei ich ihm helfen mußte; über meinen Fuß formte er Backöfen, das fertige Bauwerk ward dann mit allerlei Zweigen und Gras besteckt, und seine rege Phantasie sah dann in diesen kindlichen Kunstwerken Berg und Strom, mit allerlei Tieren bevölkert, die er gleichfalls aus Sand zu bilden versuchte."

Paul Remer schreibt, daß er sich in bezug auf seine Kindheitsspiele entsinnt, daß er „gerne Kuchen in Sand gebacken habe".

* *
*

Das eigentliche Formen und Bilden fängt bei vielen Kindern meist mit dem Schneemann an. Mit einer Kühnheit sondergleichen wagen sich die Knaben gleich an's Figürliche, und da der Schnee als Stoff von vorneherein recht monumentale Behandlung verlangt, bei der weniger auf genaue Ausbildung von Armen und Beinen als auf einen massiven haltbaren Unterbau gesehen wird, so erfordert eigentlich nur der Kopf einige Sorgfalt. Doch auch hierbei hilft man sich ohne sonderliche Mühe: zwei Kohlen bilden die Augen, rote Rüben oder Ziegelsteine den Mund, in dem meist eine Cigarre oder Pfeife steckt, ein Kochtopf oder alter Zylinder ist die Kopfbedeckung und der obligate Besen oder die Rute im Armstumpf vervollständigen das plastische Meisterwerk. In Japan gehen die Knaben über unsere Darstellung eines weißen Schnee-Clowns etwas hinaus, denn sie versuchen dem Schneemann die Erscheinung des Daruma, eines Schülers des Buddha, zu geben; auch formen sie Kaninchen aus Schnee, weil sie glauben, das

---

*) Siehe benutzte Literatur.

Kaninchen bewohne den Mond, wo es das für alle lebenden Wesen notwendige Lebenselixir mische.

Während bei allen diesen plastischen Versuchen, ausgenommen bei den Figuren der Kinder der Spielzeugschnitzer, weniger eine künstlerische Absicht zu erkennen ist, so tragen die Kinderkurse beim Bildhauer Albert Reimann in Berlin, die seit einem Jahre stattfinden, eine entschieden künstlerische

Kpfr. von D. Chodowiecki (Berliner Kupferstich-Cabinet).

Schneemann.

Tendenz. Die Kinder formen nach eigenem Willen und frei aus dem Gedächtnisse Häuser, Menschen, Tiere, Möbel und Geräte aller Art in Plastilin. Es findet nur eine Art Beaufsichtigung, keine Anleitung statt, und wenn von der letzteren überhaupt die Rede sein kann, so muß gesagt werden, daß sie sich darauf beschränkt, auf starke Irrtümer aufmerksam zu machen, so bildete z. B. ein Kind eine Gans mit 4 Beinen;

in solchem Falle wird durch die Frage, ob denn eine Gans 4 Beine habe, dem Gedächtnisse und der Anschauung des Kindes in schonender Weise nachgeholfen. Die glänzenden Resultate dieser Modellierspielstunden, bei welchen der Ehrgeiz der sämtlich an einem großen Tische sitzenden Kinder eine nicht zu unterschätzende Rolle gespielt haben dürfte, haben das Interesse weiter Kreise wieder den Modellierarbeiten zugewendet, nachdem bereits hervorragende Persönlichkeiten auf dem Kunsterziehungstage in Dresden, nämlich Professor Dr. A. G. Meyer, Berlin, und Direktor Dr. Deneken, Krefeld, auf die Wichtigkeit „plastischer Kunstwerke" als Wandschmuck hingewiesen hatten.

Ehe wir uns aber diesen eigentlichen Modellierspielen zuwenden, die schon sehr alt sind und deren Wert für die Kunsterziehung nur nicht bisher genug gewürdigt wurde, dürfte es am Platze sein, auf eine andere ebenso wichtige Erfahrung hinzuweisen, die aus den beim Bildhauer Albert Reimann angestellten Versuchen gezogen werden muß.

Die Kunstfreunde bewunderten mit Recht die von 5- bis 14jährigen Kindern modellierten kleinen plastischen Werke, unter denen die Pferdefiguren eines 8jährigen Knaben direkt eine Begabung zum Pferdebildhauer dokumentierten. Diese Arbeiten waren teils so vorzüglich und naturalistisch, daß es so manchem fast schwer fiel, an die Entstehung dieser Plastilingruppen von Kinderhand — und zwar ohne Korrektur des Lehrers — zu glauben.

Da drängte sich denn wohl unwillkürlich der Vergleich zwischen den formvollendeten Arbeiten der Kinder und den in derselben Ausstellung ausgestellten zum Teil recht unförmigen sogenannten „künstlerischen Spielsachen" auf, von denen einige weniger als „modern", sondern als „Überspielzeug", das heißt als Karikatur eines Spielzeugs bezeichnet werden müssen.

Ist der Formensinn bei Kindern schon so weit ausgebildet, wie es uns die Gebilde, die in der Reimannschule von Kinderhand geschaffen sind, beweisen sollen, und sind Kinder wirklich schon so scharfe und realistische Beobachter, wie kann man dann wagen, denselben Kindern, die einen Bären, ein Pferd mit jeder Muskel aufs exakteste darstellen, Spielzeug darzureichen, das, was Formgebung und Realistik anbetrifft, hinter dem von Kindern selbst in Plastilin gebildeten Spielzeug weit zurücksteht, und dem diese talentvollen Kinder doch nur ein mitleidiges Lächeln widmen können, da sie selbst das ja alles viel besser machen.

* * *

Den plastischen Spielen sind nun die Form- und Gießkästen gewidmet. Die Formkästen vertreten die künstlerische, die Gießkästen die mehr technisch handwerkliche Seite der „Plastik".

In der Zusammenstellung „Der kleine Modelleur", welche schon — wie bereits erwähnt — seit vielen Jahren existiert, befinden sich in einem größeren Kasten zwei Gefäße mit rotem und mit grauem Plastilin, einem nicht hart werdenden Modellierton; ferner enthält der Kasten eine ganze Anzahl von zeichnerischen (nicht plastischen) Vorlagen von Früchten, Würfeln, Kegeln, ferner von Tieren wie Hase, Frosch, Gans, Maus, Bär, Schildkröte, Eichhörnchen und von Geräten wie Kaffeekanne, Weinglas, Korb, Flasche. Die rote und graue Farbe des Plastilins ermöglicht eine hübsche Abwechselung, sodaß das Kind zum Beispiel Schnabel und Beine eines Storches in rot Plastilin und den übrigen Körper in grau Plastilin ausführen kann und sich so zugleich an eine polychrome Behandlung gewöhnt. Der Phantasie des Kindes ist der weiteste Spielraum bei diesem Spiel gegeben, da die zeichnerischen Vorlagen fast Silhouetten sind und das Kind also nur einen Anhalt hat, die plastische Form aber aus der Erinnerung bilden muß.

Halb Modellier- und halb Gießspiel sind die den Sandformen ähnelnden Tier- und Menschenköpfe. Diese Holzformen werden erst in Ton rein mechanisch eingedrückt, dann aber mit dem Modellierstäbchen nach Zeichenvorlage ausgearbeitet und sobald diese künstlerische Arbeit vollendet ist, mit Gips ausgegossen.

Ganz dem Gießen mit Gips ist ein Spiel gewidmet, das sich der „kleine Kunstformer" betitelt. In einen Rahmen werden die in Messingblech ausgeführten ovalen Formen eingespannt und einfach in Gips ausgegossen. Die teils sehr hübschen Formen mit Köpfen berühmter Dichter, Musiker und Fürsten sowie die Gruppen Thorwaldsenscher Werke, die nach dem Ausgießen vergrößerten Gemmen gleichen, können von den Kindern in kleine in dem Kasten befindliche Metallrähmchen eingerahmt werden.

Während das soeben beschriebene Spiel sich mit dem Reliefguß beschäftigt, ist ein anderes Spiel, „der kleine Bildhauer" genannt, zum Ausgießen vollplastischer Wachsfiguren vermittelst von zwei aufeinander passenden Gipsformen eingerichtet.

Für erwachsene Kinder könnte dies Spiel auch mit Leichtigkeit zum Ausgießen mit Metall, z. B. zum Herstellen von Bleifiguren, verwendet werden, zumal die Kinder beim Bleigießen in der Sylvesternacht schon oft in früher Jugend die ersten Versuche in der Gießtechnik zu machen pflegen.

Obgleich das Gießen schon mehr die technische und handwerkliche Seite der Bildhauerkunst behandelt, so kann es doch immerhin zu den künstlerischen Spielen gerechnet werden, weil es den Schlußstein in der Tätigkeit des Bildhauers bildet, sodaß dessen gesamtes Schaffen vom Modellieren bis zum Guß des fertigen Werkes in diesen verschiedenen plastischen Spielen im Kleinen dargestellt ist.

* * *

Das Arbeiten in Ton hat Georg Ebers*) im Atelier des berühmten Bildhauers Drake als Kind geübt, er sagt: „Ja, er

*) Siehe benutzte Literatur.

gab uns (Kindern nämlich) gern ein Stück Ton, um irgend etwas daraus zu kneten", auch wurde er hier in das Schaffen des Bildhauers eingeführt: „In Drake's Atelier sah ich Statuen, Büsten und Reliefs aus der rohen Masse des Tons entstehen, sah ich das Gipsmodell von den Punktierern auf den Marmor übertragen und den Meister mit sicherer Hand herrliche Formen aus dem Urkalk erwecken. Was ich nicht verstand, das erklärte der gelassene, freundliche Mann uns mit nie versagender Geduld, und so gewann ich früh einen Einblick in das Schaffen der Bildhauer."

Clara Eysell-Kilburger schreibt: „Als ich neun und ein halbes Jahr alt war, formte ich aus einem Stümpfchen Wachslicht von einem Weihnachtsbaum mein erstes plastisches Werk, einen winzigen Menschenfuß, und von nun ab traten für eine Weile alle anderen Spiele gegen das Modellieren zurück. Es war meine Leidenschaft. Oft wachte ich mit dem Gedanken auf, was ich modellieren möchte, und selbst in den Schulstunden arbeitete meine Phantasie an den grotesken Gebilden, denen ich Gestalt geben wollte." Die Dichterin erzählt dann weiter, daß es ihr zu banal erschienen sei, schon Vorhandenes, z. B. Gipsfiguren, nachzubilden, und fährt dann fort: „Mich aber verlangte es, etwas Niedagewesenes zu gestalten: eine Fledermaus, die ein Kind fortträgt, aus dem Leben heraus, also eine Art umgekehrter Klapperstorch; ein nacktes Wesen, das einen Schmetterling als Reittier benutzen will usw."

Marx Möller schreibt von dem Spiel mit Kindern: „Wenn ich mit kleineren spiele, so fertige ich ihnen das Spielzeug selber, sodaß es vor ihren Augen entsteht; solche Dinge werden immer höher geschätzt als aus dem Laden geholte; so eine Puppe oder ein Vogel aus Kartoffeln, Blumen, Pilzen, Federn usw. hergestellt, steht außerhalb jeder Konkurrenz und rührend ist die andächtige Aufmerksamkeit der großen Augen, wenn sie mir dabei zusehen. Vor allen Dingen verlernt ein Kind, welches zuviel und zu raffiniertes

Spielzeug besitzt, das leise Spielen; diese modernen Menschen, die da jetzt in „Kunst im Leben des Kindes“ machen, haben keine Idee vom Kindergemüt, sie wissen nicht, wie ein Kind sich freut über einen blanken Stein, über ein Kästchen voller Kastanien usw.“

* * *

Die Bildhauerkunst hat bei uns in Deutschland seit der Wiedererweckung des Deutschen Reiches einen großartigen und ungeahnten Aufschwung genommen, und wenn wir, wie das nach den großen Kämpfen, durch die die Einheit erstritten wurde, nicht zu verwundern ist, auch soweit die Krone und der Staat als Auftraggeber in Betracht kommen, noch immer hauptsächlich an der Verherrlichung von unseren Fürsten, Feldherren und Staatsmännern arbeiten, so hat doch die gesamte Bildhauerkunst, das heißt auch die sich nicht patriotischen Aufgaben widmende, indirekt einen großen Vorteil durch die Fülle der Aufträge und das Interesse, das Staat und Gesellschaft jetzt an der Plastik nehmen.

Sollte es durch die Einführung unserer Jugend in die Schönheiten der Plastik gelingen, die Freude an der plastischen Form bei unsern Kindern zu wecken, und zwar sowohl durch das Modellieren als auch durch plastische Ausschmückung unserer Wohnräume, wie endlich durch ein vorzügliches, unter Mitarbeit unserer besten Bildhauer geschaffenes Spielzeug, also jener polychromen Kleinplastik, die uns die lange Zeit der Kindheit und ersten Jugend hindurch umgiebt, dann erst dürfen wir hoffen, daß die Kunst wieder Gemeingut und Freundin des gesamten Volkes werden wird. Wenn der Geist der Kunst in einem Volk mächtig war, feierte stets die Plastik ihre größten Triumphe. Ein Blühen der Kunst ohne Freude und Lust an der Plastik ist undenkbar.

3. MAL- UND ZEICHENSPIELE.

Fast soweit als wir die Entwickelungsgeschichte der Menschheit verfolgen können, treffen wir auf Dokumente einer zeichnerischen Betätigung.

Schon die prähistorischen Höhlenbewohner ritzten in Wände ihrer Höhlen Zeichnungen von Tier- und Menschenfiguren, und wenn auch die Menschen in diesen naiven Zeichenversuchen nicht sonderlich gut fortkamen, so muß doch die teils recht naturalistische Darstellung von Renntieren, Pferden, Vögeln, Fischen und Mammuts rühmend erwähnt werden.

Auch im Kinde erwacht, wie bei den Völkern aus der Kindheit des Menschengeschlechts, schon frühzeitig der Drang, die es umgebenden Dinge im Bilde nachzuahmen und festzuhalten, wenn auch, ganz analog dem Bildnertriebe der Ur- und Naturvölker, Freude und Lust am Zeichnen sich viel später zeigen, als der Trieb zum Bauen und Formen.

Jede solche sich beim Kinde bemerkbar machende künstlerische Neigung sollte nun aber auch von Eltern und Erziehern gefördert werden, zwar nicht in jener aufdringlichen Weise, die eine Dressur zum Maler anstrebt, sondern in jener liebevollen Art der dem Kinde nicht zum Bewußtsein kommenden Erziehung zur Kunst durch ein Spiel ohne Arbeit.

Es gibt Kinder auf der Welt, die schon frühzeitig eine große Fertigkeit im Zeichnen oder Malen erlangen, und zwar nicht nur einstige „Raffaels“, sondern auch solche Kinder, die das Malen schon als Erwerb betreiben müssen, wie die armen Chinesenkinder, die das Porzellanmalen besorgen, aber weder die Leistungen der aus heiligster innerster Lust, noch die der aus Not des Lebens malenden Kinder dürfen uns zu einer übertriebenen Bevorzugung des Zeichnens und Malens bei der Kunsterziehung gegenüber den anderen Künsten veranlassen.

Die Malerei ist immer nur einer der Edelsteine in dem Diadem der Kunst, wenn auch der glänzendste und farbenprächtigste von allen, und jemehr wir auf eine Kunsterziehung in allen Künsten bedacht sind, umso herrlicher wird sich das Spezialtalent, z. B. auch für Malerei entfalten können, wo es vorhanden ist, und nun unter den freien Anschauungen von einer großen einheitlichen Kunst, die alle Künste umfaßt, aufwächst ohne Einseitigkeit und überselig im Aufnehmen und Erfassen einer ganzen Welt.

Das Zeichnen und das damit verbundene genaue Betrachten und Beobachten der Dinge öffnet das Auge des Kindes den Schönheiten der Welt.

Es lernt sehen und ein reicher Lebensgenuß tut sich ihm auf, weil es nicht nur träge genießt, sondern durch das Nachbilden der Formen und Linien die Welt im Bilde noch einmal schafft.

Tritt dann die Farbe hinzu, so genießt das Kind, selbst wenn es nicht besonderes, bildnerisches Talent besitzt, durch den Zauber, der, wie wohl jeder aus seiner eigenen Jugend weiß, dem Tuschen mit bunten Farben innewohnt, schöpferische Freuden, die ungetrübter sind als die Freude eines wirklichen Malers an seinem Werke, denn keine Jury und keine Kunstkritik verbittert ihm seine Schaffenslust, und alle Erzieher sollten ein noch so ungelenkes Malwerk des Kindes niemals bespötteln oder sich darüber lustig machen, sondern immer wieder zur Vergleichung mit der Natur raten und das richtige Sehenlernen des Kindes fördern. Nur das Verschmieren aller Tuschfarben durcheinander muß als etwas Unschönes gerügt werden, aber auch nicht mit Schelten, sondern durch den Hinweis, wie schade es doch ist, die schönen Farben, mit denen so viel Hübsches hätte gemalt und koloriert werden können, so zu verderben und wie viel schöner ein schmucker und sauberer Kasten mit den bunten Farben aussehe, als der schmutzige und schmierige, der nun gar keine Freude mehr bereite.

Auch dem Kinde die richtigen Farben zu zeigen und es, wenn es älter wird, die feineren Farbennuancen mischen und benennen zu lehren, wird bei den Malspielen eine nicht zu versäumende Aufgabe des Erziehers sein.

Ehe das Kind aber fähig ist, den Stift richtig zu führen, wird so manches Mal- und Zeichenspiel für „kleine Kinder" ihm Freude bereiten, zumal es sich einbilden wird, daß diese teils mechanisch hervorgerufenen Bilder seinem Schaffen ihre Entstehung verdanken.

Ja es wird den „Kleinsten" wirklich sehr leicht gemacht, indem man nicht mit Unrecht auf ihre geringe Ausdauer und auf ihren Wunsch, schnell und leicht ein Bild zu entwerfen, nach Möglichkeit Rücksicht nimmt. Das einfachste Spiel dieser Art ist ein Notizbuch, „der Schnellmaler" genannt, bei dem das Baby nur mit einem Bleistift solange über die Papierfläche zu fahren braucht, bis ein schönes blaues Bild, z. B. ein Kameel, ein Hund, eine Katze oder gar ein „Baby" selbst erscheint. Ebenso leicht ist die Tätigkeit des Kindes bei dem Buche „Der Zaubermaler", das schwarze Bilder enthält, die beim Überstreichen mit einem feuchten Pinsel von selbst bunt werden.

Nicht viel schwerer ist das Übertuschen kleiner Kupferblechschablonen, in die Bildchen in Kontur eingeschnitten sind; auch gibt es in Papierschablonen geschnittene Figuren, die mit dem Bleistift auf Papier oder mit dem Schieferstift auf der Tafel nachzuziehen sind.

Das letzte dieser mechanischen Spiele, das jedoch schon zum selbsttätigen Zeichnen anregt und hinüberleitet, ist das Nachzeichnen von Vorlagen, die unter eine matte Glasscheibe gelegt werden, welches Spiel unter dem Namen „Der kleine Transparentzeichner“ bekannt ist.

Für größere Kinder ist dasselbe System in einer Zeichen-Kamera zur Anwendung gebracht, bei der die Kinder die sich auf der Mattscheibe abspiegelnden Dinge in der Natur abkopieren können.

In Kolorierbüchern und Austuschbogen zum Malen mit Tuschfarben und Buntstiften gibt es unzählige Variationen. Während einzelne dieser Bücher und Bogen alle möglichen Figuren von Menschen und Tieren, ferner Landschaften und Geräte enthalten, widmen sich andere nur einer bestimmten Spezialität und enthalten dann nur Haustiere oder nur Soldaten, Schiffe, Blumen, Ornamente oder auch eine Sammlung von Märchenbildern.

In einzelnen dieser Kolorierbücher, die genau so die Beachtung der Kunsterzieher und Kunstförderer verdienen wie die Bilderbücher, macht sich eine entschiedene Richtung zum Künstlerischen bemerkbar, während leider noch recht viele dieser Vorlagen so unkünstlerisch sind, daß sie den Geschmack der Kinder eher verderben als verbessern.

Von den eigentlichen Malkästen für größere Kinder ist der sogenannte „Delfter Malkasten“ einer der einfachsten. Die Kinder malen in zwei Farben kleine weiße Pappteller nach Vorlagen und nach den Konturen der auf diesen Tellerchen aufgezeichneten Delfter Landschaften sehr stimmungsvoll aus.

Sehr viel schwieriger zu handhaben und daher auch nur für Kinder von mindestens 9—10 Jahren geeignet, sind die Kästen für Emaillemalerei, Glasmalerei und Spritzmalerei; doch um auch den kleineren Kindern das Schmücken von Gegenständen mit bunten Bildern zu ermöglichen, ist unter dem Namen „Porzellanmalerei“ ein reizendes Puppentafelservice zusammengestellt, das die Kinder mit Abziehbildern verzieren können.

Das Abziehbild, das, trotzdem es nur eine rein mechanische Tätigkeit erfordert, von den Kindern oft als eine schwierige und nur mit Geschick auszuführende Kunst angesehen wird, soll das Bild nämlich nicht zerreißen, sondern richtig auf die Tasse oder auf den Teller kommen, sodaß sie auf das Gelingen dieser Abziehkunst stolz sind, kann getrost zu den Malspielen gerechnet werden, weil die kleinen Kinder das Abziehen als eine schaffende künstlerische Tätigkeit empfinden, welche Freude wir ihnen gewiß nicht verkümmern wollen.

Die Tuschkästen, deren bunte Farben das Kind in Entzücken versetzen in dem Gedanken, daß es mit ihnen selbsterfinderisch eine neue bunte Welt aufs Papier zaubern kann, wozu noch die Freude am Mischen und Panschen mit Wasser kommt, sind in allen nur denkbaren Ausführungen hergestellt, vom kleinsten Tuschkästchen angefangen bis zu jenen luxuriösen Farbenkästen, in denen die Tuben mit Farben in drei übereinander liegenden Etagère-Lagen ruhen. Außer den überreichen Farbennuancen in Wasserfarben und Farbstiften sind alle Utensilien, welche die kleinen Maler und Malerinnen brauchen, wie Paletten, Staffeleien und andere Gegenstände mehr vorhanden.

Bei der Wichtigkeit, die es für Genuß und Betrachtung von Kunstwerken im späteren Leben hat, unsere Kinder im Zeichnen und Malen auszubilden, und bei der Bedeutung, die besonders seit dem denkwürdigen ersten Kunsterziehungstage in Dresden von seiten der Schulen — es sei hier der Hamburger Pionierarbeit auf diesem Gebiete, nicht zum mindesten des Professor Dr. Lichtwark rühmend gedacht — der Mal- und Zeichenkunst zuerkannt wird, lohnt es sich wohl, darauf aufmerksam zu machen, daß auch die Familie und das Haus die Arbeit der Schule unterstütze.

In vorstehendem war mehr vom „Spiel" des Malens als von eigentlicher Kunstübung die Rede. Nichtsdestoweniger kann auch beim Spiel die Kunst zu ihrem Rechte kommen.

* * *

G o e t h e schildert in „Wahrheit und Dichtung", wie sein Vater, als die Kinder anfingen zu zeichnen, selbst eine ganze Sammlung von Kupferstichen abzeichnete und so auf eine wirklich musterhafte Weise durch das Beispiel auf seine Kinder zu wirken suchte. „Er hatte nie gezeichnet, wollte nun aber, da seine Kinder diese Kunst trieben, nicht zurückbleiben, sondern ihnen selbst in seinem Alter ein Beispiel geben, wie sie in ihrer Jugend verfahren sollten.“

* * *

So werden alle Werke, die den Eltern und zunächst der Mutter, als der ersten und besten Erzieherin des Kindes, Anleitung geben, dem Kinde mit einfachen, leichtverständlichen Mitteln Pflanzen, Tiere und Geräte vorzuzeichnen*), ein dankbares Publikum finden, denn viele Eltern empfinden auch bei den künstlerischen Spielen die Notwendigkeit, ihren Kindern mit gutem Beispiel voranzugehen, es fehlt ihnen nur ach zu oft an der Anleitung und dem Können.

* * *

Victor Blüthgen erwähnt in seinem Schreiben, daß er „ein eifriger Zeichner“ gewesen sei.

Clara Eysell-Kilburger schreibt, nachdem sie geschildert, daß gedruckte Modellierbogen keinen Reiz für sie hatten, weil es sie langweilte, etwas herzustellen, von dem sie schon im voraus wußte, wie es aussehen würde: „Aus demselben Grunde verschmähte ich, als ich mich später mit Zeichnen und Tuschen beschäftigte, die Vorlage und hielt mich lieber an die Natur, am liebsten freilich an das, was meine Phantasie mir vormalte.“

Gustav Falke beschäftigte sich, wie er schreibt, in seiner Kinderzeit unter den Spielen, die er mit „drinnen“ im Gegensatz zu „draußen“ bezeichnet, auch mit „Zeichnen und Pinseln“.

Hermann Heiberg**) sagt: „Der Kitzel, meine Umgebung zu kopieren in Gang, Haltung und Worten, war mir angeboren. Ich mußte es und dieser Trieb ging auch in anderen Dingen so weit, daß ich einmal meine schriftlichen Arbeiten unter möglichst genauer Nachahmung der Handschrift des

*) Formenschatz für Mutter und Kind von Elisabeth Busse (W. Voigtländer, Leipzig). — **) Siehe benutzte Literatur.

jeweiligen Lehrers einreichte. Natürlich ward mir dieses untersagt. — Auch Karikaturen-Zeichnen verschmähte ich nicht."

Carmen Sylva schreibt: „Mancher kleine Maler hat mehr Begabung, als es die ungeschickten Striche ahnen lassen. Nie im späteren Leben werden wir so befriedigt von unserer Malerei sein, als bei den ersten Versuchen, bei denen die Phantasie alles ist. Diese kostbare Freundin sollte so gehütet werden, so gepflegt und entwickelt, daß sie fürs ganze Leben alles erhellen und verschönen kann."

Zoozmann sagt in seinem Schreiben, nachdem er erwähnt hat, daß alle glaubten, er würde einmal Techniker oder Maler werden: „Denn, wie gesagt, zeichnete ich von früh bis spät mit Schwarz- und Farbstiften und besonders Karikaturen. Diese Begabung zeigte sich schon vom vierten Jahre an und sie nahm mich so gefangen, daß meine Mutter es wagen konnte, mich stundenlang ohne Aufsicht in der Wohnung allein zu lassen. Bei ihrer Rückkehr waren Berge von Papier bemalt, aber das Frühstück und das Glas Milch standen unberührt daneben. Mein ältester, jetzt 11 Jahre alter Junge hat das Zeichentalent von mir geerbt, aber in viel höherem Maße: er zeichnete als 8jähriger schon so, wie ich es jetzt kaum fertig bringe."

* * *

Daß betreffs der Mal- und Zeichenkunst die Mitteilungen der berühmtesten Maler über ihre Jugendneigungen und Arbeiten, die auf ihren späteren künstlerischen Beruf sich beziehen, von unschätzbarem Werte für dieses Thema, für die Kinder-Psychologie und für die Wissenschaft vom künstlerischen Schaffen sein würden, ist außer Frage, doch war eine solche Ausdehnung des Werkes, das dann in jedem Abschnitt eine gleich genaue und umfangreiche Behandlung erfordert hätte, in dem für diese Arbeit vorgesehenen Rahmen unmöglich.

Über „Malen und Zeichnen" als Kunsterziehungsmittel ist soviel in den letzten Jahren geschrieben und in Vorträgen geredet worden, daß wir uns in diesem Werke darauf beschränken können, nur noch einen Blick auf die den Mal- und Tuschkästen beigegebenen Vorlagen zu werfen. Die beste Vorlage der Welt ist die Natur, und wenn die modernen Lehrmethoden, wie bei den plastischen Arbeiten der Kinder, auch das Zeichnen aus der Erinnerung eingeführt haben, so soll hierdurch auch nur das Merkvermögen der Naturerscheinung geprüft und gekräftigt werden, es ist aber auch ein Arbeiten nach der Natur und zwar „aus dem Gedächtnisse“.

Soweit aber Vorlagen zur Verwendung kommen, sollten wir verlangen, daß die besten Zeichnungen der ersten Meister aller Zeiten den Malkästen beigegeben seien. Man hat 100 der besten zur Lektüre geeigneten Bücher zusammengestellt, und so anfechtbar derartige Aufstellungen vom „besten“ auch sind, so würden sich in den Zeichnungen der klassischen und modernen Meister der Malerei doch 100, wenn auch nicht als „beste“, sondern lieber als „vorzügliche“ zu bezeichnende Werke auswählen lassen, die für solche Vorlagenzwecke in den Spielmalkästen der Jugend zur Verwendung gelangen sollten. Auch die Humoristen dürften in dieser Sammlung nicht fehlen, und einige gute Karikaturen wären schon deshalb erwünscht, weil grade durch sie oft die Anregung gegeben wurde, eine große schlummernde Begabung auf diesem Gebiete zu wecken. Natürlich müßte jedes Genre vertreten sein, Landschaft wie Tierbild, Historienbild wie Stilleben, Genre wie Porträt. Der Künstlername, sein Geburtsort und Geburts- und Todesjahr sollten auf jeder Vorlage stehen. Wir müssen die Kinder beim Spiele belehren, und es darf keine Gelegenheit unbenutzt vorübergehen, die Wissenschaften und Künste sich ergänzen zu lassen. Lehren wir die Kinder beim Zeichnen Kunstgeschichte, so können wir bei dem Kunstgeschichtsunterricht oder bei der Geschichte auf den Zeichenunterricht uns mit stützen. Nur wenn alle Lehrfächer ineinander greifen, wird unsere Erziehung eine einheitliche und künstlerische werden.

4. MUSIKALISCHE SPIELE.

Ehe Ton, Klang und Harmonie die Menschen erfreuten, war das Geräuschinstrument der musikalische Verkünder ihrer freudigen und traurigen, ihrer religiösen wie kriegerischen Empfindungen.

Wohl das älteste dieser Geräuschinstrumente ist die Rassel oder die Klapper, die benutzt wurde, um das Geschrei und Geheul zu begleiten oder den wilden Tänzen einigermaßen Rhythmus und Takt zu verleihen.

Daß wir die Rassel auch bei wilden Völkerschaften neben primitiven Musikinstrumenten finden, beweist nichts gegen ihr höheres Alter, denn ehe sie die ihr noch jetzt eigentümliche Gestalt eines mit Steinchen, Klötzchen oder Fruchtkernen gefüllten, rundlichen Behälters annahm, wird sie aus einem Schlagbrett bestanden haben oder aus zwei aneinander schlagenden Steinen oder Hölzern, ähnlich unseren Kastagnetten. Und wie auch bei unseren Kindern im ersten Lebensjahre die Geräusch- und Klapperinstrumente den Musikinstrumenten vorausgehen, so ist es, wie schon gesagt, ganz unzweifelhaft, daß dies auch für die Urzeit der prähistorischen Menschen zutrifft.

In Südamerika finden wir übrigens Rasseln aus Kürbissen und Stäben, die ganz unseren modernen Kinderklappern gleichen. Die Tanzrassel ist überhaupt bei allen Indianerstämmen von jeher ein beliebtes Musikinstrument gewesen, dem die verschiedenartigste Gestalt, so die eines Raben, eines Kranichs, einer Fischotter, einer See-Ente und manches anderen in grellen, bunten Farben bemalten Tieres gegeben wurde.

Einfachere, mehr an eine Kollektion von Kastagnetten erinnernde Klappern, die speziell für Kinder bestimmt waren, finden sich bei nordwestamerikanischen Volksstämmen. Dieselben bestehen aus einem in Ringform zusammengebogenen Zweige, an dem aufeinander passende, beim Tanz zusammenschlagende Muschelschalen aufgereiht sind.

Das alte Kulturvolk der Inder formte die Klappern gleichfalls in Gestalt von buntbemalten Tieren, wie Adler, Papagei, Gans, Hahn, und füllte sie mit Steinchen, während auch ganz einfache aus Palmyrablättern gebildete Klappern gearbeitet wurden.

Bei den alten Ägyptern waren die Klappern gleichfalls bekannt, denn man weiß, daß die Knaben die Vögel aus den Weinpflanzungen durch Klappern verjagten, auch das beim Kultus der Isis benutzte Metallklapperinstrument „Sistrum" kann zu den Klappern gezählt werden.

Die Griechen schrieben die Erfindung oder Verbesserung der Klappern dem griechischen Weisen und Feldherrn Archytas von Tarent zu, der sie zum Vergnügen für die Kinder konstruiert haben sollte, und dem auch ferner die Erfindung eines automatischen Spielzeugs, nämlich einer fliegenden Taube, nachgesagt wird.

Kinderklappern der Römer sind uns noch in Pompeji erhalten; gehörten sie doch, wie wir wissen, zu den beliebtesten Spielsachen, welche die geladenen Gäste den Mädchen am 8. Tage, den Knaben am 9. Tage nach der Geburt zum Feste der Namensgebung mitzubringen pflegten, und ein anderes nicht weniger beliebtes Geräusch- oder Musikinstrument der römischen Kinder war das aus Silber oder Bronze gefertigte Glöckchen, dessen Beliebtheit schon daraus hervorgeht, daß es bei den Reifen in Form von klingenden Schellen gerne verwendet wurde.

Im Mittelalter fertigte man die Klappern oder „Schlottern", wie man sie nannte, oft aus Wolfszähnen und schrieb ihnen dann die Eigenschaft zu, den Teufel oder böse Geister von dem Kindchen fern zu halten oder zu vertreiben, doch sind auch viele aus Bein oder Horn gefertigt und mit einer Pfeife und nicht selten mit einem Glöckchen versehen, das für reiche Kinder aus Silber, für arme dagegen aus einfacherem Metall gefertigt wurde.

Im 16., im 17. und im 18. Jahrhundert ist in Klappern sogar ein großer Luxus getrieben worden, indem man kostbare Klappern aus Perlmutter, Gold, Silber und Korallen herstellte.

Die modernen Klappern, die aus Holz, aus Metall, aus Korbgeflecht, aus Stoff und aus Zelluloid gefertigt werden, entsprechen in ihrer Konstruktion und in ihrem Zweck als Sinnesspiel, um den Gehörssinn anzuregen, noch immer den uralten Rasseln. Was die Form anbetrifft, die auch auf das Auge wirken soll, so hat man ihnen die mannigfaltigsten Gestalten gegeben, sie stellen Gesichter, Schmetterlinge, Weintrauben, Birnen, ja sogar vollständige Püppchen und Häschen dar. Der Griff ist meist aus Knochen, Holz und Zelluloid und bei einigen auch mit einer Pfeife versehen.

* * *

Victor Blüthgen erwähnt unter den Spielen seiner Kindheit „die Klappern, zwei glatte Holzstückchen, zwischen die mittleren Finger gesteckt und als Kastagnetten verwendet".

* * *

In das Gebiet der Geräuschspiele für die ganz kleinen, noch im Steckkissen oder in der Wiege ruhenden Lieblinge fällt auch ein sehr modernes, selbst von den allerjüngsten zu spielendes Instrument. Es ist ein sich in der Tat „sammetweich" anfühlender Plüschball mit Musik, der bei dem kleinsten Druck des Babys zu spielen beginnt, aber sofort wieder zu spielen aufhört, sobald der Druck nachläßt. Nicht nur der sanftere Klang der Musik gegenüber dem unmelodischen

Klappern, sondern auch die Unmöglichkeit, sich mit diesem Spielzeug zu verletzen, verleiht ihm eine Vorzugsstellung unter den Instrumenten für ganz kleine Kinder.

Wir dürfen derartige Fortschritte in der Spielzeugindustrie keineswegs etwa als Luxus bezeichnen, zumal wir für unsere „Allerkleinsten“ eigentlich nur sehr stiefmütterlich sorgen. Die Siamesen mit ihrer großen Kinderliebe übertreffen uns in der Fürsorge für die Wiegenkinder, wenigstens in bezug auf das Spielzeug, ganz bedeutend.

Während die Mutter außerhalb des Hauses meist auf dem Felde arbeitet, ist das kleine Siamesen-Kind sich selbst überlassen. Es liegt in einer Wiege, die an vier Stricken befestigt von der Decke des Wohnraumes herabhängt, und in der Mitte schwebt über ihm der sogenannte „Fliegende Fisch mit seinen Jungen“. H. Hillmann*) beschreibt diesen Fisch folgendermaßen: „Er besteht aus einem dünnen Palmblattstreifen, ist in sehr sinnreicher Weise geflochten, hohl und so leicht, daß er mit den unter ihm befestigten kleineren Fischen und herzförmigen Figuren sich beim geringsten Luftzug bewegt, während ein schärferer Luftzug ein Geraschel hervorbringt, dem das in der Wiege ruhende Kind gern lauscht. Die Fische sind außerdem mit grellen, das Auge auf sich ziehenden Farben bemalt, gelb und hellrot mit grünen Flecken und schwarzen Linien und Augen.“

Wie weit ein solches Spielzeug Sinneseindrücke auf das Kind macht, und ob und in wiefern es wirklich zur Erheiterung und zur Zerstreuung des Wiegenkindes beitragen kann, das mögen wir getrost die in frischem Aufblühen befindliche Wissenschaft der Kinderpsychologie untersuchen lassen. Die Psychologie der Elternliebe bei uns würde jedenfalls um manchen wertvollen Beitrag bereichert werden, wenn wir in unserer Liebe für die Allerkleinsten dem rührenden Beispiele der siamesischen Eltern folgten, selbst für den Fall, daß das

---

*) Kinderspielzeug in Siam „Globus“, s. benutzte Literatur.

Spielzeug dem Kindchen nicht wesentlich nützt, sondern nur ein Symbol unserer innigen Liebe zu ihm darstellt.

Daß auch die weichen, aus nicht abfärbendem Naturgummi gefertigten Quietsch-Puppen und Quietsch-Tiere (Haustiere und wilde Tiere) zu den für die kleinsten Kinder bestimmten Geräuschinstrumenten gehören, ist zweifellos; werden die Kinder ein wenig älter, so tritt der oft elegant gekleidete Bajazzo oder der Beckenschläger an die Stelle der Quietschinstrumente, und die klingelnden Glöckchen des Clowns hören sich denn auch etwas melodischer an als alles „Quietschen“ und „Klappern“, dem man irgend welchen Wert für die musikalische Erziehung des Kindes wohl schwerlich jemals wird zuerkennen können.

Die beste Musik für das Wiegenkind ist das Wiegenlied der Mutter, das auch diejenige Richtung in der Säuglingserziehung, die für absolute Ruhe ist, niemals ganz wird verdrängen können. Frau Musika tritt im Wiegengesang als erste unter den Künsten an das neugeborene Kind heran, und hat ihr Einfluß der Entwicklung all der ungezählten Geisteshelden auf der Welt in Tausenden von Jahren nicht geschadet, so wird er ihnen denn auch wohl in Zukunft nicht schaden.

Ein anderes Geräuschinstrument, das aber schon für etwas ältere Kinder bestimmt ist, ist die Knarre. Die Knarre hat schon im neunten Jahrhundert eine gewisse praktische Bedeutung gehabt, weil sie damals und auch später oft benutzt wurde, um anstelle des Glockenläutens die Zeit des Gottesdienstes anzukündigen. Heute freilich würde uns die Bemerkung „Es hat zur Kirche geknarrt“ etwas wunderlich anmuten, nichtsdestoweniger ist diese Sitte des Knarrens beim Gottesdienste noch jetzt üblich, denn die jüdischen Kinder Südrußlands*) machen zum Purimfeste mit Holz- und Eisenknarren einen ziemlich hörbaren Lärm in der Synagoge.

---

*) Nach Dr. S. Weißenberg. Im „Globus“, s. benutzte Literatur.

Im 14. Jahrhundert hat es übrigens sehr schöne und reich verzierte Knarren gegeben, und da sich auch bei den Naturvölkern Knarren mit geschnitzten Figuren finden, so ist es nur zu bedauern, daß unsere modernen Knarren jeden künstlerischen Schmuck entbehren und daß nicht wenigstens eine gefällige Gestalt uns etwas mit der Poesielosigkeit des Knarrens versöhnt. An der modernen Knarre sehen wir so recht, daß wir uns in bezug auf die künstlerische Ausgestaltung unseres modernen Spielzeugs nicht immer auf aufsteigender Linie befinden, sondern, wie in diesem Falle, in unserem Kunstgefühl sogar hinter wenig zivilisierten Völkerschaften zurückstehen. Wir können nur wünschen, daß auch im Spielzeug die angewandte Kunst ein weites Feld der Betätigung erkennen möchte, das wird dann für die Kunsterziehung schon ein wesentlicher Vorteil sein.

Von den reinen Geräuschinstrumenten bis zum Musikinstrument ist nur ein kleiner Schritt. Die einfache Trompete des Kindes hat nur einen Ton, und es kann mit dieser oder mit einer Trommel vielleicht noch unangenehmer Lärm machen, als mit einer Klapper oder einer Knarre.

Von einer musikalischen Erziehung des Kindes durch die Spielzeuginstrumente kann also eigentlich erst dann die Rede sein, wenn das Kind in das entsprechende Alter kommt, wenn die Instrumente vorzüglich sind und wenn entweder ausgezeichnetes Gehör oder treffliche Anleitung es befähigen, kleine Melodien zu spielen.

Für die meisten Spiele, wie das Soldatenspiel, kommt es den Kindern auch nur darauf an, durch Pfeifen, Trommeln oder ein Horn- oder Trompetensignal die wirkliche Militärmusik gewissermaßen symbolisch anzudeuten, der musikalische Wert ihrer Musik interessiert sie wenig.

Tritt dann aber im Gesang und Musikunterricht die Musik als Lehrfach in ihr Leben, dann ändert sich die Auffassung, und wenn auch Spiel immer nur Spiel bleibt — denn das große Unterrichtsklavier kann als Geschenk für das

Kind in jungen Jahren mit dem kleinen Spielzeugklavier in bezug auf die Freude, die es verursacht, meist nicht konkurrieren —, so wird doch die Freude am Melodienbilden, am Nachschaffen in der Musik auf verschiedenen Instrumenten mit dem durch den Musikunterricht erweckten Interesse von Jahr zu Jahr zunehmen, vorausgesetzt, daß das Kind überhaupt Gehör und Freude an der Musik hat.

Es kann nicht die Aufgabe dieses Werkes sein, eine auch nur flüchtige Skizze der Entwicklung der Musikinstrumente zu geben, soweit aber die Musikinstrumente als Kinderspielzeug in Betracht kommen, sollen sie hier behandelt werden.

Wohl von allen Spielzeuginstrumenten sind Trommel und Trompete bei Knaben die beliebtesten. Beide Instrumente sind daher von der Industrie mit besonderer Sorgfalt und Liebe hergestellt worden, namentlich die Trommel, deren Fell meist glücklicherweise eher in die Brüche geht, als das Trommelfell der Erwachsenen, an dessen Stärke unsere trommelnde Jugend die stärksten Ansprüche stellt, ist vorzüglich gearbeitet, sodaß dieser einzige Vorteil, Entzweigehen des Fells, wieder illusorisch wird.

Es gibt nicht nur Trommeln zum Anziehen des Fells, sondern auch sogar solche, deren innerer Mechanismus beim Drehen einen ganzen Marsch spielt, was beim Soldaten- und Kriegsspiel die Illusion des kleinen Militärmusikers mächtig erhöht, da ihm der richtige Wirbelschlag doch nicht immer so gelingt; zur Ehre dieses Spielzeugs sei aber erwähnt, daß man auf dieser Trommel aber auch unmechanisch spielen kann, sodaß ein kleines Trommelgenie auch zur Entfaltung seiner Gaben dabei kommen kann. Die verstärkte, in der Kinderkapelle nicht fehlende Trommel ist die Pauke. Über die Geschichte der Trommeln und Pauken als Kinderinstrumente ist nur wenig zu sagen. In einem Grabe der Steinzeit*) ist bei Repten, Kreis Calbe, eine Miniaturtrommel von

---

*) Ed. Krause, die ältesten Pauken, „Globus“, s. benutzte Literatur.

75 mm Höhe gefunden worden, die wahrscheinlich ein Kinderspielzeug gewesen ist. Diese Trommel zeigt kleine Löcher für die Holzpflöcke zur Spannung des Felles und für die Tragschnur.

Alte Indianertrommeln, die zwar nicht als Kinderspielzeug in Betracht kamen, aber ihres bildnerischen Schmuckes wegen interessant sind und vielleicht als Vorbilder von Trommeln ganz kleiner Kinder dienen können, zeigen auf dem Trommelfell Zeichnungen derjenigen Tiere, die gejagt werden sollen. Vor der Jagd hielt der Zauberer unter Trommeln die Beschwörung für „glückliche Jagd“ ab.

Die siamesischen Kindertrommeln sind sehr dauerhaft aus ausgehöhltem Holz mit übernageltem starkem Leder gearbeitet, sie sind schön bunt bemalt und sind wohl überhaupt kaum entzwei zu machen. Altertümliche Kindertrommeln finden sich auch bei Indern, Chinesen und Japanern, sowie bei vielen anderen Völkerschaften.

Die jungen, hübschen ägyptischen Tänzerinnen benutzten eine Art Handpauke als Begleitung bei der Aufführung ihrer Tänze.

* * *

Die modernen Kindertrompeten werden als Klappentrompeten, Liedertrompeten, Signaltrompeten und endlich als Posaunen in einer solchen Mannigfaltigkeit hergestellt, daß wohl keine Trompetenart für Erwachsene existiert, die nicht auch als Kindertrompete vorhanden wäre.

Die ursprünglichste Form des Blasens war wohl die, welche noch heute die Landkinder anwenden, die auf einem Blatte blasen. Bei den Indern treffen wir kleine Blechtrompeten an und bei den Ägyptern waren Flöte und Trompete überhaupt die einzigen bekannten Blasinstrumente. Auf dem Lande machen sich noch jetzt die Kinder Flöten in der Weise, daß sie im Frühjahr sich Weidenstöcke holen, die Schale losklopfen und sich dann Blasinstrumente daraus machen, wie denn die Schalmeien und Panflöten, die die Kinder im Süden Europas blasen, nicht nur mit zu den ältesten Instrumenten gehören, sondern auch zu denen, deren halb klagende, melancholische Weisen, wie sie ihnen z. B. die Sizilianer zu entlocken verstehen, bei richtigem Spiel zu einer wundervollen Tonsprache befähigen.

* * *

Außer den Flöten und Klarinetten ist auch das Horn ein beliebtes Kinderinstrument, erinnert es doch an die Sagen vom Wunder- und Zauberhorn, und gestatten doch auch beim Spiel die verschiedenen existierenden Hörner, wie Waldhorn, Jagdhorn, Signalhorn und Posthorn, eine reiche Abwechslung. Im Mittelalter hatte das Horn als Kinderspielzeug trotzdem eine weit angesehenere Stellung wie heute, galt es doch zum Beispiel in England bis zur Zeit Heinrichs VIII. als des Edelmanns Sohnes beste und einzigste Beschäftigung, das Horn zu blasen und den Jagdfalken zu tragen, und das Studieren und Lernen Kindern gewöhnlicher Leute zu überlassen.

Von den Pfeifen sind die künstlerischsten die chinesischen Taubenpfeifen. Sie sind aus allerdünnstem Bambus und aus ganz dünngeschabten Kürbissen gemacht. Diese werden an den Schwanzfedern der Tauben befestigt und geben wunderbar melodiöse Töne, sobald die Tauben in die Luft fliegen. Es gibt ca. 20 verschiedene Arten von Taubenpfeifen, die eine geradezu entzückende Musik machen. Der E. R. S.*) gezeichnete Verfasser sagt im Globus: „Die Instrumente sind das kunstvollste Spielzeug, das man sich denken kann, das man eher in Tokio oder Paris, als in dem halb barbarischen Peking erwartet.“

In bezug auf ihre äußere Gestalt waren die Pfeifen in früheren Zeiten weit kunstvoller als heute, schon die Germanenkinder spielten mit Pfeifen aus Ton, die Schweine und Pferde darstellten, und in Siam haben die Tonpfeifen für Kinder oft die Gestalt von Schlangen. Pfeifen finden sich natürlich bei

---

*) Siehe benutzte Literatur.

Dessiné par Busset Dubruslé Gravé par Ruotte.

La Jolie Vielleuse. Triangelspiel im Jahre 1800.

fast allen Völkern der Erde, ist doch ihre Herstellung meist die denkbar einfachste, was die Pfeifen beweisen, die noch heute die Kinder auf dem Lande aus einem Haferstengel machen.

Ein Kinderinstrument, das auch mit dem Mund gehalten wird, ist die „Maultrommel"*) oder das Brummeisen, mit dem die Kinder in Litauen spielen. „Es ist 5 cm lang und 4 cm breit, besteht aus Eisendraht und hat die Gestalt eines Kreises, der auf der einen Seite in zwei Stäbchen endet. Als Kreisdurchmesser mündet zwischen den Stäbchen eine elastische Feder mit Haken. Die beiden Stäbchen nimmt man zwischen

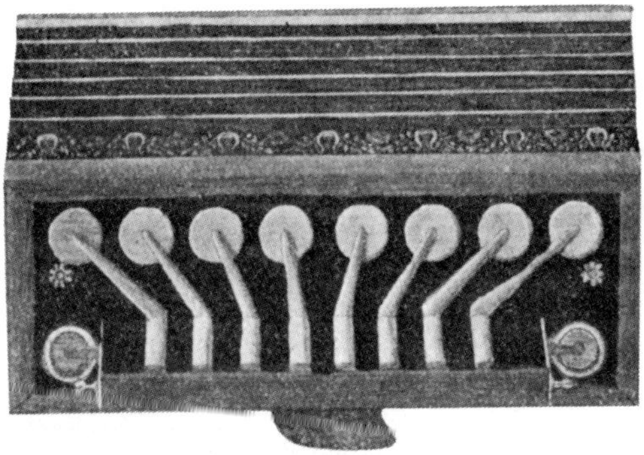

Ziehharmonika (Anfang des 19. Jahrh.).

die Zähne und läßt die Feder schnappen. Es entsteht ein brummender Ton."

* * *

Von den Saiteninstrumenten, Harfe, Laute und Leier, die schon im alten Ägypten sich großen Ansehens erfreuten, hat sich keines so recht als Kinderinstrument bei uns erhalten, dagegen ist die Zither sehr beliebt geworden.

An Streichinstrumenten existiert unter dem Kinderspielzeug eigentlich nur die Violine. Für Kinderkonzerte gibt es

*) Dr. F. Tetzner, Globus 1898, s. benutzte Literatur.

auch Cellos und Baßgeigen, aber als Spielzeuginstrument haben sich dieselben nicht eingeführt. Eine kleine Holzvioline primitiver Bauart, die bei den Guato-Indianern als Spielzeug gilt, befindet sich übrigens im Museum für Völkerkunde zu Berlin.

Am begehrtesten als Kinderspielzeug sind die Mundharmonika und die Ziehharmonika, durch deren Handhabung das Kind die Illusion hat, ein Konzert zu geben.

Für das Soldatenspiel und die Militärmusik fehlen auch kleine Schellenbäume, türkische Becken und Triangeln nicht in der Reihe der modernen Spielzeuginstrumente, und für den Tanz ist das Kinder-Tambourin, das auch bei den kleinen Indern als Spielzeuginstrument existiert, hergestellt, und auch die spanischen Kastagnetten sind von der Spielwarenindustrie nicht vergessen.

Da die kleinen Kinder den Großen gerne alles nachahmen wollen, so sind auch die bereits erwähnten kleinen

Klavier (Anfang des 19. Jahrh.).

Kinderklaviere gebaut worden. Ihr Äußeres hat sich in den letzten 30 Jahren ganz wesentlich verbessert, ja wir finden sogar ganz moderne Gehäuse im Sezessionsstil, und ihr Inneres, das früher nur den Ton einer Glastafeltonleiter hören ließ, besteht jetzt aus richtigen Saiten und gibt einen trefflichen Klang.

Von den Instrumenten, die die Kinder selbst spielen und von denen sich noch viele, z. B. Dudelsäcke, Waldteufel und andere Instrumente mehr anführen ließen, können wir nun zu den mehr mechanischen Instrumenten, den Spieldosen, Leierkästen und größeren Musikwerken übergehen, welche, soweit sie zum Drehen eingerichtet sind, die Kinder auch in die Illusion versetzen, daß sie diese Instrumente selbst spielen, was nach dem Sprachgebrauch „Leierkastenspielen“, welcher mit Spielen sowohl „Ton bilden“ als auch „mechanisch spielen“ bezeichnet, ganz richtig ist.

Dieses Spielen mit mechanischen Instrumenten hat, wenn sie gut sind, und solange das Kind auf den anderen Instrumenten keine richtige Melodie spielen kann, weit mehr Wert für die Ausbildung der musikalischen Fähigkeiten, als das falsche Spielen auf Instrumenten, bei denen erst der Ton vom Kind selbst gefunden oder gebildet werden muß. Befähigt jedoch erst Musikunterricht oder Anleitung oder endlich außerordentliche Begabung das Kind zum selbständigen Spielen, so wird das mechanische Instrument ganz von selbst nicht mehr der Günstling des Kindes bleiben. Sein Schaffensdrang wird es von selbst zum Ton- und Melodiebilden veranlassen. Dennoch braucht auch dann das mechanische Kunstwerk nicht etwa als musikalisches Erziehungsmittel mißachtet zu werden, vermittelt es doch dem Kinde, das schon wegen seines zeitigen Zubettgehens leider zu wenig in gute Konzerte kommen kann, die Bekanntschaft mit unzähligen Melodien. Der Phonograph reproduziert sogar den Gesang der bedeutendsten lebenden Sänger und Sängerinnen und verschafft den Kindern den Genuß, solche in- und ausländischen Künstler singen zu hören, die vielleicht sogar die Erwachsenen wegen der Entfernung ihres Domizils vom Tätigkeitsorte jener Kunstkoryphäen auch nicht hören können.

Ja es ist vielleicht nur eine Frage der Zeit, und man wird dahin kommen, den Phonographen, der als Anreger für deklamatorische, gesangliche und musikalische Betätigung des Kindes so gute Dienste leistet, auch für den Unterricht in fremden Sprachen zu verwenden. So könnten zum Beispiel

Kinder, die in einem Orte weilen, wo nur deutsche Lehrer und Lehrerinnen in fremden Sprachen unterrichten, durch Phonographenwalzen, in die englische, französische und italienische Erzieher kürzere und längere Sätze langsam und deutlich gesprochen haben, vorzüglich in der richtigen Aussprache der einzelnen Sprachen unterrichtet werden.

Von den mechanischen Musikwerken sind die einfachsten die kleinen runden oder viereckigen, mit der Hand zu drehenden Spieldosen-Werkchen, die nur ein bis zwei Stücke spielen und infolge der kleinen Walze keinen sehr vollen Ton haben. Die größeren Musikinstrumente sind dann die den Leierkasten nachgebildeten Werke, die zum teil 6 Stücke und mehr sehr klangvoll zum Vortrage bringen. Die neueren, modernen Musikwerke mit auswechselbaren Platten, die also alle in diesen Platten vorhandenen Stücke spielen, sind die Symphonions und die Polyphone, denen sich neuerdings noch die selbstspielende Cordephon-Zither zugesellt hat. Ganz entsprechend unseren großen Leierkästen sind die mit auswechselbaren Musikrollen oder Papierwalzen zu spielenden großen Musikkästen zum Drehen. Viele dieser Instrumente sind, wie auch die Phonographen, selbstspielend, sodaß nur ein Hebel in Bewegung gesetzt werden braucht und das für Erwachsene mühsame, die Kinder aber meist sehr belustigende Drehen fortfällt. Die praktischsten, allen Ansprüchen genügenden Musikwerke sind daher die, welche sowohl zum Drehen als auch zum Selbstspielen eingerichtet sind.

Im Interesse der künstlerischen Erziehung unserer Kinder müssen wir die Forderung aufstellen, daß ihnen die beste und nicht die schlechteste Musik auf diesen mechanischen Musikwerken dargeboten werde. Man wird in der Auswahl freilich berücksichtigen müssen, daß dem Kinde nicht schwere sondern leicht verständliche Musik gereicht werde, aber man wird unschwer bei allen großen Meistern der Vergangenheit und Gegenwart für Kinder geeignete Musik, die auf die Melodienfreude des Kindes Rücksicht nimmt, herausfinden können, außerdem gibt es ja ganz gute Kinderlieder, es sei nur an die Morgen-, Abend-, Nacht-, Festtags-, Volks-, Natur-, Spiel-, Schul- und Märchenlieder Karl Loewes*) erinnert, deren Texte von den gefeiertsten älteren Dichtern wie Gellert, Klopstock, Rückert, Matthias Claudius, Krummacher, Simrock und Uhland herrühren. Es wird sich jedenfalls immer mehr empfehlen, klassische Musik als jeden ersten besten Gassenhauer auf die Walzen der Musikwerke zu bringen.

Was auf alle Fälle aber in Zukunft von den Herstellern verlangt werden wird, das ist, daß der volle Vor- und Zuname des Komponisten und möglichst auch Geburtsort, Geburtsjahr und bei den nicht mehr lebenden auch das Todesjahr mit bei den einzelnen Stücken vermerkt werde. Die Nennung des Musikstückes ohne Nennung des Komponisten ist eine direkte Unterlassungssünde, die in einer Zeit, wo die Schätzung der einzelnen Persönlichkeit so gepflegt wird und oft sogar übertriebene Dimensionen annimmt, garnicht mehr geduldet werden sollte.

Über die eigentliche musikalische Ausbildung der Kinder, soweit sie in regelrechtem Musikunterricht besteht, braucht an dieser Stelle nichts mehr gesagt zu werden, dieselbe ist bei uns quantitativ so stark, daß sogar die Witzblätter sich mit der „Klimpermanie" oft genug beschäftigen; ob das im Altertum auch schon so war? — Tatsache ist, daß ein altägyptischer Karikaturenzeichner auf einem Papyros, der sich in Turin befindet, ein Quartett gezeichnet hat, auf dem wir einen Löwen Lyra, einen Esel Harfe, ein Krokodil Laute und eine Katze Flöte spielen sehen. Aber da mag man sagen, was man wolle, die überreiche Beschäftigung mit der Musik seitens unserer Kinder ist ein Zeichen unserer wachsenden künstlerischen Kultur, und wenn wir erst alle Künste so energisch treiben wie diese eine, dann werden wir im wahrsten Sinne des Wortes ein Volk von Künstlern werden.

---

*) Verlag Breitkopf & Härtel in Leipzig.

5. DICHTERISCHE, DRAMATISCHE UND SCHAUSTELLUNGSSPIELE.

Jedes Spiel des Kindes ist eigentlich dichterisch und dramatisch. Denn ob das Kind mit Soldaten oder mit der Puppe spielt, ob es einem Märchen zuhört oder ein Bilderbuch besieht, es versetzt sich immer in die Rolle der Menschen, Tiere und sogar Gegenstände, mit denen es spielt, von denen es hört oder die es ansieht.

Dennoch lassen sich innerhalb der gesamten Spiele diejenigen besonders zusammenfassen, deren Charakter ihnen bei Übertragung in das wirkliche Leben, die Zugehörigkeit zur Dichtkunst, zur Schauspielkunst und auch zur Rednerkunst sichern würde, und an die sich dann als eng mit den Theaterspielen verbunden die mehr oder weniger künstlerischen Schaustellungsspiele anreihen.

Die Dichtkunstspiele sind meist Reimspiele oder solche Spiele, bei welchen, wie bei den Frage- und Antwortspielen der älteren Knaben und Mädchen in Annam, auf eine poetische Rede eine poetische Gegenrede folgt. Oft werden von Kindern derartige Verse und Reden, aber wohl nur mechanisch, nach einem bestimmten Schema hergesagt, in welchem Falle die Spiele dann mehr rhetorische als poetische sind.

Die Dichter-Zitaten-Quartette, die an anderer Stelle in diesem Werke besprochen werden, sind eigentlich keine dichterischen Spiele, sondern sind mehr Lehrspiele der Literatur.

Dichtkunst-Spiele im Sinne dichterischen Schaffens sind dagegen das Dichten oder freie Erzählen (nicht Nacherzählen) von Geschichten, Märchen und Theaterstücken seitens der Kinder, ferner das Abfassen von Briefen und das Führen des Tagebuches, soweit eine auf phantasievolle Darstellung hinzielende Tätigkeit dabei zu bemerken ist. Ein Schüler-Aufsatz von künstlerischer Qualität gehört zwar auch in das Gebiet der Dichtkunst, aber da hier die Arbeit und der Lehrzweck überwiegen, so kann man ihn nicht zu den Dichtkunstspielen zählen. Zu jeder Kunstausübung gehört freies Spiel der Phantasie, und ein Zwang ist nur insoweit zulässig, als ihn sich der Künstler selbst auferlegt. Wir sollten auch die dichterischen Versuche der Kinder nicht unfreundlich kritisieren und vor allem dieses vorzügliche Spiel nicht verbieten. Wo das Kind jedoch gegen die Gesetze der Kunst verstößt, wo es die Schönheit in Darstellung und Form schwer verletzt, da können wir durch einen freundlichen Hinweis auf das Schöne und Mustergültige milde eingreifen und das Kind liebevoll fördern.

Die Dichtkunstspiele sind so alt wie die Menschheit selbst und wohl noch älter, denn wir treffen sie überall auch bei den Tieren an, deren Rede und Gegenrede im Vogelgezwitscher und Gesang sogar einen für uns melodiösen und tiefpoetischen Ausdruck erlangt.

Die Geschichte dieser Spiele schreiben, hieße eine Geschichte der Dichtkunst überhaupt schreiben. Irgend ein Spielzeug, das für Dichtkunstspiele geschaffen wäre, ausgenommen natürlich das Theaterspiel, gibt es nicht.

Daß von allen Menschen grade die Dichter sich schon in früher Kindheit mit dem Dichtkunstspiel beschäftigt haben, kann uns nicht wunder nehmen, und es sollte einer derartigen starken Neigung zu einem immerhin außergewöhnlichen Spiel seitens der Eltern und Erzieher mehr Beachtung und Pflege geschenkt werden, als dies gewöhnlich geschieht.

Goethe erzählt von seinen Reimspielen: „Wir Knaben hatten eine sonntägliche Zusammenkunft, wo jeder von ihm selbst verfertigte Verse produzieren sollte. Und hier begegnete mir etwas Wunderbares, was mich sehr lang in Unruh setzte. Meine Gedichte, wie sie auch sein mochten, mußte ich immer für die besseren halten. Allein ich bemerkte bald, daß meine Mitbewerber, welche sehr lahme Dinge vorbrachten, in dem gleichen Falle waren und sich nicht weniger dünkten; ja was mir noch bedenklicher schien, ein guter, obgleich zu solchen Arbeiten völlig unfähiger Knabe, dem ich übrigens gewogen war, der aber seine Reime sich vom Hofmeister machen ließ, hielt diese nicht allein für die allerbesten, sondern war völlig überzeugt, er habe sie selbst gemacht; wie er mir, in dem vertrauteren Verhältnis, worin ich mit ihm stand, jederzeit aufrichtig behauptete. Da ich nun solchen Irrtum und Wahnsinn offenbar vor mir sah, fiel es mir eines Tages aufs Herz, ob ich mich vielleicht selbst in dem Falle befände, ob nicht jene Gedichte wirklich besser seien als die meinigen, und ob ich nicht mit Recht jenen Knaben eben so toll als sie mir vorkommen möchte? Dieses beunruhigte mich sehr und lange Zeit: denn es war mir durchaus unmöglich, ein äußeres Kennzeichen der Wahrheit zu finden; ja ich stockte sogar in meinen Hervorbringungen, bis mich endlich Leichtsinn und Selbstgefühl und zuletzt eine Probearbeit beruhigten, die uns Lehrer und Eltern, welche auf unsere Scherze aufmerksam geworden, aus dem Stegreif aufgaben, wobei ich gut bestand und allgemeines Lob davon trug."

Noch weit interessanter aber ist für unser Werk seine Freude am Märchenerfinden und -Erzählen, verdanken wir doch dieser Neigung Goethes die Entstehung eines Knabenmärchens, das er, da er es seinen Gespielen oft vortrug, im Gedächtnis behielt und in „Wahrheit und Dichtung" mitteilte, und in diesem Märchen findet sich ein Passus über „Spiel und Spielzeug", der als eine von unserem größten Dichter herrührende

Behandlung des Themas Spielzeug hier als ein wirklich „klassischer“ Beitrag Aufnahme finden soll:

„Alerte führte mich sogleich in den Gang zurück, durch den ich hereingekommen war. An der Seite hatte sie zwei wohleingerichtete Zimmer; in dem einen, wo sie wohnte, setzte sie mir Orangen, Feigen, Pfirsiche und Trauben vor, und ich genoß sowohl die Früchte fremder Länder als auch die der erst kommenden Monate mit großem Appetit. Zuckerwerk war im Überfluß; auch füllte sie einen Pokal von geschliffenem Kristall mit schäumendem Wein: doch zu trinken bedurfte ich nicht; denn ich hatte mich an den Früchten hinreichend gelabt. — „Nun wollen wir spielen“, sagte sie und führte mich in das andere Zimmer. Hier sah es nun aus wie auf einem Christmarkt; aber so kostbare und feine Sachen hat man niemals in einer Weihnachtsbude gesehen. Da waren alle Arten von Puppen, Puppenkleidern und Puppengerätschaften; Küchen, Wohnstuben und Läden; und einzelne Spielsachen in Unzahl. Sie führte mich an allen Glasschränken herum: denn in solchen waren diese künstlichen Arbeiten aufbewahrt. Die ersten Schränke verschloß sie aber bald wieder und sagte: „Das ist nichts für euch, ich weiß es wohl. Hier aber“, sagte sie, „könnten wir Baumaterialien finden, Mauern und Türme, Häuser, Paläste, Kirchen, um eine große Stadt zusammenzustellen. Das unterhält mich aber nicht; wir wollen zu etwas anderem greifen, das für euch und mich gleich vergnüglich ist.“ — Sie brachte darauf einige Kasten hervor, in denen ich kleines Kriegsvolk übereinander geschichtet erblickte, von dem ich sogleich bekennen mußte, daß ich niemals so etwas Schönes gesehen hätte. Sie ließ mir die Zeit nicht, das einzelne näher zu betrachten, sondern nahm den einen Kasten unter den Arm, und ich packte den andern auf. „Wir wollen auf die goldne Brücke gehen“, sagte sie; „dort spielt sich's am besten mit Soldaten: die Spieße geben gleich die Richtung, wie man die Armeen gegeneinander zu stellen hat.“ Nun waren wir auf dem goldnen schwankenden Boden angelangt, unter mir hörte ich das Wasser rieseln und die Fische plätschern, indem ich niederkniete, meine Linien aufzustellen. Es war alles Reiterei, wie ich nunmehr sah. Sie rühmte sich, die Königin der Amazonen zum Führer ihres weiblichen Heeres zu besitzen: ich dagegen fand den Achill und eine sehr stattliche griechische Reiterei. Die Heere standen gegeneinander und man konnte nichts Schöneres sehen. Es waren nicht etwa flache bleierne Reiter, wie die unsrigen, sondern Mann und Pferd rund und körperlich und auf das feinste gearbeitet; auch konnte man kaum begreifen, wie sie sich im Gleichgewicht hielten: denn sie standen für sich, ohne ein Fußbrettchen zu haben.

Wir hatten nun jedes mit großer Selbstzufriedenheit unsere Heerhaufen beschaut, als sie mir den Angriff verkündigte. Wir hatten auch Geschütz in unsern Kästen gefunden; es waren nämlich Schachteln voll kleiner wohlpolierter Achatkugeln. Mit diesen sollten wir aus einer gewissen Entfernung gegeneinander kämpfen, wobei jedoch ausdrücklich bedungen war, daß nicht stärker geworfen werde, als nötig sei, die Figuren umzustürzen: denn beschädigt sollte keine werden. Wechselseitig ging nun die Kanonade los, und im Anfang wirkte sie zu unser beider Zufriedenheit. Allein als meine Gegnerin bemerkte, daß ich doch besser zielte als sie, und zuletzt den Sieg, der von der Überzahl der stehen Gebliebenen abhing, gewinnen möchte, trat sie näher, und ihr mädchenhaftes Werfen hatte denn auch den erwünschten Erfolg. Sie streckte mir eine Menge meiner besten Truppen nieder, und je mehr ich protestierte, desto eifriger warf sie. Dies verdroß mich zuletzt, und ich erklärte, daß ich ein gleiches tun würde. Ich trat auch wirklich nicht allein näher heran, sondern warf im Unmut viel heftiger, da es denn nicht lange währte, als ein Paar ihrer kleinen Zentaurinnen in Stücke sprangen. In ihrem Eifer bemerkte sie es nicht gleich; aber ich stand versteinert, als die zerbrochenen Figürchen sich von selbst wieder zusammenfügten, Amazonen und Pferd wieder ein Ganzes, auch zugleich völlig lebendig wurden, im Galopp von der goldenen Brücke unter die Linden setzten, und in Karriere hin- und wiederrennend sich endlich gegen die Mauer, ich weiß nicht wie, verloren. Meine schöne Gegnerin war das kaum gewahr geworden, als sie in ein lautes Weinen und Jammern ausbrach und rief: daß ich ihr einen unersetzlichen Verlust zugefügt, der weit größer sei, als es sich aussprechen lasse. Ich aber, der ich schon erbost war, freute mich, ihr etwas zuleide zu tun, und warf noch ein paar mir übrig gebliebene Achatkugeln blindlings mit Gewalt unter ihren Heerhaufen. Unglücklicherweise traf ich die Königin, die bisher bei unserm regelmäßigen Spiel ausgenommen gewesen. Sie sprang in Stücken und ihre nächsten Adjutanten wurden auch zerschmettert; aber schnell stellten sie sich wieder her und nahmen Reißaus wie die ersten, galoppierten sehr lustig unter den Linden herum und verloren sich gegen die Mauer.

Meine Gegnerin schalt und schimpfte; ich aber, nun einmal im Gange, bückte mich, einige Achatkugeln aufzuheben, welche an den goldnen Spießen herumrollten. Mein ergrimmter Wunsch war, ihr ganzes Heer zu vernichten; sie dagegen, nicht faul, sprang auf mich los und gab mir eine Ohrfeige, daß mir der Kopf summte. Ich, der ich immer gehört hatte, auf die Ohrfeige eines Mädchens gehöre ein derber Kuß, faßte sie bei den Ohren und küßte sie zu wiederholten Malen."

Clara Eysell-Kilburger sagt in ihrem Schreiben von der Zeit, in der sie ihr erstes Gedicht niedergeschrieben hatte: „Von nun ab sang und klang es um mich, wo ich ging und stand: Töne, Bilder, — aber greifen ließen sie sich nicht. Es war wie eine Schmetterlingsjagd, — also auch ein Kinderspiel."

* * *

Die dramatischen Spiele sind: Puppentheater, Kasperletheater, Schattentheater und Kindertheater, oder, in einem Worte zusammengefaßt, das Theaterspiel. Der Kindertanz, obgleich er zu den Bewegungsspielen zählt, muß, sofern er die mimische Darstellung eines dichterischen Gedankens verkörpert, auch zum Theaterspiel gerechnet werden, umsomehr als auch die an Fäden hängenden Marionetten mehr tanzen als gehen und die Kasperlefiguren mit Springen und Tanzen einen wesentlichen Teil ihrer mimischen Tätigkeit ausfüllen.

Professor Dr. Konrad Lange*) sagt in seinem Werke „Die künstlerische Erziehung der Jugend" über das Theaterspiel: „Puppenspiel und Marionettentheater bereiten das Kind zum Verständnis der Plastik und des Schauspiels vor", und an anderer Stelle heißt es: „Es fehlt ja auch dem Knaben nicht an Gelegenheiten, das Kunstspiel bis ins reifere Alter fortzusetzen. Kasperle- und Marionettentheater bilden für ihn die Brücke zum dramatischen Kunstgenuß. Aber sie werden in vielen Familien garnicht betrieben. Phantasievolle Knaben verlangen solche Spiele freilich von selbst."

Ja dieses „Nichtbetreiben" des Theaterspiels in vielen Familien ist als eine schwere Vernachlässigung in der Erziehung unserer Kinder anzusehen, denn eines der besten Mittel, um im Spiel zur Kunst zu erziehen, ist gerade das Puppen- und Kindertheater. Keine andere Beschäftigung wird bei richtiger Anleitung die Kinder so tief in das Wesen aller Künste einführen, wie das Theaterspiel, und vielleicht gerade dann, wenn ein auf der wirklichen Bühne gesehenes Stück oder ein oft gehörtes Märchen auch ohne Textbuch, also frei nach der kindlichen Phantasie, zur Aufführung gelangt.

In jeder Familie, die es sich irgend leisten kann, sollte ein kleines Puppentheater angeschafft werden, das, ließe man es auch das ganze Jahr auf dem Boden oder in einer Ecke stehen, in den langen Winterabenden und besonders zu Weihnachten herbeigeholt werden müßte, um die schönen deutschen Zaubermärchen „Schneewittchen", „Dornröschen" und „Aschenbrödel" den kleinen Lieblingen des Hauses vorzu-

---

*) Siehe benutzte Literatur.

spielen, oder auch sie dieselben selbst spielen zu lassen, wenigstens dann, wenn Zeit, Gelegenheit oder pekuniäre Rücksichten es nicht gestatten, mit den Kindern jene herrlichen Weihnachtsstücke zu besuchen, wie sie in Deutschland und England zur Weihnachtszeit auf allen volkstümlichen Bühnen gegeben werden.

Indien ist die Heimat der Puppenspiele, und das Theaterspielen mit Puppen scheint bei den Indern noch älter zu sein, als wie das Spielen von Schauspielern. Es fehlt auch bei den Indern die komische Figur des Spaßmachers nicht; er heißt Vidûsaka und ist somit der älteste Kasperle der Welt.

Die beweglichen Puppen waren aus den verschiedensten Stoffen gefertigt, so aus Holz, aus Stoff und Horn oder Elfenbein, und noch heute halten die Inder dieses Spiel hoch in Ehren und ihre Theaterfiguren, Menschen wie Tiere, werden wie vor Tausenden von Jahren noch immer vom Puppenspieler an Fäden gehalten. Nach Angaben von Gotthilf Weisstein*) in seinem Essay „Die kleinen dramatischen Künste“, in dem auch das Kasperle- und Marionettentheater ausführlich behandelt ist, hießen die uns durch Überlieferung bekannt gewordenen altindischen Puppenfabrikanten, die zugleich sûtradhâra, d. h. Fadenhalter waren, „Maya“ und „Visawáda“, woraus ersichtlich ist, daß die Geschichte der Puppenindustrie keineswegs mit Sonneberg beginnt.

Auch Ägypten hatte seine Puppenspiele, und der griechische Puppenspieler, Potheinos, erfreute sich zur Zeit des Sokrates großer Beliebtheit.

Von den Griechen übernahmen die Römer das Puppenspiel, und im Museum zu Rouen befinden sich ausgegrabene Terrakottafigürchen solch eines römischen Figurentheaters.

Den Namen Marionetten als Bezeichnung für die Figuren des Puppentheaters halten die einen für aus Frankreich, die anderen für aus Italien stammend. Auf alle Fälle ist das

---

*) Goldenes Buch des Theaters, s. benutzte Literatur.

Wort von Maria abgeleitet und bezeichnet soviel als Mariechen, kleine Püppchen, die bei den geistlichen Spielen in Frankreich und Italien verwendet wurden. Nicht ohne Poesie ist die Auffassung, welche Italien als Ursprungsland der Marionetten bezeichnet. Seit 944 n. Chr. sollen in Venedig am Marienfeste aus Freude über die glückliche Errettung schöner junger venezianischer Bräute aus den Händen von Triester Seeräubern alljährlich auf Staatskosten mehrere junge Mädchen verheiratet worden sein; als diese Sitte aber der Stadt zu teuer wurde, soll man die richtigen Bräute durch Püppchen, Marionetten, in den dann zur Aufführung gelangenden Marionetten-Spielen ersetzt haben.

In Italien war im 17. Jahrhundert Burattino aus Florenz, der berühmteste Puppenspieler im 18. Jahrhundert Massimino Romannino in Mailand und im 19. Jahrhundert Girolamo in Mailand. Zeitgenossen berichten, daß auf einigen dieser italienischen Puppentheater Anfang des 19. Jahrhunderts so vorzüglich gespielt wurde, daß die Schauspieler der großen Theater ihre Fehler kennen lernten, die von diesen Miniaturschauspielern sogar bis auf einzelne Bewegungen getreu nachgeahmt und persifliert wurden.

In Frankreich ließ Kardinal Mazarin Krippenfestspiele mit Puppenfiguren aufführen und während des 17. und 18. Jahrhunderts erfreute sich die Puppenspielerfamilie Brioché (Jean Brioché und sein Sohn und Nachfolger François Brioché) großen Rufes, schrieb doch sogar Malézieu von der Académie Française Stücke für die kleinen Schauspieler.

Um die Mitte des 19. Jahrhunderts bauten sich George Sand und ihr Sohn Maurice zu ihrem Vergnügen und dem Vergnügen ihrer Freunde ein sehr hübsches Puppentheater, auf dem nicht nur trefflich gespielt wurde, sondern das Maurice auch sogar später mit elektrischem Licht ausstattete.

Auch die Guignolspiele des Puppenspielers Mourget verdienen als besondere Spezialität der französischen Marionettenspiele erwähnt zu werden.

In England erlangten die Puppenspiele im 18. Jahrhundert durch die ausgezeichneten Vorstellungen, die man in London gab, eine solche Beliebtheit, daß der für damalige Zeiten sehr hohe Preis von 5 sh und 2 sh 6 d, also ca. 5 Mk. und 2 Mk. 50 Pf. pro Theaterplatz bereitwilligst bezahlt wurde, dafür wurde aber auch, wie es in den Theateranzeigen heißt, die Bühne mit „Wachskerzen" erleuchtet.

Im 16., 17. und 18. Jahrhundert kam das Puppenspiel, das bereits seit dem 14. Jahrhundert bekannt war, in Deutschland gleichfalls mehr in Aufnahme. Bewegliche Figuren sind schon im 1170 entstandenen Hortus Deliciarum der Äbtissin Herrad von Landsberg abgebildet. Die Puppenspieler führten zuerst Gestelle mit sich, die in 3 Teile, nämlich in Himmel, Erde und Hölle geteilt waren, woraus wir noch den ursprünglichen religiösen Charakter solcher Puppen- und Krippenspiele erkennen können.

Um 1576 wurde zwei Gauklern, nämlich Jörg Widmann von Augsburg und Alphonsus dem Welschen von Neapolis vom Nürnberger Rat erlaubt, „ihr Dockenspiel und Gaukelei allhie sehen zu lassen", doch durften sie nicht mehr als 3 Pf. Eintrittsgeld pro Person erheben.

In Hamburg wurde bereits 1670 das Stück Maria Stuart auf dem Puppentheater gegeben, und in Berlin war das Marionettenspiel im 18. Jahrhundert so beliebt, daß in vielen Wirtshäusern ständige Puppentheater etabliert waren. In München gelangte das Puppenspiel durch das Interesse, das König Ludwig I. an demselben nahm und durch die Stücke, die Franz Graf von Pocci für dasselbe schrieb, im 19. Jahrhundert zu einer ähnlichen Blüte, wie sie Harlekinade, Pantomime und Schattenspiele in Wien im 18. Jahrhundert erlebt hatten.

Von Puppenspielern der neueren Zeit erlangten Lorgie, Frankfurt a. M., Franz Genesius, Linde, Berlin, M. Barnard, England und Christoph Winter, Cöln, der Gründer des Cölnischen Hänneschen-Theaters, Ruf und Ansehen.

Eine Sammlung von Puppenspielen ist von Karl Engel*) herausgegeben worden.

Sehr beliebt ist das Puppentheater auch in China und in Japan, die Figuren sind meist aus Leder und werden an Drähten mit der Hand geführt. Im Marionettentheater in Yeddo traten in der Mitte des vorigen Jahrhunderts Europäer als komische Figuren, gewissermaßen als Harlekins auf, über die sich die japanischen Zuschauer höchlichst amüsierten.

* * *

Weil nun beim Kinderspiel mit dem Puppentheater aber möglichst alle Künste zur Wirkung kommen sollen, so sei man bei der Anschaffung desselben auch ganz besonders wählerisch. Der Rahmen- und Bühnenaufbau sei architektonisch schön, der kleine Vorhang, hinter dem die Wunder sich enthüllen sollen, sei, wenn auch nicht überladen, so doch von edlem Faltenwurf. An Kulissen und Hintergründen nehme man die besten, die es gibt, ja man zwinge die Industrie, durch Nachfrage noch bessere nach Entwürfen tüchtiger Künstler herstellen zu lassen.

Den kleinen Puppentheatern ist sämtlich der äußere Aufbau auf einem viereckigen Kasten, der die Verwandlungen und Puppen enthält, gemeinsam; ferner der meist hübsch bedruckte Leinwandvorhang und die auf Pappe geklebten und an Holzleisten angebrachten Kulissen nebst Hinterwand, welche sich zwecks Verwandlung umdrehen lassen, an denen aber auch durch Anstecken weit mehr als nur diese zwei Dekorationen von Vor- und Rückwand angebracht werden können.

Die größeren Puppentheater für Kinder haben Versenkungen, und die prachtvollsten Theater dieser Art besitzen einen umfangreichen hohen Schnürboden, in den sich die Kulissen und der Hintergrund, also die gesamte Verwand-

*) Verlag der Schulzeschen Hofbuchhandlung, Oldenburg.

lung, mit einem einzigen Faden hinaufziehen lassen, während die neue Dekoration in gleicher Weise blitzschnell herunterrollt. Diese Theater haben auch besondere Orchesterbeleuch-

Puppentheater mit Schnürboden.

tung und geben eine vollständige, getreue Wiedergabe einer großen Bühne.

Die Schauspieler und Schauspielerinnen dieser „Bretter“,

die im Puppen- und Kinderleben die „Welt“ bedeuten, sind bei den einfacheren Theatern aus bunten Theaterbilderbogen ausgeschnitten, auf Pappe geklebt und am Fuße mit einem Stehhölzchen versehen, während die an den besseren Bühnen engagierten kleinen Kräfte zwar gleichfalls aus den bunten Bogen stammen, aber auf Laubsägenholz aufgeklebt und dann ausgeschnitten sind.

Diese beiden Arten von bunten Flachfiguren, die mit gebogenen Drahtstäbchen gelenkt werden, beherrschen den Weltmarkt. Sie gewähren den Kindern den großen Vorteil, das Repertoire für weniges Geld immer neu zu ergänzen und ihrer Beliebtheit kommt es zugute, daß „wirklich praktische“, vollplastische Kostümpuppen noch nicht existieren.

Die kostümierten Puppen schrecken weniger durch den hohen Preis ab, als durch ihre Unbequemlichkeit bei der Handhabung für die Kinder; die einen müssen an Drähten gehalten werden, da sie nicht auf dem Erdboden selbst stehen können, und die reizenden kostümierten Gliederpüppchen, die auf Rundklotz stehen, haben trotz der beweglichen Arme und Schenkel doch noch einen Fehler, denn am Schienbein sind sie nicht gelenkig, sodaß sie sich nicht setzen können.

Dennoch gibt es ganz reizend kostümierte Theaterpuppen, die, wenn genügend Akteure da sind, die sie an Fäden oder Drähten halten können, den Kindern sehr viel Freude bereiten, und man sollte doch versuchen, auch diese Kostümpuppen so praktisch zu gestalten, daß sie ohne Mühe auf der Bühne agieren können.

Es ist richtig, daß das Kind in den ersten Lebensjahren auch die plastischen Dinge flach sieht, aber es ist das Puppentheater doch durchaus kein Spiel für die kleinsten, sondern grade für ältere Kinder bestimmt, und so ist die Forderung nach vollplastischen Figuren außer den Flachfiguren eine gewiß berechtigte.

Die Möbel und sonstige Ausstattung dieser Bühnen, wie Tische, Stühle, Gartenbänke, Wandbilder und andere

Dinge mehr, werden am besten aus den Utensilien der Puppenstube zusammengestellt.

Die Stücke, die gespielt werden, sind die altbekannten ewig jungbleibenden Märchenstücke, denen sich Bearbeitungen von unsere Kinder besonders interessierenden Dramen und Opern, z. B. Wilhelm Tell und Freischütz, zugesellen.

Für mindestens 40 bis 50 solcher Puppentheaterstücke gibt es kleine Textbücher, die teils ganz nett geschrieben sind, doch sollten erstklassige Dichter, und sei es auch nur aus der sich bietenden Gelegenheit, ihre eigenen Kinder zu amüsieren, sich der Abfassung solcher Puppentheatertexte widmen, dann würde der echte Künstlerhumor auf diesen kleinen Bühnen seinen Einzug halten und es würde der künstlerische Eindruck dieser Stücke von der großartigsten Wirkung sein.

* * *

Das, was bei dem Puppentheater als ein Mangel empfunden wird, daß sich nämlich die Figuren nicht immer nach Wunsch der kleinen Theaterdirektoren bewegen, das ist beim Kasperletheater vollständig ausgeschaltet. Die großen plastischen, innen hohlen Figuren desselben, die mit 3 Fingern gelenkt werden und auf deren bessere Ausgestaltung seit einiger Zeit auch namhafte Künstler Wert legen, lassen sich in der lustigen, an Schwänken, Streichen und Schlägen reichen Aufführung ganz nach dem Wunsch der unsichtbaren Puppenlenker dirigieren.

Die beliebtesten Figuren sind Kasper, Frau Kasper, der Teufel, der Tod, der Schutzmann und neuerdings Krokodile und Drachen zum Verschlingen der genannten Figuranten.

Das Theater selbst hat immer die Form einer hohen schlanken Kiste mit viereckigem Bühnenausschnitt am oberen Ende, es ist mit gemustertem Kattun und grünem Stoff tapeziert wie auf den Jahrmärkten, und im Innern der Kiste wirken die Figurenführer und Sprecher, die nach Textbüchern oder nach ihrer freien Erfindung die Puppen agieren lassen.

Der Deutsch-Österreicher Ivo Puhonny hat ein bisher nicht in den Handel gekommenes treffliches Kasperletheater konstruiert und seinerzeit in Nürnberg ausgestellt. Die charakteristischen Figuren sind von einem gradezu köstlichen Humor. Die alte Xantippe, das ergeben duldsame Prinzeßlein und der Professor mit den Riesenknöpfen auf dem Paletot und mit der kolossalen Binde sind köstliche, geistreich erfundene Gestalten, aus denen man sieht, welcher großen künstlerischen Vervollkommnung die Ausbildung des Spielzeugs noch fähig ist.

Beim Kasperletheater soll das Kind übrigens frei, wie ihm der Schnabel gewachsen ist, reden und spielen und wenn es gar ein Schelm ist, so soll es unter Anwendung von lustigen Dingen aus dem täglichen Leben seiner Phantasie freien Lauf lassen, denn es mag frühzeitig empfinden lernen, daß bei der Posse des Kasperletheaters der glückliche Einfall mehr wert ist als ein gesetzmäßiges Spiel.

Können sich die Figuren des Kasperletheaters über Mangel an plastischer Fülle, wenigstens was den Kopf und Oberkörper anbetrifft, nicht beschweren, so muß von den Schattentheaterfiguren gesagt werden, daß sie an Flachheit und Körperlosigkeit nichts mehr zu wünschen übrig lassen. Sie bestehen aus schwarzen, aus dünnem Karton ausgeschnittenen Figuren.

Das Theater wird aus einem aufstellbaren Rahmen gebildet, der mit durchsichtigem Papier oder Transparentleinen überspannt ist. Dieser Rahmen wird gegen das Licht gehalten und nun werden die schwarzen, teils sogar beweglichen Figuren stumm oder unter Ablesung von vorhandenen oder Hersagen von frei erfundenen Texten vor den Augen der kleinen Zuschauer vorbeigeführt.

Die Schattenspiele stammen aus China und Japan, wo

Oben: Kinder mit Schattenspielfigur. Französ. Holzschnitt. Unten: Die Puppenwelt. Eine neue Bilderlust für kl. Mädchen. Nürnberg 1844

Der Schnitzelmann von Nürnberg. Holzschnitt L. Richter 1879

abends die im erleuchteten Zimmer sich bewegenden Menschen und Haustiere auf den Fensterscheiben aus Papier als dunkle Silhouetten von der Straße aus erscheinen; und außer dem eigentlichen auch bei Siamesen, Javanern und anderen Völkern bekannten Theater-Spielen mit Schattenfiguren ist noch jetzt ein Kinderspiel in Japan sehr beliebt, das darin besteht, auf runde Papierlaternen schwarze Bildercyklen (so z. B. die Fuchshochzeit) aufzukleben und diese Laternen zum Gaudium der Spielgefährten bei Dunkelwerden anzuzünden und zu drehen.

Ende des 18. Jahrhunderts reiste schon der Mechanikus Johann Georg Geiselbrecht von Hessen herum und zeigte seine „chinesischen" Kunstschatten. Das erste bedeutende Schattentheater in Frankreich war das Theater Seraphin, das Ende des 18. Jahrhunderts unter riesigem Beifalle der Pariser politische Stücke aufführte. Die komischen Figuren dürfen beim Schattentheater natürlich ebensowenig fehlen, wie beim Kasperle-Spiel, verwendet doch sogar das Schattenspiel der Javaner selbst in den ernstesten Stücken komische Figuren, die das Publikum zum Lachen bringen sollen.

Die künstlerisch am höchsten stehende, aber in ihrer Eigenschaft als Spiel auch schwerste Gattung des Theaterspiels ist das „Kindertheater".

Wenn Kinder Mann und Frau und Hochzeitmachen spielen, wenn sie Krieg spielen und so manches andere mehr oder weniger dramatische Spiel, bei dem sie nicht ihr Spielzeug, wie Puppe und Bleisoldaten, agieren lassen, sondern ganz persönlich in die Handlung eingreifen, so spielen sie eigentlich immer Theater, denn sie selbst sind die Helden ihrer meist frei erfundenen Spielstücke. So bald dies Spiel nun bewußt und gesetzmäßig von den Kindern als Schaustellung für andere Kinder oder auch für Erwachsene gespielt wird, sobald sie nach Textbuch oder nach freier Erfindung den Dialog führen, sich in Kostüme kleiden und den Ort ihrer Handlung von dem Rahmen einer mehr oder weniger gut ausgestatteten kleinen Bühne begrenzen lassen, so ist ihr Spiel das, was wir mit Kindertheater bezeichnen.

Beim Kindertheater soll das Kind zwar eine gewisse Gesetzmäßigkeit in Akten und im Laufe der Handlung, wenn nicht anders, an der Hand von Kindertheatertextbüchern beobachten lernen, aber man lasse ihm ja seine Freiheit, wenn es Räuber- und Märchenstücke nach eigenem Geschmacke oder Handlungen nach im Theater selbst gesehenen Stücken aufführen will, und begünstige diese letztere Art schon im Interesse der Ausbildung von Geistesgegenwart und rhetorischer Gewandtheit. Ist aber eine große Kindergesellschaft, so gewöhne man die eigenen Kinder daran, auf dem Kindertheater nur schöne Darbietungen zu veranstalten, man erwecke ihren Ehrgeiz, lasse sie fleißig auswendig lernen und mache sie auf die Pflicht als Gastgeber aufmerksam, die Gäste durch einen wirklichen Genuß zu erfreuen, und nicht durch eine schlechte Veranstaltung die geladenen Freunde zu langweilen und sich selbst zu blamieren.

Daß sehr erlauchte Geister den Wert des Kindertheaters wohl zu schätzen wußten, geht daraus hervor, daß Molière das 1662 von Jean Raisin gegründete Kindertheater aufs lebhafteste unterstützte, und die 1664 im Palais Royal, Paris, stattfindende erste Aufführung war von großem Erfolge begleitet.

Im 18. Jahrhundert gründeten Drouin und Audinot gleichfalls Kinderbühnen.

Nie wieder vielleicht ist aber ein Beginnen von so ungeheurem, in Deutschland, Holland und Frankreich gleich gewaltigem Erfolge gewesen, wie das des talent- und gemütvollen Pierre Castelli, der Anfang der 30er Jahre des vorigen Jahrhunderts in Frankreich eine dramatische Schule für kleine Kinder (aus guten Familien) von ca. 8—12 Jahren gründete und durch geschickte Auswahl der talentvollsten und durch ein leichtes, nie die Mittel der Kinder forcierendes Studium eine kleine Truppe heranbildete, die auf Reisen durch die genannten Länder in den Jahren 1833 bis 1836 einen Weltruf erlangte, sodaß jedem der kleinen Bühnenmitglieder nachgesagt wurde, daß es ein Wunderkind sei.

Zu Geschenken für ältere Kinder können ganz gut für das Kindertheater die in der Spielzeugindustrie bereits zum Teil vorhandenen Ausrüstungen und Garnituren, z. B. Rotkäppchen, Jäger, Robinson, Seemann, Indianer, Ritter, Soldat, Landsknecht, Feuerwehrmann, Postillon verwendet werden, ist doch sogar schon einmal eine sehr hübsche Rüstung für eine kleine Jungfrau von Orleans und ein Helm für einen kleinen Lohengrin geschaffen worden.

Halb zu den dramatischen Spielen, halb zu den Bewegungsspielen gehört der Tanz. Im Ringel-Ringel-Reihentanz ist er noch Spiel im Freien, im Kinderballett dagegen gehört er ganz dem Kindertheater an. Das Kinderballett ist für große Kindertheateraufführungen ein durchaus zu empfehlendes Spiel, ist doch Tanz mit Maß sehr gesund. Tanzen macht graziös und die Unschuld der kleinen Ballerinen erlaubt dem sich am Kinderballett entzückenden Zuschauer, sich ihrer reizenden Bewegungen harmloser zu erfreuen, als an den Pas mancher nur allzu koketten großen Tänzerin.

Theaterspielen, sei es nun mit dem Puppentheater oder im Kindertheater, ist eine der bildendsten Beschäftigungen, nur wird freundliche Unterweisung eines Erwachsenen sich bei diesem Spiel oft als besonders wohltätig erweisen.

Das dramatische Spiel wird von keinem der anderen künstlerischen Spiele an Wert für die künstlerische Erziehung übertroffen, und es wird wohl niemand bestreiten, daß das Nachbilden eines Charakters im Kindertheater mindestens ebenso bildsam ist, wie das Modellieren in Ton oder wie das Zeichnen.

* *
*

Goethe hat sowohl in „Wahrheit und Dichtung“ als auch in „Wilhelm Meisters Lehrjahren“ das Puppentheaterspiel seiner Kindheit oft und ausführlich behandelt, es seien daher aus dem erstgenannten Werke zwei der für uns wertvollsten Stellen über das Puppentheater hier wiedergegeben.

„Gewöhnlich hielten wir uns in allen unseren Freistunden zur Großmutter, in deren geräumigem Wohnzimmer wir hinlänglich Platz zu unsern Spielen fanden. Sie wußte uns mit allerlei Kleinigkeiten zu beschäftigen und mit allerlei guten Bissen zu erquicken. An einem Weihnachtsabende jedoch setzte sie allen ihren Wohltaten die Krone auf, indem sie uns ein Puppenspiel vorstellen ließ, und so in dem alten Hause eine neue Welt erschuf. Dieses unerwartete Schauspiel zog die jungen Gemüter mit Gewalt an sich; besonders auf den Knaben machte es einen sehr starken Eindruck, der in eine große, langdauernde Wirkung nachklang.

Die kleine Bühne mit ihrem stummen Personal, die man uns anfangs nur vorgezeigt hatte, nachher aber zu eigner Übung und dramatischer Belebung übergab, mußte uns Kindern um so viel werter sein, als es das letzte Vermächtnis unserer guten Großmutter war, die bald darauf durch zunehmende Krankheit unsern Augen erst entzogen, und dann für immer durch den Tod entrissen wurde. Ihr Abscheiden war für die Familie von desto größerer Bedeutung, als es eine völlige Veränderung in dem Zustande derselben nach sich zog."

Und an der anderen Stelle heißt es:

„Man hielt uns Kinder mehr als bisher zu Hause, und suchte uns auf mancherlei Weise zu beschäftigen und zu unterhalten. Zu solchem Ende hatte man das von der Großmutter hinterlassene Puppenspiel wieder aufgestellt und zwar dergestalt eingerichtet, daß die Zuschauer in meinem Giebelzimmer sitzen, die spielenden und dirigierenden Personen aber, sowie das Theater selbst vom Proszenium an in einem Nebenzimmer Platz und Raum fanden. Durch die besondere Vergünstigung, bald diesen, bald jenen Knaben als Zuschauer einzulassen, erwarb ich mir anfangs viele Freunde; allein die Unruhe, die in den Kindern steckt, ließ sie nicht lange geduldige Zuschauer bleiben. Sie störten das Spiel, und wir mußten uns ein jüngeres Publikum aussuchen, das noch allenfalls durch Ammen und Mägde in der Ordnung gehalten werden konnte. Wir hatten das ursprüngliche Hauptdrama, worauf die Puppengesellschaft eigentlich eingerichtet war, auswendig gelernt und führten es anfangs auch ausschließlich auf; allein dies ermüdete uns bald, wir veränderten die Garderobe, die Dekorationen, und wagten uns an verschiedene Stücke, die freilich für einen so kleinen Schauplatz zu weitläufig waren. Ob wir uns nun gleich durch diese Anmaßungen dasjenige, was wir wirklich hätten leisten können, verkümmerten und zuletzt gar zerstörten, so hat doch diese kindliche Unterhaltung und Beschäftigung auf sehr mannigfaltige Weise bei mir das Erfindungs- und Darstellungsvermögen, die Einbildungskraft und eine gewisse Technik geübt und befördert, wie es vielleicht auf keinem andern Wege in so kurzer Zeit, in einem so engen Raume, mit so wenigem Aufwand hätte geschehen können."

Georg Ebers erzählt in „Die Geschichte meines Lebens": „Ihr gemeinsames Wiegenfest (das seines Bruders und seiner Schwester) wurde, solange wir klein waren, bei den Nachbarn durch eine Puppenkomödie gefeiert, die in dem großen Seiffartschen Saale irgend ein Meister seines Faches auf einer hübschen kleinen Bühne aufführte. Diese Vorstellungen sind mir unvergeßlich geblieben, und ich lache noch, wenn ich des Ritters gedenke, der seinem Diener Kasperle zuruft: „Fürchte meinen Zwirn!" was „fürchte meinen Zorn" bedeuten sollte, oder desselben Kasperle, wie er sein Weib mit einem Pfahle kurz und klein schlägt und es dann fragt: „Noch ein Lot ungebrannte Holzasche, mein Puttchen?"

Conrad Alberti schreibt: „Das Theater entwickelte meine Begeisterung für das Wechselspiel seelischer Bewegung und veranlaßte mich zu den ersten Versuchen, das Gegeneinander der gesellschaftlichen Lebenserscheinungen in geschlossenen, wenn auch noch unbeholfenen Formen wiederzugeben."

Felix Dahn schreibt: „Jedoch den stärksten Einfluß auf die Phantasie des Knaben übte das gewaltige Theater, das, genau nach dem Vorbild des Münchner Hoftheaters, dessen kunstreicher Maschinist, Herr Schütz, hergestellt hatte: mit Wolkenwagen, Versenkung, zwei Vorhängen und mehreren an Walzen aufziehbaren Dekorationen (Palast-Halle, bürgerliches Wohnzimmer [geschlossen], mittelalterlicher Marktplatz, Kerker, zwei Wälder, Felshöhle), all das dem großen Theater nachgebildet, dazu 365 bemalte und an Stöckeln und Stäben befestigte Theaterfiguren. Wie viele, natürlich meist historische, Dramen hab' ich hier aufgeführt. Bevorzugt in meinem Spielplan wurden Schiller und Felix Dahn."

Richard Dehmel schreibt: „Auch ein Theater habe ich mir später selber gebaut, mit selbstgemalten Kulissen und selbstgeformten Papierfiguren (Anziehpuppen aus Draht und geknülltem Seidenpapier)."

Clara Eysell-Kilburger schreibt: „Mein liebstes Spielzeug war mein Kasperl-Theater. Eine wirkliche Bude mit brennend roten Seitengardinen, mit wirklichen Kasperl-Figuren, in die man die Hand stecken, mit denen man so lebensvoll agieren konnte. Natürlich mußte es eine selbsterfundene Handlung sein."

Gustav Falke bezeichnet in seinem Schreiben als seine Lieblingsspiele drinnen im Zimmer „Theaterspielen: Puppentheater und eigenes Auskleiden und Agieren in selbstverfaßten Stücken."

Artur Fitger schreibt, nachdem er ein Spiel mit dem Löwengarten beschrieben: „Dem Löwengarten folgte natürlich sehr bald ein Puppentheater, in welchem sogar, je nachdem die Neuruppiner Bilderbogen ausfielen, Szenen aus Tell und der Jungfrau von Orleans aufgeführt wurden. Denn da ich sehr früh lesen konnte und mein Lesen fast ganz aus Schiller gelernt hatte, war mir allerlei von ihm vertraut, zu einer Zeit, da andere Kinder sich mit Spekters Fabeln amüsieren."

Cäsar Flaischlen schreibt, daß er als Kind auch „eine zeitlang Kasperle-Theater“ gespielt habe.

Ludwig Fulda schreibt: „Puppentheater und Baukasten waren wohl einst mein Höchstes. Das Puppentheater kann mich heute nicht mehr sehr reizen, weil ich allzuviel hinter die Kulissen des wirklichen Theaters geblickt habe.“

Otto Franz Gensichen schreibt: „Später interessierten mich am meisten die unkolorierten Bilderbogen, welche die Personen bekannter Dramen und Opern enthielten, und die ich mir selbst möglichst buntfarbig austuschte, ausschnitt, auf Pappe klebte, an ein Holzklötzchen befestigte und die wunderlichsten, selbstextemporierten Theaterstücke spielen ließ.“

Martin Greif schreibt, daß er an Bleisoldaten Freude hatte und „dann auch an dem Spiele auf Puppentheatern“.

Hermann Heiberg, so berichtet sein Biograph Hans Merian*), spielte auch Komödie.

Paul Oskar Höcker schreibt: „Dem kunstvoll verfertigten und im Laden gekauften Spielzeug brachte ich sonst aber nur wenig Interesse entgegen. Vielmehr spielten wir (mein Bruder, der jetzt „Bonvivant“ am Karlsruher Hoftheater ist, und ich) daheim sehr viel Theater. Heute führten wir Szenen aus dem von Papa für die Jugend bearbeiteten „Lederstrumpf“ oder aus seinem „Ahnenschloß“ auf, ein andermal aus dem „Tell“ oder aus „Herr Petermann geht zu Bett“, wahllos aber begeistert. Zum Publikum verurteilten wir unsere Schwestern und deren Freundinnen.“

Hans Land schreibt: „Ich habe am liebsten mit Eisenbahn und Puppentheater gespielt.“

Thomas Mann schreibt: „Meine schönsten Stunden aber verdankte ich unserem Puppentheater, das schon meinem älteren Bruder Heinrich gehört hatte und dessen Dekorationen durch ihn, der eigentlich Maler werden wollte, um viele, sehr schöne selbstgemalte vermehrt worden waren. Die Art, wie

*) Siehe benutzte Literatur.

ich dieses Kunstinstitut leitete, habe ich ausführlich in einer meiner ersten Novellen („Der Bajazzo“, enthalten in der Sammlung „Der kleine Herr Friedemann“) beschrieben, und auch in Hans Buddenbrooks Lebensgeschichte spielt es seine Rolle. Ich liebte dieses Spiel so sehr, daß mir der Gedanke, ihm jemals entwachsen zu können, unmöglich schien. Ich freute mich darauf, wenn ich die Stimme gewechselt haben würde, meinen Baß in den Dienst der seltsamen Musikdramen zu stellen, die ich bei verschlossenen Türen zur Aufführung brachte und war empört, wenn mein Bruder mir vorhielt, wie lächerlich es sein würde, wenn ich als baßsingender Mann noch vorm Puppentheater sitzen wollte. . . .“

Julius Rodenberg schreibt: „Nebenher ging die Lust am Komödiespielen mit ausgeschnittenen Papierpuppen und das Schattenspiel mit der Laterna magica.“

Ferdinand von Saar schreibt, daß er eigentlich niemals Spielzeug besessen, sich auch solches nicht gewünscht habe: „Allenfalls wäre ein kleines Theater aus Pappe zu nennen, wie man es damals schlicht genug in Spielwarenhandlungen zu kaufen bekam und mit dessen Figuren ich vor mir selbst kleine Improvisationen aufführte.“

A. Trinius schreibt: „Soweit ich mich entsinnen kann, war mein Lieblingsspielzeug ein Puppentheater, das meiner Phantasie den weitesten Flug gestattete.“

Johannes Trojan sagt*): „Früher machten die Kinder sich auch selbst ihre Puppen, so gut es ging. Ich erinnere mich aus meiner Kindheit, daß meine Schwestern unzählige Puppen auf Papier malten und ausschnitten. Sie stellten Familien aus allen Ständen dar, sowie ganze Schulen und Pensionen. Mit diesen Puppen wurde dann gespielt und viel dabei geredet mit verteilten Rollen. Ich durfte nicht mitspielen, erstens als Junge, und dann auch, weil ich zu dumm war. Manchmal aber war es mir doch gestattet, zuzusehen

---

*) In der National-Zeitung, Sonntags-Beilage vom 20. Dezember 1903.

und zuzuhören und jedesmal habe ich viel dabei gelernt. Dies ist nun ein besonderes Spiel, das schon etwas vom Schauspiel an sich hat. Hat sich doch auch aus dem Spiel mit Puppen das Puppenspiel entwickelt, das zur dramatischen Kunst gehört."

Richard Voß bezeichnet in seiner Zuschrift „Theater-Puppenspiele" sogar als das einzigste Lieblingsspiel.

Adolf Wilbrandt schreibt: „Lassen Sie mich Ihnen sagen, daß ich außer allen Turnspielen (als leidenschaftlicher Turner) mein Puppentheater geliebt habe, für das ich selber Schauspiele phantasierte."

Zoozmann schreibt: „Mein liebstes Spielzeug war ein Puppentheater. Den meisten Spaß machte es mir, die Dekorationen aufzustellen, besonders wilde Schluchten, Gebirgslandschaften, Wasserfälle und Gewitterstimmungen. Direktor, Regisseur, Schauspieler und Zuschauer war ich selbst in einer Person. Die Puppen malte ich mir selbst, da ich ein ziemlich genügendes Zeichentalent besaß, und ließ sie an ihren Fäden lustig agieren. Der größte Schmerz war es, als das Theater später verschenkt wurde; noch heute würde ich was darum geben, wenn ich es wieder bekäme, denn es war das beste Puppentheater, das ich mir vorstellen kann: oder kommt es mir nur heute so vor?" —

* * *

Die Schaustellungsspiele sind keineswegs alle künstlerisch, sie erfordern zum Teil nur eine mehr oder weniger geschickte Handhabung; dennoch stehen sie, da sie sämtlich dem Zwecke einer Vorstellung dienen, in einem solchen Zusammenhang mit dem Theater, daß sie an dieser Stelle mitbesprochen werden können; ist doch im wirklichen Leben das Theater der Ort, wo außer dramatischer Kunst auch fast alle diese Schaustellungen zur Vorführung gelangen.

Den Schattenspielen am nächsten verwandt und für die Kinder mit dem Nimbus einer Zaubervorstellung umgeben ist die Laterna magica, die Kircher 1646 erfand und die von Schwindlern im 17., 18. und 19. Jahrhundert zu Geistererscheinungen benutzt wurde, an deren Wahrheit die ungebildete Menge leicht glaubte. Sie gehört in der Tat im Kinderleben zu den interessantesten Erscheinungen; gibt doch das Dunkel des Zimmers, das weiß erleuchtete Tuch, die bunte Welt, die darauf erscheint, für das Kind, das die Gesetze der Optik nicht kennt und auch noch nicht versteht, etwas wunderbar Geheimnisvolles und Mysteriöses.

* * *

Heinrich Seidel sagt in den erzählenden Schriften „Aus meinem Leben"*): „Dort (nämlich im Grafenschloß) wurde jeden Weihnachten etwas für uns hervorgesucht, und so kamen wir zu einer schönen Laterna magica, deren rotgeblümter Kasten mir noch deutlich vor Augen steht und womit ich mich an manchem Winterabend auf unserer weißgetünchten Diele vergnügte."

* * *

Die moderne Laterna magica ist entweder für bunte Glasbilder eingerichtet oder für Photographien, die durch Spiegelung an die Wand geworfen werden, oder endlich für das Vorbeiführen der Filmsstreifen der lebenden Photographie. Für die erste Art der Laterna magica ist in den Bildervorführungen eine sinnreiche Vorrichtung getroffen, durch die es möglich ist, sich drehende Kaleidoskopbilder, Panoramen mit vorbeifahrenden Schiffen und Eisenbahnen sowie bewegliche humoristische Bilder vorzuführen, bei denen z. B. aus dem Bierseidel eine Kellnerin herausspringt oder der Kopf des Babys, das die Amme trägt, sich in einen Eselskopf verwandelt, und noch manche andere schnurrige und für die Kinder amüsante Metamorphose sich ereignet.

Leider sind die meisten dieser Laterna magica-Bilder recht wenig künstlerisch, und da dürfte es sich wohl empfehlen,

---

*) Siehe benutzte Literatur.

daß lieber wirklich charakteristische und wertvolle Zeichnungen von Wilh. Busch und anderen hervorragenden Künstlern, natürlich mit Genehmigung der Autoren und Verleger derselben, verwendet würden.

Die Vorführung künstlerischer Karikaturen durch die Laterna magica wäre außerdem nicht neu, ließ man doch früher in China die von tüchtigen Künstlern gezeichneten Karikaturen mißliebiger Minister auch mittels Nebelbilderapparat an der Wand erscheinen.

Kinematograph.

Für die Laterna magica mit Photographiespiegelung, die sehr überraschend wirkt, wenn an der Wand die Porträts verschiedener Personen der zuschauenden Gesellschaft erscheinen, ist jede Photographie aus dem Photographie-Album verwendbar.

Die letzte der drei Arten ist unter dem Namen Kinematograph allgemein bekannt.

Diese Kinematographen können mit Petroleum, Gas oder elektrischem Licht beleuchtet werden und durch mechanische Übersetzung des Filmsmotors ist die Bewegung trotz Handbetriebs so schnell, daß die Wirkung der lebenden Photographie voll und ganz erreicht wird.

Bei der Erwähnung des Kinematographen möge auch auf seine Vorgänger hingewiesen werden, umsomehr diese unter dem Namen „Lebensräder“ bekannten Apparate mit dem mit Einschnitten versehenen Papprad und den einsteckbaren Bilderrollen auch ein Spielzeug für „kleine“ Kinder sind.

* * *

Heinrich Seidel sagt in seinem Werke „Aus meinem Leben“*): „Auch ein anderes Spielwerk, das mir später nie wieder begegnet ist, kam dort her (nämlich aus dem Grafenschlosse). In einem schwarzen Kasten befand sich eine um eine senkrechte Spitze drehbare Trommel, die von innen erleuchtet werden konnte und dann zugleich durch den aufsteigenden heißen Luftstrom der Lichter vermöge eines metallenen Windrades in Bewegung gesetzt wurde. Über diese Trommel konnte man verschiedene andere schieben, z. B. eine buntfarbig gestreifte. Dann setzte man in die eine offene Seite des Kastens Papptafeln ein, in die durch kleine runde Löcher allerlei Bilder eingezeichnet waren, Blumensträuße, Tempel, Vasen und dergleichen. Wenn sich nun hinter diesen Bildern die buntgestreifte Trommel drehte, so flimmerten sie gar lieblich in stets wechselnden Farben, oder man schob einen Rahmen von Ölpapier ein und ließ sich dahinter die Hexentrommel drehen, in der allerlei greuliche Blocksberghexen ausgeschnitten waren, die dann als gespenstige weiße Gestalten vorüberzogen. Dies Spielwerk habe ich lange gehabt und mir stets neue Variationen dazu ausgedacht. Wenn ich später auf den Gedanken gekommen bin, Maschinenbauer zu werden, so glaube ich fast, daß durch diese kleine Maschine der erste Anstoß zu dieser Berufswahl gegeben worden ist.“

* * *

Für blinde Kinder ist ein Kinematograph und zwar von Dr. Dunaud, Paris, erfunden worden, der dem tastenden

*) Siehe benutzte Literatur.

Finger des Blinden die Bewegungserscheinungen des Fliegens und des Fahrens handgreiflich vermittelt.

Wie die Lebensräder, so sind auch die „Kaleidoskope" ein Schaustellungsspiel, das die Kinder leicht selbst handhaben können.

Das Kaleidoskop, das 1817 von dem Schotten Brewster erfunden wurde, hat in jener Zeit, die noch nicht so reich an Spielzeug war wie die unsrige, ein solches Entzücken aller Gesellschaftskreise hervorgerufen, daß der Sieg des Kaleidoskop über das chinesische Brett- oder Mosaikspiel sogar in einer in Paris erschienenen Gravüre gefeiert wurde: die Göttin Kaleidoskopia mit den Emblemen Rohr und Musterblatt steht auf einem an der Erde hockenden Chinesen, der sein Brettchenspiel vor sich auf dem Boden liegen hat.

Ein in die Reihe dieser Spiele gehörendes Spielzeug ist der „Guckkasten". Derselbe hat noch denselben einfachen Charakter von früher, was wir weniger als Fehler bezeichnen können, als den Umstand, daß die Bilder nicht ein wenig künstlerischer und interessanter geworden sind.

* * *

Richard Dehmel, der berichtet, daß er nur gerne mit selbstgefertigtem, und nur ungern mit gekauftem Spielzeug gespielt habe, schreibt über den Guckkasten: „Die einzige Ausnahme — soweit ich mich erinnere — machte ein Guckkasten; aber auch da ruhte ich nicht, bis ich ihn durch gewissenhaftes Kaputtmachen gründlich studiert hatte, und dann baute ich mir aus den Bruchstücken und aus buntgetuschten Pappdeckeln einen neuen, der mir viel schöner vorkam."

* * *

Wirken schon Nebel- und Kaleidoskopbilder auf das Kind wie etwas Wunderbares, so ist die Schaustellung, die auf kleinere Kinder unbedingt den Eindruck eines Wunders macht, das Zauberkunststück.

Die Zauberei, die in fast jedem Märchen eine Rolle spielt und an die das Kind genau so fest glaubt, wie alle

Völker der Erde an dieselbe geglaubt haben, bis die Wissenschaften sie von ihrem Aberglauben befreiten, ist heute nicht mehr ein Privilegium einzelner Zauberkünstler, sondern kann mit etwas Geschicklichkeit von Jedermann gelernt werden.

Die Zauberer und Medizinmänner bei den Naturvölkern kleideten sich möglichst auffallend und phantastisch, nicht nur ihr Anzug war seltsam, sondern namentlich auch der Kopfaufputz wurde von Federn, Haaren und Schlangen hergestellt.

Sollte man ihnen die Fähigkeit zutrauen, Menschen und Tiere zu heilen, so mußte doch schon im Äußeren dieser Wundermenschen die übermächtige Zauberkraft einen überschwänglich phantastischen Ausdruck finden.

Ein selten fehlendes Wahrzeichen war der Zauberstab. Derselbe hat nicht immer nur die prosaische Gestalt gehabt, die wir auf der Zauberbühne und in Zauberkästen zu sehen gewohnt sind. Tiere oder seltsame Zauberzeichen schmückten einst den heute nur noch aus einem schwarzlackierten, runden Holzstab bestehenden Wunderstock. Im Völkerkunde-Museum Berlin befindet sich zum Beispiel ein trefflich gearbeiteter Zauberstab der Araukaner in Chile. Auf dem Holzschaft kriecht ein großes eidechsen- oder krokodilartiges Tier aus Holz entlang.

Nicht immer war Zaubern eine angenehme Kunst, so mancher Zauberer endete auf dem Scheiterhaufen und in den abscheulichen Hexenprozessen wurden auch meist die ein Opfer des Aberglaubens, die nicht einmal im entferntesten daran gedacht hatten, sich mit dem Nimbus der Zauberkraft zu umgeben.

In Deutschland waren im 18. Jahrhundert die Zauber-Kompagnons Antoni Barth und Gottlieb Riediger laut ihrem im Germanischen Museum befindlichen Plakat (Kupfer 1757) großartige Zauberkünstler. Doch findet sich bereits im Petrarca-Trostspiegel 1539 ein Holzschnitt, der uns einen Taschenspieler und Zauberkünstler mit den Zuschauern am Tische sitzend zeigt.

Die im 19. Jahrhundert zu Ruhm und Ansehen gelangenden Zauberer Bellachini und Bosco dürften noch vielen Lesern bekannt sein.

Der moderne Zauberkasten hat nun vielerlei Zauber in sich. Die Kleinen, die an die Zauberkraft noch glauben, werden von ihm am meisten gefesselt, wenn Vater oder Mutter oder auch der gute, immer zu Spiel und allerlei Schnur-

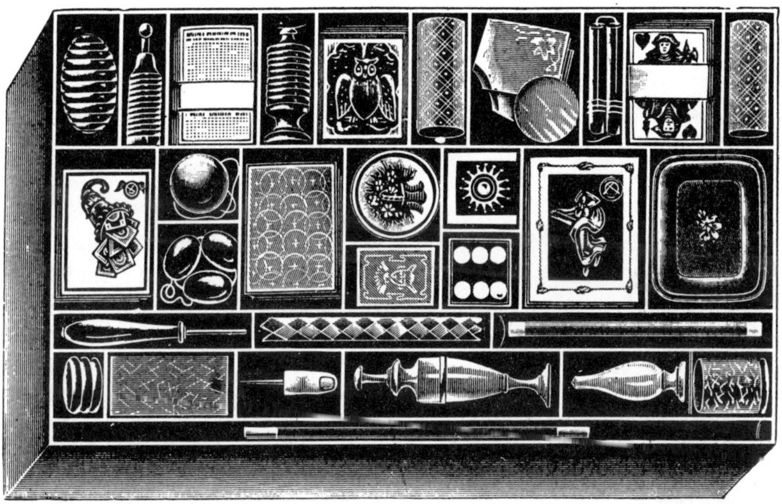

Zauberkasten.

pfeifereien aufgelegte Onkel die Vorführung in die Hand nehmen und die Geheimnisse möglichst nicht enträtseln.

Die größeren Kinder aber fesselt dies Spiel nicht minder, gewährt es ihnen doch die Möglichkeit, ihren kindlichen Ehrgeiz in ausgiebigster Weise zu befriedigen, sich von den kleineren als wirkliche Tausendkünstler angestaunt zu sehen, wenigstens solange, als bis eine verräterische Klappe auch den kleinen Zuschauern die Hoffnung aufdämmern läßt, doch noch hinter die Schliche zu kommen.

Solche Unfälle sind, trotzdem sie die Illusion stören, immer ein Hochgenuß für das kleine Auditorium.

Was in den Zauberkästen alles Schönes enthalten ist, das zu schildern würde ein Buch für sich erfordern; es genüge zu sagen, daß auch die berühmten Gaukler des Orients nicht tüchtigere und vor allem nicht apparatreichere Zauberer gewesen sind, als unsere kleinen Zauberkünstler, wenn sie einen von den reichhaltigen modernen Zauberkästen erhalten.

* * *

Das Gebiet der Schaustellungen ist mit den hier geschilderten aber noch lange nicht erschöpft. „Fahrende Leute", meist Zigeuner, ziehen noch immer durch die Welt, und bei diesen, wie bei den Gauklern in China, müssen bedauernswerte und oft genug geraubte Kinder allerlei Kunststücke ausführen, auch gehören angebliche Ungeheuer, Mißgeburten, Wachsfiguren und Panoramenguckkasten noch immer zu den beliebten Schaustücken der Jahrmärkte und Messen.

Vor allem aber fesselt das Seiltanzen, als ein freies aber gefahrvolles Schweben in der Luft die Schaulust der Kinder.

* * *

Clara Eysell-Kilburger erzählt in ihrem Schreiben, daß in ihrer Kindheit die Kunst eines Seiltänzers auf sie einen starken Eindruck gemacht habe und daß sie, um es ihm gleich zu tun, sich von ihren Onkels im Hausflur des väterlichen Hauses ein Seil spannen ließ, auf dem man ohne sonderliche Gefahr balanzieren konnte, und sie sagt: „Es waren in meiner ganzen Kinderzeit vielleicht die Momente gehobenster Ichempfindung, wenn ich, phantastisch herausgeputzt, eine Latte als Balanzierstange in der Hand, meine Kunstleistungen zum besten gab. Seiltänzerin bin ich nicht geworden, aber am Sport, besonders am Radfahren, finde ich noch immer Gefallen. Die Lust am Produzieren, die sich schon in meinen Spielen bemerkbar machte, ist mir treu geblieben, früher der Malerin, jetzt der Schriftstellerin."

* * *

Wenn hier das Tiertheater noch kurz gestreift wird, obgleich dasselbe zum Spielzeug direkt keinerlei Beziehung hat, so hat das darin seinen Grund, daß Zirkus und Tiertheater für so manches Spiel der Kinder vorbildlich sind, die Clownscherze, das Kabolzschießen, das im Kreise reiten wird mit Vorliebe nachgeahmt, und die Tierdressur, die fast nur mit Liebe und Geduld und mit freundlichem Zureden, beim Affen und Hunde auch gern mit einem Stückchen Zucker arbeitet, kann das Kind bei einiger Anleitung ohne Tierquälerei beim eigenen Haushund durchführen. Es bietet sich also in diesen Schaustellungen eine reiche Fülle von Anregung für das häusliche Spiel, und wenn das Kind dem „Ami“ das „Pfote geben“ und „schön machen“ beigebracht hat, so tauscht es in seinem Hochgefühl als Dresseur mit keinem noch so berühmten Zirkus- und Menageriedirektor.

Im fröhlichen alten England waren abgerichtete und gelehrige Tiere einst eine der beliebtesten Sehenswürdigkeiten. Affen liefen auf Seilen und Drähten, Hunde tanzten Menuets, Schweinchen legten auf Kommando Buchstaben zusammen, Hasen mußten Trommel schlagen und Vögel konnten Kanonen abfeuern. Wie sehr das Tiertheater und das Affentheater sich der Gunst des Londoner Publikums erfreute, beweist ein vom 3. April 1711 datierter, im Spectator in London erschienener satirischer Brief,*) den angeblich ein Schaubudenbesitzer an den Autor des Artikels gesandt haben soll.

„Geehrter Herr, da ich gehört habe, daß diese Nation sehr für alles Geniale schwärmt, so habe ich einen Seiltänzer mitgebracht, der in einem der Wälder gefangen wurde, die dem Großmogul gehören. Er ist zwar von Geburt ein Affe, aber er schwingt sich aufs Seil, raucht eine Tabakspfeife und trinkt ein Glas Bier wie ein ganz vernünftiges Wesen usw. usw. Ich hoffe dies Amüsement für nächsten Winter in Aussicht stellen zu können und zweifle nicht, daß es mehr ge-

*) Abgedruckt in Joseph Strutt, s. benutzte Literatur.

fallen wird, als die Oper und das Puppentheater. Ich will ja nicht gerade behaupten, daß ein Affe ein besserer Mensch ist, als einige unserer Opernhelden, aber das ist gewiß, daß er einen Menschen viel besser darzustellen versteht, als irgend ein künstliches Holz- oder Drahtgebilde."

* * *

Daß Haushund und Hauskatze beim Theaterspiel von den Kindern sogar als mit Puppenkleidern ausstaffierte Akteure mitverwendet werden, kommt manchmal vor, viel öfter aber müssen sie als geduldige Zuhörer einer Vorstellung beiwohnen, besonders wenn andere Zuschauer nicht zur Stelle sind, und so erhalten auch selbst nicht dressierte Tiere ihre wenn auch nur stumme und passive Rolle bei den dramatischen Spielen der Kinder.

* * *

Clara Eysell-Kilburger schreibt: „Noch besser aber als jedes Spiel gefiel mir mein lebendiges Spielzeug, die Tiere; damit ließ sich etwas anfangen, man konnte sie füttern, zu Bett bringen, je nachdem waschen und kämmen." Die Dichterin erzählt dann von den verschiedenen Tieren, die sie in ihrer Kindheit gehabt und wie ein Eichhörnchen, das sie sehr geliebt habe, sie ohne jeden Grund so gebissen habe, daß sie heute noch die Narben an den Händen trage: „Das war ein Schlag. Ich war leidenschaftlich eifersüchtig auf meine Tiere, sie sollten mich lieben, nur mich allein, mit allen ihren Gemütskräften. Noch lange grübelte ich dem Rätsel nach, was wohl das schwarze (sie hatte nämlich auch zwei rote Eichhörnchen) zu diesem abscheulichen Verhalten bewogen haben könne."

II. KAPITEL.

HAND- UND KUNST-FERTIGKEITSSPIELE.

Die Hand- und Kunstfertigkeitsspiele gehören zum Teil in das Gebiet der künstlerischen Spiele. Die Scheidewand, welche einst „hohe“ und „handwerksmäßige Kunst“ trennte, ist längst gefallen. Wir sehen heute in den angewandten Künsten auch das Schaffen schöpferischer Persönlichkeit und streben sowohl bei der Ausschmückung unserer Wohnräume, als auch bei unserer Kleidung dahin, sie alle zu einer gerechten Stellung und Geltung in der harmonischen Gesamtwirkung aller uns umgebenden Dinge, die wir dann als eine „künstlerische Umgebung“ bezeichnen, gelangen zu lassen.

Dennoch kann nicht jede Handfertigkeit als eine Kunstfertigkeit bezeichnet werden, und auch nicht jede Kunstfertigkeit eines Kindes ist ein künstlerisches Spiel, andererseits werden phantasievolle und begabte Kinder in Hand- und Kunstfertigkeit weit künstlerischer arbeiten, als phantasielose und unbegabte Kinder in den behandelten „künstlerischen Spielen“. Wie im wirklichen Leben, so wird auch im Leben des Kindes Lust und Talent, mit dem das Kind im Spiele schafft und womit es an die Arbeit herangeht, weit mehr den Ausschlag geben, ob ein Spiel „künstlerisch“ sei, als die schematische Einteilung zwischen „künstlerischen“ und „handwerklichen“ Spielen.

Trotzdem ist diese Einteilung nicht ganz unberechtigt, der Sprachgebrauch stempelt mit dem Worte „Sie sind ja ein wahrer Künstler in Ihrem Fache“ jeden zu einem Künstler, den geschickten Handwerker wie den findigen Detektiv, den schneidigen Sportsmann wie den glücklichen Chirurgen, und für die geschickte aber doch keineswegs etwa „künstlerische“ Speisenbereitung ist das Wort „Kochkunst“ allen geläufig.

Jede handwerkliche Tätigkeit verdient daher nicht den Namen „Kunsthandwerk“, und das, was die Handfertigkeit zur Kunstfertigkeit stempelt, ist eben das „Künstlerische“, das Hinausheben des Gegenstandes über das rein Nützliche durch einen besonderen Grad persönlicher Vollendung, der das Zweckmäßige auch schön und künstlerisch erscheinen läßt.

Dennoch ist die Grenze zwischen Handwerk und Kunsthandwerk eine so wenig scharfe und bestimmte, daß erst kürzlich wieder, und zwar im Interesse eines besseren Rechtsschutzes der kunsthandwerklichen Arbeiten, die Frage „Was ist Kunsthandwerk“ aus den Fachkreisen heraus zur Diskussion gestellt ist, und wie der Übergang von den kunsthandwerklichen Spielen zu den künstlerischen Spielen schwer „nach oben“ abzugrenzen ist, so ist dies auch gegenüber den handwerklichen Spielen „nach unten“ nicht so leicht.

So hätten denn die Kunstfertigkeitsspiele auch ebenso gut bei den künstlerischen Spielen behandelt werden können, da aber oft die rein handwerkliche Arbeit unter Anwendung auch nur geringer künstlerischer Mittel zu einer kunsthandwerklichen wird, so empfahl sich die gemeinsame Behandlung der ineinander greifenden Handfertigkeits- und Kunsthandfertigkeitstätigkeit schon im Interesse einer einfachen und übersichtlichen Darstellung.

Die Beschäftigungsspiele der kleinen Kinder werden hier, wenn sie auch nicht handwerklicher oder hauswirtschaftlicher Natur sind, gleichfalls erwähnt werden müssen, da sie wie die Fröbelspiele und ähnliche Spiele eine Vorstufe zur Handfertigkeit bilden.

Der Wert der Handfertigkeitsspiele ist außer aller Frage. Professor Dr. Konrad Lange*) sagt: „Ein Kind, das sich einseitig nur mit fertigen Spielsachen beschäftigt, wird auch in seiner ganzen geistigen Richtung leicht etwas Rezeptives Unproduktives erhalten. Die produktive Handbeschäftigung dagegen hat den Vorzug, daß bei ihr das Kind die Dinge selbst erst erzeugt, an denen es Freude hat, daß sie das Kind zum eigenen Schaffen, zur eigenen produktiven Arbeit anleitet." Und welche Bedeutung die Wertschätzung des handwerklichen Schaffens nicht nur für die Kinder, sondern auch für uns alle, für unser gesamtes Kunstleben hat, das hat Direktor Dr. P. Jessen treffend auf dem Kunsterziehungstage*) in Dresden mit den Worten ausgesprochen: „Die Künstler sind sich wieder bewußt geworden, daß alle Kunst auf dem Können beruht, auf handwerklichem Grunde."

Zwei wichtige Dinge dürfen wir aber bei der Einführung unserer Kinder in die Handfertigkeitsspiele nicht versäumen zu beachten, nämlich erstens daß alle Handfertigkeitsarbeit nur Spiel, nicht Arbeit werde, und daß wir zweitens nicht Kinder zur Handfertigkeit zwingen mögen, die für dieselbe wenig oder gar kein Talent haben.

Direktor Hans Bösch erzählt in seinem „Kinderleben aus der deutschen Vergangenheit"*) folgende reizende Geschichte: „Das Schwesterchen des Bartholomäus Sastrow, der um 1550 Bürgermeister von Stralsund war, mußte fünfjährig schon spinnen. Als sie einst von einem Reichstag hörte, den der Kaiser ausgeschrieben, und vernahm, daß dort Gesetze beschlossen würden, seufzte sie an ihrem Rocken: „Ach du lieber Gott, wenn sie doch auch ernstlich verordnen möchten, daß so kleine Mädchen nicht spinnen dürften." Wir können daraus die Lehre entnehmen, wie sehr verfehlt es ist, jenes Anhalten zur Handfertigkeit zu übertreiben oder gar schon ganz kleine Kinder damit zu quälen. Sobald die Handfertig-

---

*) Siehe benutzte Literatur.

keit zur Arbeit wird, hört sie auf, Spiel zu sein, und wird für das Kind statt einer Freude und Lust eine Last und eine Bürde.

Es soll damit natürlich nicht gesagt sein, daß der Handarbeitsunterricht etwa wegfallen solle, aber er soll nicht zu früh stattfinden, und dann soll ebenso wie beim Musikunterricht Unterricht eben Unterricht, aber die freie Spielzeit auch freie Spielzeit bleiben.

Staat und Gesellschaft haben längst eingesehen, daß die viele Arbeit in der Kindheit für die Gesundheit und gesamte Entwicklung der Jugend vom Übel sei, und haben Gesetze geschaffen, durch die die Kinderarbeit teils ganz verboten, teils wenigstens sehr eingeschränkt worden ist. Leider kommt aber diese nach der Stundenzahl, also quantitativ rechnende Gesetzgebung fast nur den armen Kindern zugute, während die qualitativ schwere geistige Überbürdung fortbestehen bleibt.

Der allgemeine Streitruf nach „Handfertigkeit“ im Kinderleben ist nicht neu.

Schon Johann Amos Comenius, der letzte Bischof der böhmischen Brüdergemeinde (1592—1670) verlangte Ausbildung der Handfertigkeit, und in dem Pädagogium und Waisenhaus des Predigers Professor August Hermann Francke (1663—1727) zu Halle, in dem bei seinem Tode 2200 Schüler unterrichtet wurden, lernten die Kinder Äpfelschneiden, Drechseln, Glasschleifen, Holzsägen, Papparbeiten, Serviettenbrechen und sogar Vogelausstopfen. Johann Bernhard Basedow ging in der Erziehung fürs Praktische noch viel weiter wie die extremsten Vertreter der heutigen Kinderbeschäftigungslehre, er wollte, daß die Knaben nacheinander in immer ein paar Wochen die verschiedenen Tätigkeiten des Handwerkers, des Bauern, des Bergmanns, des Seemanns, des Kaufmanns und des Soldaten praktisch durchmachen sollten.

Das Soldatenausbilden der Kinder ist übrigens in unserer Jugendwehr verwirklicht und ebenso in Japan jetzt allgemein üblich.

Der extravaganteste Fall dieser Nützlichkeitsrichtung aber, von dem Dr. Emil Reicke in seinem Unterrichtswesen in der deutschen Vergangenheit*) berichtet, ist wohl der, daß entsprechend den Tendenzen der 1737 erschienenen braunschweigisch-lüneburgischen Schulordnung, die zum Teil ein Werk Johann Matthias Gesners war, ein Lehrer in Berlin seine Schüler im Lederhandel unterrichtete und ihnen 90 verschiedene Lederarten klar zu machen suchte.

So wenig also die Handfertigkeitsspiele und Arbeiten übertrieben werden dürfen, so wenig sollen zu denselben unlustige Kinder gezwungen werden.

Ellen Key*) sagt: „Aber — nun gibt es Kinder, für die der Slöjd (das ist Handfertigkeit, Handwerk und Kunsthandwerk) ein ebenso widerwärtiger und nutzloser Zwang ist wie das Lateinlernen! Das Kind, das in sein Buch versinken will, soll ebensowenig zum Slöjd gezwungen werden, wie man das Kind, das an seiner Hobelbank glücklich ist, zur Literatur zwingen soll!"

Und dieser Grundsatz: Freiheit im Spiel, unter Berücksichtigung der Neigungen des Kindes, kann getrost auch von denen anerkannt werden, die sonst nicht allen Anschauungen der Verfasserin des „Jahrhunderts des Kindes", besonders nicht ihren aus einem starken Freiheitsdrange entspringenden Angriffen auf den Kindergarten beistimmen können. Schon Ludwig Richter, dem man Verständnis für die Seele des Kindes gewiß nicht absprechen kann, zog die Beschäftigung im wirklichen Garten, das Pflegen und Begießen von Pflanzen und ein Träumen unter Blumen der bildenden Belehrung in den Kleinkindergärten vor.

Es ist ja richtig, im Elternhause zu Füßen der Mutter ist der beste Spielplatz, der schönste Kindergarten der Welt; aber für die ungezählten Familien, in denen die Mutter durch Erwerbspflichten — in manchen auch durch Unkenntnis —

---

*) Siehe benutzte Literatur.

verhindert ist, dem Kinde zu Hause eine Erziehung durch Spiel und Anregung zu geben, ist der Kindergarten eine wirklich „köstliche Wohltat", abgesehen davon, daß in ihm doch auch viele Kindergärtnerinnen ausgebildet werden, die später in einem anderen Wirkungskreise oder im eigenen Heim die Kunst, mit Kindern zu spielen, weiter pflegen zum Wohle unserer Lieblinge.

Da die sogenannten Fröbelschen Spiele nicht besonders, sondern gleich zum Anfang der Handfertigkeitsspiele mit den kleineren Beschäftigungsspielen zusammen behandelt werden sollen, sich also keine Gelegenheit mehr bieten wird, nochmals von dem Kindergarten zu sprechen, so mag hier noch das, was die geschätzte Lehrerin des Pestalozzi-Fröbelhauses Lili Droescher in dem Aufsatze „Spiel und Spielzeug", in dem sie dem Selbstanfertigen des Spielzeugs in der Zeitschrift: Vereinigung Kunst im Leben des Kindes*) das Wort redet, über den Kindergarten sagt, Aufnahme finden, sowohl als Urteil aus berufener Feder, als auch als schöner Ausdruck einer in ihre Berufsaufgabe sich mit Liebe und Hingebung versenkenden Persönlichkeit: „Wer einen guten Kindergarten gesehen hat, in dem Fröbels Geist lebt, der hat gesehen, wie wenig dazu gehört, um die reizvollsten Spiele zu ermöglichen und wie gern die kleinen Hände arbeiten, um das nötige Spielmaterial zu schaffen. Aus quadratischen Papierblättern sind mit wenigen Brüchen große und kleine Häuser entstanden. Mit Buntstift sind sie ausgemalt, Türen und Fenster sind eingeschnitten worden. Mit Wachs werden die Häuser auf den Tisch geklebt und eine ganze Straße entsteht. Schlitten, Bäume und Püppchen, aus Postkarten geschnitten, beleben das Spiel. Dieselben Stückchen Papier geben den Stoff zu den verschiedensten Arten von Schiffen, kleinen Windmühlen, die sich „wirklich" drehen, Miniaturdrachen, die wirklich fliegen, und Fallschirme und Helme lassen sich

*) Siehe benutzte Literatur.

falten. Von den wunderbaren Tieren wie Fischen, Vögeln, Schweinen garnicht zu reden."

* * *

Jede Handwerksarbeit, auch die allereinfachste, stählt den Charakter des Kindes, das Gefühl etwas schaffen zu können, verleiht ihm Selbstbewußtsein, führt zur Entdeckung der in ihm schlummernden Fähigkeiten und erweckt zuletzt reiche Freude an der Arbeit selbst.

Sowie es aber Menschen gibt, die nur Kunst genießen, aber nicht selbst schaffen können, so gibt es auch Kinder, die keine Lust an den Handfertigkeits- und Kunstfertigkeitsarbeiten haben, dagegen sich an fertigem Spielzeug sehr erfreuen. Es wäre ein Trugschluß, wollten wir aus dem obigen Vergleich nun die Lehre ziehen, die Kinder, die für Handfertigkeit keinen Sinn haben, werden wohl Kunstfreunde, aber nie Künstler werden. Im Gegenteil, das träumende, zu Märchen, Bildern und dem fertigen, nicht erst mühsam entstehenden Spielwerk sich hingezogen fühlende Kind ist oft genug das echte Künstlerkind. Die einstige große Tragödin können wir uns als Kind viel eher Bücher lesend und mit der Puppe oder dem Puppentheater spielend vorstellen, als bei mehr nüchternen Haushaltungsarbeiten, wie Nähen und Stricken, Kochen und Häkeln.

Außerdem ist es eine eigentümliche Erfahrung, die jeder leicht bei eigenen Kindern oder Kindern im Kreise seiner Bekannten und Verwandten nachprüfen kann, daß Kinder, die für die als „künstlerische Spiele" bezeichneten Spielarten, z. B. für das Bauen mit fertigen Bauklötzen großes Interesse haben, mit einem Tischlerhandwerkskasten trotz Anleitung garnicht spielen wollen oder wenigstens nichts Ordentliches zusammenzimmern können.

Es schadet gewiß nichts, wenn man die nur für geistige Dinge schwärmenden Kinder durch Handfertigkeitsspiele etwas aufs Praktische hinlenkt und sie mehr für die Wirklichkeit erzieht, aber ein Zwang, der den Charakter einer ungeliebten Arbeit annimmt, darf es nie werden.

Eine herzliche, aufrichtige Freude bereiten diese Handfertigkeitsarbeiten aber allen den Kindern, die Talent und Veranlagung für solche Arbeiten haben, und da darf nun auch nicht wieder angenommen werden, daß diese Begabung etwa unbedingt das Vorzeichen für eine rein praktische Berufsart im späteren Leben ist. Beweisen doch mehrere Mitteilungen unserer Dichter, daß ihr schöpferisches Talent in ihrer Kinderzeit oft genug in diesen Hand- und Kunstfertigkeitsarbeiten einen zum Schaffen drängenden Ausdruck fand.

* * *

Richard Dehmel schreibt: „Ich habe gern nur mit Dingen gespielt, die ich mir selbst verfertigt hatte. Gekauftes Spielzeug wurde mir bald langweilig oder war mir sogar zuwider, weil es sofort häßlich aussah, wenn ein bißchen davon „kaputt" ging," und nachdem er über Guckkasten und Theater gesprochen, fährt er fort:

„Noch heute bin ich der Meinung, daß die meisten käuflichen Spielsachen die Entwicklung des kindlichen Geistes schädigen, nicht bloß den sogenannten Geschmack, sondern fast noch mehr die lebenstüchtigen Tätigkeiten (Geschicklichkeit, Umsicht, Selbstvertrauen, Beharrlichkeit). Unschädlich sind sie nur dann, wenn sie den primitiven Formsinn des Kindes zur selbständigen Betätigung anregen, wie z. B. die alten Nürnberger und manche japanischen Spielwaren, auch einige von neueren Kunsthandwerkern nach diesem Grundsatz entworfene Muster."

1. KLEINE BESCHÄFTIGUNGSSPIELE.

Für die kleinen Kinder von etwa zwei bis drei Jahren sind die Kubusspiele bestimmt, eine Art Bauspiel, das auch den Namen Pyramiden-Kubus führt. Dieses Spiel besteht aus vielen mit bunten Bildern beklebten, immer größer werdenden und ineinander zu steckenden, hohlen, nur unten offenen Würfeln, deren größter ca. 10—15 cm hoch ist. Aus diesen hohlen, bunten Würfeln können sich dann die Kinder eine Pyramide bauen. Für etwas ältere Kinder bestehen die Kubusspiele aus Kästen mit 20 bis 40 kleinen, festen Holzwürfeln, deren je 6 Seiten mit je einem zwanzigstel bis vierzigstel Teil eines Bildes beklebt sind, sodaß die Zusammensetzung aller dieser Bildteile auf den Würfeln immer ein Bild im ganzen, also 6 verschiedene Bilder ergibt. Die Bilder selbst zeigen uns Märchen, Soldaten, Landkarten, Häuser und neuerdings auch Lokomotiven und Dampfschiffe.

Es wäre sehr wünschenswert, daß tüchtige Künstler sich der bildlichen Ausführung dieser Kubusspiele ebenso widmeten, wie sie es beim Wandschmuck und Bilderbuch tun. Es kann bei der Erziehung zur Kunst nicht gleichgültig sein, was für Bildwerke wir den Kindern beim Spiel in die Hände geben.

In München sind neue ineinanderschiebbare Holzpuppen hergestellt worden, die als eine Art Kubusspiel gelten können. Ein Satz dieser Puppen stellt eine Königsfamilie, ein anderer Satz Dachauer Bäuerinnen und ein dritter Satz Schneewittchen und die sieben Zwerge dar. Daß diese Karikaturen menschlicher Figuren und Gesichter ein drolliger Scherzartikel für Erwachsene sind und auch Kinder amüsieren können, soll nicht bezweifelt werden, und der Einfall, Modelle, nach denen sich trefflich Bierkrüge modellieren ließen, als Spielzeug ins Kinderzimmer zu verpflanzen, ist ganz originell und auch harmlos, nur über den Wert dieser wunderlichen Gebilde als Kunsterziehungsmittel dürfte sich streiten lassen.

* * *

Von den Spielen für die kleinen Kinder sind die hübschesten, wenn auch nicht die lehrreichsten, die Mosaik-Spiele.

Diese Spiele, die schon in grauer Vorzeit von den Kindern gespielt worden sind, als noch Steinchen, Stäbchen und Blumen zum Musterlegen benutzt wurden, zerfallen in solche, die mit bunten Steinchen oder Täfelchen, und in solche, die mit bunten Kügelchen oder Perlen gespielt werden.

Sehr schön und reizvoll sind die Parkett- und Sternmosaikspiele. Bei dem Parkettspiel bestehen die meist dreieckigen kleinen Steine aus weißen und braunen, spiegelglatt polierten Holztäfelchen, bei dem Sternspiel jedoch aus in mehreren bunten Farben elegant überlackierten und in der Zusammensetzung ein Sternmuster ergebenden kleinen Tafeln. Diese Lackierung oder Politur erfreut nicht nur das Auge des Kindes durch die Leuchtkraft oder den bunten Glanz, sondern ist auch angenehm und wohltuend beim Anfassen der spiegelglatten Flächen.

Die Kugel- und Perlmosaikspiele bestehen aus bunten lackierten Perlen oder Kügelchen, diese werden auf einer mit Vertiefungen versehenen Platte zu Mustern zusammengelegt oder es werden die mit kleinen Stiften versehenen Steckkugeln in eine mit Löchern versehene, fein polierte runde Holztafel gesteckt. Zu allen diesen Mosaikspielen gibt es

Musterbücher, die aber viele der kleinen Ornamentleger nicht benutzen.

Schwierigere Mosaikspiele beschäftigen sich mit dem Zusammenlegen von Landschaften und Schiffen und ein Häusermosaikspiel, sowie ein Karikatur-Puppenlegespiel zeigen Anklänge an unsere modernen Kunstrichtungen in der Malerei.

* * *

Die Flechtspiele zum Flechten mit Papier sind für Kinder, die viel Ausdauer haben und dabei geschickt sind,

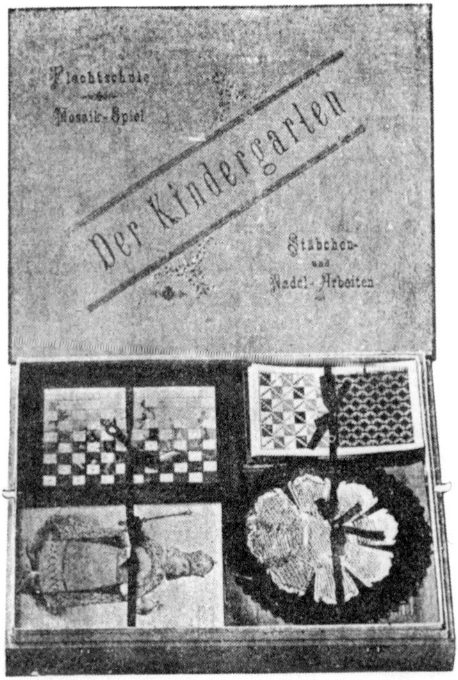

recht amüsant, aber man sollte doch, wie es so vielfach leider geschieht, nicht schon zwei- bis dreijährige Kinder mit diesen Arbeiten quälen, zumal dieselben teilweise so schwierig sind, daß sie selbst Erwachsenen Mühe machen. Ebenso sind die Faltspiele nicht leicht. Bei allen diesen Spielen, von denen übrigens das Durchflechten von kleinen Papptafeln mit bunten Papierstreifen eines der niedlichsten ist, wird man eben die Eigenart und vor allem das Alter des Kindes berücksichtigen müssen; für viele Kinder werden diese Arbeiten eine Freude sein, aber nur die, für die es eine Freude ist, sollten damit beschäftigt werden. Auch die Landkinder zeigen oft große Lust zum Flechten; wenn der Weizen reif ist, flechten sie Strohbänder, und aus Binsen oder Wegebreitstengeln flechten sie kleine Körbchen und Stühle. Diesen praktischen Arbeiten gegenüber sind die geflochtenen Sterne kleiner Indier-Kinder mehr poetischer Natur, und die Flechtkästen der Spielzeugindustrie nehmen neben der Anleitung zu praktischen Arbeiten glücklicherweise auch auf die Anregung zur Freude am Muster Bedacht.

* * *

Die Stäbchen-Spiele, mit denen auch kleinere Kinder ohne Mühe spielen können, erfreuen sich infolge ihrer Einfachheit großer Beliebtheit. Sie sind teils so vervollkommnet, daß einzelne derselben ihre Bezeichnung „Stäbchenbaukasten" wirklich verdienen.

* * *

Die Ausnäh-Spiele sind gleichfalls für kleine Kinder berechnet, und durch Vordruck der zu machenden Stiche ist die Arbeit wesentlich erleichtert und dadurch die Freude am Spiel erhöht. In ähnlicher Weise sind die Ausstickarbeiten den kleinen Kindern mundgerecht gemacht.

Das Ausnähen und Aussticken von kleinen Wachstuchdecken, Delfter Deckchen und Filzdecken, die nachher in der Puppenwirtschaft Verwendung finden können, fördert nicht nur die hauswirtschaftlichen Talente der kleinen Mädchen, sondern ist auch für die Ausbildung ihres Sinnes für ornamentale Formen von Vorteil.

Sehr hübsch und darum auch allgemein beliebt sind die Perl-Arbeiten, die in Kästen für verschiedene Altersstufen zusammengestellt sind. Das Perlaufziehen von Tierfiguren auf Karton ist ein Spiel für die Kleinsten. Die etwas älteren Kinder stellen vermittels dünner Stäbchen, vergoldeter Pappgestelle und bunter Glasperlen wirklich reizende Körbchen her, und noch ältere und schon zu wirklicher Kunstfertigkeit befähigte Kinder machen Perlblumenarbeiten. Es ist dies schon ein mehr künstlerisches Spiel, zu dem viel Geschmack gehört.

Wie die Korb-Perlarbeiten, so kann man auch die Korbflechtarbeiten, die sich von dem bereits beschriebenen Flechtspiel für ganz kleine Kinder unterscheiden, als Korbarbeitsspiele bezeichnen. Diese Körbchen werden meist aus bunten Papier- oder Strohstreifen zusammengeflochten, doch werden auch Tuchstreifen und Streifen aus anderem Material zum Flechten verwendet.

* * *

Ein ganz besonderes und umfangreiches Gebiet in diesen kleinen Beschäftigungsspielen bilden die Papp-, Modellier- und Ausschneidearbeiten für Knaben und Mädchen.

Sie erfüllen so recht die Forderung, die an ein gutes Handfertigkeitsspiel für jüngere Kinder gestellt werden sollte, nämlich dem Kinde Gelegenheit zu geben, sich ohne viele Mühe, ohne Anwendung einer schwierigen Technik selbst ein Spielzeug, also ein kleines Kunstwerk zu schaffen.

Die Fröbelschen Spiele bilden in ihren einfachen Arbeiten die Vorbereitung für diese Modellier- und Ausschneidespiele.

Diese selbst aber sind auch je nach den Fähigkeiten der Kinder in den einzelnen Altersstufen leichter oder schwerer.

Die leichtesten Spiele sind die mit Ankleidepuppen und mit Soldaten zum Ausschneiden; auf die geschichtliche Entwicklung beider werden wir bei dem Puppenspiel und beim

Soldatenspiel näher eingehen. Während aber der Papiersoldat hinter seinen Kollegen aus Holz, Zinn und Blei an Beliebtheit weit zurücksteht, bewährt die Ankleidepuppe auf Karton noch immer ihre schon in früheren Zeiten vorhandene Zugkraft.

Die erfinderische Industrie hat in dieses Ankleidespiel viel Abwechselung zu bringen gewußt, denn es gibt nicht nur ganze Kinderfeste von Ankleidepuppen, sondern auch sogar eine Papier-Puppenschneiderei, bei welcher sich die Kinder die Papierkostüme nach Anleitung für ihre Ankleidepuppen selbst anfertigen können, was natürlich aber auch wieder etwas schwieriger ist als das Verwenden der Papierhütchen und Papierkleidchen der einfachen Ausschneidebogen.

Die Modellier- und Aufstellspiele, eine Papp- und Klebearbeit, die am meisten von den Knaben ausgeführt wird, zerfallen in solche Spiele, bei denen sich die Kinder aus den bekannten Modellierbogen Burgen, Krippen, Schiffe, Mühlen, Schlösser, Denkmäler und viele andere Dinge mehr selbst ausschneiden, was natürlich oft mühsam ist und Ausdauer erfordert, und in solche Spiele, bei denen bereits fertig ausgeschnittene und aufgeklebte Teile von Häusern, Kasernen, Puppenmöbeln und Eisenbahnen einfach zusammenzusetzen sind.

Von diesen letztgenannten Spielen ist eines der neuesten und hübschesten „die Hochbahn“.

Es sind bei demselben hauptsächlich aus starkem Karton zwei Bahnhöfe, ein Schienenweg auf Viadukt und zwei Hochbahnwagen zusammenzusetzen. Diese Wagen laufen vermittels einer einfachen Holzkurbel mit Schnursystem auf den mit Rädern versehenen Untergestellen derart, daß beide Wagen sich vorüberfahren und zu gleicher Zeit in die Bahnhöfe, jeder natürlich in einen anderen, einlaufen.

Wer dies Spiel sieht, wird gewiß bewundern, mit wie einfachen Mitteln unter Anwendung von etwas Karton, Bindfaden und etwas Holz sich die Kinder ein ebenso hübsches wie modernes Spiel zusammenstellen können, dessen Wert als Anschauungsmittel für die Kinder, die noch keine Hochbahn gesehen haben, auch nicht unterschätzt werden darf.

* * *

Zu diesen kleinen Beschäftigungsspielen können wir auch das Buchstaben- oder A-B-C-Spiel zählen. Solche Spiele zum Zusammensetzen von Worten durch Buchstaben aus Elfenbein und Buchsbaum kannte man schon im klassischen Altertum. Die alten Germanen legten Runen aus Stäbchen, und der be-

Kalligraphischer Unterricht (Spiel aus der Mitte des 19. Jahrh.).

rühmte Pädagoge Johann Bernhard Basedow (1720—1790) war in Gemeinschaft mit seinem Mitarbeiter Wolke unermüdlich in der Erfindung von immer neuen Buchstabenspielen, damit die Kinder schnell und leicht lesen lernen sollten. In Japan ist noch jetzt das I-ro-ha Garuta, A-B-C-Sprichwörterspiel mit 94 Karten und zwar 47 Sprichwörterkarten und 47 Buchstaben-Bilderkarten sehr beliebt.

Die bei uns vorhandenen Buchstabenspiele sind praktisch und anschaulich, es wäre aber eine dankenswerte Aufgabe für die Künstler, auch einmal echt künstlerische und dabei doch klar und verständlich bleibende Buchstabenspiele für unsere Kinder zu schaffen.

Die Bilderbogen, soweit sie nicht durch heruntergesetzte Reime den Charakter eines Bilderbuches in Blättern bewahren, sondern zum Ausschneiden benutzt werden, gehören ebenso wie die Abziehbilder und Oblaten unter diese Gattung von Spielen.

Was Fritz Stahl*) in seinem Aufsatz „Der künstlerische Wandschmuck in Schule und Haus" von dem Bilderbuch und der Oblate sagt, das gilt auch leider von allen diesen genannten Erzeugnissen: „Wer mit dem Publikum von heute, dem Publikum aller Kreise verkehrt, der bemerkt bald, wie die Oblate und das schlechte Bilderbuch mit ihrer flauen Zeichnung und ihrem süßlichen Kolorit gradezu verheerend gewirkt, den Sinn für das Gesunde und Kräftige zerstört haben, und wie trotz und nach aller Belehrung, wie selbst bei Menschen, die „auch" gute Kunst verstehen können, der schlechte Geschmack immer wieder gelegentlich durchschlägt."

Es finden sich ja z. B. unter den Abziehbildern einige Reproduktionen klassischer Bilder, aber sie sind meist so mäßig reproduziert, daß ein wesentlicher Teil ihrer künstlerischen Wirkung wieder verloren geht.

Auch hier also dürfte ein Mehr an künstlerischer Qualität nichts schaden.

* * *

Goethe spielte als Kind mit Bilder- und Ausschneide-Bogen: „Die Buden des sogenannten Pfarreisens waren uns Kindern sehr bedeutend, und wir trugen manchen Batzen hin, um uns farbige, mit goldenen Tieren bedruckte Bogen anzuschaffen."

Ferdinand Freiligraths Mutter**) schreibt am 1. März 1815 über den noch nicht 5 jährigen Ferdinand: „Er ist gottlob recht gesund, aber den größten Teil des Tages an Klostermeiers; der alte Rat schneidet ihm alle Tage allerhand Tiere von Karten, deren er schon eine ganze Sammlung

---

*) Vereinigung der Kunst im Leben des Kindes, s. benutzte Literatur.
**) Siehe benutzte Literatur.

hat und sich oft daran amüsiert, wenn er sie auf den Tisch hinstellt."

Clara Eysell-Kilburger schreibt: „Arbeitsmaterial von schätzbarem Wert boten mir Kartons, aus denen ich mittels Schere, Gummi arabicum, Nähgarn, Stecknadeln und Haarnadeln absonderliche Häuser, Türme, Pavillons herstellte und mit Tuschfarben ausmalte. Dagegen besaßen gedruckte Modellierbogen keinen Reiz für mich, es langweilte mich, etwas herzustellen, von dem ich schon im voraus ganz genau wußte, wie es aussehen würde."

Arthur Fitger schreibt: „An Winterabenden schnitt meine Mutter uns allerlei Figuren aus Kartenblättern aus, die alsbald dramatisch belebt wurden. Einer besonderen Vorliebe erfreute sich der Löwengarten des Königs Franz; den Zwinger erbauten wir aus unseren Bauhölzern, dem einzigen Spielzeug, das uns jemals als ein fertiges gegeben worden, der Löwe, der Tiger, die Leoparden traten mit dem nötigen Gebrüll aus ihren Käfigen, der König und die Großen der Krone und der schöne Kranz der Damen war durch die Karten glänzend herzustellen, kurzum, es gab wahrhafte Musteraufführungen. Einst kam mein Vater über solche Festvorstellung hinzu und höchlich amüsiert über die Lebendigkeit unserer Phantasie, wollte er ihr weiter aufhelfen, er brachte uns reizende kleine Papiermachétiere aus Bremen mit, die erste Aufführung war glänzend, allein schnell trat die Dekadence ein. Die Tiere brachen bei ihren Kämpfen die Beine, die Phantasie war gelähmt, die Lust war zu Ende."

Carmen Sylva schreibt: „Papierausschneiden ist eine Quelle unendlicher Freude, und das ist der allerbeste Anschauungs- und Zeichenunterricht."

2. GEWERBLICHE UND BERUFSSPIELE.

Von den Klebe- und Kartonarbeiten der Modellierbogen ist es nur ein Schritt bis zu der eigentlichen Papp- und Buchbinderarbeit. Mit ihr können wir die handwerklichen Spiele beginnen lassen, weil sie für das Kind, das sich erst in die Handfertigkeit einarbeiten soll, nicht so schwer ist, wie die Arbeit in härterem Material.

Direktor Dr. P. Jessen*) sagte auf dem Kunsterziehungstage in Dresden: „Für jüngere, schwächere Hände ist die Papparbeit sehr zu empfehlen. Die Hand und das Auge, der Sinn für schlichte, edle Formen und vor allem die Freude an frischer Farbe können hier auf einer Stufe erzogen werden, die für Holz und Metall noch nicht reif ist" und an anderer Stelle seines Vortrages weist er noch einmal auf die Papparbeit hin mit den Worten: „ein künstlerisch geleiteter Unterricht in der Papparbeit, mit der Fülle farbenfrischer Materialien wird manches Kind, das nur das Grau seiner Schulstube kennt, vor künstlerischer Farbenblindheit und Farbenscheu behüten."

Obgleich bei unseren modernen Handfertigkeitsspielen der Papparbeitskasten nicht fehlt, so ist doch nicht zu verkennen, daß wir leider mit dem edlen Kunsthandwerk der Buchbinderei unsere Kinder viel zu wenig vertraut machen. Die Lederpunz-Arbeiten, für die es auch besondere Kästen gibt, sind ohne Anleitung eines Erwachsenen vom Kinde

*) Siehe benutzte Litteratur.

schwer zu erlernen und mit dem, was wir eigentlich unter Buchbinderarbeit verstehen, haben sie wenig zu tun. Wir brauchen durchaus nicht gleich zu wünschen, daß unsere Kinder alle Entwicklungsstadien der Buchbinderei seit den byzantinischen Anfängen dieser Kunst kennen lernen oder gar kostbare Einbände verschiedener Zeiten nachahmen sollen, dazu haben sie erstens später Zeit, wenn sie sich dafür weiter interessieren sollten, und zweitens reichen technisches Können und Stilkenntnis eines auch 12--13 jährigen Knaben wohl selten zur gediegenen Ausführung aus. Was wir eben neben der Anfertigung hübscher Kästen und Kartonnagen in bezug auf den Bucheinband unsern Kindern beibringen müssen, ist vor allem das, daß für das Werk eines innig geliebten und tief verehrten Dichters nicht ein Masseneinband paßt, sondern daß wir, wenn es uns unsere Mittel erlauben, dem edlen Inhalt durch einen vornehmen, unter Umständen zu diesem Inhalte in Harmonie stehenden Einband auch eine würdige Hülle geben müssen.

Wie ein Denkmal für einen großen Dichter nicht als Luxus des Staates oder der Stadt, die das Denkmal errichtet, betrachtet werden kann, so ist die Ehrung des Meisters der Poesie durch einen künstlerischen Einband auch kein Luxus des Privatmannes, sondern eine Art Tribut seiner Dankbarkeit, eine stille freundliche Verehrung.

Leider ist die Schätzung alles Künstlerischen bei uns noch so gering, daß Professor Dr. Lichtwark in seinem Vortrage „Der Deutsche der Zukunft“ auf dem Kunsterziehungstage in Dresden noch sagen konnte: „Man kann in Deutschland sehr reich, sehr ungebildet, zu keinerlei Opfer für irgend einen Kulturzweck bereit sein, ohne der Verachtung anheimzufallen.“

Wenn nur die Hälfte aller besser situierten Leute bei uns dahin kommen, sich ihre Lieblingsbücher anständig einbinden zu lassen, dann wird die Schätzung unserer Geistesritter soweit gediehen sein, daß diese nicht mehr zum größten

Teil im bitteren Kampfe um die tägliche Existenz ihre besten und für die Menschheit heiligsten Kräfte vergeuden brauchen.

Schätzung der Handfertigkeit, also dessen, was persönlich an einer Arbeit ist, das muß bei der Papparbeit, wie bei allen anderen Handfertigkeitsspielen betont und gepflegt werden, damit durch die für unsere allgemeinen Bedürfnisse notwendige und auch wohltätige Massenfabrikation der Großindustrie doch nicht etwa das Individuelle in Kunst und Handwerk jemals erdrückt werde.

* * *

Goethe sagt von seinen Papparbeiten: „Ich hatte früh gelernt, mit Zirkel und Lineal umzugehen, indem ich den ganzen Unterricht, den man uns in der Geometrie erteilte, sogleich in das Tätige verwandte, und Pappenarbeiten konnten mich höchlich beschäftigen. Doch blieb ich nicht bei geometrischen Körpern, bei Kästchen und solchen Dingen stehen, sondern ersann mir artige Lusthäuser, welche mit Pilastern, Freitreppen und flachen Dächern ausgeschmückt wurden, wovon jedoch wenig zustande kam."

Theodor Fontane*) berichtet in dem Werke „Meine Kinderjahre": „Die Papparbeit! Mir ganz unerfindlich jetzt, wie mich diese langweiligste Beschäftigung durch Jahre hin so ganz in Anspruch nehmen konnte, daß ich mindestens ein Drittel meiner freien Zeit damit verbracht und mindestens zwei Drittel meines Taschengeldes für Pappe, marmoriertes Papier und Goldborten ausgegeben habe. Nun darf ich zwar hinzusetzen, daß ich den Kleisterpinsel im Dienst einer höheren Idee schwang und daß der meiner Leimtopfarbeit dienende Stubenwinkel eine Art Schutzwaffenfabrik war, wo meine Völker, ich komme weiterhin darauf zurück, wehrhaft gemacht und mit Schilden und Brustharnischen ausgerüstet wurden; aber wiewohl das alles zutrifft, so kann ich doch das Entschuldigungs-

*) Siehe benutzte Literatur.

moment, das darin liegt, vorm Richterstuhl der Wahrheit kaum gelten lassen, weil ich deutlich fühle, daß ich, auch wenn die Volksausrüstungsfrage mir fern gelegen hätte, dennoch dieselbe Klebebeschäftigung geübt haben würde. Dann freilich wahrscheinlich als Domarchitekt und Kathedralenbauer in Pappe. Ich kann es mir nur so erklären, daß sich ein gewisser Gestaltungsdrang darin aussprach. Es prickelte mich, etwas entstehen zu sehen. Aber vielleicht ist diese Erklärung auch noch zu schmeichelhaft.

Paul Oskar Höcker schreibt: „Ein Bastler bin ich nicht gewesen. Ich versuchte mich als Elfjähriger wohl in Ausschneide- und Klebearbeiten, auch mit der Laubsäge wirkte ich eine zeitlang. Auf diesem Gebiet produzierte ich aber niemals Werke, die als Geburtstagsgeschenke besonderes Entzücken hervorgerufen hätten.“

* * *

Die Tischler-, Schnitz- und Sägearbeiten, also alle Handfertigkeitsarbeiten in Holz, werden für den älteren Knaben, dessen Wille und Hand gefestigt ist, ein nicht hoch genug zu schätzendes Anregungsmittel zur Betätigung seines Schaffensdranges sein.

Direktor Dr. P. Jessen sagte in dem schon wiederholt erwähnten Vortrage: „Gebt dem Kinde ein Stück Holz in die Hand und die Werkzeuge dazu, wenn es lernt, daraus ein Gerät ganz schlicht, aber ehrlich zu gestalten, dann erst weiß es, was Handwerkskunst heißt und wie weit der Weg ist vom Wollen zur Tat bei jeglicher Kunstübung“ und an anderer Stelle heißt es: „Die Arbeit des Tischlers mit ihren mannigfachen Werkzeugen ist am besten geeignet, die Hand zu festigen, das Augenmaß zu schärfen, den Sinn für natürlichen Stoff, gründliche Technik und schlichte Formen zu pflegen. Sie ist in jeder Hinsicht echte Handwerkskunst.“

Bei einem phantasievollen, älteren Knaben kann man den Sinn für werktätiges Spiel und insbesondere für das Tischlerhandwerk und die Zimmermannskunst kaum mehr anregen und seine Arbeitsfreude mehr entfachen, als wenn man ihm sagt: „Übst du fleißig die Tischlerkunst mit dem Handwerkskasten, den ich dir schenken werde, dann kannst du dir selbst ein schönes Puppentheater bauen und zwar viel, viel schöner und technisch vollkommener, als die fertigen Theater, die im Spielzeugladen zu haben sind. Du kannst dir mehrere Versenkungen, eine treffliche Unter- und Ober-

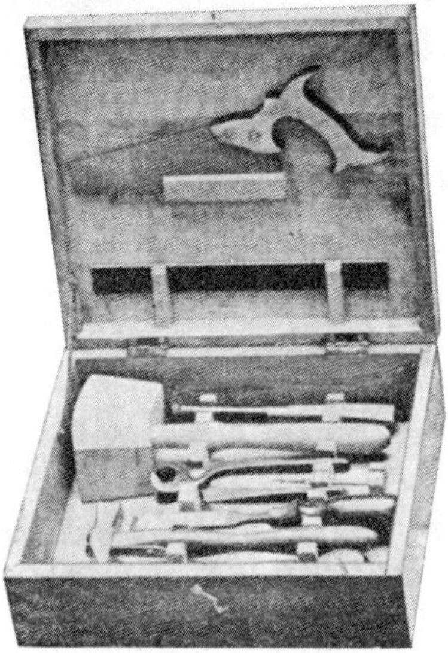

Werkzeugkasten von 1904.

maschinerie mit Schnürboden zimmern, in den die Kulissen hinauf gezogen werden. Durch Schiebedielen kannst du im Zaubermärchen ganze Häuser verschwinden oder auch sonst die Figuren ohne Drahtführung erscheinen und abgehen lassen. Kurzum, jede nur denkbare Bühneneinrichtung kannst du schaffen, vielleicht sogar noch bessere wie auf einer wirklichen Bühne und alles aus deiner eigenen Kraft durch deine eigene Energie.“

Zweifellos ist, daß solcher Antrieb auch für den Fall wirksam und wertvoll ist, daß das Gelingen in der Arbeit des kleinen Theatererbauers weit mehr hinter der ausgemalten Perspektive zurückbleiben sollte und von den kühnen Plänen nur ein kleiner Teil Wirklichkeit wird.

Und wenn auch das letzte Endziel der Vertreter der Richtung, die wollen, jedes Kind soll sich sein Spielzeug selbst

Werkzeugkasten aus dem Anfang des 19. Jahrhunderts.

anfertigen, durch den Tischler- und Papparbeitskasten nicht erreicht wird, schon deshalb nicht, weil eben ein großer Bruchteil der Kinder gar keine Lust zur Handfertigkeitsarbeit hat, so ist doch der Handwerkskasten ein desto treuerer Freund aller der „passionierten" kleinen Handarbeiter.

Die Tischlerhandwerkskästen und Gerätschränke enthalten alles notwendige Handwerkszeug, Hammer, Stemmeisen, Säge, Bohrer, Zange, Hobel, Zollstock, Winkelmaß und Tischlerbleistift. Die reichhaltigeren Zusammenstellungen haben außer diesen noch Beil, Leimtiegel, Schraubenstock, Feilen und alle möglichen Geräte in verschiedenen Größen. Für ganz enragierte kleine Tischler und Kunsttischler gibt es eine kleine Hobelbank, an der der junge Handwerker ganz wie seine größeren Tischlerkollegen arbeiten kann.

* * *

Carmen Sylva schreibt: „Der Baukasten ist herrlich, noch besser aber altes Holz, Hammer, Säge und wirkliches Bauen von Dingen, die bleiben und zu künftigen Spielen endlos dienen.“

* * *

Erfordert die Tischlerei immer eine gewisse Kraft und größere handwerkliche Begabung, so ist ein Holzbearbeitungsspiel meist auch für diejenigen Kinder zu verwenden, an deren Wiege nicht die Göttin der angewandten Kunst Gaben und Segen spendend gestanden hat, und das ist darum, weil sie für alle Kinder geeignet ist, eine der schönsten Erfindungen der Spielzeugindustrie, nämlich „die Laubsäge“.

Die Laubsäge ermöglicht es auch dem jüngeren Kinde, in nicht zu schwerer Arbeit entzückende Gegenstände, gefällige Ornamente und auch Theaterfiguren (s. Theater) aus dünnen Holzplatten schnell und sauber auszusägen. Es gehören daher die Laubsägekästen mit ihrem mehr zierlichen und auch von vornherein mehr kunstgewerblichen als rein handwerklichen Charakter zu den beliebtesten Geschenken unter den verschiedenen Handwerkskästen.

Als die Flachholzfiguren, die aus dem Nürnberger Wettbewerb hervorgegangen waren, im Modell ausgestellt wurden, da kamen vielen diese Figuren trotz ihrer Eigenartigkeit wie alte Bekannte vor, und das hat wohl daran gelegen, daß sie jedermann an ausgeschnittene Laubsägefiguren erinnerten, wie sie sich wohl jedes Kind schon einmal ausgeschnitten hat und wenigstens auf alle Fälle mit der Laubsäge selbst herstellen kann. Die Gestalten von Ludwig Richter sind zu fein und zart zum Ausschnitt in Holz, aber in unseren guten humoristischen Bilderbogen und Witzblättern befinden sich unzählige Figuren, aus denen sich jedes Kind durch Aufkleben eines bunten Bildes auf Laubsägenholz und Ausschneiden desselben unter Anleimung eines Stehhölzchens solch „modernes künstlerisches Spielzeug“ herstellen kann, zumal die erwähnten Flachholzfiguren auch nur auf einer Seite bemalt waren.

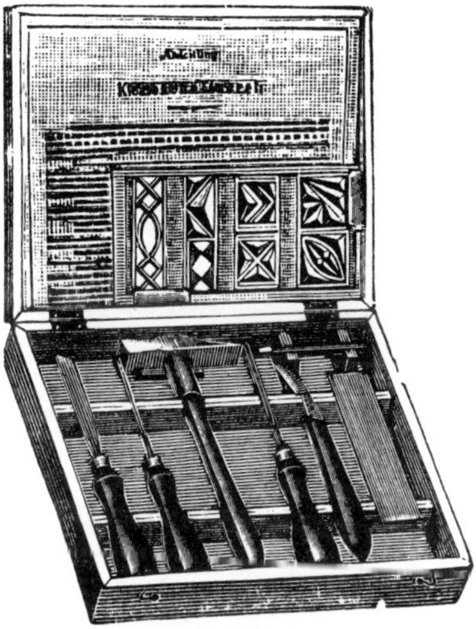

Kerbschnittkasten.

Ist ein Mitglied der Familie, besonders das Kind, malerisch begabt, so kann die Holzfigur auch selbst nach Vorlage oder aus freier Phantasie angetuscht werden. Den Vertretern der Selbstanfertigungstheorie des Spielzeugs dürfte diese Anregung umso willkommener sein, als die Nachbildung auch des künstlerischsten Spielzeugs und Verbreitung desselben durch den Handel als fertige Ware doch, wenn sie konsequent sein wollen, nicht ihren Beifall finden kann.

* * *

Eine andere, noch mehr den Sinn fürs Ornamentale ausbildende Beschäftigung ist der Kerbschnitt. Er ist schwerer wie das Laubsägen und wird am besten unter fachmännischer Anleitung erlernt. Sowohl für Laubsägen- als auch für Kerbschnittarbeiten existieren viele, teils recht gute Vorlagen.

Halb den Holzbearbeitungsspielen, halb den Malspielen zugehörend, ist die Holzbrandmalerei, durch deren geschickte Handhabung sich ein talentvolles Mädchen eine ganze Puppenmöbeleinrichtung, die ihr der Bruder ausgesägt und gezimmert

Holzbrennapparat.

hat, aufs hübscheste dekorieren und mit reicher Ornamentierung schmücken kann. Die Brennapparate, die natürlich nur für verständigere Kinder geeignet sind, lassen sich leicht handhaben, und es läßt sich das Einbrennen an der Hand der den Holzbrandkästen beigegebenen Einleitung schnell erlernen.

* * *

Wir kommen dann zu den Metallbearbeitungsspielen. Sie erfordern nicht weniger Geschick wie die Holzbearbeitungsspiele und sind darum auch ebenso lehrreich und anregend, geben sie doch den ersten Ansporn für eine spätere Betätigung in Kunstschlosserarbeiten, im Kunstschmieden und im Maschinenbaufach.

Direktor Dr. P. Jessen sagt in dem gleichen, öfters zitierten Vortrage: „Neben dieser richtig verstandenen Holzarbeit halten wir die einfache Bearbeitung der Metalle in den grundlegenden Techniken für sehr ersprießlich, denn sie wird zu derselben ernsten Auffassung der Handwerkskunst erziehen, wie die Hobelbank."

So ist denn auch eine kleine Drehbank, wie sie die Industrie für Kinder hergestellt hat, ein nicht unwichtiger Bestandteil der Ausstattung für den Arbeitsraum des kleinen Eisenarbeiters, und die Arbeitskästen selbst wie der „kleine Kunstschlosser" und der „kleine Kunstschmied" enthalten zierliche Eisenblechstäbchen, die nach gegebenen Vorlagen oder auch nach freier Phantasie zu hübschen Kunstgittern oder auch Bilderrahmen gedreht und gebogen werden können, und es fehlt auch nicht der Lack, um den kleinen Eisenkunstwerken, sobald sie fertig sind, ein elegantes Aussehen zu verleihen.

Ein Lötkasten ist für kleine Klempner zum Zusammenlöten von Zinn und Blei ein gern gesehenes Spiel, und die Nagelarbeitskästen sind eine Kombination von Metall- und Holzarbeit.

In das Innere so mancher Spielzeugmaschinen wird vermittels der Schlossergeräte auch kühn eingedrungen, sobald der Mechanismus versagt, und wie groß ist der Stolz und die Freude, wenn es dem kleinen Mechanikus gelingt, die kleine Eisenbahn oder das kleine Dampfboot wieder in Ordnung zu bringen oder gar selbst einen kleinen neuen Mechanismus zu konstruieren; es überkommt ihn dann ein Hochgefühl freudigsten Schöpferbewußtseins, die Empfindung, etwas Zweckmäßiges, etwas Schönes geschaffen zu haben.

* * *

Zoozmann schreibt: „Auch phantastische Maschinen baute ich mir gern mit Hilfe von alten Uhrrädern usw., und es herrschte großer Jubel, wenn sich die Werke rasselnd drehten. Natürlich glaubte alles, ich würde einmal Techniker oder sowas werden, oder Maler."

* * *

Ein handwerkliches Spiel, das besonders die Kinder zu interessieren pflegt, die mehr oder weniger literarische Neigungen haben, ist das Buchdrucken. Für sich oder auch für die Puppen kleine Visitenkarten auf einer kleinen Buchdruckpresse selbst drucken zu können, ist eine der Tätigkeiten, auf die die Kinder ganz besonders stolz sind. Und diese Tätigkeit ist eine sehr lehrreiche, zeigt sie doch den Kindern im Beschäftigungsspiel, wie mühsam Buchstabe an Buchstabe, Wort an Wort gereiht werden muß, ehe ein einziger kleiner Satz fertig im Setzkasten steht, aber andererseits gewährt das Setzen und Drucken einen Einblick in die Wichtigkeit der Buchdruckerkunst; denn eben durch dieses Aneinanderreihen von Buchstaben, Worten und Sätzen gehen die Gedanken und Forschungen unserer größten Dichter und Denker oft in ungezählten Tausenden von Abzügen über die ganze Erde.

Buchdruckschnellpresse.

Das Buchdruckhandwerk vermittelt in Hunderten von Sprachen allen Völkern der Erde das köstlichste Gut der Menschen, die Bildung.

Zum Drucken für die Kinder gibt es kleine Buchdruckpressen mit Bleibuchstaben im Setzkasten, und mit Walze und Druckerschwärze.

Diese Buchdruckpressen zerfallen in drei Systeme, nämlich in solche mit Gewinde zum Druck von oben, in solche mit Kurbelwalze und in solche mit Handstempelsystem, letztere ähnelt am meisten den kleinen Schnellpressen. Kleine Kopierpressen und kleine Kinderhektographen, die den älteren Kindern sehr viel Vergnügen machen würden, scheinen aber ganz zu fehlen.

Julius Rodenberg schreibt: „Später, etwa in meinem zwölften Jahre, schenkte mein Vater mir eine kleine Druckerpresse, die mit all ihrem Apparat von Lettern und Druckerschwärze von nun ab mein Lieblingsspielzeug ward und mit der ich es doch so weit brachte, Vers'chen von zwei Zeilen zu drucken."

* * *

Von den Spielen, die ohne Kampfspiele zu sein, zu den Berufsspielen zählen, ist ein neueres Spiel, die „Kinderpost", sehr beliebt.

In großen Kästen oder gar in einem richtigen, durchaus nicht kleinen Reichspostbriefkasten befinden sich in Miniaturformularen außer sämtlichen Sorten deutscher Briefmarken reizende kleine Kartenbriefe, Postkarten, Weltpostkarten, Telegraphenzettel, Postanweisungen, Paketadressen und Rohrpostkarten und Briefe. Es fehlen natürlich nicht der Poststempel und das Stempelkissen, und bei den größeren Zusammenstellungen finden wir außer dem bereits erwähnten Briefkasten auch eine Briefträgermütze und Tasche, ja sogar ein ganzes Schalterhäus'chen, in das sich der kleine Postbeamte bei Ausübung seines wichtigen Berufes hineinsetzen kann, und auch Postkarren und Postwagen sind für dies für Kinder höchst amüsante Postspiel geschaffen worden. Ferner hat der Postillon eine aus Hut (mit Busch), Armbinde, Posthorn, Peitsche, Schürze, Pferdeleine, Brustlatz und Gamaschen bestehende Ausrüstung.

Eine solche Ausrüstung besitzt auch der Feuerwehrmann, sie besteht aus dem bekannten Feuerwehrhelm, aus Beil, Gurt, Rettungsleine und Gepäckrolle. Die Hauptsache beim Feuerwehrspiel sind natürlich die Feuerwehrwagen, der Wasserwagen, der Train- oder Rettungswagen mit Leiter und endlich als bevorzugter und wichtigster der Spritzenwagen. Einer der größten Spritzenwagen, die die Industrie bisher hergestellt hat, ist ein ca. $1\frac{1}{2}$ m langer, aus Eisenblech konstruierter

Wagen. Der Spritzapparat desselben ist so vorzüglich, daß der Wasserstrahl mehrere Stockwerke hoch geht, und die 2 oder 4 Kinder, welche die Bemannung übernehmen, im Garten die Wipfel der höchsten Bäume als gedachte Feuerstelle auswählen können. Der Wagen hat eine solche Größe, daß für ihn eine Ziege oder ein großer Bernhardiner ein treffliches Vorgespann sein würden. Dem famosen Wagen fehlt übrigens weder die Feuerglocke noch die Beleuchtung, nur ist statt der Fackel eine Laterne im Interesse der Sicherheit des Spiels verwendet. Außer diesen großen und auch nur im Freien zu verwendenden Wagen gibt es kleine Tisch- und Stubenfeuerwehrwägelchen in allen Größen, und es existieren sogar kleine naturgetreu gearbeitete Modelle mit richtig funktionierender Dampfspritze.

Wie der kleine „tapfere Soldat“ beim Soldatenspiel eingehend behandelt werden soll, so soll auch der pflichtgetreue kleine Eisenbahnbeamte nebst Ausrüstung beim Eisenbahnspiel Erwähnung finden und der Seemann beim Schiffs- und Seekriegsspiel.

Von den anderen Berufsspielen der Knaben ist wohl das Gärtnerspiel das einzige noch erwähnenswerte, mit dem wir die hauswirtschaftlichen Spiele beginnen können, weil auch im wirklichen Leben nicht jeder, der Gartenarbeiten mit Liebe und Freude macht, gleich darum etwa ein Gärtner zu sein braucht.

3. HAUSWIRTSCHAFTLICHE SPIELE.

Knaben wie Mädchen sollten, wo überhaupt dazu Gelegenheit ist, zum Gärtnerspiel angehalten werden, denn Liebe zur Blumen- und Pflanzenpflege ist ein Schatz des Kindes, aus dem reicher Segen und nie versiegende Schönheit für das ganze spätere Leben hervorsprießt. Solange sich noch ein Kind auf der Welt träumerisch in die leuchtende, farbige und duftige Pracht eines Blumengartens versenkt, solange es andächtig dem Rauschen der Baumeswipfel im Walde lauscht, solange wird die Nüchternheit und Alltäglichkeit unseres prosaischen Lebens nicht imstande sein, alle Poesie auf der Welt zu erdrücken, solange werden Kunst und Künstler nicht aussterben.

Blumenpflege läßt sich auch ohne Garten auf einem Balkon oder selbst auf einem Blumenbrett treiben, wo eben, wie in der Großstadt, bei den weitaus meisten Wohnungen der Garten fehlt. Schöner ist es natürlich immer für die Kinder, wenn sie auch nur ein ganz kleines Fleckchen Erde ihr eigen nennen und darauf pflanzen können. Eine spätere Zeit wird einst jeder Familie, auch der ärmsten, ein wenigstens einige Quadratfuß großes Stückchen Land bei ihrer Wohnung zuweisen, damit der Zusammenhang zwischen dem Menschen und der Erde, die den Menschen doch ernährt, wieder hergestellt werde, denn Fabriken und Mietskasernen vernichten dies Gefühl für Natur, das zur Erhaltung unserer physischen wie psychischen Kräfte unbedingt erforderlich ist.

Neben den Handwerkskästen sollte daher unbedingt als wertvoller Spielkasten ein kleiner Gärtnerkasten zusammengestellt werden, der Samen verschiedener Blumen, eine Anleitung zur Blumenpflege und die notwendigsten Geräte für die Zimmerpflanzenpflege enthalten müßte. Ein kleiner, schon existierender Garten, in dem Grassamen gesät werden kann, dürfte zu dem eben besprochenen Zwecke sich mit Leichtigkeit erweitern lassen.

* * *

Zoozmann schreibt: „Ein anderes beliebtes Spielzeug war folgende Erfindung: Eine große flache Kiste wurde mit Blumenerde angefüllt, in der Mitte eine zinnerne Schüssel eingegraben und mit Wasser gefüllt, auf dem kleine Boote mit Papiersegeln umherschwammen, auch Wallnußschalen mit Wachslichtchen darin. Im Hintergrund der Kiste, an der Langseite, wurde ein Dorf aufgebaut, panoramaartig, also teils plastisch aus wirklichen kleinen Holzhäuserchen, oder teils kulissenartig aus bemalter Pappe. Dazwischen wurden Püppchen, Bauern und Bäuerinnen, oder Tiere aus irgend einer ausrangierten Arche Noah aufgestellt. Aus abgebrannten Streichhölzchen wurde ein Zaun markiert, der einen Garten oder einen Acker umfriedete. Auch ein kleiner Brunnen fehlte nicht, ein Wegweiser, eine Landstraße mit Bäumen, ein Wagen mit Pferd, daneben ein kläffendes Hündchen, ein Taubenhaus, ein Düngerhaufen mit Kikrikihahn oben darauf, kurz alles, was darauf Platz hatte. Der Boden wurde gewässert, und nun kam das Allerschönste: er wurde bepflanzt mit allerhand Sämereien. Um den zinnernen Schüsselteich wurde Spitzsamen eingesenkt, die Pflänzchen sahen nachher wie Schilf aus, die Gärten wurden mit Rübsamen bestellt, auch bunte Bohnen und andere Dinge fanden Verwendung. In einem Gazehäuschen wurden summende Fliegen gehalten, das war der Viehstall, aber meistens flog das sonderbare Vieh davon; oder Maikäfer als Pferde behandelt. So entstand eine wachsende, blühende und lebende Landschaft, die sich besonders im Sonnenschein reizend anschaute. Auch ein kleiner Hügel ist nicht zu vergessen, auf dem eine Mühle lustig ihre Flügel drehte. Denn häufig wurde umgebaut, der See wurde überbrückt und eine Eisenbahn darüber geführt, die nachher in einem Tunnel verschwand, oder das Dorf wurde ganz (nach amerikanischer Art) an einen anderen Ort transportiert, die Kirche bekam einen Kirchhof mit Kreuzchen usw. Je nachdem sich aus Bilderbüchern oder aus Spaziergängen der Gesichtskreis erweiterte und die Anschauung wuchs, wurden die gemachten Erfahrungen verwendet."

* * *

Was diese Geräte anbetrifft und zwar besonders die, welche auf das Spiel in einem wirklichen Garten Rücksicht nehmen, so kann man sich über eine Vernachlässigung dieses Gebietes seitens der Spielzeugindustrie wirklich nicht beklagen.

Der Spaten, die Harke, die Schaufel, die Karre, der Eimer und die Gießkanne sind in allen nur erdenklichen Größen und Ausführungen hergestellt worden; so sind die Grabe- und Schippgeräte für kleinere Kinder, damit sie sich nicht verletzen sollen, ganz aus Holz, während ältere Kinder einen Spaten nur dann für voll ansehen, wenn er unten am Holzgriff eine „eiserne Schaufel" hat.

Die Karren, Harken und Schippen zeigen, soweit sie aus Holz sind, teils recht gefällige eingebrannte Pflanzenmuster, die sich in der bunten Ausmalung auf dem hellen Holzton trefflich ausnehmen.

Die Gießkanne, das beliebteste Gerät des kleinen Gärtners oder der kleinen Gärtnerin, ist aus meist grünlackiertem Eisenblech, und ihrer wie der Wassereimer bedienen sich die Kinder, auch wenn es sich darum handelt, eine gegrabene Kute recht schnell mit Wasser zu füllen.

Noch rascher geht dies freilich, wenn die wieder meist aus rotlackiertem Eisenblech hergestellten Gartenspritzen benutzt werden. Die größten derselben haben eine Höhe von

$^1/_2$ Meter, laufen auf 2 Rädern und werden von den Kindern, nachdem sie am Brunnen mit Wasser gefüllt sind, in den Garten oder zu dem sonstigen Platz der Tätigkeit gezogen oder geschoben.

Der Spritzapparat wird vermittels Hebels durch Handdruck in Bewegung gesetzt, und wie die Feuerspritzen, so gewähren auch diese großen Kinder-Gartenspritzen die Möglichkeit, alle, auch die höchsten Bäume im Garten mit dem erquickenden Naß zu tränken.

Unter diese Gartenspiele gehört auch der kleine Wassersprengwagen mit richtiger Tonne, und einzelne dieser Wasserfuhrwerke sind so groß, daß sie mit Ziegen, Eseln, großen Hunden oder Ponys bespannt werden können und der kleine Sprengwagenbesitzer auf dem Kutscherbocke thronen und während des Fahrens die Sprengvorrichtung in Bewegung setzen kann.

* * *

Während wie bei allen Spielen im Freien, die Knaben auch bei den Gartenspielen meist einen größeren Anteil haben als die Mädchen, so sind die fast unumschränkte Domäne der Mädchen die Wirtschaftsspiele im Hause.

Hausmütterchen spielen ist, wie wir auch beim Puppenspiel sehen werden, unserer kleinen Mädchen liebstes Kinderspiel. Wie die Mutter für das Kind näht, strickt, häkelt, Hüte garniert, kocht, wäscht und plättet, so muß es die kleine Tochter in ihrer Eigenschaft als Puppenmama im Interesse ihres Püppchens getreulich nachahmen.

Schneiderei und Putzmacherei sind zwar eigentlich handwerkliche Berufsspiele, aber Schneidern und Putzmachen sind doch auch andererseits so sehr Tätigkeiten im Wirtschaftsleben der Hausfrau geworden, daß wir sie im Kinderspiel erst recht mit zu den hauswirtschaftlichen Spielen rechnen können, denn schon im alten Rom ernteten die kleinen Mädchen für Spinnen und Sticken Lob, und man hielt es für zur Erziehung gehörig, daß die Kinder die Muster, die sie nähen oder sticken wollten, selbst aufzeichnen mußten; auch die jungen Angelsächsinnen und Normaninnen beschäftigten sich eifrigst mit Nähen und Sticken, sodaß ihre in Hausarbeit entstandenen Näharbeiten auf dem Kontinent sehr geschätzt wurden.

So wirken denn die Spielkästen, die den Namen „die kleine Puppenschneiderin“ und „die kleine Putzmacherin“ führen, auf unsere holden Mägdelein mit nie versiegender Zauberkraft. Sie sind aber auch wirklich reizend und selbst noch für Erwachsene amüsant.

Alle Zutaten zur Miniatur-Schneiderei und Puppen-Hutputzkunst sind in ihnen vorhanden, nebst entzückenden kleinen Hutfaçons und einer Anleitung, wie Puppenmütterchen für die Kleidung und den Putz ihrer Püppchen zu sorgen hat.

Daß dazu auch eine Kindernähmaschine erforderlich ist, erscheint in unserer Zeit, wo fast jeder Haushalt eine solche besitzt, selbstverständlich. Diese kleinen, mit der Hand zu drehenden, übrigens ganz billigen Maschinchen werden an dem Tisch festgeschraubt, während die besseren Modelle den Singer-Handmaschinen gleichen.

Einen Jubel bei nicht verwöhnten kleinen Mädchen erregt das sogenannte Wunderknäuel, das gewissermaßen ein Belohnungsspiel für fleißiges Stricken und Häkeln ist. Es muß nämlich abgestrickt oder abgehäkelt werden und entrollt als Belohnung für die fleißige Handarbeit aus seinem engumwickelten Innern nach und nach kleine Schätze von für Puppen passenden Gegenständen.

Besondere Nähkästen mit Fingerhut, Garn und Schere sind gleichfalls bei allen für Handarbeiten schwärmenden Mädchen ein gern gesehenes Geschenk.

* * *

Eine der liebsten und amüsantesten Beschäftigungen und zwar keineswegs nur für kleine Mädchen, sondern auch für unsere Jungens ist das Kochen. Was beim Kochen hergestellt wird, hat zwar nie künstlerische Qualitäten, wie so viele Erzeugnisse der modernen Handfertigkeitsspiele, aber wenn es auch nicht auf den Geschmack im idealen Sinne wirkt, so appelliert es doch an unseren „realen“ Geschmack in desto höherem Maße, zumal die kleinen Köche und Köchinnen ihrer Sympathie für Süßigkeiten beim Kinderkochspiel immer einen sehr durchzuschmeckenden Ausdruck verleihen.

Von J. J. Mettenleiter und D. Chodowiecki.

Kochen. Scene aus dem Kinderleben im 18. Jahrhundert.

Das Kochen hat außer der rein praktischen wirtschaftlichen Seite und der Einweihung in eine Fertigkeit, die auch später in der Chemie eine nicht zu unterschätzende Rolle spielt, eine andere, in das Gebiet des „guten Tones“ fallende Seite.

Wir müssen unsere Kinder auch beim Spiel zu einer vornehmen Gesinnung erziehen. Das Püppchen unseres Lieblings oder auch unser Liebling selbst soll, wenn andere Püppchen oder die Kinder, die diese Püppchen besitzen, zu Besuch kommen, Gastfreundschaft üben und in der Puppen- oder Kinderküche das Beste zubereiten und für die Gäste auftragen. Je besser ein kleines Mädchen das versteht, umso lieber werden die kleinen Gespielen mithelfen, kann sich doch mit der Vorzüglichkeit einer von den Kindern selbst gekochten Schokoladensuppe die beste Schokolade des ersten Konditors nicht messen.

In Ländern, wo die Kindergastfreundschaft und die Kinderbesuche wie in Japan mehr Sitte sind wie bei uns, werden auch die gastgeberischen Tugenden der Kinder wohl mehr gepflegt werden und Kochherde, Backöfen und Puppenküchen sind dort ein sehr beliebtes Kinderspielzeug.

In Siam gebrauchen die Kinder zum Kochen kleine irdene Öfen, und am liebsten essen sie Kuchen, den sie aus einem Teig von Zucker, Reis und Eiern herstellen. Kinderkochgeschirr war schon im klassischen Altertum bekannt und im Mittelalter gelangt die Herstellung desselben immer mehr und mehr in Aufnahme. So wurden im 12. Jahrhundert kleine Zinngeräte zum Kochen fabriziert. Karl VII. besaß als Kind sogar einen kleinen kupfernen Kochkessel und Ludwig XIII., dessen Kücheneinrichtung sogar eine Sanduhr enthielt, hat in seinen teils silbernen Kochgeschirren als Kind schon Kräutersuppe und Hammelbraten und Rindfleisch mit Kohl gekocht, später kochte er sogar Früchte ein.

Die kleinen Mädchen der Minnesinger kochten meist mit irdenem Kochgeschirr und die 5 und 10 Jahre alten Prinzessinnen des Kurfürsten August von Sachsen erhielten zum Weihnachtsfest eine herrliche Puppenküche mit folgendem Zinngeschirr: 71 Schüsseln, 40 Bratenteller, 36 Löffel, 106 Teller, 23 Eierschüsseln.

Zur Zeit Ludwig XVI. stellte man ganze Kinderkücheneinrichtungen mit vollständigem Geschirr aus rotem Kupfer her.

Im 19. Jahrhundert fertigte man das Küchengeschirr dann aus Porzellan.

Unterschieden von den Puppenküchen, in denen sich entsprechend dem Miniaturformat der Puppen nur kleine Küchensachen befinden, die teils aus Holz, teils aus Zinn sind, sind alle die Kochherde und Kücheneinrichtungen, die für die schon etwas älteren Mädchen zur spielenden Erlernung des wirklichen Kochens und Wirtschaftens in der Küche bestimmt sind.

* * *

Carmen Sylva schreibt: „Eine Küche, in die man hineingehen kann und in der Herde und Pfannen im Verhältnis zur eigenen Größe sind, ist ein unbeschreibliches Entzücken.“

* * *

Für ein Mädchen, das Sinn und Lust für häusliche Arbeiten hat und das in die Reihe der Kinder gehört, bei denen die Talente der Handfertigkeit stärker sind wie die rein geistigen Neigungen, ist ein solcher großer Kinderkochherd oder gar ein Küchenschrank mit aufstellbarem Kochherd und Wandaufbau für die Küchengeräte eines der besten und nützlichsten Geschenke. Es ist auch ein solches Geschenk vom modernen Standpunkte aus, also im Sinne Van de Veldes, unbedingt ein künstlerisches zu nennen. Wie freundlich und hell ist der hübsche mit weißem japanischen Lack gestrichene Küchenschrank mit den blauen Linien an den Schranktüren und den roten Kachelstrichen an dem Wandbrett. Auf dem Schränkchen, das die Höhe eines Kindertisches hat, steht der schmucke, elegante Kochherd mit der goldgelb blitzenden Schutzstange (durch die übrigens beim Kochen mit Gas das Gas zugeleitet wird) und mit den grade von dem dunklen Eisenaufbau sich glänzend abhebenden Messingtüren.

Die Platte des Kochherdes ist aus spiegelblankem Eisenblech, und nun die Kochgeschirre aus vernickeltem Zink, wie hell, wie freundlich und sauber leuchten sie der kleinen Empfängerin entgegen, als wollten sie sagen: „So blitzeblank möchten wir auch von dir gehalten werden“, und welche Vielseitigkeit wird an ihnen entdeckt.

Rollenspezifische Spiele: Mädchen sind fürs Häusliche, Jungen müssen „hinaus in die Welt" — tradierte Vorstellungen seit dem Mittelalter. Oben: Bilderfreude für ganz kleine Mädchen. Nürnberg 1865. — Unten: Bilderfreude für ganz kleine Knaben. Ebda. In Heftform, jeweils mit 12 kolorierten Lithographien und dreisprachig gedruckt

Oben: Kinderstube um 1765. Kupferstich nach D. Chodowiecki. — Unten: Kinderfreuden. Ein angenehmes Bilderbuch für die Jugend. Nürnberg 1805

Da sehen wir einen Tee- oder Wasserkessel, Kasserollen, Koch- und Schmortöpfe, Fischkocher, Kaffeemaschine, Schokoladenkocher und die Backbleche für die zwei vorhandenen Back- und Bratöfen; mit einem Wasserkasten für heißes Wasser und einem Schornstein ist dieser treffliche Kochherd, der entweder mit Spiritus oder mit Gas geheizt wird, natürlich auch versehen.

Aber mit der Beschreibung des Kochherdes sind die Herrlichkeiten, die eine solche Kinderküche enthält, noch lange nicht erschöpft, denn alles, was unsere wirkliche Küche birgt, ist auch in der Kinderküche vorhanden.

So jene gelb lackierten Büchsen zum Aufbewahren von Kaffee, Zucker, Gries, Mehl, dann der Salznapf, die Büchs'chen für die Gewürze, ferner Reibeisen, Siebe, Trichter, Kuchen-, Speise- und Puddingformen, Hack- und Wiegemesser, verschiedene Tranchiermesser, Kaffeemühlen, Eis-, Butter- und Semmelreibmaschinen, Küchenwiegeschale, Reibekeulen, Durchschläge und endlich Eimer, Wannen, Aufwaschfässer, sowie das gesamte zum Kochen gehörige Porzellan-, Blech- und Emaillegeschirr.

Alle diese Geräte sind in dem Küchenschrank und auf den Küchenbrettern und Küchenrahmen untergebracht, daneben finden wir aber in der kompletten Kinderküche noch eine ganze Anzahl von Küchenmöbeln und Geräten, die in einer guten Hauswirtschaft auch nicht fehlen.

Es sind dies der Küchentisch, die Küchenstühle, das Eisschränkchen und der mit Besen, Schrubber, Müllschippe, Handfeger, Teppichbesen und Ausklopfer garnierte Besenständer.

Sogar der Schuhzeugkasten mit allem Zubehör ist vorhanden.

* * *

Eine besondere und gewiß nicht zu unterschätzende Bereicherung erfährt die Küchen- und Miniatureinrichtung der kleinen Mädchen, wenn man ihnen alle die Geräte und Maschinen schenkt, die zum Waschen und Plätten erforderlich sind. Verlangen doch die kleinen Puppenkinder genau so gut ihre reine saubere Wäsche, wie ihre nicht viel größeren Gebieterinnen solche von ihrer lieben Mutter zu erhalten gewöhnt sind.

So gibt es reizende Waschgarnituren, enthaltend ein Waschfaß mit Ständer, ferner Zuber, Füllfaß, Korb, Waschleine, Netz mit Klammern und eine Wringmaschine, und ferner ein Plätt- und Bügelbrett, das mit einem zierlich kleinen Plätteisen, einem Waschkörbchen und einer Wanne garniert ist.

Daß es auch Wäschedrehrollen für Kinder gibt, erregt sicher das Entzücken der Kleinen, die jemals Erlaubnis erhalten haben, mit dem Dienstmädchen und der Waschfrau mit zur Rolle gehen zu dürfen und in tapferem Drehen ihre Kräfte stählten und nebenbei das Vergnügen hatten, nicht nur eine große Maschine in Bewegung gesetzt zu haben, sondern auch die Wäsche „ganz allein" gerollt zu haben, wie sie heimkehrend voll Freude der Mutter berichteten.

Will ein kleines Mädchen nicht aus der großen Wasserleitung ihr Wasser zum Kochen oder Waschen entnehmen, so kann man ihr einen jener reizenden Blechbrunnen schenken, aus denen es selbst das natürlich vorher eingefüllte Wasser für den Küchenbedarf herauspumpen kann.

* * *

Georg Ebers sagt in „Die Geschichte meines Lebens": „Und auch das Kochen machte uns noch Freude, wenn die Schwestern uns gestatteten, mit weißen Schürzen und Mützen die Küchenjungen und Aufwärter zu spielen."

* * *

Das mit dem Kochen und den Küchen- und Hausarbeiten zusammenhängende letzte und größte der hauswirtschaftlichen Spiele ist das Kinder-Gesellschaftspiel, es krönt gewissermaßen die Hausarbeit der kleinen Mädchen, denn es muß ihre häuslichen Talente von der günstigsten Seite zeigen, und soweit nicht die Mutter ausschließliche Veranstalterin einer solchen Kindergesellschaft ist, sondern das Töchterchen fleißig mithelfen und disponieren muß, erscheint ein solches Arrangement als ein vorzüglicher Prüfstein für die wirtschaftlichen wie gesellschaftlichen Talente des jungen Mädchens.

Wenn nachstehend eine sehr luxuriöse Veranstaltung dieser Art geschildert wird, so geschieht es nur, um auch das Gebiet der Kinder-Tafel mit allen im Spielzeughandel vorhandenen Servicen, Bestecken und Gedecken erschöpfend zu behandeln.

Einen erzieherischen Wert haben solche Gesellschaften, ob sie nun im kleinsten oder im größten Maßstabe abgehalten werden, nur dann, wenn die Tugend der Gastfreundschaft, also die Pflicht, die Gäste gut und tadellos sauber zu bewirten und sie nach besten Kräften zu unterhalten, dabei von den Kindern gelernt wird.

* * *

Wenn nun also die kleinen Mädchen unter sich oder im Beisein ihrer Puppen Kinder- oder Puppen-Gesellschaften veranstalten, dann bedürfen sie auch alles dessen, was zu einer vollendeten Tafel gehört.

Alle ihre Service, Bestecke und Gedecke entsprechen trotz ihres kleinen Formates in Ausführung und Anordnung genau dem Tafelgeschirr und Tafelzeug der Erwachsenen, und wer entsänne sich bei dem Worte Kindertafel nicht des klassischen Bildes von Ludwig Knaus „Wie die Alten sungen, so zwitschern die Jungen".

Was auf dem Kinderkochherd nach den Rezepten der kleinen Kinderkochbücher so sorgsam und mühsam zubereitet worden ist, das soll doch nun auch in würdigster Weise auf dem festlich gedeckten Tische aufgetragen werden.

Und das geschieht denn auch in der Tat.

Das Diner ist fertig, es kann begonnen werden.

Auf der eleganten Kinderservierkarre steht das reizende Tafelservice aus Porzellan, Fayence, Metall oder Altsilber, nun setzt die kleine Gesellschaft die Löffelchen aus Nickel und die kleinen Messer und Gabeln, die solange auf der Messerbank geruht haben, in Tätigkeit.

Garnierter Teetisch mit Teemaschine.

Es schmeckt alles ausgezeichnet, wenigstens wird ein Gericht immer mehr als das andere gelobt, am besten natürlich mundet die auf den tiefen Tellerchen servierte Schokoladensuppe, das auf Kompottellerchen dargereichte Kompott und endlich als Nachtisch die treffliche Eisspeise.

Getrunken werden die verschiedenen mit Selterwasser stark verdünnten Weinsorten, selbstredend in den der Weinart entsprechenden Gläsern, unter denen die altdeutschen Römer nicht fehlen, am liebsten wird freilich aus den Gläsern der niedlichen Bierservice Zitronen- und Himbeerlimonade genommen.

Nach dem Diner wird der Kaffee an einem besonderen mit Kaffeegedeck versehenen Tische serviert, auf dem Tischchen steht die Nickelkaffeemaschine mit dem Kaffeeservice, Gebäckkorb und der Zuckerzange, ferner das Wasserservice.

Zwischen dem nicht zu starken Mokka und dem Abendbrot, bei dem in besonderen Servicen Tee dargereicht wird, läßt die kleine Gastgeberin entweder die harmlose Bowle oder den noch harmloseren Rosenlikör kreisen.

Beide werden in sehr hübschen Glasservicen kredenzt.

Für das kalte Abendbrot ist natürlich auch alles Service vorhanden, was dazu gehört, wie z. B. das Kabarett für den Aufschnitt, die Eierbecher, die Butter- und Käseglocken, das Wurstbrett, der Brotkorb, die Salatschüssel und die verschiedenen Messersorten, wie Brotmesser, Käsemesser, Buttermesser und Fleischgabel.

Sowohl die Mittags-, Kaffee- und Abendtafel zeichnet sich durch Eleganz und Gediegenheit der Gedecke aus, auch für gefällige Arrangements wird die aufmerksame kleine Gastgeberin Sorge tragen und die Tafel mit Blumengewinden, Blumenbuketts, mit brennenden Kerzen und, nicht zu vergessen, mit zierlichen Menükarten schmücken.

Wie vorteilhaft und wertvoll in manchen Lebenslagen auch die Kenntnis des Tafeldeckens und Servierens ist, das weiß das kleinste Kind aus der Geschichte vom Schneewittchen, das den 7 Zwergen so trefflich die Hauswirtschaft besorgte.

III. KAPITEL.

MASCHINEN-SPIELZEUG UND MECHANISCHE KUNSTWERKE.

Für unsern Fortschritt und für unsere gesamte Entwickelung wäre es vom größten Vorteile, wenn die Freude und das Interesse der größeren Kinder an den kleinen Modellen unserer großartigen Erfindungen so zunehmen würde, daß ein Geschlecht heranwachsen würde, das schon im Kinderspiel die Begeisterung eingesogen hätte für die Verwertung, Verbesserung und Vervollkommnung unserer technischen Errungenschaften.

Was soll denn die neue Generation in ihren Auserwählten werden! doch möglichst noch mehr wie wir ein Volk der Erbauer und der Erfinder, der Wissenschaftler, der Erforscher und Entdecker in des Wortes bester Bedeutung, und natürlich vor allem ein Volk der Dichter und Denker, der Künstler in allen Künsten. Wer da nun glaubt, einem kleinen zukünftigen Dichter oder Maler oder Bildhauer oder Musiker wird die Beschäftigung mit einem photographischen Apparat oder mit einer genial konstruierten kleinen Maschine schaden und seine Phantasie beeinträchtigen, der verkennt doch ganz und gar das Wesen der Kunst, das sich in der Erfindung technischer Meisterwerke genau so offenbart, wenn auch nicht immer so rein und leicht erkennbar als in den Werken der freien Künste. Nicht Mißachtung und Geringschätzung verdienen die kleinen Spielzeugmaschinen, Lokomotiven, Motorboote und die automatischen und mechanischen kleinen Kunstwerke, sondern höchste Dankbarkeit und Anerkennung. Sie sind der Stolz und der Glanzpunkt der Spielzeugindustrie, in ihnen spiegelt sich unser ganzer riesiger Kulturfortschritt wieder, sie sind modern im extravagantesten Sinne, denn sie geben etwas ganz Neues, was diese Industrie in vielen Tausenden von Jahren nicht geschaffen hat. Sie eröffnen den Kindern eine neue reiche Welt, die wir uns glücklich schätzen können zu besitzen, und in der unsere Lieblinge staunend und bewundernd sich umschauen, sobald sie eben den ersten Kinderschuhen entwachsen sind. Etwa bis zum siebenten Jahre da lasse man — wie es in ihrer Weise die Griechen, die genau wußten, was sie wollten, getan haben — den Kindern das Reich der Märchen, und nach dem siebenten Jahre da brauchen wir ihnen dies Märchenreich auch nicht zu nehmen, aber da trete auch das moderne Leben in sein Recht und zwar in Gestalt des allmählich in das Leben einführenden modernen Spielzeugs. Wer immer ruft, „nur nicht die Phantasie beeinträchtigen", der züchtet mit dieser widernatürlichen, aller Realistik abholden Phantasterei fürs Leben untaugliche Schwärmer und Idealisten groß, die in der wirklichen Welt, deren Wesen man ihnen verschloß, sich später nicht zurecht finden können.

In einem Aufsatze, der zwar keineswegs sich mit Maschinen beschäftigt — der Aufsatz heißt: „Das Kind als Künstler"*), sagt Otto Feld an einer Stelle, wo er gerade von der abnehmenden Fähigkeit zu beobachten spricht: „In einer Zeit, in der ein mächtiger Aufschwung der Naturwissenschaften, ein erbittert gewordener wirtschaftlicher Kampf, die Fähigkeit unmittelbaren anschaulichen Denkens viel dringender noch als frühere Tage fordern, wird es eine wichtige Aufgabe der Erziehung sein müssen, auch nach dieser Richtung den Zögling für den Lebenskampf zu rüsten."

Es erscheint wohl zweifellos, daß das moderne maschinelle Spielzeug bei den größeren Kindern die Fähigkeit, die

---

*) Die Kunst im Leben des Kindes; siehe benutzte Literatur.

uns im Leben umgebenden Dinge zu beobachten, nur stärken wird, eine Maschinenhalle brauchen wir darum aus der Kinderstube noch lange nicht zu machen. Aber wenn wir neben dem Spielzeug, das Tausende Jahre hindurch immer dasselbe gewesen ist und das auch für die ersten Entwicklungsstufen der Kinder seine wichtige Stellung nie verlieren wird, technisches Spielzeug in das Spiel der älteren Kinder einführen, so tragen wir etwas Neues in das Kinderleben, nämlich den Fortschritt der modernen Zeit gegenüber der Einseitigkeit überwundener Kulturepochen, denn alle die kleinen Dampfschiffe, elektrischen Eisenbahnen, Maschinen und photographischen Apparate sind ja nicht nur für ältere Kinder ein Spielzeug, sondern sie sind eben auch Lehr- und Anschauungsmittel zur Einführung in unsere moderne Kultur.

Aber diese Spiele haben auch noch eine andere Bedeutung, sie haben nicht nur eine technische und wissenschaftliche Seite, sondern sie sind, wie wir sehen werden, auch für die künstlerische Erziehung unserer Kinder ein wesentlicher Faktor.

Man mag der modernen Richtung in unserem gesamten Kunstgewerbe freundlich oder unsympatisch gegenüber stehen, eines wird niemand ableugnen, daß hier eine gewaltige Bewegung zu bemerken und ein neuer bis dahin noch nicht bekannter Kunststil geschaffen ist.

Man wird daher dem, der als der mächtigste Vorkämpfer dieser Bewegung bekannt ist und nach dem dieser neue Stil vielfach benannt worden ist, die Bedeutung einer machtvollen reformatorisch veranlagten Persönlichkeit nicht absprechen und seine Meinung nicht unbeachtet lassen können, selbst wenn sie mit der unsrigen nicht immer übereinstimmen sollte.

Dieser nun: Professor Henry van de Velde, der Verfasser der „kunstgewerblichen Laienpredigten“ *) und der

---

*) Siehe benutzte Literatur.

„Renaissance im modernen Kunstgewerbe" *) spricht sich in beiden Werken, besonders in dem letztgenannten eingehend über die künstlerischen Qualitäten der Werke der Maschinenbautechnik und Ingenieurkunst aus, er sagt in der „Renaissance usw." „Es gibt eine Klasse von Menschen, denen wir den Künstlertitel nicht länger werden vorenthalten können. Ihr Werk stützt sich einerseits auf die Benutzung von Stoffen, deren Verwendung vorher unbekannt war, andererseits auf eine so außerordentliche Kühnheit, daß die Kühnheit der Erbauer der Kathedralen von ihnen noch übertroffen wird. Diese Künstler, die Schöpfer der neuen Architektur, sind die Ingenieure.

Die Seele von dem, was diese Menschen schaffen, ist die Vernunft, ihr Mittel die Berechnung; und die Folgen ihrer Anwendung von Vernunft und Berechnung kann die sicherste und reinste Schönheit sein! Daß man solchen Männern bisher den Künstlertitel verweigert hat, ist schon deshalb erstaunlich und grotesk, weil die, welche vorher die Aufgabe erfüllten, die sie jetzt übernommen haben, auf ihn Anspruch erhoben. Der Unterschied? — Jene bauten mit Steinen und Holz, diese wenden Metall und Glas und Töpferei an; sie bauen für uns Häuser und Paläste mit ähnlicher Bestimmung wie die von den Architekten hergestellten; und außerdem haben sie aus jedem Stoff bisher unbekannte Gegenstände geschaffen: die Lokomotiven und die Fahrräder, die Automobile, die abenteuerlichen Dampfboote und das ungeheuerliche Maschinenwesen unserer gesamten Industrie.

Für sie besteht kein Zweifel an den genannten Gesetzen, und die Wirkung dieser Gesetze voll Vernunft und Logik ist so sicher, so unbestritten, die einzige, die sicher und imstande ist, ewig neue und schöne Dinge zu erzeugen, daß sie allein als diejenigen anzusehen sind, welche die Menschheit mit neuen und schönen Formen beschenkt haben usw." — er sagt dann etwas

*) Siehe benutzte Literatur.

weiter: — „Ich habe schon mehrfach die Lokomotiven, die Dampfboote, die Maschinen und Brücken angeführt; man darf aber auch unter den modernen Schöpfungen, deren Schönheit uns anzog, nicht die ersten englischen Kinderwägelchen, die verschiedenen Bestandteile der Wasch- und Baderäume, die elektrischen Ampeln, die chirurgischen Instrumente usw. vergessen.

Alle diese Gegenstände sind schön, weil sie genau das sind, was sie sein sollen, sie sind in um so schönerer Form in die Erscheinung getreten, als die Rohstoffe, in welchen sie ausgeführt wurden, schön und von anständiger Arbeit waren usw. usw." und am Schlusse dieser Betrachtung sagt er: „Sobald die Menschen wissen werden, von wo ihnen die plastische Schönheit kommen und wer sie ihnen bringen kann, so werden sie die Ingenieure ehren, wie sie es heute mit Dichtern, Malern und Bildhauern tun und wie sie die Baumeister geehrt haben"; und in den „kunstgewerblichen Laienpredigten"*) sagt er: „Wieviel Zeit brauchen selbst wir, um die Schönheit in den Werken der Ingenieure zu begreifen, und wenn nun irgend jemand die absolute Schönheit einer Lokomotive, einer Brücke oder einer Glashalle zugibt, lächelt man über den Widersinn dieser Auffassung, die man gern als eine Verteidigung — trotz allem — des Modernen ansieht. Man lächelte so allgemein über die Verkünder der Schönheit der modernen Dinge."

Es wird also nach dem Gesagten vom Standpunkte einer durch und durch modernen Auffassung aus der künstlerische Einfluß dieser den wirklichen Maschinen und mechanisch bewegten Fahrzeugen getreu nachgebildeten kleinen Spielzeugmodelle nicht abgeleugnet werden können, was umsomehr betont zu werden verdient, als es nicht Anhänger alter Richtungen und Tendenzen, sondern sich als

*) Siehe benutzte Literatur.

„modern" bezeichnende Männer sind, die gerade sonderbarerweise gegen dies „moderne Spielzeug" wetteifern.

Alle diese Modelle sind, wie die großen Dampffahrzeuge und Maschinen, aus dem Gebot und der Forderung äußerster Zweckmäßigkeit heraus entstanden und wenn wir anerkennen wollen, was Avenarius auf dem Kunsterziehungstage*) 1901 sagte: „Ich glaube, es wird für die weitere Diskussion sehr förderlich sein, wenn wir von vornherein betonen, daß wir der Meinung sind — ich glaube nicht, daß es unter uns viele Ausnahmen geben wird — daß das Künstlerische ja gerade ein Ausdruck des Zweckmäßigen ist." Dann werden wir auch die Freude des Kindes an der spiegelblanken sauberen, in allen ihren Teilen auf die Zweckmäßigkeit hin konstruierten kleinen Maschine als eine künstlerische Freude ansehen und diese Modelle auch als ein Glied in der Kette, die Erziehung zur Kunst durch das Spielzeug heißt, betrachten.

---

*) Siehe benutzte Literatur.

1. EISENBAHNSPIEL.

Auch auf den Erwachsenen, der nicht ganz poesielos ist, übt die Eisenbahn, das heißt der „fahrende Zug“, einen mächtigen, ganz eigenartigen Reiz aus. Ihm ist die Eisenbahn nicht allein ein praktisches und schnelles Beförderungsmittel für Menschen und Güter, sondern das Daherrollen des namentlich in der Nacht wie ein schwarzes mit zwei glühenden Augen versehenes Ungeheuer wirkenden Zuges hat etwas Diabolisches, Gewaltiges und Elementares. Eine fast überirdische Kraft scheint den dahinrasenden Eisenkörper zu beseelen und wir erschauern halb in Lust, halb in Furcht vor dem uns überwältigenden Eindruck einer menschlichen Schöpfung, vermittels deren wir auf dem weltumspannenden Schienennetz wie im Fluge durch die Welt wandern und durch die wir erst eigentlich wirklich zu Beherrschern der Erde geworden sind.

Vermag auch das Kind sich nicht solchen Reflexionen hinzugeben, so wirkt doch die Lokomotive und der Zug auf dasselbe noch weit riesenhafter und märchenhafter, wie auf uns, da wir ja trotz aller Bewunderung die Gesetze genau kennen, durch welche sich die Maschine unter Fortziehung großer Lasten so schnell bewegt. Dem kleinen Kinde aber sind diese Gesetze fremd, es sieht nur die Wirkung einer ihm unbekannten zauberhaften Kraft, darum ist auch das Eisenbahnspiel von einer gradezu unglaublichen Anziehungskraft auf fast alle Kinder, und wenn auch die Phantasie des Kindes noch weit, weit schneller eilt, wie der Zug — und wessen Phantasie täte das nicht — so kommt doch das Eisenbahnfahren von allen Erscheinungen, die das Kind sieht, dem Siebenmeilenstiefellauf am nächsten, und so wird denn dies Zauberwirken der „Welt der Erwachsenen“ vor allem im Kinderspiel nachgeahmt.

Die ersten Spielzeugeisenbahnen sind um die Mitte des 19. Jahrhunderts hergestellt worden; im Germanischen Museum befindet sich eine Zinnlokomotive mit mehreren Waggons.

Eisenbahn aus der Mitte des 19. Jahrhunderts.

Zur Zeit des deutsch-französischen Krieges hatte sich die Eisenbahnfabrikation in der Spielzeugbranche schon sehr vervollkommnet. Denn in der Zeit von 1867—1870 wurden in Erfurt bereits mechanische Eisenbahnen mit Uhrwerk hergestellt, das sich im Innern der Lokomotive befand und soviel Kraft hatte, um einen Zug von 6 Wagen zu ziehen. Außerdem gab es dazu damals schon einen Bahnhof aus Zink und Reisende, Schaffner, Telegraphisten und auch natürlich einen Stationschef.

Das für kleine Kinder geeignetste Material für Herstellung einer Eisenbahn ist Holz. Die Holzeisenbahnen sind aber teilweise auch schon der Wirklichkeit so genau nachgebildet, daß sogar die Zylinder und Schiebestangen an den Rädern sich hin und her bewegen. Die größten Modelle dieser Art, deren Züge eine Länge von ca. 2 m haben, laufen auf Holzschienen, können aber auch ohne Holzschienen verwendet werden.

Die von einem Spielzeugkünstler kürzlich konstruierte Dampfwalze aus Holz ist zwar ein ganz handfestes Spielzeug, das aber in seiner primitiven Form sich doch nur als Spiel für ganz kleine Kinder eignet, denn schon in dem Worte „Eisen"bahn ist das Material vorgeschrieben, in dem zuletzt auch das Kinderspielzeug ausgeführt sein muß, soll es nicht in Widerspruch treten zu Wesen und Zweck der wirklichen Eisenbahn, die es nachbildet.

Darum beginnt auch mit den Blecheisenbahnen, sobald die Kinder etwas größer werden, erst das eigentliche Eisenbahnspiel, zumal heute schon die billigsten und einfachsten Blechlokomotiven mit einem kleinen Uhrwerk versehen sind.

Diese Eisenbahnen mit Uhrwerk können teilweise auch ohne Schienen laufen, wohingegen die Dampfeisenbahnen und die elektrischen Bahnen nur zum Laufen auf Schienen eingerichtet sind.

Die Lokomotiven sind teilweise zum Vor- und Rückwärtsfahren konstruiert, mit Bremsvorrichtung versehen und haben sogar eine Pfeife mit Luftdruck, die man eigentlich nur bei Dampflokomotiven erwartet.

An Personen- und Güterwagen existieren alle Wagengattungen, die wir auch im wirklichen Eisenbahnverkehr antreffen, nämlich außer den Personenwagen die Packwagen, Postwagen, Bierwagen, Viehwagen, Langholzwagen, Sandkippwagen, Planwagen, Gaswagen, Petroleumwagen, Kalkwagen, Bretterwagen, Rübenwagen, Kranwagen, die Sommerwagen, wie sie in Dänemark üblich sind, die Aussichtswagen, wie sie die Rigibahn hat, Sanitätswagen, Möbeltransportwagen und endlich der Schneepflugwagen, der zuerst in Amerika bei starkem Schneefall zur Freimachung der Bahnstrecken verwendet wurde.

Daß auch Schlaf- und Speisewagen nicht fehlen, erscheint nach dem Gesagten wohl als selbstverständlich.

Aber nicht genug damit, daß alle Wagengattungen im Kindereisenbahnwesen vertreten sind, auch alle Arten moderner Bahnen sind konstruiert worden. So läuft die Hochbahn, die mit einem Hochbahnhof versehen ist, auf ihrem Schienenwege auf Viadukten, wobei sie wiederholt über die bereits durchlaufene Strecke nach Art der Gotthardbahn herüberfährt. Die Hochbahn wird entweder mit einem Uhrwerk in der Lokomotive oder mit Elektrizität getrieben.

* * *

Eine noch weit interessantere Gattung der existierenden Bahnen ist die Zahnradbahn.

Was die Kinder, die noch keine Bergbahnen gesehen haben, sich trotz noch so vieler guter Abbildungen nicht vorstellen können, nämlich wie die Bahn, ohne herunterzufallen, steile Schienenwege bis zu 45 ° emporfährt und zwar herab nicht schneller wie herauf, das wird ihnen durch die Zahnradbahn (mit Uhrwerk oder mit Elektrizität getrieben) klar und deutlich veranschaulicht.

Die Schienen sind mit Zahnstangen und die Lokomotive mit Zahnrad versehen und es können ganz steile Weglinien zusammengebaut werden, die über einen Aufbau von Bergen und Felsen und Tunnels, also über Berg und Tal gehen.

* * *

Dasjenige Eisenbahnspielzeug, das auch zu den Kampf- und Kriegsspielen gezählt werden könnte, ist der „Panzerzug“. Dieser gepanzerte Zug hat eine Uhrwerkslokomotive und einen Schießwagen, in dem beim Fahren durch die auf den Schienen befindlichen Hebel die Schießvorrichtungen in Bewegung gesetzt werden, die nach beiden Seiten aus dem Wagen herausfeuern.

* * *

Bei der Eisenbahnherstellung für die Kinder folgt die Spielzeugbranche mit erstaunlicher Schnelligkeit auch allen

Neuerfindungen der Elektrotechnik, so kommt es, daß die Schnellbahn Berlin-Zossen, System Siemens & Halske, mit Oberleitung bereits naturgetreu nachgebildet ist, ebenso existiert auch das System der Allgemeinen Elektrizitäts Gesellschaft mit Unterleitung und mit der bekannten neuen nach vorn und hinten abgeflachten Lokomotivform. Es fehlt sogar die Schwebebahn nicht, deren hängende Wagen und deren Gerüst genau der Elberfelder Schwebebahn nachgebildet sind.

Diese Schwebebahn wird meist mit Elektrizität getrieben, mitunter auch durch Uhrwerk.

Alle diese elektrischen Kinder-Bahnen haben eine besondere Sicherung, sodaß bei eventuell eintretendem Kurzschluß kein Unglück passieren kann. Die Stromzuführung bei diesen Bahnen kann ganz nach Wunsch durch schon in der Wohnung befindliche Lichtleitung, durch Akkumulatoren oder Elemente erfolgen.

* * *

Die bei den meisten Kindern aber beliebteste und oft genug ein stilles Ziel ihrer Wünsche bildende Eisenbahn ist

und bleibt noch immer die Dampfeisenbahn, zumal das Heizen des Wasserkessels und die getreue Nachahmung der Tätigkeit des wirklichen Lokomotivfahrers und Heizers meist mehr Reiz für die Kinder hat, als das einfache in Bewegung Setzen eines Uhrwerks.

Die Heizung der kleinen Dampflokomotiven ist durch fortwährende Verbesserungen, durch Sicherheitsventile und durch Spiritus-Gasbrenner so vervollkommnet, daß jede Gefahr für die damit spielenden Kinder ausgeschlossen ist; man ist immer mehr bestrebt gewesen, alle technischen Neuerungen bei ihnen anzuwenden, und besonders ist auch jetzt selbst bei kleinen Zügen das neueste Schnellzugmodell nachgebildet worden. Man braucht sich nur einmal die kleine Mühe zu machen, ein Modell von vor 5 bis 6 Jahren mit einem solchen von heute zu vergleichen und man wird über den gewaltigen Fortschritt in der Konstruktion dieser kleinen Maschinen staunen.

Wir leben eben im Zeitalter der Technik und der Konstruktionen.

Die vollkommenste Dampfeisenbahn und eines der modernsten aber auch teuersten Spielzeuge ist der Nordexpreß-Zug, dessen Länge ca. 4 Meter und dessen Höhe ca. 40 cm beträgt und der auf einer Spurweite von ca. 13 cm läuft. Hierzu gehören nicht weniger als 30 Meter Schienen.

Die Lokomotive mißt mit Tender 135 cm und besitzt fast alle Vorrichtungen einer richtigen Dampflokomo-

Moderner Eisenbahnzug.

tive des neuesten Schnellzugsmodells, so vor allem Vor- und Rückwärtssteuerung, Bremsvorrichtung, Manometer, Wasserstandsglas, Dampfpfeife und ein großes Wasserreservoir, das sich im Tender befindet und aus dem das Wasser durch Pumpen in den Kessel befördert wird. Die drei großen D-Wagen sind zusammengesetzt aus Post- und Gepäckwagen, Speisewagen und Personenwagen, alle drei sind mit richtig eingebauten, der Größe der Wagen entsprechenden Miniaturmöbeln versehen, auf denen kleine Puppen-Reisende Platz nehmen können. Dieser Nordexpreßzug macht so sehr den Eindruck der Vollkommenheit und Natürlichkeit, daß er noch späteren Zeiten ein richtiges plastisches Miniaturbild des Standes unserer heutigen Eisenbahnausstattung geben wird.

* * *

Ein eigenes und sehr umfangreiches Gebiet dieser Eisenbahnspiele ist das Bahnhofswesen, denn Bahnhöfe, Wartehallen, Güterbahnhöfe, Wagenschuppen und Güterspeicher sind in allen nur denkbaren Ausführungen hergestellt worden.

Keine unserer modernen technischen Vollkommenheiten fehlt in diesen bemalten kleinen Blechbauten, und alles, was mit dem Bahnhofe im Zusammenhang steht oder direkt dazu gehört, ist vorhanden: Fahrkartenschrank, Fahrkartenautomat, Fahrkartenständer, Billettstempelmaschine, Perronsperren, Richtungstafeln, Bogenlampen, Signalstangen mit wechselnden roten und grünen Lichtern, Perronkarren für das Reisegepäck, Gleisübergänge, Weichenhäuser, Drehscheiben, Postämter, Zollrevisionen und Wagen zum Wiegen der Waggons.

Eins der neuesten Bahnhofsmodelle, der „Zentral-Bahnhof“, ist ein entzückender, auch architektonisch schöner kleiner Bau. Über der Mittelkuppel, in der sich richtig gehende Uhren befinden, erhebt sich der Telegraphenturm, da in der ersten Etage der mit 4 großen romanischen Glasfenstern versehene Saal für wirkliche Telegraphie eingerichtet ist. Unter diesem Saal liegt die Durchgangshalle und der Billettschalter, an diese

Halle schließt sich zu beiden Seiten je ein Kuppelsaal mit bunten Fenstern für Wartesaal und Restauration an.

Beide Säle sind mit Puppenmöbeln ausgestattet.

An diese wieder schließen sich den Bau nach außen abgrenzende Sommerhallen, von denen die eine die Gepäck-

Zentralbahnhof.

annahme, die andere aber sogar einen wirklichen Wasser gebenden Springbrunnen enthält, auch der Brunnen auf dem Perron gibt gleichfalls Wasser.

Auf diesem Perron, der mit einem mächtigen Wellblechdach überdeckt ist, befinden sich außer den Schienen und Zügen die telegraphische Signalglocke, die das Dach haltenden Säulen und die Lampen.

Der Perronteil vor dem Bahnhof selbst ist im Interesse größerer Helligkeit mit einem Glasdache versehen, auch die Straßenseite des Bahnhofes besitzt außer der schon erwähnten richtig gehenden Uhr eine bedeckte Freitreppe, über der sich der große Balkon des Telegraphisten-Saales befindet.

* *
*

In das Gebiet des Güterverkehrs der Eisenbahn gehören auch die Speicher.

Diese hohen Holzbauwerke, welche außer breitem Haupttor und den großen Türen in den einzelnen Etagen eine Kranwinde im Dachstockwerk besitzen, beherbergen außer der Dezimalwage Kisten und Kasten, Woll- und Getreide-Säcke, Petroleumfässer, Biertonnen, Körbe mit Eßwaren und eben alles, was zum Güterverkehr gehört.

Die kleinen Spediteurwagen, die auch bei den Fuhrwerken erwähnt sind, befördern diese Güter dann weiter zum Güterbahnhofe oder die Gütereisenbahnwagen halten gleich am Speicher und die Güter werden dann direkt zum Weitertransport verladen.

* *
*

Thomas Mann erinnert sich nach seinem Schreiben freudig eines Speichers: „eines Kornspeichers, genau von der Art derer, die meinem Vater drunten an der Trave gehörten".

* *
*

Hat der kleine Zug den Bahnhof verlassen, so durchfährt er, Kreuzungen und Weichen passierend, zunächst den Rangierbahnhof und kommt vorüber an Lokomotivschuppen, Güterschuppen, Wagenhallen, Kohlenstationen mit Kohlenkran, an Weichenstellerhäuschen, Prellböcken und Wasserkran, bis er hinaus ins Freie gelangt und die Wärterhäuschen und Übergänge passiert, die mit herauf- und herunterzulassenden kleinen Barrieren versehen sind.

Es geht dann über große eiserne Hänge- und Bogenbrücken, von denen einige die beträchtliche Länge von zwei

Metern haben, durch Tunnels, ja sogar durch ein richtiges Bergtal, über dessen Höhe, also hoch über dem Schienenweg, eine beide Berghöhen verbindende Brücke hinüberführt.

Die Militärzüge fahren sogar über Pontonbrücken, die auf einem Wasserbassin schwimmen.

So ist also auch der Schienenweg der kleinen Bahnen nicht weniger abwechslungsreich als der unserer wirklichen Eisenbahn.

Die Schienen, die passend zu allen Spurweiten existieren, werden aus einzelnen Teilen zusammengesetzt und sind fast alle mit Bremshebel versehen, um den vorüberfahrenden Zug anhalten zu können.

* * *

Sehr hübsch ist die Ausrüstung für den kleinen Eisenbahn-Kondukteur oder Zugführer, die aus Mütze, Schaffner-Tasche, Billettknipser und Pfeife besteht, und mit ihr, so sollte man meinen, müßte nun wirklich das Gebiet des Kindereisenbahnwesens erschöpft sein, aber nein, die Überkultur und die Zerstörungssucht der Kinder haben durch fortwährende Nachfrage die Spielzeugindustrie zur Herstellung von einem Eisenbahnzusammenstoßspiel veranlaßt. Dasselbe besteht aus kleinen Wagen, die beim Zusammenstoßen von zwei Zügen in lauter einzelne Stücke zerfallen, die sich dann wieder zusammensetzen lassen, um immer wieder von neuem das Bild der Zerstörung, die ein Eisenbahnunglück hervorruft, zu veranschaulichen.

Daß in Amerika sogar in den Parks der allerreichsten Leute richtige Kindereisenbahnen mit elektrischem und Dampfbetrieb existieren, mit denen große Kindergesellschaften umherfahren können, ist nicht zu verwundern, denn dem Reichtum sind auch bei der Herstellung des Spielzeugs keine Grenzen gezogen, ein Milliardär kann, wenn er sich auf die Konstruktion kostbaren Spielzeugs verlegen wollte, die Leistungsfähigkeit aller Spielzeugfabrikanten übertrumpfen.

Was aber viel mehr unser Erstaunen erregen kann, das ist der Umstand, daß auch das ärmste Kind, das nicht einmal die einfachste und billigste Eisenbahn besitzt, auch Eisenbahn spielen kann.

Es versetzt sich einfach in den Zustand einer Lokomotive und läuft auf einem möglichst ebenen Schienen gleichenden Terrain, z. B. in der Großstadt auf der ca. 20 cm breiten Steinkante, die das Trottoir gegen den Fahrdamm hin abschließt, als Eisenbahn entlang, indem es die Arme wie Puffer vorwärts und wieder rückwärts bewegt und das Pusten, Schnaufen und Pfeifen der Lokomotive mit dem Munde nachahmt.

Dieses sehr gesunde Bewegungsspiel, das natürlich die glücklichen Besitzer kleiner Spielzeugeisenbahnen genau so gut kennen und pflegen, zeigt aber so recht, wie sehr das Eisenbahnspiel den Phantasiekreis unserer Kinder beherrscht, und es ist wohl kaum zu viel gesagt, wenn man behauptet, daß von allen großen Erfindungen der Neuzeit keine die Kinder so sehr interessiert und ihre Phantasie so stark beschäftigt wie die Lokomotive, das auf Rädern laufende eiserne Wundertier.

* * *

Julius Rodenberg schreibt: „Aus jener Zeit, da eben die Eisenbahnen aufgekommen waren, erinnere ich mich des Versuches, mit Hilfe eines Klempners eine Lokomotive herzustellen. Es gelang aber nicht, und Lokomotiven mit ganzen Eisenbahnzügen, wie man sie heut in jedem Spielsachenladen haben kann, gab es damals noch nicht."

Hans Land schreibt: „Ich habe am liebsten mit Eisenbahn und Puppentheater gespielt."

2. SCHIFFS- UND WASSERSPIELE.

(BOOTE, DAMPFSCHIFFE, KRIEGSFAHRZEUGE, WASSERTIERE, WASSERSPIELE UND WASSERKÜNSTE.)

Das Schiffchen- oder Wasserfahrt-Spiel hat sich aus den einfachsten Anfängen entwickelt, ein Stückchen Holz, ein Zweig wurde von den Kindern der Urbewohner auf eine mehr oder weniger bewegte Wasserfläche geworfen und das durch sein leichteres spezifisches Gewicht obenschwimmende Holz lehrte die Kinder genau so das Schiffsspiel, wie es die Eltern zum Bau von auf dem Wasser schwimmenden Kanoes durch Aushöhlen von Baumstämmen anregte. Später erhielten die Kinder ihre eigenen kleinen Fahrzeuge, die entweder zu ihrer Beförderung selbst dienten, wie die noch heute gebräuchlichen Schiffchen, die sich die Ngúmba-Kinder in Südkamerun herstellen, oder die nur als Spielzeug gedacht waren, wie die Schiffchen, die Eskimos, Indianer und viele andere Völker für ihre Kinder schnitzen.

Im Museum für Völkerkunde in Berlin befindet sich ein reizendes kleines Kanoe mit zwei darin schlafenden Indianern, dasselbe ist ebenso wie die Figuren ganz aus Holz geschnitzt und stammt von den Völkern Nordwestamerikas; diese sehr hübsche Spielzeugarbeit ist so recht ein Beweis, daß auch der Kanadier, „der Europens übertünchte Höflichkeit noch gar nicht kannte", schon seit alter Zeit Kinderliebe genug besaß, um für seine Kleinen ein hübsches Spielzeug zu schnitzen.

Bei unseren Kindern fängt auch das Schiffchenspielen meist schon viel früher an, bevor sie ein richtiges Boot erhalten. Zu Weihnachten, wenn das Kindchen vielleicht noch sehr jung ist, setzt die Mutter die Nußschale auf das Wasser, tut vorher ein Wachslichtlein, meist ein Nachtlicht oder

Kriegsschiff aus dem 18. Jahrhundert.

Wachsstreichhölzchen hinein und läßt die so prächtig erleuchteten winzigen Boote zum Jubel des Lieblings schwimmen.

Später kommen dann die richtigen Schiffe an die Reihe, und so manches alte Modell aus den Hafenstädten gibt uns einen Begriff, wie prächtig die Spielzeugschiffe schon der Patrizierkinder einst ausgesehen haben. Kriegsschiffe für Kinder gab es auch schon im 18. Jahrhundert, und wenn sie auch noch nicht so gepanzert waren wie heute, so waren sie dafür desto phantasievoller ausgeführt, in schönen satten Farbentönen bemalt und mit trefflichen kleinen Bleisoldaten bemannt und mit Kanonen reichlich armiert.

Daneben pflegten und übten die Kinder in Städten, die am Meere, an einem großen Fluß oder an einem größeren See lagen, immer das Selbstfahren, und in Zürich machten sich die Knaben im Mittelalter aus Binsen eine Art Schwan, darauf sie schwammen. Während aber das Selbstrudern und Segeln schon oft mehr ein Sport ist, bleibt das Hantieren mit Spielzeugschiffen immer ein Spiel, mit dem wir uns daher hauptsächlich zu beschäftigen haben.

Die Spielzeugschiffe zerfallen in solche aus Holz und in solche aus Blech.

Die Holzschiffe entsprechen in den einfachsten Formen unseren kleinen Kähnen, Ruder- und Segelbooten.

Es existieren aber alle nur denkbare Holzschiffstypen bis zu den großen Ozeanseglern, also Seekutter, Segeljachten, Rettungsboote, amerikanische Kreuzer, Dreimastschoner, Briggs, Marine-Offiziersboote und in den kleinen Typen sind sogar Spezialformen, wie die venezianischen Gondeln, hergestellt worden.

Die besseren Holzschiffe sind so vorzüglich und genau gearbeitet, daß sie sogar zu Unterrichtszwecken als Modelle gekauft werden.

Wer solch eine Brigg, die mit Bugsprit mindestens ein Meter mißt, aufmerksam beachtet, der wird über die Fülle an Details staunen, die ihm den Charakter des Schiffstypus genau veranschaulichen. Über der hübschen eleganten Form, dem Rumpfe des Schiffes, erheben sich die mindestens $^3/_4$ Meter hohen beiden Maste mit den drei nach oben kleiner werdenden übereinanderstehenden Raasegeln. In der Richtung nach dem Bugsprit finden sich die drei Vordersegel und nach dem Heck des Schiffes zu schließt das Gaffelsegel mit Nationalflagge das Segelwerk ab.

Außer den Rettungsbooten, dem funktionierenden Steuerrade, Anker, Winde und anderen Details mehr interessiert besonders das zierliche, der Wirklichkeit genau entsprechende Tauwerk und Strickleitersystem dieses kleinen, eleganten Fahrzeuges.

* * *

In Schiffen aus Blech existieren zunächst auch alle Typen, die in Holz gemacht worden sind, dann aber auch alle komplizierteren Schiffstypen, die nicht nur durch Ruder und Segel, sondern durch Uhrwerke, Dampfmaschinen und Elektromotore getrieben werden.

Man könnte leicht glauben, daß diese letzteren Schiffe nur ein Spielzeug für reiche Kinder seien. Das ist aber durchaus nicht der Fall. Mit einem kleinen, etwas über eine Mark kostenden Kanonenboot von ca. 15 cm Länge, das durch Uhrwerk getrieben wird, ist vom Verfasser ein sehr interessanter Fahrversuch gemacht worden. Die Steuerung wurde auf Rundfahrt gestellt, dann wurde das Uhrwerk so weit als möglich aufgezogen und das Schiffchen ins Wasser gesetzt. Die Rundfahrt, bei der die kleine Schraube des niedlichen Kanonenboots unermüdlich arbeitete, ergab eine Fahrzeit von 330 Sekunden, also über 5 Minuten, während welcher das Schiffchen in einem Kreise umherfuhr, der die Größe des Umfanges einer großen Waschschüssel hatte.

Ein ganz modernes Modell einer Segeljacht, die es in Holz nicht gibt, ist die Jacht mit Schaukelbewegung, die durch Uhrwerk abwechselnd ein Gewicht von der einen nach der anderen Seite im Rumpf des Schiffchens treibt, sodaß sich dieses ganz wie die richtigen Segelboote auf die Seite legt, zu gleicher Zeit treibt das Uhrwerk eine Schraube zur Vorwärtsbewegung des Schiffes bei Windstille.

* * *

In Dampfern existieren nun alle Gattungen, die die Schiffsbautechnik erfunden hat, so Flußdampfer, wie sie auf dem Rhein, der Elbe, der Oder und auch auf der Spree fahren, dann See-Passagier- und -Transportdampfer, und endlich Kriegsschiffe.

Die See-Passagier- und -Auswandererschiffe, die denen unserer großen Dampferlinien „Norddeutscher Lloyd" und „Hamburg-Amerika-Linie" gleichen, sind mit fast allen Einrichtungen der Schiffe unserer Handelsflotte versehen.

Wie vielseitige Typen es gibt, kann man wohl daraus erkennen, daß auch ein Feuerlöschdampfer mit Spritzenmannschaft hergestellt ist, dessen Dampfspritze einen weiten Wasserstrahl beim Fahren vom Bord aus entsendet, um ein etwaiges Feuer, das auf den im Hafen liegenden Schiffen ausbrechen sollte, zu löschen.

Eines der niedlichsten Schiffe, die die Spielzeugindustrie hergestellt hat, sind die mechanischen Ruderboote. Durch ein Uhrwerk bewegt, fangen die im Boote sitzenden zierlichen Ruderer an zu rudern, und so wird das Boot durch das Rudern der kleinen mechanischen Mannschaft fortbewegt.

* * *

In das Gebiet der Kriegs- und Kampfspiele greifen die kleineren und größeren Schiffe hinüber, die dem Seekrieg gewidmet sind.

Seit ernste Streitfragen zwischen den Völkern in ebenso hohem Maße durch den Kampf auf der See, wie durch den Landkrieg entschieden werden, und seit das Gefühl, daß jede Handelsflotte eines starken Schutzes bedarf, in das Bewußtsein der weitesten Kreise übergegangen ist, spielt das Kriegsschiff als Angriffs-, Verteidigungs- und Schutzmittel im modernen Waffengange eine allseitig anerkannte, wichtige Rolle.

Bei uns, wo die Worte „Unsere Zukunft liegt auf dem Wasser" schon deshalb einen starken Widerhall im ganzen Lande gefunden haben, weil unsere mächtige, wunderbar gebaute Handelsflotte unbedingt zur Schaffung einer größeren, sie schützenden Kriegsmarine drängte, wird dem Kriegsschiff ein weit höheres Interesse von „Alt und Jung“ gewidmet, als in Ländern, die eine längere Entwicklung der Kriegsflotte durchgemacht haben und für die dieselbe eben nicht mehr den Reiz der Neuheit hat.

So kommt es, daß die Herstellung von Spielzeug-Kriegsschiffen bei uns der Kriegsschiffbautechnik auf dem Fuße folgt und der letzteren kaum irgend einen Vorsprung gestattet, denn unsere Kinder, deren Freude am Landkriege unsere vielhundertjährige Zinn- und Bleisoldatenindustrie liebevoll entgegenkommt, wollen nun auch ebenso große Helden zur See sein.

Der vorerwähnte Wetteifer in der Fabrikation kleiner Kriegsfahrzeuge ergibt sich wohl am besten daraus, daß auch bereits die Unterseeboote in einer gradezu bewundernswert technischen Vollendung konstruiert worden sind. Diese kleinen Modelle, die mit Uhrwerk getrieben werden, durchkreuzen die Wasserfläche mit einer Geschwindigkeit, die sie ungefähr die drei- bis vierfache Länge ihres Schiffskörpers in einer Sekunde durchmessen läßt. Sie fahren bald an der Oberfläche, bald tauchen sie in die Tiefe, sodaß ihr Fahrkurs einer richtigen Schlangenlinie gleicht.

Aber auch die Kriegs- und Schlachtschiffe, die sich gegen diese kleinen Seeungeheuer zu verteidigen haben, sind so trefflich ausgerüstet, daß sie auch in einem schweren Seegefecht standhalten können.

Eins der schönsten dieser großen Schlachtschiffe von über ein Meter Länge ist ein mächtiger Doppelschraubendampfer mit imponierender Armierung.

Jede der mit Kräkern abschießbaren 15 Kanonen hat ihren eigenen kleinen Panzerturm, während auf dem Mitteldeck und auf der Mitte des Achterdecks zwei gewaltige drehbare Panzertürme mit mehreren auch abschießbaren Kanonen sich befinden.

Die Schüsse werden von den Kanonen während der Fahrt nacheinander abgegeben, sodaß der Eindruck eines wirklichen Seegefechtes erzielt wird.

Alle Einzelheiten, z. B. das herunter zu lassende Fallrepp, die Kommandobrücke mit dem Sprachrohr, die Treppen, die Maste mit gepanzertem Ausguck usw. sind bewundernswürdig

Panzerschiff.

genau und sorgfältig ausgeführt. Daß auch Torpedoboote gebaut sind, die getreue Modelle der wirklichen sind, und große Avisos von vorzüglich schneller Fahrt, wird nach dem Gesagten fast selbstverständlich erscheinen.

Nur der Erwachsene, welcher eines dieser kleinen prächtigen und eleganten Fahrzeuge auf dem Wasser hat schwimmen sehen, und selbst an diesem Spielzeug aufrichtige Freude empfunden hat, — und das hat er dann gewiß, denn wie würden sonst auf der Navy Exhibition in London und auch bei uns in Berlin und in Düsseldorf die Marineschauspiele mit kleinen Schiffsmodellen von Erwachsenen überfüllt gewesen sein — nur der wird die Freude und den Jubel ermessen können, den das Geschenk eines so vollendeten schönen Spielwerkes bei den Kindern hervorruft.

Das Schiffsspiel ist für die Kinder unserer Zeit teils noch bequemer und auf alle Fälle gefahrloser wie für die Kinder in früheren Zeiten. Die modernen Badestuben ermöglichen in den großen Städten das Schiffsspiel auch im Winter und zwar ohne daß die Eltern fürchten müssen, daß die Kinder wie in früherer Zeit beim Schiffsspiel in den Fluß oder See fallen.

Sehr hübsche Bassins fürs Schiffsspiel gewähren die Springbrunnen in Parks und auf öffentlichen Plätzen, ferner sind kleine nicht tiefe Wasserläufe, wie sie z. B. der Spreewald hat, wo man den kleinen, die Manöver der Schlachtschiffe lenkenden Admiral wieder herausfischen kann, für dies Spiel sehr geeignet.

Für kleine Kinder oder solche, die beim Spielen über kein Wasser verfügen, gibt es auch Schiffe auf Rädern, zum Ziehen auf dem Lande. Auch in dieser Gattung von Landschiffen existieren mechanische, die so vollkommen konstruiert sind, daß man sie beim Fahren geradeaus oder im Kreise gehen lassen kann.

* * *

Zu den Wasserspielen gehört auch das Spielen mit den sogenannten „Wassertieren“, die umsomehr an dieser Stelle mit behandelt werden dürfen, als viele derselben einen Mechanismus im Leibe haben.

Für jüngere Kinder sind die kleinen, mit Magnet zu ziehenden Wassertiere, Schiffchen und Flotten ein sehr beliebtes Spielzeug, ferner auch die, die in Blech, Zelluloid und Porzellan gefertigt sind.

Außer den bunt bemalten kleinen Schwimmtieren dieser Art sind wieder ganz besonders die mechanischen Wassertiere erwähnenswert, die alle mit Uhrwerk getrieben werden, so die Flundern, Krokodile, Enten und Schwäne, und endlich als pièce de résistance der tauchende Hecht, dessen Innenkonstruktion dem der Unterseeboote gleicht, während der mechanische Walfisch wie die Feuerwehrboote konstruiert ist und beim Schwimmen einen mächtigen Wasserstrahl aus seinen Nasenlöchern emporsendet.

Eine zu diesen Spielen gehörende Neuheit der Spielzeugindustrie ist der kleine Taucher, der durch Luftzufuhr, die er durch einen Gummischlauch erhält, aus der Tiefe des Wassers selbständig emporsteigen kann.

Die Lust am Wasserspiel, das einen unendlichen Reiz für Kinder hat, sodaß selbst die praktischen Spiele, z. B. die Heizung einer Dampfmaschine und das Kochen auf dem Kinderkochherd nicht allein von rein realem Gesichtspunkte aus betrachtet werden dürfen, sondern auch das für das Kind Poetische, das im Hin- und Herbewegen der flüssigen Flut liegt, berücksichtigt werden muß, findet in den sogenannten „Wasserkünsten", das heißt in dem Spielen mit Fontänen und Springbrunnen ein weiteres Feld der Betätigung. Bei der Anführung der historischen Entwicklung der „mechanischen Kunstwerke" werden wir sehen, daß diese Wasserkünste früher schon einen hohen, ja eigentlich sogar einen höheren Grad der Vervollkommnung gehabt haben als heutzutage.

Die Wasserkünste zeigen uns meist aus Blech gebildete und bemalte Berge mit Burgen, die in einem Seebassin stehen und deren landschaftliches Bild durch eine Panorama-Hinterwand abgeschlossen wird.

Oben wird das Wasser in den Burgturm gegossen und es strömt dann entweder als Wasserfall über die Felsen, es treibt ein Mühlrad und Räderwerk oder es stürzt für den Beschauer unsichtbar hernieder und steigt aus einem in dem See stehenden kleinen Rohr als Fontäne in die Höhe. Es gibt dann auch noch runde Bassins, die nur als Fontänen und Springbrunnen gedacht und mit einem Triebrad versehen sind, das entweder mit der Hand gedreht oder an eine kleine Dampfmaschine angeschlossen werden kann.

In allen diesen Bassins lassen die Kinder Wassertiere schwimmen, mitunter auch lebendige, wenn sie klein genug sind.

Die großen, mit Wasserkraft getriebenen Holzmühlen mit Blechbassin sind recht hübsch ausgeführt, doch würde die ganz getreue Nachbildung alter Wassermühlen im Harz, in Thüringen und im Schwarzwald gewiß auch bei Erwachsenen Liebhaber finden.

* * *

Das Angeln, das viele Erwachsene bekanntlich als leidenschaftlichen Sport betreiben, ist für Kinder ein ganz ungeeignetes Spiel. Denn die reiche Poesie, die den Wasserspielen im Freien anhaftet, sollte niemals dadurch zerstört werden, daß man den Kindern gestattet, in das stille Leben der Natur verletzend oder vernichtend einzugreifen, wo es nicht gerade die Abwehr erfordert.

Wenn wir, die Erwachsenen, später zwar erkennen, daß das Leben auf dieser Welt nicht ohne heißen Kampf abgeht, daß sogar die gesamte Natur ein ununterbrochenes Vernichten und Morden durchtobt, so ist es für die Erziehung der Kinder doch notwendig, daß wir ihnen die ewig neues Leben spendende Seite der Natur zeigen, denn sie zum Lebenskampf erziehen heißt nicht, sie zu grausamer Vernichtung des Lebens anhalten, sondern zu rüstigem Schaffen, zu neuem Erfinden und zu Werken des Lebens und der Freude.

* * *

Theodor Fontane erzählt in seinem Werke „Meine Kinderjahre"*) von dem Keller im Hause seiner Eltern in

*) Siehe benutzte Literatur.

Swinemünde: „Neben der Remise lag ein mit allerhand gläsernen und namentlich irdenen Vorratsflaschen besetzter Keller, der, zumal in Herbst- und Frühjahrstagen, eine besondere Vergnügungsstätte für uns bildete. Dann stieg hier das Grundwasser und schuf auf Wochen hin etwas wie eine kleine Überschwemmung. Anfangs half man sich mit Kloben und Bretterlagen, stieg das Wasser aber immer höher, so schafften wir Kinder schließlich Kufen und Waschfässer hinunter, auf denen wir nun, einen Riesenspatel statt des Ruders in der Hand, umherfuhren, um als Seeräuber an den vier „Küsten“ anzulegen. An diesen hausten wir denn unerbittlich und setzten, uns gütlich tuend, die sonderbar geformten Krüge mit Himbeer- und Johannisbeersaft wie große Methörner an den Mund. „Wo nur immer die Fruchtsäfte bleiben?“ sagte dann wohl mein Vater und schüttelte den Kopf.“

Clara Eysell-Kilburger schreibt: „Ein Wunder war jede Kastanie, die man halbiert zur Wagschale umgestaltete, jede Nußschale, in die man ein Stückchen Wachsstock steckte und die nun, magischen Schein verbreitend, als Geisterschiff auf der Waschschüssel schwamm.“

Rudolf Herzog schreibt von den Spielen, denen er huldigte, nachdem er Soldaten- und Räuberspiel erwähnt: „sowie ferner den Wasserspielen, weil diese Spiele im Freien mich stets in innigste Beziehung zu der geliebten Natur brachten, die Phantasie weckten und gleichzeitig die Energie stählten.“

Marx Möller schreibt: „Wenn meine Mutter in der Küche arbeitete, gab sie mir damals ein Stück Holz und stellte mich an den Eimer, dann spielte ich „Wellen bewegen“ und zwar lange Zeit und stille. Dabei ruhte das junge Hirn.“

3. INDUSTRIELLE UND LANDWIRTSCHAFTLICHE MASCHINEN.

Spielzeugmaschinen, die ebenso sehr zum Spiel als auch zum Unterricht dienen können, sind die kleinen modernen Industrie- und Landwirtschaftsmaschinen. Alle diese äußerst lehrreichen und sehr exakt gearbeiteten Modelle sollten als Anschauungs- und Lehrmittelmaterial von den Schulen erworben werden, da es zum Beispiel für ein Stadtkind sehr schwer ist, sich den Betrieb einer Dreschmaschine richtig vorzustellen, ebenso wie Landkindern manche Industriemaschinen ohne die Anschauung unverständlich bleiben werden.

Diese modernen Maschinen zerfallen je nach der Betriebsart in Dampfmaschinen und Dampfturbinen, in Heißluftmaschinen und in Gasmotore.

Eine in zwei hallenartige Räume geteilte sehr hübsche Maschinenanlage entspricht in der exakten Ausführung aller Details ganz genau unseren Maschinenhallen in den Fabriken. Im Heizraum befindet sich eine mit rotem Mauerwerk verkleidete Kesselanlage mit Wasserstandsrohr, Sicherheitsrohr, Dampfpfeife und Abstellungshahn. Von dieser Halle führt das Dampfrohr in den eigentlichen Maschinenraum, wo durch ein großes Schwungrad von ca. 145 mm Durchmesser die Transmissionen getrieben werden.

An alle diese Maschinen, so verschieden sie auch in der Konstruktion und Größe sein mögen, werden nun die im gewerblichen und industriellen Leben vorkommenden kleinen Betriebsmodelle angeschlossen, so Hammerwerk, Brunnen, Baggerwerk, Sägewerke, Stampfwerke, Windmühlen, Wassermühlen, Bohrmaschinen, Drehbänke, Schleifsteine, Kräne, Gartenspritzen, Schaukeln und Drahtbespinnmaschinen.

Ebenso lassen sich viele landwirtschaftlichen Modelle: Rübenmühle, Buttermaschine, Getreidesortiermaschine, Putzmaschine, Futterschneidemaschine, Goepel, Schrotmaschine und Dreschmaschine an eine vorhandene Dampfmaschine anschließen oder sie werden noch besser durch eine kleine auf Rädern laufende Landwirtschaftslokomobile in Bewegung gesetzt.

Die Heizung bei den Dampfmaschinen wird durch eine schnell heizende Spiritusstichflamme bewirkt, während die Heißluftmotore durch einfache Erhitzung eines hohlen Kolbens getrieben werden.

Die Gasmotore müssen an eine vorhandene Gasleitung angeschlossen werden.

Sämtliche Modelle können auch durch Elektromotore bewegt werden, die unter den elektrischen Apparaten eingehender behandelt werden sollen.

4. MECHANISCHE KUNSTWERKE.

Obgleich eine Lokomotive oder ein Dampfboot mit Uhrwerk unstreitig mechanische Kunstwerke sind, so bezeichnet man in der Spielzeugindustrie doch damit im allgemeinen Gegenstände figürlicher Art, also Menschen und Tiere, die sich durch einen Mechanismus, den man aufziehen muß, bewegen. Setzt das Uhrwerk auch noch eine kleine Spieluhr in Betrieb, so nennt man sie eben mechanische Kunstwerke mit Musik.

In dem Worte „Kunstwerk" spricht sich ein starkes Selbstbewußtsein des Herstellers aus, das ihm umso weniger zu verargen ist, als solche Werke heute manchmal erst nach monatelangem Nachdenken und Ausprobieren, in früherer Zeit aber erst in jahrelanger; vielleicht sogar in jahrzehntelanger mühevoller Arbeit entstanden.

Ob die von Schriftstellern des klassischen Altertums erwähnten Werke dieser Art wirklich schon mechanische Kunstwerke in des Wortes heutiger Bedeutung gewesen sind, soll hier nicht entschieden werden. Unsere Begeisterung für das edle und künstlerische Volk der Griechen wird ihnen gern auch auf dem Gebiete der Mechanik zutrauen, daß sie eine große, vielleicht staunenswerte Kunstfertigkeit in derselben besessen haben.

Im X. Jahrhundert wurde zu Reims eine hydraulische Uhr konstruiert, doch waren in alter Zeit Verfertiger solcher Kunstwerke immer der Gefahr ausgesetzt, als Hexenmeister betrachtet und dementsprechend behandelt zu werden.

Über ein Kunstwerk, das im XIII. Jahrhundert entstanden sein soll, erzählt Dr. Alwin Schultz in seinem Werk „Das höfische Leben zur Zeit der Minnesinger"*) „Eine fernere Bestätigung für die Annahme, daß in der Tat ähnliche Kunstwerke in jener Zeit vorhanden waren, bringt uns die Reisebeschreibung des Minoriten Guillaume de Rubruquis, der im Auftrage des heiligen Ludwig im Jahre 1253 an den Hof des Khans der Tartarei sich begab. Er trifft in der Hauptstadt des Khans, Caracarum, nordöstlich vom Baikalsee, verschiedene Glaubensgenossen, so eine Frau aus Metz, und was für uns besonders interessant erscheint, einen Pariser Goldschmied, Guillaume Boucher, dem der Khan 300 Jacots (1 Jacot = 10 Mk.) Silber gegeben hatte, damit er ein großes Werk für den Palast anfertige (Kap. XXXIV). Es handelte sich, wie im Kap. LXI ausgeführt wird, um einen Baum aus Silber, an dessen Fuße vier silberne Löwen liegen, die Stutenmilch ausströmen. Kanäle gehen von den Vorratskammern bis zu dem Baum, speisen die Löwen, steigen den Baum empor und münden in vier Schlangen, welche um den Baum geringelt sind; eine derselben speit in ein am Boden stehendes silbernes Becken Wein, die andere Caracosmos, d. h. einen starken Kumys, die dritte Ball, ein Getränk aus Honig, die vierte endlich Teracine, die aus Reis hergestellt ist. Blätter und Früchte des Baumes sind aus Silber. Auf dem Baume sitzt ein Engel, der eine Trompete in der Hand hält. Ursprünglich hatte Guillaume versucht, durch Blasebälge die Trompete erklingen zu lassen; er war aber damit nicht zustande gekommen. So brachte er unter dem Baume eine Höhle an, in der ein Mann Platz hatte. Wenn man nun trinken wollte, so befahl der Obermundschenk dem Engel zu blasen; der versteckte Mann setzte dann einen Mechanismus in Bewegung, sodaß der Engel die Trompete an den Mund erhob, und blies selbst durch ein Sprachrohr in jene Trompete. Sofort wurden in

*) Siehe benutzte Literatur.

den Vorratskammern die Getränke in die Röhren eingelassen (sie mußten schon ein Gefäll vorher hergestellt haben) und aus acht Kanälen strömten nun die verschiedensten Erquickungen. Es scheint, daß dies Kunstwerk eine ansehnliche Größe hatte, und in der Tat konnte aus 1500 Pfund Silber schon ein recht stattlicher Baum hergestellt werden."

Solche wie andere automatische Kunst- und Musikwerke dürfte es in jener Zeit und sogar noch früher wohl bestimmt gegeben haben.

Es werden diese, die kühnste Phantasie unserer Kinder übersteigenden Werke aus Gold, Silber und Edelsteinen, auf denen Vögel singen, Hunde bellen, Raubtiere brüllen, Jäger blasen, meist nur in Dichtungen angeführt, aber sie werden so genau in allen Einzelheiten beschrieben, daß kein Zweifel daran ist, daß solche Werke eben existiert haben. Besonders im Morgenlande, in Konstantinopel und weiter östlich finden sich derartige Kunstarbeiten.

Kaiser Theophilus (829—842) wird als Besteller solcher Werke mit singenden Vögeln genannt, und der Mechaniker Leo soll der Hersteller derselben gewesen sein.

Im 13. Jahrhundert soll der Bischof Albert der Große von Regensburg in dreißig Jahre langer Arbeit einen sprechenden Kopf konstruiert haben.

Im 16. Jahrhundert reiste Peter Döpfer aus Schneeberg mit einem mechanischen Bergwerk und Daniel Bartel aus Lübeck mit einer Schiffahrt von kämpfenden Christen und Türken umher, ebenso Jörgen Ipp aus Augsburg mit einem beweglichen Bilde.

In Nürnberg wurde dann im 17. Jahrhundert bereits ein sehr hübsches mechanisches Spielzeug fabriziert, so zum Beispiel ein bewegliches Figuren-Kabinett, das Ludwig XIII. als Kind erhielt. Derselbe besaß auch eine Kutsche mit Uhrwerk und ein Kriegsschiff mit beweglicher Mannschaft.

Ein kleines, selbstspielendes Operntheater mit viermaligem

Dekorationswechsel gehörte zu den verschiedenen mechanischen Werken des „Sonnenkönigs“.

Mitte des 17. Jahrhunderts fertigte der Mechanikus Gottfried Hautsch Reiter und Musketiere, die sich bewegen und mit ihren Gewehren exerzieren und sogar schießen konnten, namentlich aber waren kleine fahrende Kutschen und Karossen mit Uhrwerk damals ein sehr beliebter Spielzeugartikel.

Im 18. Jahrhundert zeigte der Mechaniker Caspar Müller (aus Erlangen) in Nürnberg die von ihm erfundene korporalische Weltmaschine, unter der man sich wohl ein mechanisches Theater zu denken hat, und im selben Jahrhundert konstruierten dann Valentin Merbiz, der Abbé Mical und endlich Wolfgang de Kempelen ihre sprechenden Köpfe, deren zuletzt hergestellter ganze Sätze hersagen konnte.

Vorher hatte schon der berühmteste und genialste Mechaniker des 18. Jahrhunderts, Vaucanson, sein erstes automatisches Meisterwerk, nämlich den 1738 fertig gestellten, fünfeinhalb Fuß hohen Flötenspieler konstruiert, dem er dann einen mechanischen Trommler und 1741 die essende, trinkende, schwimmende, Flügel schlagende und schreiende Ente folgen ließ.

Die Brüder Droz aus Chaux-de-fond stellten 1776 einen schreibenden Knaben, einen kleinen Zeichner und ein Klavier spielendes Mädchen als Automaten her, und der schon genannte Wolfgang de Kempelen setzte um dieselbe Zeit, 1770, seinen berühmten automatischen Schachspieler zusammen, der in Friedrichs des Großen Besitz überging.

Die Empirezeit brachte dann eine Anzahl mechanischer, mehr zum Spielzeug als zur Schaustellung dienender Arbeiten, und ebenso finden sich Anfang des 19. Jahrhunderts die ersten mechanischen, singenden und zwitschernden Vögel.

Aus der Histoire des jouets, von Henry René d'Allemagne*),

*) Siehe benutzte Literatur.

der die meisten der vorstehenden Angaben entnommen sind, ersehen wir auch, daß Frankreich, das in der Spielzeugindustrie und im Export weit hinter uns zurücksteht, doch auf dem Gebiete der Herstellung mechanischer Kunstwerke seit alter Zeit eine große Meisterschaft bekundet, sodaß auch noch heute das französische mechanische Spielzeug überall geschätzt und beliebt ist; natürlich werden auch in Deutschland sehr viele kleine, mechanische Kunstwerke hergestellt.

Die einfachsten und preiswertesten dieser Spielzeug-

Rotkäppchen mit Wolf.

mechanismen sind die, welche wir auch bei den Straßenverkäufern finden.

Es existieren in diesen billigen aus Blech gefertigten Menschen und Tieren mit einem Werk im Innern, das sie befähigt, sich zu bewegen oder gar zu laufen, eine ganze Anzahl von Einzelfiguren und Gruppen wie: Wettrenner auf Velociped, Wagen mit Clown und Hund, Rotkäppchen mit Wolf, Klavierspieler, Ballschläger, Straßenkehrmaschine, ferner Käfer, Enten, Schweine, Gänse, Hühner, Katzen, Hasen, Frösche usw.

Die besseren Werke dieser Art zeigen uns sehr sorgfältig ausgeführte Tiere mit Fell-, Leder- oder Feder-Überzug.

So gibt es reizende Hündchen in Lebensgröße, die im Kreise laufen und den Kopf nach allen Seiten hin- und herbewegen, dann große Hühner, die gackelnd durchs Zimmer rennen und alle 3 bis 4 Schritte ein Ei legen, Ziegen in drittel Lebensgröße, die uns meckernd entgegenschreiten, ferner strickende Katzen und brummende und komplimentierende Bären. Ganz entzückend ist ein stolz daherschreitender und radschlagender Pfau.

Automobil.

Außer den Bären sind aber auch noch andere wilde Tiere, wie Nilpferde, Löwen, Tiger und Elefanten, in diesen modernen Spielzeugkollektionen vertreten, ebenso die See- und Flußfische, die bereits bei den Wasserspielen behandelt worden sind.

Doch, — wie schon gesagt — nicht nur Tiere, sondern auch kleine Menschen, wie Radfahrer, Clowns, Wäscherinnen mit Korb, trommelnde Knaben existieren in diesen Sammlungen der besseren mechanischen Werke, nicht zu vergessen die modernsten kleinen Uhrwerkgeschöpfe, die Automobilisten, ja es gibt sogar einen Zauberer, der 4 Kunststücke ausführt, indem er viermal unter seinem Hut einen anderen Gegenstand erscheinen läßt.

So erscheint im Rahmen des Wunders der Bewegung noch ein zweites Wunder, die Zauberei.

* * *

Ein noch größeres Vergnügen bereiten den Kindern solche kleinen Mechanismen, wenn das Werk ein Musikstück spielt und die Bewegungen dieser künstlichen Menschen und Tiere sich nach Rythmus und Takt der Musik vollziehen.

Die mechanischen Kunstwerke mit Musik zerfallen in solche, die mit der Hand gedreht oder mit Uhrwerk getrieben werden.

Es sind meist Gruppen verschiedener Figuren, die auf einem Podium resp. Musikkasten stehend, ihre Bewegungen ausführen.

Da sehen wir den Musiklehrer in der Schulstube mit der Violine in der Hand zwischen Tafel und Rechenmaschine stehend. Auf einer Schulbank sitzt der A B. C.-Schüler, auf der anderen die notenlesende kleine Gesangsschülerin. Dreht man nun das Werk, so erklingt die Musik; der Lehrer erhebt den Violinbogen, dreht sich nach beiden Seiten, die Schülerin erhebt ihr Notenblatt und der Knabe zeigt mit dem Finger auf die Tafel.

Reizend ist eine mit Spiegelwänden ausdekorierte Bühne, auf der drei mit seidenen Kleidchen bekleidete zierliche Ballerinen bei dem Klange der Musik tanzen und sich sehr gewandt und graziös drehen.

Sehr hübsch ist auch die Waschküche, in der 7 reizende mit weißem Fell bekleidete Kätzchen große Wäsche waschen, drei spülen, eine kocht, eine rollt und eine bürstet die Wäsche, alles nach dem Klange der Musik, und eine steht an der Türe. Da, welch ein Schreck, sie öffnet sich und ein Bär als Schornsteinfeger gekleidet tritt herein, schnell schließt das schlaue Miezchen wieder die Tür und der Unhold muß draußen bleiben.

Höchst drollig ist auch der große, Guitarre spielende Frosch und der Rüben fressende Hase, beides treffliche Uhrwerksspielzeuge.

Ausgezeichnet für Knaben ist die Infanterie- und Kavallerie-Parade mit den nach der Musik marschierenden Soldaten.

Waschküche.

Von den ungezählten mechanischen Werken, deren Beschreibung ein ganzes Kapitel füllen könnte, seien noch erwähnt eine russische Riesenschaukel, ein Kinderorchester, ein Klavier spielender Hase und ein sich in der Wiege aufrichtendes und schreiendes Baby, ferner viele singende und zwitschernde Vögel, und endlich eines der schönsten musikalischen mechanischen Uhrwerke, das uns die Wirklichkeit fast vollständig vorzutäuschen scheint, es ist der auf zwei Stühlen turnende Clown. Er hat die Hände auf beide Stühle gestützt und steht Kopf, indem er die rechte Hand los läßt und sich mit der linken auf den in schräge Lage gebrachten Stuhl stützt. Das ganze Kunstwerk ist ca. 1 Meter hoch.

* * *

Daß diese figürlichen mechanischen Kunstwerke mit ihren sich immer wiederholenden gleichbleibenden Bewegungen keinen direkten erzieherischen Wert haben, erscheint wohl selbstverständlich, aber daß sie die Kinder sehr belustigen, zumal sie wie eine Art Schaustellung wirken, davon kann sich jeder überzeugen, der einmal auf dem Landjahrmarkt oder auch in der Großstadt auf dem Fahrdamm einer Seitenstraße der Feilbietung solcher mechanischer Menschen und Tiere seitens eines Straßenverkäufers beiwohnt; die Kinder sehen halbe Stunden lang immer ein und demselben gravitätisch steifen Einherschreiten eines kleinen mechanischen Menschen oder dem Zappeln eines Uhrwerkkäfers zu.

Das scheinbare Lebendigwerden dieser Miniaturwesen und die unfreiwillige Komik ihrer abgezirkelten schematischen Bewegungen scheint eine außerordentliche Anziehungskraft auf die Kinder auszuüben.

* * *

Heinrich Seidel sagt in seinem Werke „Aus meinem Leben“*) von einer kleinen Grafentochter: „Sie hatte natürlich die herrlichsten Sachen und ich erinnere mich noch eines kleinen, wunderbaren Männchens mit beweglichen Gliedmaßen, das die Stufen einer Treppe hinab Kobold schoß und dabei seine Arme und Beine so natürlich setzte wie ein Mensch. Dies erschien mir als der Gipfel menschlicher Kunst.“

* * *

Die teureren mechanischen Werke wird man aber ebensowenig wie die wertvolle Spieluhr den Kindern zum Entzweimachen überlassen, man wird sie zum Amüsement der Kinder wie der Erwachsenen und auch als eine hübsche Schau-

*) Siehe benutzte Literatur.

stellung für andere zum Besuch kommende Kinder sorgfältig aufheben und die seltene, aber sich dafür immer wiederholende Freude der Kinder, wenn sie erst etwas verständiger sind, durch den Hinweis, daß man ein so mühsam und kunstfertig konstruiertes Werk nicht zerstören dürfe, gewiß nicht herabmindern.

Will man einen Trieb bei den Kindern fördern, so sei es — wie es bei den Handfertigkeits- und Handwerksspielen ausgeführt ist — der Sinn für Konstruktion. Der Zerstörungssinn, der wohl dem größten Teil der Kinder, ganz besonders den Knaben innewohnt, bedarf keineswegs noch einer Förderung seitens der Erzieher.

Der Erzieher braucht diesen Zerstörungssinn nicht als ein Verbrechen anzusehen, er braucht auch den sich in der Zerstörung Luft machenden Tatendrang nicht immer und bei jeder Gelegenheit einzudämmen, aber das Kind muß doch zuletzt fühlen, daß der Erzieher oder die Eltern nicht das „alles Zerstören und Kaputtmachen" noch etwa billigen oder sich darüber amüsieren, denn dann kann leicht der Zerstörungssinn in Zerstörungswut ausarten.

Der Überdruß an Spielzeug bei den Kindern wird meist nicht durch das Schenken von zu vielem Spielzeug erzeugt, sondern durch die Erlaubnis, es mißachten und sofort vernichten zu dürfen.

Dem Kinde kann man das garnicht übel nehmen, zumal dem Tatendrange, der zur Zerstörung führt, sich oft noch der Wissensdurst und der Trieb, zu ergründen und zu erforschen, zugesellt, wohl aber hat der Erzieher die Aufgabe, der Betätigungs- und Beschäftigungslust der Kinder edlere und bessere Wege zu weisen als der Vernichtungskampf es ist, den ein mit sich und seiner Umgebung unzufriedenes Kind meist nicht nur gegen sein Spielzeug, sondern auch gegen die kleinen Geschwister und gegen Haustiere und Blumen führt.

IV. KAPITEL.

WISSENSCHAFTLICHE SPIELE.

Die wissenschaftlichen Spiele können ebenso zur Einführung in die Wissenschaften, wie die künstlerischen Spiele zur Einführung in die Kunst nutzbar gemacht werden, und da auch selbst der Künstler ohne die Wissenschaft von der Kunst, das heißt ohne die Überlieferung oder ohne das Studium des technischen und ideellen Könnens der großen Künstler, die vor ihm gewirkt haben, zur vollen Entfaltung seiner Kräfte nicht kommen kann, so ist „wissenschaftlich denken zu lernen“ auch für diejenigen Kinder von größtem Vorteil, die einmal später in einen rein künstlerischen Beruf eintreten.

Daß die wissenschaftlichen Spiele erst für verständigere Kinder in Frage kommen, kann als selbstverständlich betrachtet werden, nichtsdestoweniger sind die Anfänge für spätere wissenschaftliche Betätigung auf einem Gebiete oft schon frühzeitig in den Jugendspielen, und zwar besonders in denen, die hier als „wissenschaftliche Spiele“ bezeichnet werden, zu konstatieren.

1. SAMMLERSPIELE.

Der Trieb, in dem sich zuerst die Neigung für eine bestimmte Beschäftigung äußert, ist der Sammeltrieb, die Lust am Besitze. Das ganz kleine Kind will alles haben, alles besitzen, was es sieht, wird es etwas größer, dann möchte es einen Moment recht viele Steinchen oder am Strande recht viele Muscheln sammeln; im nächsten Moment sieht es schöne Glasperlen, da kann es dann von diesen wieder garnicht genug bekommen, bis es noch etwas älter wird, da fangen dann, neben der Lust am Besitze alles möglichen, doch einzelne Gebiete an, das Kind ganz besonders, wenigstens eine Zeitlang zu interessieren. Die Knaben suchen recht viel Zinnsoldaten zusammenzubekommen, immer eine Schachtel nach der andern, und die Mädchen freuen sich, wenn ihre Puppensammlung oder die Ausstattung der Püppchen, vielleicht das Kochgeschirr sich vergrößert, und allmählich geht die Sammellust auch auf andere wissenschaftliche Gebiete über. Die beim Wurfspiel oder beim Paar- oder Unpaarspiel von den Schulkameraden erbeuteten Stahlfedern wollen nicht mehr so rechtes Vergnügen machen; aber der Briefmarkensport beginnt und setzt gleich von Anbeginn oft so leidenschaftlich ein, daß zuerst die Quantität, ob echt oder unecht, eine weit, weit größere Rolle spielt als die Qualität, denn für „selten“ wird dann alles gehalten, was man noch nicht besitzt, besonders wenn es überseeisch ist oder gar aus einem Lande stammt, das man vielleicht in der Geographiestunde noch garnicht durchgenommen hat. Doch allmählich schwindet der erste Übereifer und wenn nach mancherlei Enttäuschungen, die den meisten kleinen Markensammlern nicht erspart bleiben, die Lust am Sammeln überhaupt noch vorhanden ist, dann beginnt erst das eigentliche Sammeln und zwar weniger leidenschaftlich als gründlich, nicht leichtfertig, aber wissenschaftlich.

Das Sammeln von Briefmarken ist deshalb ein sehr hübscher und anregender Sammelsport, weil die Kinder durch ihn in verschiedene Wissenschaften spielend eingeführt werden und sich mancherlei Kenntnisse in der Geographie, Geschichte und Münzkunde aneignen. Außer dieser wissenschaftlichen Belehrung aber, die als eine angenehme Unterstützung des Schulunterrichts in Geographie und Geschichte angesehen werden kann, birgt das Markensammeln auch künstlerische Anregung in sich. Die Markenzeichner sind meist, wenigstens in den Ländern, die sich ihrer Kulturaufgaben bewußt sind, sehr tüchtige Künstler, und die Kinder empfangen daher beim Sammeln der kleinen Markenbilder viele künstlerische Eindrücke, die durch die Freude an der Mannigfaltigkeit der Farben nur noch erhöht werden.

Die Spielzeugindustrie kommt der Markensammellust der Kinder durch sehr schön und übersichtlich eingerichtete Markenalbums in allen Formaten und Ausstattungen, also mit Albums für Anfänger wie für wirklich wissenschaftlich arbeitende Sammler entgegen.

* * *

Wie und wodurch die Sammellust für bestimmte Dinge entsteht, ist schwer zu sagen, der Zufall, die günstige Gelegenheit und das Nachahmen der Sammellust anderer spielen hier wohl die größte Rolle.

Auch die Anregung seitens der Eltern oder Erzieher kommt in Frage, denn im alten Rom, wo man den Sparsinn der Kinder zu entwickeln suchte, erhielten sie kleine Sparbüchsen aus Terrakotta, in die sie alle Münzen, die sie geschenkt erhielten, hineinlegen mußten. Dieses Sammeln soll auch heute noch und sogar bei Erwachsenen mitunter sehr beliebt sein.

Am lehrreichsten für die Kinder sind die naturwissenschaftlichen Sammelspiele.

* * *

Wilhelm Jensen gibt in seinem Schreiben an, daß er jedenfalls nicht lange Spielzeug benutzte, sein Interesse „sich schon sehr früh fast ausschließlich Naturgegenständen, dem Anlegen von Sammlungen zuwandte“.

* * *

Ein älteres Kind, das zum erstenmal in seinem Leben ein Bergwerk besucht, wird beim Anschauen der meist am Eingange ausgestellten und zum Verkaufe dargebotenen Steine die Lust bekommen, diese Kästen mit Steinen zu besitzen und weitere Mineralien hinzuzusammeln, und so sind denn auch die Mineralienkästen der Spielzeugbranche mit den Ergänzungskästen ein beliebtes Geschenk für die kleinen Geologen oder Bergleute, deren Glück oft noch durch das Geschenk einer Bergsteiger-Garnitur wesentlich erhöht wird.

* * *

Ein sehr empfehlenswerter und von den Kindern, sobald sie in der Schule Botanik haben, gern geübter Sammelsport ist das Sammeln und Pressen von Pflanzen. Die Beschäftigung mit der heimischen Pflanzenwelt ist, wie überhaupt jede Bereicherung unseres Wissens in der Naturgeschichte, ein von jedem Erzieher in hohem Maße zu förderndes Beginnen. Es ist für die künstlerische Erziehung die Einführung der Kinder in das geheimnisvolle Walten der Natur, der Lehrmeisterin aller Kunst, ein unbedingtes Erfordernis.

Das Blumenpflanzen und das Blumenpflegen mag von künstlerischen Gesichtspunkten aus erziehlicher sein als das

Blumenpflücken und Zerlegen, aber die Botanik und das Pflanzensammeln machen die Kinder mit unzähligen Pflanzen in Wald und Feld bekannt, von denen die meisten sowieso im Garten keine Heimstätte finden würden, und ferner führt diese Sammellust die Kinder hinaus in die freie Natur, und fast jeder Sport, der dies tut, ist schon von vornherein ein guter Sport.

Zum Sammeln von Pflanzen gibt es Herbarien-Mappen, Pflanzen-Pressen und nicht zu vergessen die Botanisiertrommeln.

Diese letzteren dienen auch zum Aufbewahren so mancher gefangenen Tiere. Soweit diese in ein Terrarium kommen, und die Kinder dadurch Gelegenheit finden, die Tierchen zu füttern und zu pflegen und sich an ihrem munteren Leben zu erfreuen, ist dagegen nichts zu sagen, aber das Käfer- und Schmetterlingssammeln, wenigstens das Quälen und Töten der Tiere, ist ein durchaus ungeeignetes Sammelspiel für Kinder und ihnen ebenso zu verbieten wie das Angeln. Das Kind, das mit dem Schmetterlingskäscher sich die schönen Falter für den Blumengarten der Eltern fängt und sie, ohne sie zu beschädigen, nur räumlich versetzt, das begeht keine Tierquälerei; aber diese schönen und poetischen Flatterer, die eine phantasievollere Zeit als die unsrige sogar zum Sinnbild der Psyche erhob, zu durchstechen, ist für Kinder ein rohes und unkünstlerisches Spiel.

Daß im Altertum und im Mittelalter das Quälen der Tiere Sitte war und besonders das Anbinden von Schmetterlingen, Käfern, kleinen Schildkröten und Vögeln an Fäden von den Kindern als Lieblingsspiel betrieben wurde, kann für unsere humanere Zeit nicht als Entschuldigung für etwaige Tierquälereien dienen.

Bei uns existiert das einst in Anwendung gewesene Foltern der Menschen nicht mehr, darum mögen wir auch das Foltern der Tiere als unserer aufgeklärten Zeit unwürdig aufgeben.

Gegen harmlose Spiele, wie sie die japanischen Kinder treiben, die Feuerfliegen fangen und sie für eine Zeitlang in einen kleinen Seidenpapierkäfig setzen oder die sich die weltberühmten japanischen Goldfischchen fischen und sie in das Wässerchen des Gartens oder in ein Goldfischglas tun, läßt sich nichts einwenden, auch das Jagen und zeitweise Einfangen der schönen, die Farbenlust des Kindes weckenden bunten Schmetterlinge mag unbeanstandet bleiben, nur die Lust am Quälen ist unentschuldbar.

Für erwachsene Kinder, die ganz besonderes Interesse für Schmetterlingskunde haben, sind die Schmetterlingskästen mit den bunten Faltern wohl ein begehrtes und auch nicht zu verurteilendes Geschenk, aber mit dem Selbsttöten sollten sich nur die beschäftigen dürfen, deren wissenschaftlicher Ernst über allen Zweifel erhaben ist und den Gedanken, daß das Töten der harmlosen Tierchen ihnen etwa Freude bereitet, garnicht mehr aufkommen läßt.

Es gibt noch viele mehr oder weniger wissenschaftliche Sammlerspiele, von denen das Sammeln guter Bücher jedenfalls eines der besten und lehrreichsten ist, vorausgesetzt, daß die Bücher von den Kindern nicht nur gesammelt, sondern auch gelesen werden, und wie die Kunstkennerschaft in irgend einer Kunst durch Sammeln und Besitzen von Kunstwerken wesentlich gefördert wird, so wird auch alles Wissen in einer Wissenschaft meist durch Sammeln und Zusammentragen, sowie durch Erforschen des Gesammelten erworben.

Darum sind die Sammlerspiele als Spiele des Lernens und Forschens auch von weittragender Bedeutung für die Erziehung und das spätere Leben.

2. PHYSIKALISCHE SPIELE.

Die physikalischen Spiele beginnen in früher Jugend schon und zwar ist der Magnet, der das Eisenblechschiffchen des Kindes auf dem Wasser umherziehen muß, der erste physikalische Apparat, mit dem es spielt.

Magnetische Spiele aller Art sind schon lange in Gebrauch, sie erscheinen zuerst auf der Ausstellung von 1855 in Paris in reicher Zahl, und zwar war der Aussteller Ismayer in Nürnberg.

Derartige Spiele sind aber für das Kind noch keineswegs wissenschaftliche Spiele, denn das Kind kümmert sich wenig um die Ursachen bei seinen Spielen, ihm genügt die Wirkung, die ihm, wenn sie ihm als eine zauberhafte, wunderbare erscheint, nur desto lieber ist, lebt es doch mit seiner überströmenden Phantasie in Wundern ohne Ende, bis die Kindheit flieht.

Wissenschaftlich werden die physikalischen Spiele erst, dann, wenn das Kind reif genug ist, durch das Experiment, aus den Ursachen und Kräften die Wirkungen selbst zu entwickeln, und dafür, daß auch der Spieltrieb der Kinder auf seine Rechnung kommt, ist bei unseren physikalischen Lehrmitteln reichlich gesorgt.

Wer einmal beobachtet, wie selig die Kinder in den Experimentiersälen der Urania in Berlin sind, wenn sie durch den Druck auf einen Knopf irgend einen physikalischen Apparat in Tätigkeit setzen können, der wird nicht daran zweifeln, daß derartige Geschenke bei Kindern auch wegen ihres Spielwertes, den sie unstreitig haben, ebenso beliebt sind als wegen der Belehrung, die sie geben.

Die meisten der physikalischen Apparate und Experimentierkästen sind der Lehre von der Elektrizität gewidmet.

In früherer Zeit hatten die elektrischen Spiele einen mehr spielhaften Charakter, wie z. B. diejenigen Spiele, die man am Ende des 18. Jahrhunderts bereits konstruierte: so ein durch Elektrizität getriebenes, unter dem Namen „die elektrischen Pferde" bekanntes Karoussel und ferner der „kleine elektrische Jäger", von dessen Flinte man zu einem in die Nähe der Mündung gehaltenen Eisenstäbchen Funken überspringen ließ. Heute dagegen sind fast alle elektrischen Spiele wissenschaftliche Lehrmittel.

So sind zunächst die in jedem physikalischen Schulkabinett befindlichen Influenzmaschinen und Elektromotoren zu finden; durch letztere können ebenso wie durch Dampf-, Heißluft- oder Gas-Maschinen alle die vielen kleinen Betriebsmodelle in Bewegung gesetzt werden, die unter Maschinen ausführlicher beschrieben sind.

Zur Influenzmaschine gehören das Papierbüschel, das Glockenspiel, das Flugrad, der Kugeltanz, die Blitzröhre, die Blitztafel, die Geißlerschen Röhren, der Rauchkondensierungsapparat, der Kugellauf, die Leidener Flasche, der Isolierschemel, die elektrischen Hauchbilder, der Quadrant-Elektromotor, der elektrische Mörser, der Oberflächen-Apparat, der Lichtapparat, die rotierende Scheibe, der Ausstrahlungs-Apparat, der Blitzableiter, der Zünd-Apparat, ja sogar der X-Strahlen-Apparat nebst Photographiervorrichtung.

Besondere Experimentierkästen demonstrieren dann die Lehre des Elektromagnetismus, die Lehre der Telegraphie und des Telegraphenwesens.

Bei den telegraphischen Apparaten existieren übrigens alle verschiedenen Systeme, insbesondere der bekannte Morseapparat, dann der Zeiger-Telegraph und endlich nicht zu vergessen die Telegraphie ohne Draht.

Es fehlen auch nicht Dynamomaschinen mit allen Gattungen und Stärken von Elementen und ebenso nicht elek-

Zeigertelegraph aus der Mitte des 19. Jahrhunderts.

Telegraphie ohne Draht.

trische Bogenlampen und Scheinwerfer, von denen die ersteren in den kleinen reizenden Bahnhöfen, die letzteren auf der Miniatur-Kriegsflotte verwendet werden.

Ein sehr lehrreicher Kasten zeigt das Galvanisieren und zwei andere das Versilbern und Vergolden.

Wie auch dem Drange der Kinder nach eigener Betätigung Rechnung getragen wird, zeigt z. B. das „Jugend-Telephon", das den Kindern durch genaueste Anweisung es ermöglicht, sich eine ganze Telephon-Anlage selbst anzulegen.

Außer diesen vielen elektrischen Apparaten sind dann noch besondere Kästen der Lehre von der Wärme, der Mechanik, der Akustik, der Optik und dem Magnetismus gewidmet, sodaß das gesamte Gebiet der Physik den Kindern in diesen Lehrkästen veranschaulicht wird.

Es ist wohl nicht zu viel gesagt, wenn man behauptet, daß wir der Freude am Experiment, also dem, was bei den physikalischen und chemischen Arbeiten der großen Forscher dasjenige ist, was am meisten an das Spiel der Kinder erinnert, an ihre Lust zu mischen und zu mengen, zu ergründen und zu versuchen, daß wir dieser Freude viele unserer größten Erfindungen verdanken.

Die Lust am Experiment hat etwas Künstlerisches in sich, das bewußte Wirkenlassen großer Naturkräfte oder das Verbinden unverbundener Elemente verleiht dem Menschen ein Gefühl schöpferischer Kraft; geschieht auch alles im Experiment nach gewaltigen vorgeschriebenen Gesetzen, an denen der Mensch nichts zu ändern vermag, so lenkt er doch innerhalb dieser Gesetze Stoffe und Kräfte der Natur nach seinem eigenen Willen.

Und grade dieses Künstlerische und Schöpferische, was im Experimentieren und Erfinden liegt, das können unsere erwachsenen Kinder durch diese physikalischen Spiele, denen sich chemische Spiele anschließen sollten, empfinden und genießen lernen.

Auch das Entdecken von neuen Weltteilen hat etwas vom Experimentieren an sich, freilich von einem sehr kühnen Experimentieren, denn der von Abenteuerlust oder Forscherdrang ergriffene, ins ferne Unbekannte strebende Entdecker setzt bei diesem großen Experiment meist Gesundheit und Leben aufs Spiel.

Aber je höher der Einsatz ist, desto höher ist der Gewinn an Ruhm und innerer Befriedigung, und wir werden zu den Experimenten im idealsten Sinne, zu dem Einsetzen aller unserer Kräfte, sei es auch nur im Interesse eines Versuches, der Menschheit zu nützen, zurückkehren müssen, um wieder Glück zu empfinden, das der Kampf um rein irdische Güter nicht verleiht.

Unsere Kinder schon frühzeitig das Glück schätzen zu lehren, das eine nur um ihrer selbst willen gemachte Entdeckung oder Erfindung gewährt, ist unsere Aufgabe. Wir müssen sie darüber unterrichten, daß Kunst und Wissenschaft in ihren höchsten Leistungen nicht nach einem Geldsatze zu bemessen seien, sondern daß sie eben unschätzbar sind.

* * *

Julius Rodenberg schreibt, daß bei seinen Spielen, „zuletzt durch den Unterricht angeregt, allerlei physikalische und mechanische Experimente an die Reihe kamen".

* * *

Es gibt noch sehr viele Spiele, bei denen ihre Hersteller versucht haben, die Kinder im Spiel zu unterrichten und zu belehren. Diese Versuche werden immer desto besser gelingen, je weniger auffällig und bemerkbar sie für die Kinder sind. Da aber bei diesen Spielen die Belehrung gewissermaßen nur eine Zugabe ist, es aber bei den Spielen selbst darauf ankommt, durch Würfel- oder Kartenspiel einen Gewinn zu erzielen, es sich daher auch nie um die Beschäftigung eines einzelnen Kindes, sondern fast immer um ein Zusammenspiel von mehreren Kindern handelt, so sind diese belehrenden Gewinnspiele ebenso wie die Spiele der Berechnung unter den Geselligkeitsspielen behandelt worden.

V. KAPITEL.

GESELLSCHAFTSSPIELE.

Alle die Spiele, an denen mehrere Kinder, mindestens aber zwei teilnehmen müssen, nennen wir Gesellschaftsspiele. Es sind eben Spiele, die einer nur in Gesellschaft noch eines anderen spielen kann, und die daher auch die für unser Staats- und Familienleben so notwendige Geselligkeit fördern helfen.

Das Sprichwort „geteilte Freude ist doppelte Freude“ findet im Leben und Spiel des Kindes eine treffliche Nutzanwendung. Das Kind genießt das Spiel in der Kameradschaft wirklich weit mehr, als in dem einsamen Sichselbstüberlassensein.

Und dann ist allen diesen Gesellschaftsspielen eines gemeinsam, was sie zu einem Energie und Tatkraft des Kindes anfeuernden Erziehungsmittel macht, nämlich die Lust, durch Glück, Geschicklichkeit oder Berechnung ein bestimmtes Ziel am ersten zu erreichen, eine Position am schnellsten zu erobern und einen Einsatz oder die Ehre des Siegers zu gewinnen.

Man könnte diese Spiele im Interesse einer übersichtlichen Behandlung in „Spiele im Zimmer“ und „Spiele im Freien“ einteilen, aber genauer und unterscheidender ist die Teilung nach „Spielen am Tische“ und „Sport-, Turn- und Freispielen“, welche letzteren als Bewegungsspiele ja meist, aber doch nicht immer im Freien gespielt werden. Wenn in diesem Abschnitte der Gesellschaftsspiele die „Spiele am Tische“ zuerst behandelt werden, so hat das darin seinen Grund, weil sie sich den wissenschaftlichen Spielen am besten anreihen lassen, da in ihnen teils durch Belehrung, teils durch Berechnung der Versuch gemacht wird, die Kinder zu unterrichten und ihren Verstand zu schärfen.

Andererseits bietet die Behandlung der eigentlich historisch älteren „Sport-, Turn- und Freispiele“ an zweiter Stelle die Möglichkeit, ihnen dann gleich die mit ihnen im Zusammenhange stehenden Kampf-, Kriegs-, Soldaten- und Heldenspiele im nächsten Kapitel folgen zu lassen.

Wenn auch nicht über die Gesellschaftsspiele, so doch über die Kunstspiele im Zimmer und über die Bewegungsspiele im Freien sagt Professor Dr. Konrad Lange in „Die künstlerische Erziehung der deutschen Jugend“ *): „Ist also ein Knabe körperlich sehr kräftig, sodaß er vorzugsweise zu Bewegungsspielen hinneigt, so halte man ihn mehr zu Kunstspielen an; ist er schwächlich und infolgedessen mehr dazu aufgelegt, in Einsamkeit seinen Gedanken und Phantasien nachzuhängen, so befördere man bei ihm mehr die Bewegungsspiele.“

Namentlich das letztere ist notwendig, denn die Gesundheit ist die Hauptsache; aber wir werden gut tun, zu gleicher Zeit auch die Neigungen der Kinder zu berücksichtigen, denn wie schon so oft gesagt, in der Förderung bestimmter Neigungen unserer Lieblinge, soweit es nicht schädliche Liebhabereien sind, schaffen wir in ihnen Werte für die Zukunft.

Das ist aber klar, daß wir sowohl beim Spiel im Zimmer wie auch beim Spiel im Freien den Trieb zur Geselligkeit im Kinde fördern müssen. Die Abneigung gegen die Geselligkeit ist bei einem Kinde als lebensfeindliche Neigung vom

*) Siehe benutzte Literatur.

Erzieher in freundlicher, aber doch energischer Weise zu bekämpfen.

Und so haben bei der Erziehung der Kinder auch die Gesellschaftsspiele ihre wichtige, nicht zu unterschätzende Stellung.

Auch der Besitz oder die Darbietung von Kunstwerken erfreut uns meist nicht, wenn nicht andere unsere Freude teilen. Der, der etwas Außerordentliches kann, der Künstler, findet erst in der Anerkennung, also in der Schätzung der Gesellschaft seinen Lohn, wie er andererseits erst aus dem geselligen Verkehr mit den großen Künstlern der Vorzeit, durch die stumme, aber gewaltige Sprache, die die Werke der großen Toten reden, das Beste schöpft zu neuem Schaffen. Auch die Kunst braucht zu ihrem Gedeihen die Geselligkeit.

1. SPIELE AM TISCHE.

Auch die Gesellschaftsspiele am Tische sind, wie das bei der am Boden hockenden, sitzenden oder halb liegenden Lebensweise vieler orientalischer und auch anderer weniger zivilisierter Völkerschaften erklärlich ist, zuerst wohl immer an der Erde oder auf dem Fußboden gespielt worden.

Eines der ältesten dieser Spiele ist das Würfelspiel, das wir bis in das fernste Altertum hinein verfolgen können, Es soll schon zur Zeit des Königs Rhampsenit in Ägypten gegräuchlich gewesen sein; jedenfalls nimmt es im klassischen Griechenland bereits eine erste Stelle unter den Kinderspielen ein.

Nach einer Überlieferung hat Palamedes, der Sohn des Nauplius, König von Euboea, den Griechen das Würfelspiel bei der Belagerung vor Troja gezeigt, um ihnen die Zeit zu verkürzen, nach einer anderen Sage sollen es die Lyder erfunden haben.

Das Würfelspiel wurde im klassischen Altertum mit Knöcheln aus den Hinterbeinen von Kälbern, Schafen und Ziegen gespielt, weshalb es auch Knöchelspiel genannt wurde. Es kam dabei darauf an, auf welche Seite der Knöchel fiel, und der jugendliche Spieler durfte — das war Spielregel — wenn er gewonnen, den Knöchel des Verlierenden behalten.

Auch das Paar- oder Unpaarspiel, das mit Knöcheln, Steinchen, Eicheln, Bohnen, Mandeln und mit Nüssen gespielt wurde, war bei den Kindern der alten Griechen und Römer sehr beliebt.

Bei einzelnen Völkerschaften Nordamerikas wird das Paar- oder Unpaarspiel sogar mit 10—12 cm langen Stäbchen aus Holz oder Knochen gespielt, die unter Zederbast verborgen werden und deren Anzahl erraten werden muß.

Altgriechisches Knöchelspiel.

Die zum Würfeln verwendeten Knöchel hatten erst nur 4 Seiten, auf die sie fallen konnten, die 1, 3, 4 und 6 Points zählten, später aber schnitzte man aus Achat, Kristall, Metall und Elfenbein Würfel mit 6 Seiten und gab die Points von 1 bis 6 durch Punkte, die man die Augen nannte, an.

Zur Kaiserzeit in Rom waren die Würfelbretter aus poliertem Terebintenholz, die Becher aus Elfenbein und die Würfel aus Kristall mit goldenen Augen.

Die römischen Knaben spielten zu jener Zeit auch ein Würfelspiel mit Münzen, das sie „Kopf und Schiff" nannten und bei dem es darauf ankam, ob die in die Höhe geworfene Münze auf die Seite mit dem geprägten „Kopf" oder auf die Seite mit dem geprägten „Schiff" fiel.

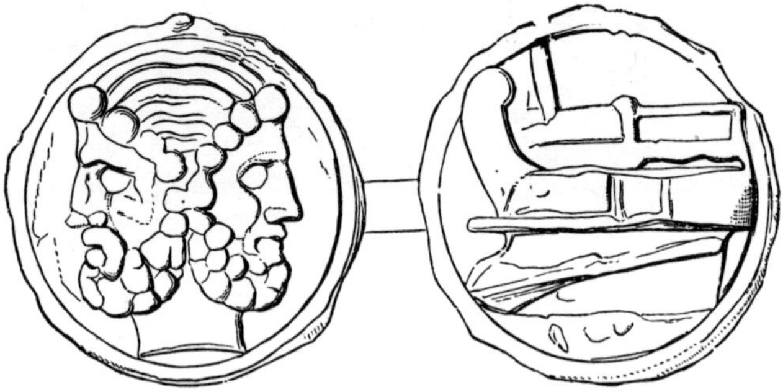

Kopf und Schiff, altrömisches Spiel.

Das Lieblingsspiel der Kinder besonders an den Saturnalien war im alten Rom das Nüssespiel und wenn die Kinder aufhörten mit Nüssen zu spielen, so bedeutete das den Abschied von der Kindheit. Selbst Kaiser Augustus beteiligte sich am Nüssespielen der Kinder. Man spielte mit den Nüssen nicht nur grade oder ungrade, sondern man spielte alle möglichen Wurfspiele und sogar eine Art Kegelspiel, bei dem eine von einem schrägen Brett herabrollende Nuß andere ausgelegte Nüsse treffen mußte. Die Chaldäer hatten Würfel aus Bronze mit goldenen Augen.

Bekannt ist die Leidenschaft für das Würfelspiel bei den alten Germanen, die Hab und Gut, Weib und Kind, Freiheit und Leben verspielt haben sollen.

Um 952 n. Chr. hatte das Würfelspiel, von dem man übrigens damals glaubte, daß es in der Stadt Hézar in Palästina, also als „Hasardspiel" erfunden sei, solche Dimensionen angenommen, daß es Otto der Große sogar den Geistlichen bei Strafe der Absetzung verbieten mußte.

Während des Kreuzzuges um 1190 erließen Richard I. von England und Philipp von Frankreich ein Edikt, durch welches jedem im Heere, der nicht Ritter oder Geistlicher war, das Geldspiel strengstens verboten wurde, die Ritter durften aber auch nicht über ca. 20 Mk. in einem Tag und einer Nacht verspielen bei Strafe von ca. 100 Mk., und nur die beiden Monarchen hatten das Vorrecht, um jeden Betrag spielen zu können, den es ihnen beliebte.

Um 1255 wurde von König Ludwig IX. sogar das Herstellen von Würfeln verboten.

Im Mittelalter wurde das Würfelspiel auf einem Brett gespielt, das meist in 6 Felder, entsprechend den Würfelaugen, geteilt war und wobei es nicht nur auf die Augen, die man warf, sondern auch auf die Felder, in die man warf, ankam.

Trotz aller in Deutschland, England und Frankreich sich immer von Zeit zu Zeit wiederholender Verbote des Würfelspiels hat dasselbe als ein Glücksspiel gefährlichster Art sich bis auf den heutigen Tag erhalten. Im Jahre 1425 gab es in Mainz ein Spielhaus „zum heißen Stein", in dem wie in einem Frankfurter Spielhaus Hasardspiele gespielt wurden.

Endlich verfiel sogar der Staat auf die Idee, die allgemeine Spiellust für seine Zwecke nutzbar zu machen und es fand 1569 in England die erste in der Geschichte bekannte Lotterie zum Besten der Ausbesserung der Häfen des Königreichs statt, bei der 400 000 Lose à 10 Schilling ausgegeben wurden.

Würfelspiele sind übrigens bei fast allen Völkern der Erde bekannt. Bei den Eskimos wird mit kleinen aus Walroßzahn geschnitzten, seerobbenartigen Figuren von 2—3 cm Länge gewürfelt. Die Inder würfeln mit Kugeln aus Messing. Bei den Indianern finden wir Würfel von mit Strichen bezeichneten Biberzähnen, ferner Würfel aus mit Stern und mit

Halbmond verzierten Pflaumenkernen, und bei den Toba-Indianern sogar wenig anheimelnde Würfel aus Menschenknochen; die alten Mexikaner, die einen besonderen Gott des Spieles namens Macuilxochitl besaßen, bildeten ihn stets mit seinem Wahrzeichen, den 4 Bohnen des Würfelspieles, ab, denn er hieß auch Gott des Würfelspieles, hatte aber glücklicherweise auch noch andere edlere Beschäftigungen, und zwar war er auch noch Gott des Tanzes und des Gesanges.

Unsere modernen Würfel zum Würfelspiel sind aus Elfenbein, Steinnuß und Holz und die Becher sind meist aus Leder.

Außer den gewöhnlichen 3 Würfeln mit 6 Augen gibt es noch sogenannte große Gesellschaftswürfel bis zu 12 Augen mit 12 Augenfeldern und 12 leeren Flächen also 24flächige Würfel.

* * *

Wesentlich harmloser als die Würfel-Hasardspiele der Erwachsenen sind die unserer Kinder, die schon im 18. Jahrhundert bekannt waren. Man spielte damals mit Würfeln auf Bilderbogen, besonders ein Gänsespiel und ein Belagerungsspiel.

Bei unseren Würfelspielen, die auf den auf Pappe oder Leinwand aufgezogenen, mit Bildern versehenen großen aufklappbaren Spielplänen gespielt werden, kommt es darauf an, durch Würfeln mit den Blei-Reitern (beim Pferderennspiel), mit den Schiffen (beim Spiel Reise nach Amerika) oder mit sonstigen Figuren und Steinen, je nach Art des Spiels, möglichst schnell an das Ziel zu gelangen, was für die Mitspielenden durch die Hindernisse erschwert wird, die meist darin bestehen, daß der Spieler, wenn er auf ein bestimmtes Feld kommt, wieder um viele Felder zurückgehen muß, so z. B. muß beim Schlangenspiel der, der auf den Kopf der Schlange kommt, wieder bis zum Schwanz der Schlange zurückkehren.

Einzelne dieser Spiele, wie die geographischen Reisespiele, sind sehr lehrreich und bringen den Kindern nicht nur spielend die geographische Lage einzelner Länder oder Orte bei, sondern suchen ihnen auch die einzelnen Gegenden durch Ansichten anschaulich zu machen. Leider steht der größte

Jeu De L'Amour. Et De L'Himenée.

Gesellschaftsspiel um 1800.

Teil dieser Spiele in künstlerischer Hinsicht weit unter dem Niveau der Mittelmäßigkeit; es wäre zu wünschen, daß die Fabrikanten erstklassige Künstler zur Herstellung dieser Tafeln heranziehen würden.

Nach Stich von G. M. Mitelli.

Glück und Unglückspiel, Würfelspiel mit 2 Würfeln um 1700.

Nicht zu verkennen ist, daß einzelne wenige dieser Spiele allenfalls genügen; künstlerisch hervorragend oder auch nur befriedigend ist kaum eines derselben. Die Verse der meisten dieser Spiele, soweit dieselben solche enthalten, sind auch von geringster Qualität.

Hier ist ein Feld für Maler und Dichter, um rettend einzugreifen.

* *
*

Eine andere ebenso geschätzte Art dieser Kindergesellschaftsspiele am Tische sind die Aufruf- und Lottospiele; sie zerfallen in die eigentlichen Zahlenlottospiele und in die Bilderaufrufspiele.

Bei beiden Spielen werden größere Karten resp. Spielpläne in einem Falle mit Zahlen, in dem anderen Falle mit Bildern an die Mitspielenden verteilt und einer übernimmt den Aufruf der vorher tüchtig gemischten kleinen Doppelkollektion von Zahlen oder Bildern. Wer von den Mitspielenden dann zuerst seinen Spielplan voll besetzt hat, hat gewonnen.

Das Zahlenlotto mit seinen hübschen Glasvierecken oder Glasrundscheibchen erfreut sich weitgehendster Beliebtheit, doch sind bei den Bilderaufrufspielen viele, die wegen ihres belehrenden Charakters für bereits die Schule besuchende Kinder meist vorgezogen werden.

* *
*

Ein geographisches Aufrufspiel mit 6 trefflich ausgeführten Karten der 5 Weltteile (Nord- und Südamerika nehmen je eine Karte ein) unterrichtet die Kinder über alle hauptsächlichen Flüsse, Gebirge, Städte und Inseln der ganzen Erde, und der, welcher auf seiner Karte den Ort, den Fluß oder das Gebirge hat, steckt eine kleine Nationalflagge des betreffenden Landes in die Karte, bis alle Punkte besetzt sind.

* *
*

Ein historisches Aufrufspiel, das die brandenburgisch-preußische Geschichte in nicht grade künstlerischen, aber doch sehr sauber ausgeführten Parade- und Schlachtenbildern und Porträts behandelt, orientiert die Kinder über alle unsere Fürsten, Generäle und über sämtliche Kriege und bedeutende historische Ereignisse.

* * *

Die Weltgeschichte, soweit sie die Ägypter, Assyrer, Israeliten, Griechen, Römer und alten Germanen betrifft, behandelt ein Spiel mit der Aufschrift:

„Vereint im Bild und im Gedichte,
Lehrt euch dies Spiel die Weltgeschichte“

oder

„Wie Hans Peter Geschichte lernt.“

Schon die Spielpläne, deren Mittelfelder mit Reproduktionen klassischer Skulpturen geschmückt sind, so zeigt z. B. die Tafel, auf der sich ägyptische und israelitische Geschichte befindet, den Kopf des Moses von Michel-Angelo, verraten die mehr künstlerische Tendenz des Herstellers. Die einzelnen Spielkarten nun, von denen je zwei immer zusammen gehören, zeigen einen, wenn auch nicht ganz künstlerisch durchgeführten, so doch sehr anerkennenswerten Versuch, den Kindern neben den Kenntnissen der Geschichte ein übersichtliches Bild über die Kultur der einzelnen Völker zu geben.

So fragt eine Karte, die 2 Personen auf einem persischen Streitwagen zeigt: „Wer besiegte die Perser bei Marathon“ und die Antwortkarte mit griechischem Streitwagen und der Zahl 490 v. Chr. erwidert: „Miltiades, Griechenlands tapferer Sohn“.

Die Karte, die danach fragt, wann Athen der höchste Glanz in Staat und Kunst beschieden war, zeigt die Ansicht der Akropolis, die Antwortkarte das Bild des Perikles.

Wir sehen Statuen, Münzen, Friese, alte Geräte, historische Landkarten, ja sogar die Reproduktion eines Mosaikbildes, Vasenbilder in rot und schwarz, kurzum, das gesamte antike Leben an uns vorüberziehen und wenn auch entsprechend der billigen Preislage nicht alles einwandsfrei ist, und die Verse manchmal etwas holperig sind, so ist doch der Wille und Wunsch zu einem Fortschritt im Beschäftigungsspiel zu loben; auf dieser Basis sollte man weiter aufbauen und ausbauen.

Ein recht lehrreiches Spiel ist auch das Erfinder- und Entdeckerspiel, und das Vokabellernen in fremden Sprachen, besonders im Französischen und Englischen, erleichtern die mit Anschauungsbildern versehenen Aufrufspiele unter dem Titel „Der kleine Sprachmeister“.

Es ist nicht zu leugnen, daß diese kleinen Spielschulen à la Berlitz für Kinder, die nicht besonders gerne Sprachen lernen, wirklich treffliche Hilfsmittel sind; im Spiele lernen sie doch so manches Wort, was sich beim Auswendiglernen der Vokabel aus dem nüchternen Vokabelbuche sonst garnicht einprägen will.

* * *

Wieder ganz anderer Art sind die Karten- und Quartettspiele; bei ihnen kommt es meist darauf an, möglichst viele Quartette, das heißt, immer 4 Karten der gleichen Gattung zusammenzubekommen, wobei dann der gewinnt, der die meisten Packetchen à 4 Karten abgelegt hat. Auch diese Spiele sind in ausgiebigster Weise benutzt worden, um die Kinder zu belehren.

So gibt es Dichter- und Zitatenquartette, Komponisten-Quartette, historische und geographische Quartette, Blumen- und Tierquartette, Sprach-Quartette in englisch und französisch und auch humoristische Quartette. Diese Quartette, die sich bei Kindern der größten Beliebtheit erfreuen, könnten sehr wohl noch weiter ausgearbeitet und für die künstlerische Erziehung unserer Jugend verwendet werden.

So würde es sich empfehlen, Architekturquartette mit Abbildungen der berühmtesten Bauwerke, und Skulpturenquartette mit Reproduktionen von schönen für die Kinder geeigneten, plastischen Kunstwerken herzustellen. Ferner wären gleichfalls der Herstellung wert: Volkstrachtenquartette wie überhaupt kulturgeschichtliche Quartette, z. B. Ritter, Landsknechte und Soldaten der verschiedenen Zeiten, dann für Kinder, die sich für Militär besonders interessieren, Quartette der einzelnen Truppengattungen. Vor allem wären aber nicht zu vergessen kleine Galerie- oder Museumsquartette, die so arrangiert sein könnten, daß immer 4 der schönsten klassischen oder auch modernen Gemälde aus der Galerie einer Stadt zusammengehören oder auch immer 4 Werke eines Meisters. Die künstlerische Ausgestaltung dieser Quartettspiele erscheint in der Tat unbegrenzt und als ein Gebiet, auf dem die Kunsterziehung der Kinder eine reiche Wirksamkeit entfalten kann.

Da eine Richtung in unserer modernen, grade in bezug auf die Erziehung der Kinder an Widersprüchen so reichen Zeit sich der Belehrung bei jedem Spiel feindlich gegenüberstellt, so erscheint es am Platze, über den Wert der soeben besprochenen Belehrungsspiele aus den drei Gattungen der Würfel-, Lotto- und Kartenspiele noch einige Worte zu sagen.

Wer diese verschiedenen Spiele einmal mit den Kindern zusammen gespielt hat, der wird wissen, daß auch die belehrendsten Spiele keineswegs den Charakter eines Unterrichts annehmen, die Spielregel sorgt schon dafür, daß das Spiel immer Spiel bleibt; es muß natürlich bei der Auswahl solcher Spiele möglichst darauf geachtet werden, daß man ein geographisches, historisches oder sprachwissenschaftliches Spiel den Kindern erst dann schenkt, wenn sie in den betreffenden Fächern auf der Schule oder in ihrem Privatunterricht die Wissensstufe erreicht haben, die das Spiel eben als erreicht voraussetzt. Diese Spiele sollen im allgemeinen nicht zum Unterricht neuer Dinge, sondern zum Einprägen und Befestigen des Wissens schon bekannter und gelernter Dinge dienen; sie sollen den Kindern Gelegenheit geben, die bereits erworbenen Kenntnisse einmal praktisch anzuwenden.

Als Unterrichtsspiele würden diese Gesellschaftsspiele eine Last, eine Arbeit für die Kinder werden, als **Beihilfe** für den Unterricht in einem leichten, nicht ermüdenden Spiel gleichen sie goldenen Brücken.

Wer da weiß, wie stolz und wie gerne der kleine Sextaner seine mit so vieler Mühe eingepaukten lateinischen Vokabeln im Hause der Eltern anwendet, und später mit den ersten französischen und englischen Brocken herumwirft, dem wird es nicht wunderbar erscheinen, daß ihm die Vokabeln auf den Spielen, zumal sie von bunten Anschauungsbildern begleitet sind, er also auf alle Fälle weiß, was die Vokabel bedeutet, durchaus nicht so unsympathisch sind, wie die in der leider nur ach zu nüchternen Grammatik; erinnern doch diese illustrierten Vokabeln an das bereits erwähnte System der Berlitz-School, das für Kinder eines gewissen amüsanten Anstriches nicht entbehrt. Manche Kinder sind auf der Schule immer die „trägen und faulen“, und wenn sie im Leben nachher doch ganz hervorragend tüchtige Menschen werden, so fragt man sich, ob nicht vielleicht grade für diese genialen Faulpelze nur der Unterricht am Ende zu nüchtern und langweilig gewesen ist. Für derartige Kinder „unter“ oder „über“ dem Durchschnitt, wie man es nun nehmen will, sind die belehrenden Gesellschaftsspiele meist eine Wonne.

Die Zitaten-Quartette mit „geflügelten Worten“ aus den Werken großer Dichter sind auch keineswegs wertlos, denn Aussprüche der Dichter kennen zu lernen ist besser, als nur Daten aus der Literaturgeschichte zu wissen; was nützte uns die Kenntnis der gesamten Lebensgeschichten aller großen Dichter und der Namen ihrer Werke, wenn wir nicht ein einziges dieser Werke gelesen hätten.

Wenn die schon bei den dichterischen und rhetorischen Spielen erwähnten poetischen Frage- und Antwortspiele der Knaben und Mädchen in Annam für diese Gesellschaftsspiele in kindlicher, für unsere Verhältnisse passender Form umgearbeitet werden würden, so würde das eine angenehme Bereicherung dieser Spiele ergeben.

Vor allem sollten aber die Hersteller dieser Unterhaltungsspiele darauf Wert legen, Spiele zu erfinden, die in Bildern auf den Flächen, auf denen man spielt oder auf den Spielkarten, mit denen man spielt, die hervorragenden Persönlichkeiten eines Zeitalters zeigen, wie es z. B. das treffliche große Wandbild Kaulbachs „Zeitalter der Reformation“ im Treppenhause des Berliner Museums uns zeigt. Selbst dem Erwachsenen fällt es infolge der Einteilung des ihm einst zu teil gewordenen Schulunterrichts schwer, sich die führenden Geister aller Länder in einer Zeitepoche zu vergegenwärtigen, und erst, wenn unsere Kinder solch eine Übersicht erlangen, kommen sie zu einer wirklichen Auffassung der Welt- und Kulturgeschichte. Die kann das Spiel natürlich nicht allein geben, aber immerhin kann es mithelfen, im Hause das Werk der Schule zu unterstützen.

* * *

Eine besondere Stellung unter den Gesellschaftsspielen nehmen die Knipsspiele ein.

Bei den Knipsspielen kommt es darauf an, einen mit einem Stäbchen oder sonst wie abgeknipsten Gegenstand in ein oder mehrere Ziele oder Löcher hineinzutreffen.

So werden vermittels einer Klapphand kleine, spitze Hüte in numerierte Löcher geknipst, beim Tidledy Winks müssen kleine Horn- oder Zelluloidblättchen in einen Becher geknipst werden.

Sehr hübsch ist das Knipsspiel, bei dem auf einem Schlachtplan die beiden kämpfenden Parteien — dargestellt durch runde Pappblättchen — durch Knipsen aufeinander springen, wobei der den anderen zudeckende natürlich der Sieger ist.

Ein ganz neues Spiel ist das Knipsbrett, bei dem an beiden Seiten Sprungbrettchen sind, durch die die Blättchen oder Wurfscheiben in ein Hauptziel, in zwei Nebenziele oder ins Verlustbrett fallen.

* * *

Wenn auch richtig ist, was Professor Dr. Konrad Lange über die Brettspiele sagt, „die Verstandesspiele wie Dame, Schach, Kartenspiel und dergleichen haben mit der Kunst im eigentlichen Sinne nichts zu tun“, so wird doch die Kunst sich dieser Spiele und ihrer Ausstattung liebevoll annehmen können, damit, soweit das Kind die Brettspiele spielt, sein künstlerisches Empfinden reiche Nahrung und Anregung finde.

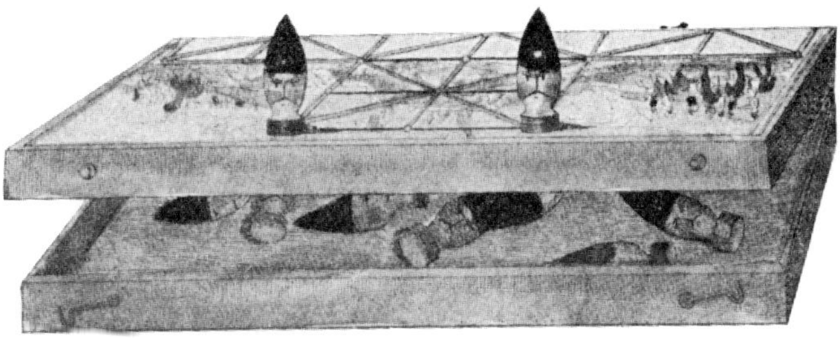

Kriegsspiel (Anfang des 19. Jahrh.).

Jedes Brettspiel ist ein Kampfspiel, und wenn auch die Phantasie des Kindes reich genug ist, den Stein im Spiel zu einem Kämpfer zu beleben, so ist der Kämpfer doch kein Stein, sondern eine Figur, für das Kind ein Soldat, den der Stein eigentlich plastisch oder wenigstens in einer Aufzeichnung veranschaulichen sollte.

Unsere gesamten Brettspiele beherrscht der runde Stein, und nur das Schachspiel zeigt in seinen Figuren Anklänge an eine Verkörperung seiner Hauptkämpfer, darum erfreut sich auch das aufgestellte Schachspiel der Zuneigung selbst derjenigen Kinder, die noch viel zu jung sind, um es spielen zu können.

Eine mehr künstlerische Zeit als die unsrige wird wieder zur rein figürlichen Behandlung auf diesem Gebiete zurückkehren und wird die Freude am Spiel namentlich für Schach lernende Kinder dadurch erhöhen, daß der König ein wirklicher König, die Königin eine wirkliche Königin ist, daß der Springer durch einen zu Roß sitzenden galoppierenden Reiter und der Läufer durch einen richtigen Läufer (man denke an die Gestalt des Läufers von Marathon) und endlich die Bauern durch wirkliche Bauern oder kleine Landsknechte dargestellt werden.

Wenn wir die Nüchternheit, die allgemein in diesen Spielen heute herrscht, verlassen würden und sollten anfangen, die Brettspiele unter dem Gesichtspunkt der Kleinplastik zu behandeln, dann würden auch diese Spiele des Verstandes und der Berechnung zur Ausbildung des Sinnes für künstlerische Form beitragen.

Die Brettspiele sind schon uralt, wenn auch das schönste derselben, das Schachspiel, dessen Entstehung poetische Naturen in die graue Vorzeit verlegen möchten, viel später entstanden zu sein scheint, als manche Forscher früher glaubten.

Das Holzbrettspiel der alten Ägypter, das sich im Berliner Museum befindet, besteht aus 30 Feldern, nämlich aus 10×3 nebeneinander liegenden. Es gehören dazu kleine, $1-1\frac{1}{2}$ Zoll hohe blaue Fayence-Figuren, von denen einige aber weiß und rot gewesen zu sein scheinen. Der Zahn der Zeit hat die verschiedenen Farben auf einen Gesamtton herabgestimmt. Einige wenige Felder des Holzbrettes zeigen in Holz geschnitzte Zeichen, so das Zeichen des Lebens und das Zeichen der Schönheit. Man kann wohl annehmen, daß es für das Spiel von ganz besonderer Bedeutung war, wenn die Figuren grade auf diese Felder kamen.

Dieses Brettspiel, dessen Spielweise wir nicht kennen, war bei den Ägyptern sehr beliebt. Ramses III. spielte das Spiel mit den Lieblingsfrauen seines Harems. Ja selbst noch nach dem Tode — so war der Glaube des Volkes — spielten es die Toten in der Unterwelt. Auch in den satirischen Bildern der ägyptischen Maler findet es sich. Auf einem Papyros im britischen Museum sehen wir einen Löwen mit einem Esel Brett spielen, man kann wohl annehmen, daß der Löwe als Repräsentant königlicher Majestät den Esel besiegt haben wird, oder sagen wir lieber, daß der Esel unbedingt verlieren mußte.

* * *

Das berühmteste und mit Recht geachtetste aller Brettspiele ist das Schachspiel. Die Sage hat nicht nur dem Palamedes oder dem Diomedes, sondern sogar dem „vielgewandten Odysseus" die Erfindung des Schachspiels zuschreiben wollen, es ist das aber nicht allein phantasievoll, sondern auch so recht ein Beweis, wie sehr man das Spiel schätzte, das wohl aus Indien stammend und über Persien seinen Weg nehmend (das deutet Schach = Schah = König an), durch die Araber nach Europa gebracht wurde.

Ob die früheren schon zur Zeit Karls des Großen und die in den ersten Kreuzzügen gespielten Spiele oder auch das Spiel, was der englische Gelehrte Alcuin vom Hofe Karls des Großen 790 bis 793 nach England brachte, schon schachartige Spiele gewesen sind, soll hier nicht untersucht werden, sicher ist, daß das Schachspiel in den Hauptländern Europas seit mindestens 500 bis 600 Jahren gespielt wird.

Zur Zeit der Minnesinger gehörte es zur höfischen Sitte, Schach zu spielen, weshalb alle Edelleute ihre Kinder darin unterrichten ließen. Im Hause jedes Ritters war das Schachspiel heimisch.

Die Schachfiguren hießen bei uns im Mittelalter Schachzabelfiguren, und es gab König, Königin, Ritter (Springer), Alte (Läufer), Roch (Turm), Venden (Bauern), die teils aus Ebenholz, teils aus Elfenbein, für Fürsten und sehr reiche Edelleute aber sogar aus Edelsteinen gefertigt waren.

In Alt-England nannte man die Schachfiguren König, Königin, Felsen (Turm), Alfin (Springer), Ritter (Läufer) und

Bauern. Man kannte dort 40 verschiedene Spiele und es gab für einige derselben sogar ein kreisrundes Schachbrett.

Das Shogi in Japan, bei dem es zwei Goldoffiziere, zwei Silberoffiziere, sechs Subalternoffiziere und sechs Soldaten giebt, ist eine Art Schachspiel, das, wie C. Netto erzählt, sogar die Droschkenkulis, solange kein Fahrgast zur Haltestelle kommt, leidenschaftlich und zwar auf der Erde sitzend spielen.

Aus der Sammlung der Deutschen Gesellschaft zu Leipzig.

Schachfigur des 14. und 15. Jahrh. (Vorder- und Rückansicht).

Das Brett hat 81 Felder, die Steine sind keilförmig und ihr Rang ergibt sich aus der Größe.

Auf den Riu-Kiu-Inseln existiert ein Schachspiel*), dessen Figuren unseren Damesteinen ähneln, doch tragen die weißen Steine rote Inschriften, die schwarzen grüne Inschriften zur Bezeichnung ihrer Bedeutung.

Die Siamesen fertigen sogar Brettfiguren aus Muscheln.

*) Berlin, Völkerkunde-Museum.

Unsere modernen Schach- und Dame-Spielbretter mit den hellen und dunklen Quadraten sind meist aus guten Hölzern gefertigt, doch gibt es auch Schachpläne auf Wachstuch und auf anderen Tuchstoffen, wie solche auch bei den Indern seit alter Zeit beliebt sind.

Die Schachfiguren sind aus Elfenbein, Bernstein, Knochen, Holz oder Metall. Die modernen allgemein üblichen Figuren zeigten schon lange vor der Entstehung unseres heutigen Kunstgewerbes mit seinen einfachen Konstruktionslinien jene in der Massenfabrikation begründete allereinfachste Formgebung, bei welcher nur noch der Turm und der Springer in ihrem Äußeren einigermaßen an die Namen, die sie führen, erinnern.

Außer den üblichen Schachbrettern gibt es zusammenklappbare Reiseschachkästchen, bei denen die Figuren mit Spitzen in die in den Feldern befindlichen Löcher gesteckt werden und die sich bei Bahn- oder Seereise trefflich bewähren.

* * *

Rudolf von Gottschall sagt in seinem Schreiben, nachdem er vom Kampfspiel gesprochen: „Auch spukte schon das Schachspiel vor, welches zeitlebens eine Lieblingsbeschäftigung und Zerstreuung von mir gewesen ist.“

Wilhelm Jensen schreibt: „Nur Schach habe ich, gleichfalls in frühester Jugend, leidenschaftlich gespielt, ebenso Boccia.“

* * *

Auf demselben in Felder geteilten Brett wird auch das Damespiel gespielt, das viel älter als das Schachspiel zu sein scheint. Man bezeichnet jene Bretter der alten Ägypter mit 30 Feldern als Damebretter, aber diese uralten Brettspiele dürften mit unserem heutigen Damespiel doch wenig Gemeinsames gehabt haben. Nach Joseph Strutt war das Damespiel den Römern wohlbekannt und hieß bei ihnen ludus latrunculorum. Zur Zeit der Ritter war es jedenfalls allgemein beliebt und wurde mit „Zabelsteinen“ gespielt. Um 1727 kam dann in Frankreich die polnische Dame auf, die man mit 40 Steinen auf 100 Feldern spielte und die lange Zeit hindurch die älteren Spiele verdrängte.

Auch unsere Damesteine wären weiterer künstlerischer Ausbildung und Ausstattung wohl fähig, wenngleich beim Damespiel viel weniger Wert auf Unterscheidungsmerkmale der alle gleiche Bedeutung habenden Steine gelegt zu werden braucht wie beim Schach.

* * *

Auf der Rückseite des Schach- oder Damebrettes befindet sich meist die Zeichnung für das Mühlespiel, das in seiner Einfachheit und originellen Lustigkeit, die das Springen verursacht, so recht ein Spiel für Kinder ist.

Ob das in der Minnesinger-Zeit vorkommende Spiel „mîle“ mit dem heutigen Mühlespiel irgendwie identisch ist, ist kaum mehr festzustellen.

Ein in seiner Aufzeichnung an das Mühlespiel erinnerndes Spiel ist das altenglische Spiel „Fuchs und Gänse“.

Es ist ein Brettspiel, das schon im 13. Jahrhundert in England bekannt war und mit 17 weißen Steinen, den Gänsen, und einem schwarzen Stein, dem Fuchs, auf einem kreuzartigen, von Diagonallinien durchzogenen Brettarrangement gespielt wurde.

Das Spiel besteht darin, die Gänsesteine so zu ziehen, daß der Fuchs sich nicht mehr bewegen kann. Dieses Spiel erinnert etwas an unser Wolf und Schaf, das auf dem Damebrett gespielt wird.

* * *

Im Innern der Schach- und Damespielkasten befindet sich meist die Vorzeichnung für das „Puff-“ und das „Triktrakspiel“.

Diese Spiele, die auch im Mittelalter schon existierten, werden mit Würfeln und mit Steinen gespielt; es gibt aber auch eine Spielart, die durch das Abschnellen der Steine an die Knipsspiele erinnert.

Ein Brettspiel, das besonders interessant gewesen zu sein scheint, das aber nicht mehr existiert und dessen Spielweise auch nicht mehr bekannt ist, war das Philosophen-Spiel, das noch im 16. Jahrhundert in England mit viereckigen, dreieckigen und runden, mit Zahlen beschriebenen schwarzen und

Nach Strutt Sports and Pastimes.

Triktrakspieler aus der Zeit der Minnesinger.

weißen Steinen auf einem doppelten Schachbrett gespielt wurde.

Es war ein Zahlenkriegsspiel, bei dem hervorragende Intelligenz und Berechnung zum Siege führten.

Eines der schönsten Spiele und dem Schach wohl ebenbürtig ist das älteste aller bekannten Brettspiele, das „Go“, das Lieblingsspiel der Japaner, es ist wohl vor ca. 4000 Jahren in China erfunden worden und kam ca. 800 Jahre n. Chr. nach Japan, wo es bald allgemein gebräuchlich wurde.

Jahrhunderte hindurch ist das Gospiel von dem japanischen Staate in einer Go-Akademie kultiviert worden.

Go wird auf einem quadratischen Brett mit je 19 Linien

in jeder Richtung und mit 181 runden weißen und 181 schwarzen Steinen gespielt.

Die Steine werden auf die 361 Schnittpunkte der 19 × 19 Linien gesetzt. Es kommt darauf an, alle gesetzten Steine zu Ketten zu vereinigen, die viele freie Felder umrahmen. Wer innerhalb der Ketten die meisten freien noch nicht besetzten Schnittpunkte hat, ist Sieger.

Das Gospiel ist dem Schach insofern überlegen, als es der modernen Kriegskunst mit ihrem Massenkampf mehr entspricht wie das Schach, bei welchem einige Hauptoffiziere die ganze Entscheidung in persönlichem Kampf herbeiführen.

Von den modernen außer Schach, Dame, Mühle und Puff existierenden Spielen sind Halma, Salta und Go-Bang die allerbeliebtesten, aber die Zahl dieser Spiele wächst mit jedem Jahr. So gibt es jetzt Buhurt, Timo, Alveol, Kolorito, Trio, Via passare, Attacco, Reversi, Annektieren, Diplomatenspiel, Belagerungsspiel, Kriegsspiel, Rex, Strategica, Cetro, Barbacan, Futuro-Kriegsspiel und neuerdings das von dem Danziger Major H. Sauer herausgegebene Scala-Spiel, das eine Kombination von Kartenspiel und Brettspiel ist und mit runden Damesteinen gespielt wird, von denen jeder ein Kartenbild zeigt. Dies Spiel hat entsprechend dem Kartenspiel 52 Steine und das Brett 169 Felder.

* * *

Ein Steinspiel, das seine Augen vom Würfelspiel entlehnt und die Form der Steine vom Baukasten, weshalb es auch von kleinen Kindern sehr gerne zum Bauen benutzt wird, ist das Domino-Spiel. Das Domino-Spiel wurde gegen Ende des 18. Jahrhunderts von Frankreich nach England herübergebracht, wo seit 1879 das spanische Domino mit großer Vorliebe gespielt wird. Es ist das Domino, wie wohl übrigens allgemein bekannt, ein Zusammensetzspiel, bei dem die gleichen Augen, die je nach dem Umfange des Spiels 6—12 betragen,

Nach einem Stich von G. M. Mitelli.

Domino-Spiel um 1700.

aneinandergereiht werden müssen. Die Steine werden meist aus Holz mit Knochenauflage hergestellt.

Es gibt dann auch für kleine Kinder Bilder-, Marken- und Märchendominosteine oder Tafeln.

* * *

Auch die ältesten Kartenspiele dürften vor Erfindung unserer eigentlichen Spielkarten wenigstens in Japan und China, wenn auch nicht mit Steinen, so doch mit bemalten Holz- und Elfenbeintäfelchen gespielt worden sein, zumal z. B. bei den Indern die Spielkarten noch heute aus runden Bilderscheiben bestehen und bei den Patagoniern sind sie aus rot, schwarz, gelb und grün bemaltem Leder.

Als dann im 14. Jahrhundert bei uns die Spielkarten heimisch wurden, stand die Spielkartenmalerei in hoher Blüte, und die Erfindung von Holzschnitt und Kupferstich steigerten die Kartenherstellung bis zu einem wirklichen Industriezweig, der im 15. Jahrhundert schon einen bedeutenden Exportartikel in Nürnberg bildete.

Auch in England wurde das Kartenspiel bei Arm und Reich bald sehr gebräuchlich. Heinrich VII, Heinrich VIII. und ganz besonders Königin Mary spielten leidenschaftlich Karten und Königin Elisabeth spielte besonders gern Primero. Die Kartenkönige in englischen und französischen Packungen hießen im 16. Jahrhundert David, Alexander, Cäsar und Karl der Große und die Königinnen Rachel, Argine, Pallas und Judith.

Die verschiedenen modernen Kartenspiele hier einzeln zu behandeln, kann umsoweniger Zweck dieses Werkes sein, als für Kinder mehr die kleinen Patience-Karten und Bilderwahrsagekarten in Betracht kommen, als die wirklichen Kartenspiele. Es genügt daher wohl die Erwähnung, daß von der Spielwarenindustrie deutsche und französische Kartenspiele und ferner die Bezique- und Whist-Marken sowie die Anlege- und Boston-Marken hergestellt worden sind.

Wilhelm Jensen führt in seinem Schreiben unter den Spielen, die er mit Eifer betrieb, auch alle Kartenspiele, hauptsächlich L'Hombre an.

* * *

Für die bisher genannten Hauptspiele am Tische sind große, elegante Kästen oder auch sogar Tische gebaut worden, die alles Notwendige zum Schach-, Dame-, Halma-, Domino-, Lotto-, Würfel- und Kartenspiel sowie für das Glocke- und Hammerspiel enthalten und die unter dem Namen „Spieltische" oder „Spielmagazine" im Handel sind.

* * *

Victor Blüthgen schreibt: „Von den häuslichen Spielen am Tisch ist mir nur Hammer und Glocke, ein Kartenspiel — Tippe geheißen — mit einer kniffligen Nüance Rügetippe, ferner Domino und die einfachen Brettspiele im Gedächtnis."

Cäsar Flaischlen nennt in seinem Schreiben an Spielen, die er als Kind neben anderen, also zwischen hindurch spielte: „Hammer und Glocke, Pochbrett, Mühle, Dame, Federspiel, Schach — —."

* * *

Den Würfelspielen, bei denen das Fallen des Würfels Gewinn oder Verlust entscheidet, sind auch die Kugeltischspiele verwandt, bei welchen das Rollen der Kugel und ihr Treffen in eine Vertiefung oder in ein Ziel oder endlich in mehrere Ziele in Gestalt von Kegeln, die umfallen müssen, sei es durch Zufall oder bei anderen Spielen durch Berechnung den Ausschlag geben.

Während die uralten Murmelspiele, die meist im Freien gespielt werden, unter den Sport-, Turn- und Freispielen behandelt werden sollen, darf hier ein Kugelbrettspiel von ehrwürdigstem Alter Erwähnung finden, das als der älteste bekannte Vorfahre sämtlicher Tischkugelspiele angesehen werden kann.

Aus der ältesten Zeitrechnung Alt-Ägyptens herrührend befindet sich im Berliner Museum eine kreisrunde, wie eine zusammengerollte Schlange aussehende Steintafel mit nach innen schneckenförmig zusammenlaufender Rinne. Auf diesem Steinbrette, das durch die erhöhten Schlangenschuppen viele Hindernisse bietet, ist im alten Ägypten jedenfalls mit Kugeln gespielt worden.

* *
*

Bei uns ist das bekannteste aller Kugeltischspiele das Roulette, das mit seinem „rouge“ und „noir“ schon für manchen mit kühnen Hoffnungen zum Tische Fortunas ziehenden Glücksritter verhängnisvoll geworden ist.

Das Roulettespiel besteht aus der bekannten drehbaren Roulettescheibe mit Nummern, dem Rundkasten, in dem diese Scheibe rouliert und der hineinzuwerfenden Kugel, die zuletzt auf einer Nummer stehen bleibt und Gewinn oder Verlust bezeichnet.

Während dieses Spiel meist für Erwachsene geeignet ist, ist in den Wettrennspielen, bei denen durch einen Mechanismus 4 bis 6 Pferdchen auf einer Rundscheibe laufen und entweder ein Ziel oder die Zahl der auf sie durch ein Rohr fallenden Ringe den Sieg entscheiden, auch den kleineren Kindern die Freude an einem drehbaren Gewinnspiel in sehr sinniger Weise vermittelt. An die Stelle der Kugel treten hier eben die karusselartig roulierenden Pferdchen.

Aber eine ganze Anzahl von teils sehr hübsch konstruierten Spielen widmen sich ausschließlich dem Kugellauf.

Die Kugel läuft teils durch eine Spirale einen Turm herunter, um unten auf einem Brett in Vertiefungen zu rollen oder Kegel umzuwerfen, teils wird sie — und hierbei handelt es sich dann um eine Anzahl von Kugeln — durch einen in der Mitte einer Rundscheibe laufenden Kreisel in das Ziel geschleudert.

Bei den Tivolis und Nicolasspielen wird sie vermittels Mechanik oder Stoß oder durch Pustball entweder auf ein Brett mit Hindernisse bildenden Metallstiften getrieben oder gegen die Kugel des Gegners geschleudert, wobei teils Geschicklichkeit, meist aber der Zufall entscheidet.

In diesen Tischspielen gibt es eine bewundernswerte Mannigfaltigkeit; doch es würde zu weit führen, alle diese teils ganz reizenden Spiele zu beschreiben.

Nur ein Spiel, das Mühlen-Tivolispiel, soll hier wegen seiner wirklich sehr hübschen Ausführung Erwähnung finden.

Übereinander stehen fünf Müllergesellen auf der Treppe einer Mühle. In diese Mühle wird eine Kugel geworfen.

Kegelspiel oder Schnurrtisch (Mitte des 19. Jahrh.).

Durch Druck auf einen Mechanismus fliegt die Kugel in einen kleinen Behälter, den der oberste Müllergeselle oben in dem Sack hat, den er auf dem Rücken trägt. Die Schwerkraft der Kugel läßt den obersten Müller sich herniederbeugen bis zu dem unter ihm stehenden, die Kugel fällt in den Behälter des zweiten, und während der erste sich wieder aufrichtet, beugt der zweite sich hernieder und vermittelt die Kugel dem dritten, dieser gibt sie wieder an den vierten, bis endlich der fünfte und unterste sie auf das Brett fallen läßt, auf dem sie kleine Kegel umzuwerfen hat.

Dieses Spiel mit den fünf sich herabbeugenden Müllerburschen ist für Kinder ein wirklich entzückendes Spielzeug, das ihnen viele Freude machen dürfte.

* * *

Wohl das schönste, gesundeste und durch die Notwendigkeit von Geschicklichkeit und Berechnung auch interessanteste aller Tischkugelspiele ist das Billardspiel.

Man glaubt im allgemeinen, daß es nur ein Spiel für Erwachsene sei, es eignet sich aber wegen der oben ge-

Mühlen-Tivolispiel.

nannten Vorzüge in ganz hervorragendem Maße für ältere Kinder und sollte als Kinderspiel weit mehr gepflegt und kultiviert werden, als dies in Wirklichkeit geschieht.

Das Billardspiel ist ursprünglich wohl auch ein Rasenspiel gewesen, doch wurde es im 16. Jahrhundert schon allgemein auf mit Tuch überzogenen Tischen gespielt.

Ludwig XIII. ließ im Palais von Fontainebleau einen Billardsaal einrichten, und Ludwig XIV. erhob das Spiel zu einem der feinsten Gesellschaftsspiele, das er mit Chamillard als Partner leidenschaftlich spielte. Seine drei Enkel besaßen sogar einen Billardtisch, auf dem eine kleine Festung stand, in deren Tor die Kugeln hineingeschoben werden mußten.

Zu unseren modernen Kinderbillards, die auf den Tisch gestellt werden, gehören meist drei Kugeln und zwei Queues, doch gibt es auch große Kinderbillards in Tischhöhe, zu denen dann auch noch kleine Kegel gehören.

Beim Billardspiel der Kinder achte man von vornherein auf richtige Handhabung der Queues, weil eine Meisterschaft in diesem trefflichen Tischspiele selten erlangt wird, wenn bei Erlernung der Anfangsgründe sich schlechte und schwer zu überwindende Angewohnheiten und Fehler in die Spielweise einschleichen.

* * *

Victor Blütgen schreibt: „Auch ein Billard baute ich damals für die Familie. Die Rücken der Bände eines Piererschen Lexikons gaben die Banden, ein Pfeifenrohr diente als Queue, Glasmurmeln als Bälle. Großartig spielte sichs damit . . . .“

Wilhelm Jensen schreibt: „war später überhaupt eine „Spielratte“, die beinahe jedes vorhandene Spiel, besonders Billard und Krocket — mir heut nicht mehr begreiflicher Weise auch alle Kartenspiele, hauptsächlich L'Hombre — mit Eifer betrieb.“

* * *

Dafür, daß die Kinder auch diejenigen Spiele, die meist nur im Freien oder wenigstens in großen Hallen gespielt werden, im engen Raume des Zimmers oder sogar auf der Platte eines Salontisches spielen können, hat die Spielzeugindustrie durch verkleinerte Herstellung dieser Spiele gesorgt. So gibt es ein zierliches kleines Tischkrocket, ein entzückendes Table-Tennis-Spiel und dann das auf Tisch oder Fußboden zu spielende Chuck-Chuck, das eine Abart des Boccia-Spiels ist.

Diejenigen Spiele, die meist am Tische gespielt werden,

aber nicht unbedingt mehrere Personen erfordern, also auch nicht zu den eigentlichen Gesellschaftsspielen gehören, andererseits aber auch nicht zu den Handfertigkeitsspielen gezählt werden dürfen, da ebenso sehr der Zufall wie die Geschicklichkeit oder Berechnung den Ausgang oder das Gelingen des Spiels entscheiden, sind die Geduldspiele.

Das hübscheste der Geduldspiele, aber eigentlich schon mehr ein Brettspiel, ist Spinnefix. Hierbei sollen fünf Spinnen eine Fliege fangen, was den armen Spinnen sehr schwer fällt. Es ist dies übrigens ein Spiel für zwei Personen.

Bei den meisten dieser Geduldspiele sind mit viel Mühe und Geduld Figuren zusammenzusetzen, Stäbchen in eine bestimmte Lage zu bringen, Holz- oder Metallknäuel zu entwirren, Kugeln durch Labyrinthe zu einem Ziel zu lancieren und andere mehr oder weniger schwierige Aufgaben zu lösen.

Es gehören hierzu außer vielen kleinen, meist billigen Schnurrpfeifereien auch die größeren aus Laubsäge-Ausschnitten sich zusammensetzenden Bilder, z. B. ein Pferd, eine Ente, eine Landkarte, Märchenbilder und andere Darstellungen mehr.

* * *

Cäsar Flaischlen schreibt: „Dann kamen Geduldspiele: Bilder auf Laubsägeholz geklebt, in möglichst verschnörkelte Formen zersägt, durcheinandergeworfen und dann zusammengesetzt. Wer zuerst fertig war, kriegte einen Apfel."

* * *

Auch das Solitärspiel mit Kugeln oder Stiftchen auf Brett zu spielen gehört hierher, und ebenso das Wolf und Schaf-Spiel vom Damebrett.

Über die erziehliche Wirkung der Geduldspiele läßt sich sehr streiten, sie erziehen mindestens ebenso sehr zur Ungeduld wie zur Geduld, und daß man sie Kranken schenkt, liegt wohl mehr daran, daß es zum Teil kleine Selbstbeschäftigungsspiele für eine Person sind, als etwa an ihrem die Ungeduld überwindenden Charakter.

2. SPORT-, TURN- UND FREISPIELE.

Die dauernde und nachhaltige Pflege der Sport-, Turn- und Freispiele verleiht unseren Kindern Kraft und Gesundheit und vor allem starke Nerven.

Professor Dr. Konr. Lange sagt in seinem Werk „Die künstlerische Erziehung der deutschen Jugend"*) „Der Zweck der Bewegungsspiele, d. h. des Laufens, Springens, Tanzens, Balgens, Werfens usw. sowie aller Gesellschaftsspiele, bei denen diese oder ähnliche Handlungen eine Rolle spielen, ist einzig und allein, den Körper auszuarbeiten, Muskeln und Lungen zu lebhafter Tätigkeit zu veranlassen. Ihr Reiz besteht in der gesteigerten Lebenskraft, die sie dem Körper mitteilen."

Von diesen Bewegungsspielen sind nun die Freispiele, die kein Gerät oder doch nur ein ganz leicht zu handhabendes Gerät wie den Handball, den Kreisel oder den Reifen erfordern, die ältesten.

So kommt es denn auch, daß wir diese drei genannten Spielgeräte schon bei den ältesten Kulturvölkern der Erde als Spielzeug antreffen, und das am meisten die Geselligkeit anregende Spiel der Ball, das sich auch bei den alle Kultur entbehrenden wilden Völkerschaften findet, scheint sogar älter zu sein als der Reifen und der Kreisel, die in ihrer Eigenschaft als Selbstbeschäftigungsmittel für meist nur eine Person nicht ein so frühzeitiges Interesse seitens der ersten Spielerfinder auf sich lenkten.

---

*) Siehe benutzte Literatur.

Das Ballspiel ist ein Wurfspiel; das geschickte Werfen und Schleudern von Steinen und steinernen Hämmern, von

Aus den Werken von Jac Cats.

Kinderspiele im Jahre 1620.

starken spitzen Zweigen oder Stämmen als Speer war in uralter Zeit in der Wildnis für Ernährung und Verteidigung eine gar notwendige Wissenschaft, und daher kommt es, daß bei unzivilisierten Völkern und bei den Völkern des Altertums, wenn auch an die Stelle der Stein- und Holzwaffen längst Metallwaffen getreten waren, doch alle Wurfspiele hoch in Ehren gehalten wurden.

Die heroischste Tat, die uns aus dem Altertum über den Steinwurf überliefert ist, ist die Niederwerfung des Riesen Goliath durch den kleinen David, und das „Diskos"-Spiel der Griechen mit jenen noch heute als gymnastisches Wurfspiel existierenden Flachscheiben aus Metall gehörte ebenso wie das Speerwerfen zu jenem herrlichen Fünfkampf, in dem ein kleines Volk sich jahrhundertelang so stählte, daß es die zehnfache Zahl der Barbaren bei Marathon überwand.

Auch in der germanischen Vorzeit spielte das Werfen die größte Rolle, man denke nur an Thors weithin treffenden Hammer und an den Wurfwettkampf der herrlichen Heldin Brunhilde.

Die Römer hatten ebenso, wie einst die Perser und Assyrer, Schleudersteine, und zwar nicht nur aus Stein und Ton, sondern auch aus Blei, und im Mittelalter war bei der Jugend Londons das Werfen mit Steinen, Holz und Eisengegenständen noch ein so passioniertes Spiel, daß Eduard III. diese Wurfspiele verbot.

* * *

Das Ballwurfspiel aber, das uns hier am meisten interessiert, das ist von Anbeginn bei fast allen Völkern der Erde allezeit ein bevorzugtes Lieblingsspiel gewesen.

Bei den alten Ägyptern stand das Ballspiel schon auf einer so hohen Stufe der Entwicklung, daß es, wenn man es so bezeichnen will, sogar „echte und feine" und „unechte", also imitierte Bälle zweiter Qualität gab.

Im Museum zu Berlin befinden sich beide Gattungen. Der echte Lederball ist aus gelbem und rotem Leder und zwar aus 4 Teilen sehr sorgfältig zusammengenäht und mit Häcksel oder Seegras gefüllt, sein Durchmesser ist etwa 5 cm.

Die anderen beiden kleineren, hohlen Bälle sind aus blauer Fayence, bei ihnen sind die Zusammensetzung und Verschiedenfarbigkeit der Lederstreifen des echten Balles durch eine dunklere Tönung der Fayence nachgeahmt.

Altägyptisches Ballspiel, eine Abart des Tanzes.

Bild des m. R. aus Benihassan.

Diese Bälle benutzten die schönen, kleinen ägyptischen Tänzerinnen bei jenem eigenartigen Balltanz, bei dem sie die Bälle während des Tanzens hoch warfen und wieder auffingen.

In Griechenland ist das Ballspiel sogar durch Homer verewigt, der schildert, wie Nausikaa, die Tochter des Phäakenkönigs, es mit ihren Gefährtinnen spielte.

Die Griechen kannten das „zu Boden schlagen“, das „Hochwurf- und Fangspiel“ und ein Grenzspiel zwischen zwei Parteien.

Im alten Rom war es kein geringerer als Kaiser Augustus, der bis ins reifere Alter das Ballspiel pflegte. Die verschiedenen Bälle der Römer waren teils mit Haaren, teils mit Federn gestopft, ein größerer Ball, der mit Luft gefüllt war, wurde erst zur Zeit des Pompejus erfunden.

Die Bälle hießen pila, paganica und follis.

Das „Follis“-Spiel war ein mit der Faust geübtes Ballwurfspiel, Trigon war ein Ballspiel zu dreien und „Harpastum“ kam unserem Fußball am nächsten.

Bei den Nordländern wurde das Ballspiel besonders von Erwachsenen gespielt, doch kam es vor, daß die Sieger und Besiegten nach dem Spiele in erbittertsten Kampf gerieten und sich gegenseitig töteten.

Zur Zeit der Minnesinger war das Ballspiel besonders ein Spiel der Bauern, das sie mit aus buntem Leder zusammengenähten Bällen zu spielen pflegten; und zu jener Zeit, da in London von der Straßenjugend scheinbar alles, was nicht niet- und nagelfest war, zum Werfen benutzt wurde, da spielte auch der Ball seine sogar verhängnisvolle Rolle, denn das Ballspiel wurde verboten, und es kam jeder auf 6 Tage ins Gefängnis, der von den Schergen Eduard III. dabei angetroffen wurde.

Im 15. Jahrhundert spielte man den Handball mit Handschuhen und im 16. Jahrhundert ließ Earl of Hertford seine Diener zur Belustigung der bei ihm zu Besuch weilenden Königin Elisabeth in Partien von 5 gegen 5 Mann Ball spielen.

Im Mittelalter gab es bei uns wie in anderen Ländern sogar dem Ballspiel gewidmete „Ballhäuser“, und trotz aller Segnungen unserer modernen Kultur können sich die heutigen

„Ballhäuser", die sich dem Tanze widmen, an gesundheitlichem und moralischem Wert mit denen früherer Zeit nicht messen.

Die Kinder der Völker, die außerhalb unseres abendländischen Kulturkreises stehen, üben aber die Wurfspiele und auch das Ballspiel mit ebenso großem Interesse.

Die Indianerknaben werfen mit gestreiften, dünnen Stäben und es gewinnt der, der am weitesten wirft oder dessen Stock beim Weitwurf mit der Spitze in der Erde stecken bleibt.

Die Bälle sind oft primitivster Natur, aber darum keinesfalls zu verachten; so spielen die Kinder der Samoaner das Ballspiel mit wilden Orangen, und auch bei uns wird es wohl kaum ein Kind geben, das nicht schon einmal mit einem Apfel Ball gespielt hat.

Gummibälle gibt es auch bei den südamerikanischen Indianern, sie sind massiv, pechschwarz, sehen sehr unförmig aus und werden aus dem Saft der Figueira oder der Mangave hergestellt. Die Bälle in Indien sind teils geflochten, teils finden wir auch in Holz nachgebildete Früchte, die unseren modernen sogenannten Fruchtbällen ähneln. Zum Werfen des Balles dienen außer der Hand meist Holzschläger und Holzkellen.

Ehe wir nun zu den aus dem Ballspiel hervorgegangenen Rasen- und Sportspielen übergehen, wollen wir die modernen Bälle, wie sie die heutige Industrie für unsere Kinder geschaffen hat, einer kurzen Betrachtung unterziehen.

Für die kleinsten Kinder sind, wie wir schon bei den musikalischen Spielen gesehen haben, ganz weiche Plüschbälle auch mit Musik hergestellt worden.

Dann gibt es jetzt sehr leichte; mit Luft gefüllte Gummibälle, die deshalb Salonbälle genannt werden, weil man sie ohne Gefahr gegen Spiegel und Scheiben werfen kann und sie sich natürlich für das Zimmerspiel der kleinen Wildfänge trefflich eignen.

Spiele im Freien. Aus dem Emblematabuch des Jacob Cats, Silenus Alcibiadis. Middelburg 1618

Kinderspiele.

Pueri	Die Knaben
ludere ſolent,	pflegen zu ſpielen/
vel *globis fictilibus*; 1	entwed' mit Schnellkenl-
vel jactantes	oder ſchiebend (chen; 1
Globum 2	die Kugel 2
ad *Conas*; 3	nach den Kegeln; 3
vel Sphærulam	oder das Kügelein
Clava 4	mit der Keule 4
mittentes	ſchlagend
per *Annulum*; 5	durch den Ring; 5
vel *Turbinem* 6	oder den Kreuſſel 6
Flagello 7	mit der Peitſche 7
verſantes;	treibend;
vel *Sclopo*, 8	oder mit dem Blaſrohr 8
& *Arcu* 9	und Armbruſt 9
jaculantes;	ſchieſſend;
vel *Grallis* 10	oder auf Stelzen 10
incedentes;	gehend;
vel ſuper *Petaurum* 11	oder auf dem Knebel 11
ſe agitantes	ſich bewegend
& oſcillantes.	und retzſchend.

Aus Johann Amos Comenius' berühmtem Orbis sensualium pictus (1658), „eine Art Bilderfibel für die Muttersprache und das Lateinische"

Für das Spiel im Freien sind die Hartgummibälle und die buntlackierten wegen ihrer freundlichen Farben bei kleinen Kindern sehr beliebten, festeren Bälle geschaffen, und eine neuere Erfindung sind die Zelluloidbälle und ebenso die Fruchtbälle aus buntlackiertem Gummi, die Äpfel, Apfelsinen, Erdbeeren, Kirschen, Kastanien und Pflaumen darstellen.

* * *

Victor Blüthgen schreibt: „Schlagball war bei gutem Sommerwetter unser tägliches Spiel während meiner Gymnasiastenjahre, ich halte es noch heut für das beste Bewegungsspiel für Jungen, hab's noch als Hauslehrer passioniert gespielt und würde heut noch mit Vergnügen mittun."

Wilhelm Busch schreibt: „Die sehr einfachen Spielzeuge meiner Kindheit sind wohl hauptsächlich der Ball und die Peitsche gewesen; ersterer ein Knäuel über einen Flaschenstöpsel gewickelt und mit farbigem Garn benäht."

* * *

Sobald zum Ball ein Schlag- oder Wurfgerät hinzutritt, wird das Ballspiel schwieriger, und geht dann meist in das Gebiet des Sports über, der kunstgerecht betrieben werden muß. —

Einen Übergang von dem einfachen Ballspiel ohne Gerät zu den komplizierteren Rasen- und Sportballspielen bildet das Federballspiel mit Schlägern und das Ball- oder Federballspiel an der Schnur mit Fangbecher.

Der Ballfangbecher, der auch noch heute mit gewöhnlichem Ball an der Schnur oder mit einem losen Federball und mit Federballschnepper existiert, ist durchaus kein neues Spielzeug, denn er war im 16. und 17. Jahrhundert in Frankreich so beliebt und allgemein gebräuchlich, daß sogar König Heinrich III. Bilboquet spielend durch die Straßen von Paris wanderte.

Federballspiel im Jahre 1800.

In Japan wird das Federballspiel, besonders in den ersten 10 Tagen des neuen Jahres, mit Schlagbrettern aus bemaltem Holz gespielt und nach altem Glauben vertreibt das Federballspiel, ebenso wie es die Wassernixe tut, die Moskitos im Sommer.

Sehr hübsche Feder-Maisbälle mit bunten Ararafedern haben die Bororo-Indianer in Südamerika, was umso bemerkenswerter ist, als ihre Puppen die primitivsten sind, die überhaupt je existierten. Bälle, Federbälle und Schlagbretter finden sich bei vielen Völkerschaften.

* * *

Dasjenige Spiel, welches nun von allen bekannteren Rasen-, Ball- und Kugelspielen noch im Namen das Wort „Ball" beibehalten hat, ist der Fußball. Ball-Goal-, Baseball-, Damen-Baseball und Kaiserball, enthalten zwar auch das Wort Ball, sind aber doch mehr den Ballsportliebhabern, als dem großen Publikum geläufig, während jeder die Bezeichnung Fußball genau kennt.

Beim Fußballspiel kommt es darauf an, einen großen Lederball von möglichst großer Elastizität durch das Tor der Gegenpartei zu treiben, das meist über 100 m vom Tor der eigenen Partei entfernt liegt, und weil man die Füße zum Fortschlagen des Balles benutzt, heißt das Spiel „Fußball".

Der Fußball ist ein englisches Sportspiel, von dem Derby und Chester behaupten, daß die Römer es in ihrem Harpastum benannten Ballspiel einst nach Britannien gebracht haben.

Auch das Fußballspiel wurde von Eduard III. im Interesse einer stärkeren Beschäftigung mit dem Bogenschießen, zwecks größerer Wehrhaftigkeit des Landes 1349 verboten und daher wissen wir, daß es um diese Zeit schon existierte.

Was übrigens ein solcher Lederball im 16. Jahrhundert gekostet hat, das erzählt uns ein alter Bericht über die Partie, die die Schuhmacher damals alljährlich mit den Zeughändlern in London spielten, sein Preis war 3 Schilling 4 Pence.

Im 19. Jahrhundert wurden für das Spiel bestimmte Regeln aufgestellt, und durch die verschiedenen Sportrichtungen, die entweder nur das Fußspiel oder das Fußspiel unter Benutzung der Hände für sportgemäß hielten, entstanden die Spiele „Association“ und „Rugby“.

In Siam spielen die Kinder das Fußballspiel mit einem geflochtenen Ball, sie stehen im Kreise und schleudern ihn mit den Füßen, den Beinen, dem Kopf und den Schultern weiter, um ihn in der Luft zu erhalten, nur mit den Händen darf er nicht berührt werden.

Unsere modernen Fußbälle sind prächtige, große Lederbälle von ca. $^3/_4$ Meter Umfang und einem Gewicht von nicht ganz $^1/_2$ Kilo. Ihr Inneres ist aus Gummi und so konstruiert, daß bei Nachlassen der Elastizität der Ball mittels Luftpumpe aufgepumpt werden kann.

Beim Association-Spiel hat der Ball eine runde, beim Rugby-Spiel eine mehr ovale Form.

Schon der Anblick dieser mächtigen schönen Bälle wird einen gesunden kräftigen Knaben zur Ausübung dieses kraftvollen Sports anregen.

* * *

Die anderen Hochball-Spiele, bei denen ebenso wie beim Fußball ein Hochwerfen des Balles stattfindet, sind Kricket- oder Torball-, das Lawn-Tennis-Spiel und das Golfspiel, während Krocket und Boccia Niederball- oder Kugelspiele sind.

Angriff und Verteidigung von den zwei sich gegenüberstehenden aufgebauten Stabtoren der beiden Spielparteien bildet beim Kricket, dem englischen Nationalspiel, das auch „royal game“ genannt wird, den Kernpunkt des Spiels.

Um 1300 sind an den Erzieher Eduard II. in England für Unterricht im „Creag“ 100 Schilling von König Eduard I.

gezahlt worden, ob aber das „Creag“ mit dem „Kricket“ identisch ist, steht nicht fest. Der Name des Kricketspiels kommt zuerst im 16. Jahrhundert vor, doch erst im 18. Jahrhundert stellte der Klub von Hambledon, Hampshire, der eigentlichen Heimat des Kricket-Spiels, Gesetze und Regeln auf, nach denen 1774 zuerst gespielt wurde.

Zu jener Zeit nahm auch das schöne Geschlecht lebhaften Anteil an dem zu hohem Ansehen gelangenden Spiel.

1794 wurde ein Kricketspiel zu Pferde in der Kentish Gazette angekündigt und um 1800 wurde das erste Kricketspiel mit Ponys veranstaltet.

Schon in früher Zeit erfolgte auch die Gründung des Marylebone Kricket-Klubs, der noch heute der erste und maßgebendste Klub für dieses Spiel in England ist.

Die Bälle zum Kricket-Spiel sind aus festem Leder, das um einen Kern aus Kork und Werg genäht ist.

Der Umfang der Bälle ist ca. 23 cm, ihr Gewicht meist etwas über 150 Gramm.

Die Keulen von nicht ganz einem Meter haben einen mit Schnur umwundenen Handgriff, und ein Schlagbrett, das meist aus Weidenholz ist, um der notwendigen Elastizität nicht zu entbehren.

Die Tore aus ca. 2 cm starken Stäben und die Schienbeinschützer und Handschuhe vervollständigen die Spielausrüstung, die in hocheleganten polierten Spielkästen aufbewahrt wird.

* * *

Von allen Rasenspielen, die in England mehr oder weniger ihren Ursprung haben, ist wohl das Lawn-Tennis-Spiel das am meisten verbreitetste und auf der ganzen zivilisierten Erde bekannteste.

Der Zweck des Lawn-Tennis-Spiels, das im Interesse der sportlichen Ausbildung von Kindheit an geübt werden sollte, ist: für den Gegner so ungünstig den Ball über das Netz zu werfen, daß der Rückschlag möglichst erschwert und von der Gegenpartei ein Fehler begangen wird, von denen meist 4 den Verlust eines Spiels ausmachen, dabei muß aber jede Partei sehen, einen Ball dauernd im Spiel zu erhalten, dies bei der Gegenpartei aber zu verhindern.

Ob das Wort Tennis von „ten" (zehn Spieler) oder aus dem französischen „tenez" le jeu kommt, darüber sind die Meinungen sehr geteilt. Jedenfalls hat sich das Tennis-Spiel aus den Handball-Schlagspielen des frühen Mittelalters entwickelt und ist unter dem Namen Tennis schon im 14. Jahrhundert in England bekannt, ebenso wurde das Handtennis schon unter Karl V. von den Edlen des Landes und zwar oft um hohe Summen gespielt, wie denn das jeu de Paume als roi des jeux und jeu des rois sich in Frankreich großer Beliebtheit erfreute.

Das Erlernen des Tennis-Spielens war in alter Zeit auch teurer wie heute, wo es außer den wenigen Geräten kaum etwas kostet, denn der Lehrmeister Karl I. von England, Herzog von York, erhielt dafür, daß er ihm im Jahre 1610 das Tennis-Spielen beibrachte, 20 £, auch Jakob II. war als Knabe ebenso wie sein Vater in der Jugend ein trefflicher Tennisspieler, und es existiert noch ein Bild von 1641, das ihn uns beim Tennisspiele zeigt.

Der Schöpfer des modernen Lawn-Tennis ist Julian Marshall, der 1878 die Gesetze des Spiels endgültig feststellte.

Die Gerätschaften des Lawn-Tennnis-Spiels, die Schläger oder Rackets, die Pole zum Einspannen des Netzes, das Netz selbst und die Gummibälle sind in großen sogenannten „Lawn-Tennis-Kästen" zusammengestellt.

Außerdem existieren aber auch einzelne Apparate, wie der Tennis-Zähler, der Ballkorb und die Racket-Presse, in welche die Schläger, solange nicht gespielt wird, eingespannt werden, damit sie sich nicht ziehen, diese werden von einzelnen Tennisspielern als notwendig betrachtet und beim Ankauf des Spieles mit erworben.

Die Ausführung aller Geräte des seit Jahrhunderten so beliebten Spiels ist eine mustergültige.

Das Netz der Schläger oder Rackets ist aus Darmseitengeflecht, der dieses Netz umgebende gebogene Rahmen ist bestes amerikanisches Holz. Die Pole sind entweder in die Erde einzurammen oder besitzen für das Tennisspiel in Saal oder Halle Stützen, und das Netz ist ein starkes Bindfadennetz, das bei den besseren Spielen mit Rücksicht auf feuchte Witterung geteert ist.

* * *

Ähnliche Kästen gibt es auch für das Hockey-Spiel, das aber mehr in einem Treiben und zwar durch die Tore des Feindes besteht, als in einem Hochschlagen. Eine eigenartige Form haben die Hockey-Keulen, und die Hockey-Bälle bestehen aus handfesten, ledergesteppten Bällen. Die hockeyartigen Spiele werden auch auf dem Eise von Schlittschuhläufern gerne gespielt. Das Hockey-Spiel, dessen Bälle man auch Kugeln nennt, leitet zu den Kugelballsportspielen hinüber.

* * *

Eines der ältesten dieser Ballspiele ist auch das Golfspiel, das die Schotten als ihre Erfindung reklamieren; jedenfalls ist es schon im 14. Jahrhundert jenseits des Kanals gegespielt worden und im 15. Jahrhundert war es in Schottland äußerst volkstümlich.

Die wiederholt gegen das überhandnehmende Golfspiel erlassenen Verbote nützten nichts, das Spiel wurde überall gepflegt, am meisten am englischen Hofe selbst. Auch Maria Stuart war eine eifrige Golfspielerin.

Die Schlägel scheinen nicht besonders kostbar gewesen zu sein, sie kosteten 1503 einen Schilling und die mit Federn gestopften Lederbälle bekam man für 4 Schilling das Dutzend.

Es hatte sich durch das begeisterte Golfspiel allmählich ein Export in Golfbällen von Holland nach England entwickelt, den aber Jakob I. einfach untersagte und einem inländischen Hersteller, James Melvill, das Fabrikations-Monopol erteilte.

Das Golfspiel bezweckt das Treiben des Balls von einem Loch zum andern auf dem Spielplan. Die Schläger sind keulenartig und die Bälle sind aus gerippten Guttapercha.

* * *

Alle Kugelsportspiele sind genau so wie die Ballsportspiele „Spiele des Wurfs“ oder des den Wurf der Hand ersetzenden Schlags. Der Unterschied zwischen ihnen ist nur der, daß der Ball mehr oder weniger hochfliegen, die Kugel dagegen nach dem Wurf oder Schlag auf der Erde rollen soll, weshalb man, wie schon gesagt, diese Kugelspiele auch Boden- oder Niederballspiele nennen könnte.

Das einfachste dieser Kugelspiele, das auch die kleinen Kinder, sobald sie etwas gehen und auf dem Boden sich tummeln, spielen können, ist das Murmelspiel.

Murmeln und Kugeln zum Rollen gibt es, solange es Pflanzen und Fruchtbäume auf der Erde gibt. Jede vom Baume fallende Nuß, jede Kirsche, jede Kastanienfrucht ist eine Murmel. Äpfel, Apfelsinen, Aprikosen, Kürbisse und viele andere Früchte mehr sind Kugeln, mit denen schon Tiere in der Wildnis Wurf- und Rollspiele veranstalteten, ehe der Mensch in die Urwälder eindrang. Aber auch aus Stein gibt es namentlich am Seestrande und in den Läufen reißender Gebirgsbäche kugelartige Steine, die die, wie der Dichter sagt „murmelnde Flut“ im Laufe der Jahrhunderte und Jahrtausende abgerundet hat, sodaß sie die Kinder der Urbewohner der Erde schon zu ihren Murmelspielen verwenden konnten.

Die Kinder im klassischen Altertum spielten am liebsten mit Nüssen und versuchten diese in ein gegrabenes Loch oder einen Kreis zu werfen oder zu rollen, und Kaiser Augustus soll als Kind manche Stunde in Gemeinschaft mit kleinen Mohrenkindern beim Murmelspiel mit Nüssen zugebracht haben.

Im Mittelalter existierten aber schon wirkliche Murmeln, die man Schusser, Glossen oder Schnellkäulchen nannte und die man im 15. Jahrhundert aus gelbem Glas herstellte.

Stich von Bartolozzi.

Murmelspiel (Ende des 18. Jahrh.).

Auch Murmeln aus Holz sind hergestellt worden, wie die schön bemalten Holzmurmeln der Inder beweisen.

Unsere heutigen Murmeln sind teils aus Ton, Achat, Glas und Porzellan und zeichnen sich durch solch eine Farbenpracht aus, daß diese modernen Murmeln — so wenig sie auch im allgemeinen von den Erwachsenen beachtet werden — als treffliche Anreger zur Farbenfreude des Kindes betrachtet werden können. In den großen leuchtenden Glasmurmeln befinden sich silberglänzende Figuren, die das Kind wie in Kristall gebannte Zaubergebilde anmuten.

* * *

Rudolf von Gottschall schreibt: „Als Kind auf dem Hofe des Zeughauses in Coblenz, wo mein Vater damals Zeugkapitän war, spielte ich mit den Jungen der Wöllersgasse mit Achatkügelchen, die den Weg in kleine gegrabene Löcher enden mußten. Das weiß ich noch, daß mich die schönen bunten Farben dieser Achatkugeln in meinen Träumen verfolgten."

Julius Rodenberg schreibt: „In meiner frühen Kindheit habe ich, wie wohl alle Knaben meines damaligen Alters, hauptsächlich mit Murmeln (bei uns in Niedersachsen „Knicker" geheißen) und Kreisel (vulgo „Klappküsel") gespielt."

* * *

Sobald das Rollen der Kugel in ein bestimmtes Ziel geübt worden war, lag es nahe, allmählich Spiele zu erfinden, bei denen die Kugel eine Reihe solcher Ziele erst durchwandern muß, ehe das Spiel als beendet oder gewonnen gilt, und so entstanden denn die Kugelsportspiele.

Eines der schönsten, beliebtesten und an Alter wohl hinter dem Kegelspiel kaum zurückstehenden Spiele ist das Krocketspiel, das in früheren Zeiten jedoch unter verschiedenen anderen Namen, Chole (im 14. Jahrhundert) und Mail-Spiel (im 17. Jahrhundert) bereits gespielt wurde, wenn auch in einer von unserem heutigen Spiel verschiedenen Weise.

Das Krocket-Spiel, das mit Holzkugeln und Krockethämmern aus Holz gespielt wird, und bei welchem es darauf ankommt, mit seiner durch Farbe bezeichneten Kugel zuerst durch sämtliche aufgestellten kleinen Eisendrahttore resp. Bogen in der richtigen Reihenfolge als erster ans Ziel zu gelangen, ist bei dem wachsenden Interesse für diesen Sport, dem glücklicherweise auch unsere Kinder, Knaben wie Mädchen, begeistert anhängen, in seinen Geräten wirklich vollendet ausgeführt.

Die eleganten, polierten und durch farbige Lackstreifen unterschiedenen Schläger und Kugeln sind teils aus Buchen-, teils aus Eschenholz gefertigt und von einer Solidität und Dauerhaftigkeit, die sie fast als unverwüstlich erscheinen lassen, trotzdem die zarten Damenhände, die meist Krocket spielen, diese Vorsicht in der Ausführung fast unnötig machen.

* * *

Wilhelm Jensen führt in seinem Schreiben unter den Spielen, die er mit Eifer betrieb, besonders Billard und „Krocket“ an.

* * *

Am nächsten dem Kegelspiel verwandt, aber doch von diesem ganz wesentlich unterschieden ist das aus Italien stammende Boccia-Spiel. Dasselbe besteht aus 6 Kugeln der einen Parteifarbe, meist hellgelb, und 6 Kugeln der andern Parteifarbe, meist dunkelbraun, und endlich aus einer roten oder weißen Kugel, die das bewegliche Ziel bildet. Welche Partei nun mit ihren Kugeln dem Ziel am nächsten ist, sobald die 12 Kugeln beider Parteien oder einer verabredeten Zahl von Points durchgespielt sind, hat das Spiel gewonnen.

Auch dieses Spiel hat durch die Industrie jene alle diesen Ball- und Kugelsportspielen eigenen Aufbewahrungskästen unter dem Namen „Boccia-Spielkästen“ erhalten.

* * *

Wilhelm Jensen führt in seinem Schreiben unter den Spielen, die er leidenschaftlich gespielt, ebenso „Boccia“ an.

* * *

An die Spiele, bei denen also die Kugel mehrere Ziele durchläuft wie beim Krocket, oder einem Ziele möglichst nahe kommt, wie bei Boccia, schließt sich nun das Kegelspiel an, bei dem die Kugel das Ziel trifft, und da es eben beweglich ist, dasselbe umwirft.

Das Kegelspiel ist durch das Rollen der Kugel, durch das Fallen der Kegel, durch die gesunde Bewegung und durch die Freude des Kindes, die es daran hat, selbsttätig unter den Kegeln mit der Kugel Bewegungserscheinungen hervorzurufen, ein nützliches, viel Genuß bereitendes und vor allem sehr gesundes Spiel.

Das Kegelspiel ist so alt wie die anderen Ballsport- und Kugelsportspiele, denn es wird schon Anfang des 14. Jahrhunderts erwähnt und schon in der zweiten Hälfte desselben, nämlich von Karl V. von Frankreich verboten.

In ältester Zeit spielte man mit drei Kegeln, aber bald ging man zu 9 Kegeln über, und in Siam wird sogar mit 13 Kegeln gespielt. Die englische Geistlichkeit hat früher das Kegelspiel oft bitter bekämpft, es war aber diese Erbitterung weniger gegen das Spiel selbst gerichtet, sondern dem Umstande zuzuschreiben, daß die Kegelbahnen sich meist in Trink- und Wirtshäusern befanden.

Die Kegelspiele können entweder im Zimmer auf der Diele oder im Freien auf der Erde gespielt werden.

Die Zimmerkegelspiele für ganz kleine Kinder hat man dadurch amüsanter gestaltet, daß man unzerreißbare Menschen- und Tierfiguren, wie Soldaten, Matrosen, Schüler, Clowns, Bären, Elefanten, Hunde, Katzen und Hühner auf Holzklötzen befestigte und so Kegelklötze schuf, die der Phantasie eine größere Anregung geben als der einfache Holzkegel.

Diese Holzkegel, die in allen Größen von ca. 10 cm Höhe bis zu 50 cm hergestellt sind, sind meist aus bestem Buchenholz gefertigt und glänzend poliert, die Kegelspiele für kleinere Kinder sind außerdem bunt lackiert.

Die Zahl der Kegel unserer Spiele ist stets 9 und die Kugeln sind je nach Größe und Bestimmung des Spiels Holz- oder Stoffbälle.

Ein sehr beliebtes Spiel ist das Luftkegelspiel, bei dem die an einem Faden hängende Kugel, indem sie in pendelnde Bewegung gesetzt wird, die Kegel treffen soll.

Für große Kinder und Erwachsene sind zum Kegelspiel von der Spielwaren-Industrie vollständige Kegelbahnen konstruiert, die sich höchstens darin von den Restaurations-Kegelbahnen unterscheiden, daß sie viel eleganter und besser gearbeitet sind.

* * *

Wir können nicht von den „Hoch-" und „Tief"-Wurfspielen mit Ball und Kugel Abschied nehmen, ohne auch noch der Spiele zu gedenken, die unter dem Namen „Ringwurfspiele" bekannt sind, unter denen sich aber auch Spielabarten befinden, bei denen mit Münzen und mit Bällen in ein oft in humoristischer Weise ausgestattetes Ziel hineingeworfen wird.

Das einfachste Ringwurfspiel ist das Werfen von leichten, meist in zwei Farben bemalten kleinen Reifen aus Rohr, die mit Gerten oder Stäben aufgefangen werden. Dieses Spiel hat sich, wie wir bei Behandlung des Reifens sehen werden, aus dem Reifenspiel entwickelt, zu dem denn diese Spiele auch mehr oder weniger hinüberleiten.

Sobald die Ringwurfspiele mit komplizierteren Geräten als Reif oder Gerte gespielt werden, findet die Spielzeugindustrie wieder ein reiches Feld der Betätigung.

Die Geräte zu den Ringwurfspielen bestehen meist aus liegenden, stehenden oder hängenden Scheiben, an denen sich kleine, mit Gewinnnummern versehene Haken befinden, nach denen mit kleinen Ringen aus Metall oder Hanfgeflecht geworfen wird.

Reifenspiel im Jahre 1820.

Es gibt aber dann auch noch Ballwurfspiele, bei denen das Wurfbrett größere Öffnungen mit Netzen hat, in welche die Bälle hineinzuwerfen sind.

Sehr drollig und lustig sind die Wurfbretter, die aus einem großen Tierkopf, z. B. einem Hundekopf mit geöffnetem Rachen bestehen, der sich schließt, sobald der geworfene Ball hineingeflogen ist.

Die Froschwurfspiele bestehen aus einem Tischchen, auf dem ein Frosch mit geöffnetem Maul sitzt. Die Tischplatte enthält mehrere Löcher, durch die das geworfene talerartige Metallstück in verschiedene, in drei Etagen unter der Tischplatte liegende Fächer fällt, die mit Gewinnnummern bezeichnet sind. Wer in den Frosch trifft, hat den höchsten Gewinn.

Neue sehr hübsche Gestelle vereinigen in sich Schießscheibe, Ringwurfscheibe und Ballwurfscheibe, sodaß die Kinder mit diesem sehr sinnreich ausgeführten Doppelrahmen gleich drei Spiele auf einmal spielen können.

* * *

Ebenso einfache Spielgeräte wie der Ball sind der Reifen und der Kreisel. Beide werden von den Kindern auch als Gesellschaftsspiele gespielt, wobei das Kind, welches seinen Reifen oder Kreisel am weitesten treibt oder am längsten im Lauf erhält, gewinnt. Meist haben aber diese beiden übrigens sehr gesunden Bewegungsspiele nur den Charakter von Beschäftigungsspielen, und so kommt es wohl, daß sie, abgesehen von ihrer eigenartigen, sich nicht jedem Zwecke anpassenden Form, nicht zu besonderen Sports, wie das Ballspiel, bei uns ausgebildet sind.

Im klassischen Altertum hatte zwar der Reifen einen mehr sportartigen Charakter. Die Reifen der Alten waren größer wie bei uns und da sie aus Erz waren, so erforderte das Treiben derselben eine solche Kraft, daß sie mit zu den gymnastischen Spielen zählten. Den Knaben im alten Rom, die den Reifen mit großer Gewandtheit trieben, schenkte man schöne Metallreifen mit klingenden Schellen.

Im Mittelalter wurde es dann Sitte, den Reifen auch zum Werfen und Springen zu benutzen, und zum Springen wurden seit altersher auch Stricke oder Schnüre benutzt.

Unsere Reifen für kleine Kinder sind mit einem Holzgriff oder bei den Metallreifen mit einem Metallgriff versehen, an welchem die Kinder den Reifen einfach auf dem Boden vorwärtsschieben, was den Vorteil hat, daß ihnen der Reifen nicht fortlaufen kann.

Verschiedene dieser Reifen sind entweder mit klingenden Fäden als Speichen, oder mit einer tönenden Glocke oder auch mit einem Harlequin oder anderen Figuren versehen; diese Ausstattung der Reifen wurde übrigens schon Anfang des 19. Jahrhunderts üblich.

Die Reifen für größere Kinder sind Holzreifen, die entweder in der Naturfarbe des Holzes gehalten oder bunt bemalt sind. Die Stecken oder Gerten dazu sind einfache Holzstäbe.

* * *

Zum Springen werden von den Kindern heute Springschnüre oder Springreifen benutzt, diese letzteren sind aus Rohr und dem Zwecke entsprechend sehr elastisch.

Freilich gibt es noch Sprungspiele, die nicht minder verlockend sind, als das Reifendurchspringen mit zwei Beinen oder gar das Durchhüpfen mit einem Bein, denn das Baumelkirschen-Springen, bei dem die Kinder solange mit geöffnetem Munde nach einer über ihnen hängenden Kirsche springen, bis sie sie weggeschnappt haben und aufessen können, ist für die kleinen Leckermäulchen besonders reizvoll.

* * *

Der Kreisel erfreute sich im Altertum wohl noch größerer Beliebtheit als der Reifen. Er war aus Buchsbaumholz gefertigt und wurde durch schnelles Abwickeln einer Schnur aufgezogen und mit einer Lederpeitsche getrieben.

Die kleinen griechischen Knaben riefen, wenn sie ihren Kreisel trieben: „Dreh' dich, dreh' dich, bleib' nicht stehn", und bei der Gewandtheit, die ihnen eigen war, dürften sie ganz bedeutende Dreh- oder Treib-Rekords erzielt haben.

Allgemein gebräuchlich war das Kreiselspiel auch im Mittelalter, dessen bereits im 13. Jahrhundert Erwähnung getan wird. Bei uns hieß der Kreisel im Mittelhochdeutschen „Topf".

Eine sehr hübsche Anekdote*), die das Kreiselspiel betrifft und zeigt, wie sehr dasselbe auch in den höchsten Gesellschaftskreisen bekannt und beliebt war, wird von Prinz Heinrich, dem ältesten Sohne Jakob I. von England, erzählt: „Das erste Mal, als der Prinz nach der Stadt Sterling ging, um den König zu besuchen, sah er etwas außerhalb der Stadtmauer einen Heuschober, der so aussah wie der Kreisel, mit dem er zu spielen pflegte. Da sagte er zu einem der Begleiter: „Sieh, das ist ein guter Kreisel", worauf einer der Begleiter sagte: „Warum spielst Du denn nicht damit?" Der Prinz aber erwiderte schlagfertig: „Ziehe ihn für mich auf und ich werde damit spielen."

Auch in Northbrookes Abhandlung gegen das Würfelspiel heißt es: „Spiele mit dem Kreisel und fliehe das Würfelspiel", wie es schon Cato empfohlen hat. Man legte also im Lande des Sports auch auf das Kreiselspiel zur Ausbildung des Körpers und als gutes Mittel gegen Müßigkeit und Laster großen Wert.

Kreisel finden wir bei vielen Völkern der Erde, und in Japan ist das Kreiselspiel seit alter Zeit besonders beliebt.

In Südrußland**) spielen die Kinder der jüdischen Einwohner zum Makkabäerfest den Dreidel oder Kreisel. Derselbe ist aus Blei gegossen und je nachdem er beim Ablaufen auf die auf ihm befindlichen Buchstaben fällt, ist das Spiel gewonnen oder verloren.

---

*) Joseph Strutt, s. benutzte Literatur.

**) Dr. S. Weißenberg, Globus 1903.

In Indien sind die Kreisel oft mit Schnur umwickelt und bei den Indianern finden sich richtige Brummkreisel.

Der einfachste der modernen Kreisel ist der alte birnenförmige Holzkreisel, der mit der Peitsche getrieben wird.

Mit einer Schnur aufzuziehen sind der große Choralkreisel aus Blech, der entweder nur einen Ton von sich gibt oder auch einen ganzen Choral spielt, ferner der Zentrifugalkreisel aus Eisen, der auf einem Ständer oder auch auf einem straffen Seil tanzt, und der Farbenkreisel, über dessen Mittelgriff bunte Pappornamente gelegt werden, die beim Kreiseln prächtige Farbenwirkungen geben.

Mit Mechanismus aufgezogen werden der Federkreisel aus Blech, der brummt, und der kleine amerikanische Kreisel aus Holz, der kein Geräusch macht, sondern nur kreiselt, aber sehr elegant läuft.

Eine ganz moderne Errungenschaft ist der Tellerkreisel, bestehend aus buntstreifigen Blechtellern, die vermittels eines mechanischen Stabes einfach durch Aufdrücken in der Mitte des Tellers in Bewegung gesetzt werden und beim Kreiseln ebenso schön wirken wie der Farbenkreisel und wie dieser die Farbenfreude des Kindes erwecken und fördern helfen. Ein feststehender Kreisel ist die vernickelte magnetische Zauberdose, auf der alle möglichen kleinen Eisenfiguren um den sich drehenden magnetischen Mittelpunkt tanzen.

So ist denn für unsere Kinder in der Tat inbezug auf den Kreisel kein Mangel an Abwechslung, und wer weiß, womit nicht noch der Erfindergeist in der Zukunft uns auf dem Gebiete der Kreisel überraschen wird.

Eine Art Handkreisel sind auch die Joujous.

* * *

Victor Blüthgen schreibt: „Und Joujous . . . . ja was sind Joujous? kleine Scheiben mit äußerer Kranzrinne und einem in ihr an einem Ende befestigten Bindfaden; er wurde ein paarmal umwickelt in der Rinne, dann faßte man das lose Ende, ließ fallen und zog wieder an, sodaß sich der Faden von selbst wieder umwickelte, dies in infinitum; selbst große Leute, Herren und Damen, trugen den Joujou auf Spaziergängen. Diese stumpfsinnige Belustigung war eine Zeitlang große Mode."

* * *

Kreisel und Reifenspiel sind Laufspiele und daher für die Jugend ganz besonders empfehlenswert, denn Laufen ist, wenn nicht im Übermaß betrieben, eines der gesundesten Bewegungsspiele.

Dr. Paul Schubring hat in einer hochpoetischen und tief ergreifenden Schilderung „Der Läufer von Marathon"*) dem Laufen wieder mal ein herrliches Loblied gesungen. Er hat uns aber nicht nur den Läufer, um dessen Erscheinung sich eine ewige Ruhmespalme windet, an der Hand der Schöpfung des Bildhauers Max Kruse in seinem Handeln und Sterben vor Augen geführt, sondern er hat in sehr beherzigenswerter Weise uns an den Wert des Laufens überhaupt erinnert, indem er sagt: „Während wir den siebenjährigen Knaben dem Schullehrer übergeben, übergab der Grieche seinen siebenjährigen Sohn dem Ringschullehrer. Während wir sagen: der Sieger von Königgrätz war der Schulmeister, dürften die Griechen sagen: Die Sieger von Marathon waren die Läufer. Denn sie sind die Höhen herab ins Tal gestürzt, sodaß die Perser glaubten, sie seien wahnsinnig geworden. Und ist es nicht seltsam, daß man den Boten, dessen Kunde Flügel braucht, zu Fuß und nicht zu Roß sendet? So sandte man damals auch in der höchsten Not nach Sparta den Läufer Pheidippides, der die 28 Meilen in zwei Tagen lief So hoch war der Lauf gewertet, daß selbst die Jungfrauen in Olympia mit liefen, freilich nicht bei den großen Spielen, sondern an den Festen der Hera. Wer kennt nicht die junge, zartentwickelte Läuferin im museo Pio Clementino des Vatikans, die eine Siegerin in diesen Spielen darstellt? Sie

*) Aufsatz in Heft III der „Plastik", siehe benutzte Literatur.

trägt einen ganz kurzen gegürteten Chitton, der auch die Oberschenkel nicht behindert und die rechte Brust freiläßt."

So haben denn alle, auch die einfachsten Greif- und Laufspiele, die hier nur ganz kurz gestreift werden sollen, für die Entwicklung der aufwachsenden neuen Generation und für die Wehrhaftigkeit des ganzen Volkes ihre Bedeutung.

Schnelles Laufen braucht man immer, auch im gewöhnlichen Leben, um Jemand, der in Gefahr ist, schnell Hilfe zu bringen oder auch um selbst einer Gefahr zu entrinnen.

Beim Verstecken, beim Zeckspielen, beim Blindekuhspielen, das schon die Griechen- und Römerkinder kannten, beim Fuchsjagdspiel, beim „Verwechselt die Bäume-Spiel" und bei ähnlichen Fangspielen, und endlich bei allen Kampfspielen ist schnelles Laufen der Kinder die Hauptsache.

* * *

Victor Blüthgen schreibt: „Ich war stolz, mit dem Sohne eines Barbiers in Konkurrenz der beste Läufer am Ort zu sein, war überhaupt beweglich und gewandt wie wenig andere."

* * *

Ja, um die Ausdauer beim Laufen zu stählen, hat man sogar mancherlei Hindernisse für die kleinen oder großen Laufbeflissenen erfunden.

Das Sacklaufen ist allgemein bekannt, aber viel schwieriger und ein für die Zuschauer gar lustiges Spiel war in Alt-England das Schubkarrenlaufen.

Den Spielern, die beim Lauf eine Schubkarre vor sich herschieben mußten, wurden die Augen verbunden, und nun sollten sie ein entferntes Ziel erreichen, aber sie kamen fast nie an, denn die rollende Schubkarre leitete sie immer auf Abwege nach rechts oder links.

Auch beim Strickfangen, das im fröhlichen Britannien alljährlich zur Erinnerung an die Befreiung von der Dänenherrschaft gespielt wurde und wobei am Montag die Frauen die Männer und am Dienstag die Männer die Frauen fingen, konnte einen schnelles Laufen und Springen wohl vor dem Lösegelde retten, das der oder die Gefangene zugunsten der Kirche bezahlen mußte.

* * *

Der Strick oder vielmehr die Leine findet aber noch bei einem anderen Spiele Verwendung, das in seiner Beliebtheit besonders bei kleineren Knaben fast alle anderen Lauf- und Bewegungsspiele übertrifft, denn ehe sie sich den bereits Mut, Gewandtheit und Verschlagenheit erfordernden Kampf-, Kriegs- und Heldenspielen widmen, ist es das „Pferdchen-Spiel" das ihre Neigungen oft lange Zeit hindurch beherrscht.

Wohl kaum einem anderen Volke der Erde, mit Ausnahme vielleicht der Araber, liegt die Liebe zum Pferd und zum Reiten so tief im Blute wie den Germanen, die sich sogar die die Krieger von dem Schlachtfeld nach Walhall tragenden Walküren als herrlich kühne Reiterinnen der Lüfte vorstellten, aber die Kulturgeschichte des Pferdes zeigt uns sein Vorkommen bei allen historisch bekannten Völkern und neben Renntieren erscheint es als einer der ältesten Begleiter des Menschen auch in prähistorischer Zeit, und daß es nicht nur als Jagdtier erlegt, sondern auch schon damals gefangen und gezähmt wurde, beweisen die Höhlenzeichnungen, auf denen das Pferd mit Halfter abgebildet ist.

Die Freude, ein so schönes und starkes, so stolzes und edles Tier ihrem Willen untertan zu machen, hat für die Menschen allezeit einen großen Reiz gehabt, umsomehr als das Pferd sich als ein treuer und mutiger Kampfgenosse des Menschen erwies, und beim Kampfe der Streitwagen im Altertum, beim Turnier der Ritter im Mittelalter und bei den Gefechten der Kavallerie in der Neuzeit oft genug den Ausschlag für den Sieg gegeben hat.

Für die Kinder ist das Pferd nun äußerst interessant, besonders dann, wenn sie, wie es in der Großstadt der Fall ist, andere große Tiere garnicht oder wenigstens nur im zoologischen Garten zu sehen bekommen. Mehr wie alle anderen kleineren Tiere lenkt das große Pferd mit den so wohlgefälligen Formen, mit seiner beim Fortziehen schwerbeladener Fuhrwerke in die Augen fallenden riesenhaften Kraft und mit der beim Reiten und Galoppieren besonders im Zirkus zu bewundernden Eleganz, Gelehrigkeit und musikalischen Begabung die Aufmerksamkeit des Kindes auf sich.

Die erste noch primitive Nachahmung des Reitens seitens des Kindes erfolgt dann auf Vaters Knie nach dem Rhythmus des bekannten Liedchens:

„Hoppe, hoppe, Reiter,
Wenn er fällt, dann schreit er.
Fällt er in den Graben,
Fressen ihn die Raben,
Fällt er in den Sumpf,
Macht der Reiter Plumps.“

Es ist die niedliche Strophe auch sehr lehrreich, denn sie macht den kleinen Reiter auch mit der Kehrseite des Reitens, nämlich mit dem Herunterfallen bekannt.

Die nächste Stufe des Pferdchenspiels ist dann die, wozu es nur einer hübschen Pferdeleine mit Glöckchen und einer möglichst mit Pfeife versehenen Peitsche bedarf; ein Brüderchen oder Schwesterchen wird angespannt und das intelligente Pferdchen muß lostraben.

* * *

Wilhelm Busch sagt in seinem Schreiben von der Peitsche, die ebenso wie der Ball das Spielzeug seiner Kindheit gewesen ist: „Letztere aus einer Flachssträhne „geschlungert“ und auslaufend in einen „Klapp“, auch Schmitze genannt, damit es hübsch klatschen tät. So war dem Drang genügt, in die Ferne zu wirken (nämlich durch den Ball) und der Lust an Lärm und Gewalt in der Nähe.“

Gustav Falke nennt in seinem Schreiben unter den mit „draußen“ bezeichneten Spielen auch das „Pferd“-Spiel.

* * *

Es kommt auch vor, daß diese in Wirklichkeit „denkenden Pferdchen", namentlich wenn es ältere Brüderchen sind oder der Vater selbst, den kleinen Reiter auf die Schulter, also „Huckepack" nehmen und zu seinem größten Jubel mit ihm auf und davon traben.

Das Pferdchenspiel in dieser Form ist uralt. Die persischen Gesandten trafen Agesilaos, den Lacedämonier-Fürsten, beim Steckenpferdchenspiel beschäftigt an, und Heinrich IV., der Pferd spielend und auf allen Vieren laufend den kleinen César de Vendôme im Zimmer auf seinem Rücken als Reiter umhertrug, empfing in dieser Stellung den Gesandten des damals mächtigen Spanien. Man sieht daraus, daß das Huckepack- und Pferdchenspiel zu allen Zeiten auch in den Palästen der Fürsten heimisch gewesen ist und sich daher niemand dieses Spieles mit seinen Kindern zu schämen braucht, das Könige sogar zu einem Gesellschaftsspiel im Empfangssalon gestempelt haben.

Das Huckepack-Tragen war übrigens nicht immer ein „Pferdchen"-Spiel, bei den Kindern in Griechenland galt es oft auch als eine Strafe für ein verlorenes Spiel, andererseits war es in der Ritterzeit ein Gesellschaftsspiel, bei dem es von den Knaben als ritterlich galt, die Mädchen Huckepack zu tragen, sicherlich dann wohl, wenn der Weg unwegsam war. Trägt doch auch Frithjof jung Ingeborg, wenn auch auf dem Arm, über den Bach.

* * *

Für den Knaben der Ritterzeit war das Pferd, auf dem er später hinausziehen mußte in die Welt zu Kampf und Abenteuern, noch von weit größerer Bedeutung wie für unsere Kinder, und wenn er auch wohl schon frühzeitig ein wirkliches Pferd erhielt, so mußte man seiner Lust am Pferdchenspiel doch auch schon in der frühen Kindheit entgegenkommen, indem man ihm ein Holzpferdchen schenkte, das jahrelang sein Lieblingsspielzeug blieb.

Damit kommen wir dann zur dritten und letzten Art des „Pferdchen-Spiels", zum Figuren-Spiel mit dem Holzpferde, das als Steckenpferd und Schaukelpferd wie einst so auch noch jetzt zur Ausübung jenes phantasievollen Reitsports herhalten muß, der, ohne Wirklichkeit zu sein, doch die Kinder alle Freuden der Reiterei durchkosten läßt und vielen von ihnen unzählige glückliche Stunden in ihrer Kindheit bereitet.

Die erste und ursprünglichste Form des Steckenpferdes war der einfache Baumzweig; der wurde und wird noch heute einfach zwischen die Beine genommen und dann geht es los auf Schusters Rappen, so schnell und stolz, als ritte man durch die ganze Welt.

Als man aber anfing, Pferde in Ton und besonders in Holz nachzubilden, wie uns aus der Eroberung von Troja bekannt ist, da haben auch die Stecken zum Reiten wahrscheinlich schon ihren Pferdekopf erhalten, und da von Sokrates behauptet wird, daß ihn Alkibiades Steckenpferd spielend angetroffen habe, so ist ebenso wie aus der Überlieferung vom König Agesilaos anzunehmen, daß es im alten Griechenland schon sehr hübsche Steckenpferde gegeben habe, obgleich Abbildungen derselben leider nicht überliefert worden sind. Die Kinder der alten Germanen spielten wohl auch schon mit kleinen geschnitzten Pferden, aber die Steckenpferde in der Gestalt der heutigen sind mit Sicherheit erst als im Mittelalter vorkommend nachzuweisen.

Im Mittelalter aber wird das Spiel allgemein beliebt und die Knaben brachten Windmühlen und Fähnchen an ihren Steckenpferden an, damit die Turniere, die sie auf dem Stecken veranstalteten, der wehenden Flaggen nicht entbehrten.

Zur Zeit der Renaissance, als ein großer Luxus in Spielzeug getrieben wurde, stellte man, wie d'Allemagne*) berichtet, sehr kostbare Spielpferde her, und in der Sammlung M. Albert Figdor befindet sich ein ca. 54 cm hohes Pferdchen aus jener

*) Siehe benutzte Literatur.

Oben links: Knabe auf dem Steckenpferd. Holzschnitt von Meister J. R. um 1600. Oben rechts: Knabe auf dem Schaukelpferd. Federlithographie um 1830, mit dem Vierzeiler „Den muntern Knaben siehet man / Auf seinem Schaukelpferde schweben / Er kennet keine Sorge nicht / Weiß nichts von Glückes Fall und Heben“. — Unten: Omnibus! Lithographie 1865

Blindekuh und Federballspiel. Aus der „Kupfersammlung zu J. B. Basedows Elementarwerke für die Jugend und ihre Freunde", Berlin und Dessau 1774. Kupferstiche von Daniel Chodowiecki

Zeit, das nicht nur der Form nach ein kleines plastisches Kunstwerk ist, sondern auch mit so reichem, mit Goldbrokat besticktem Zaumzeug, Sattel- und Deckenwerk versehen ist, daß wir über die Sorgfalt staunen müssen, die zu jener Zeit auf ein Spielzeug verwendet worden ist.

Über eine wohl in ihrer Art einzig dastehende Armee von kleinen Steckenpferdreitern berichtet Direktor Hans Boesch in seinem trefflichen, jedermann zur Anschaffung zu empfehlenden Werke „Kinderleben aus der deutschen Vergangenheit"*): „Ja eine ganze kleine Armee ist einstmals auf diesen Pferden ausgeritten. Als in Nürnberg am 16. Juni 1650 auf der Kaiserburg der Friedens-Exekutions-Hauptrezeß unterzeichnet wurde, welcher dem dreißigjährigen Kriege ein Ende machte, ward das Gerücht verbreitet, der kaiserliche Prinzipalkommissarius Oktavio Piccolomini, Herzog von Amalfi, werde allen Knaben, die am nächsten Sonntag auf Steckenpferden vor seiner Wohnung sich einfinden würden, eine Silbermünze schenken. In ganzen Schwadronen zogen daher die erfreuten Jungen auf ihren Steckenpferden an diesem Sonntag vor des Herzogs Wohnung auf. Als Piccolomini Aufschluß über diese Versammlung erhielt, freute er sich und bestellte das ganze Reiterheer auf den nächsten Sonntag. An diesem erschienen sie pünktlichst in noch größerer Anzahl und jeder der Kleinen erhielt zum Andenken eine Klippe, die auf der einen Seite einen Steckenpferdreiter, auf der anderen den Doppeladler mit der Inschrift viv. Ferd. III. Rom. Imp. zeigte."

Diese Beliebtheit des Steckenpferdes hat sich bis auf den heutigen Tag erhalten.

Unsere modernen Steckenpferdchen sind alle mit Fell und Haaren versehen, reizend gezäumt und am Ende des Steckens, der an der Erde schleift, befinden sich zwei kleine Eisenrädchen, wodurch erstens das oft hinderliche Schleifen des Steckens vermieden wird, dann aber auch durch das

---

*) Siehe benutzte Literatur.

Rollen die Illusion beim Kinde erweckt wird, daß es auf einem Streitwagen fährt oder sein Pferdchen einen hinter sich rollenden Wagen fortzieht.

Nach einem kolorierten Stich.

Jeu de Bague de Paphos. Ringstechspiel im Jahre 1800.

Als sich aus dem durch die Mauren in Europa eingeführten Ringstechen, das unter Ludwig XIV. zu glänzenden Ringstechturnieren hoch zu Roß Veranlassung gab, im 18. Jahrhundert das Karusselspiel unter Anwendung chinesischer

Einflüsse entwickelt hatte, wurden bald statt der Drachensitze im „chinesischen Karussel" auch Sitze auf Holzpferden konstruiert.

Da der Esel, besonders aber das Pferd zum Betrieb des Karussels wie in der Mühle verwendet wurde, so lag die Anwendung des Pferdes als Sitz im Karussel selbst ja sehr nahe, umsomehr als im Anfang des 19. Jahrhunderts die Zirkuskunst zu blühen begann und dann durch Renz eine weite Kreise interessierende Schaustellung ward, durch die natürlich auch das Interesse am Pferde und an der Reitkunst wesentlich gefördert wurde.

Von den modernen Karussels, die nicht nur als Spielzeug auf dem Tisch stehen, sondern in die die Kinder sich hineinsetzen können, existieren alle Gattungen, bis zu den großen unserer Jahrmärkte fast gleichenden Karusselbuden mit Dach, Pferden und Schaukeln, wobei die Kinder das Karussel durch Treten bewegen.

Nicht weniger amüsant sind für die Kinder die Wipp- und Karussel-Schaukeln, sowie die Velociped-Karussels, auf denen 2 bis 4 Kinder auf Velociped-Pedale tretend in einem großen Kreise lustig umherfahren. Diese großen Schaukeln sind infolge ihres Umfangs nur fürs Freie bestimmt oder für wirkliche Spielhallen.

Die schaukelnden Holzpferde des Karussels mögen wohl die Spielzeugfabrikanten zur Herstellung der Schaukelpferde angeregt haben, und da der König von Rom wohl eines der ersten dieser neuen und eigenartigen Pferde besaß, so kann man die Entstehung derselben auch auf den Anfang des 19. Jahrhunderts festsetzen.

Über die naturalistische Ausstattung der kleinen und größeren Tischpferdchen, Steckenpferde und Schaukelpferde mit natürlichem Fell wird als ein unnötiger Luxus vielfach abfällig geurteilt, aber unsere Nürnberger Bürger, die durch Wagners Meisterschöpfung uns nicht nur nahe geführt, sondern auch als der Inbegriff biederen deutschen Bürgertums geschildert werden, haben allezeit Natürlichkeit und Naturwahrheit beim Spielzeug der Kinder angestrebt und dadurch ist Nürnberg die erste Spielzeugindustriestadt der Welt geworden.

Daß Balthasar Baumgartner, ein Nürnberger Bürger, seinem Söhnchen Balthasia von der Frankfurter Messe ein mit Geishäuten überzogenes Pferd mitbringen mußte, beweist nur, wie sehr man auf die Naturalistik beim Spielzeug sah und wie man es keineswegs verschmähte. auch auswärtiges Spielzeug zu kaufen, wenn es gediegen und so natürlich wie möglich ausgeführt war.

Auch beim Pferdchenspiel darf man immer die Hauptsache nicht vergessen, je kleiner, je jünger und — mögen die Babys den harten Ausdruck verzeihen — je unverständiger ein Kind noch ist, umso primitiver darf auch das Spielzeug sein, an dem das „Baby“ aus Mangel an Erfahrung noch keine Kritik üben wird.

Natürlich soll nicht damit gesagt sein, daß die Ausnutzung der mangelnden Kenntnisse des kleinen „Dummschäfchens“, wie man zu sagen pflegt, durch Darbietung höchst einfältigen Spielzeugs seitens der Erwachsenen eine besondere Heldentat ist, es wird im Gegenteil auf schöne Form von Anfang an ohne Schaden für das Kind geachtet werden können.

Es gibt bewundernswert schöne, mit der Hand geschnitzte kleine Holzpferde, die richtige Bildhauerarbeiten sind und die besser sind wie mancher felltragende Gaul, aber größere und verständigere Kinder ziehen das Fellpferd vor. Wenn sie in Ton modellieren, ja da haben sie eben nur Ton, und da fühlen sie, ob bewußt oder unbewußt, daß ihr Spiel ein rein künstlerisches ist und daß es auf die Form, nicht auf den Stoff ankomme; aber beim Spielen mit einem nicht von ihnen, sondern von einem anderen geschaffenen Pferd, da verlangen sie Natürlichkeit bis an die Grenze des Möglichen. Sie wollen, daß die plastische Wiedergabe des Pferdes seitens der Erwachsenen nicht nur in der Form, sondern auch im Stoffe vollendet sei. Ihre Phantasie wird durch diese denkbar mögliche Vollendung nicht beengt, bleibt ihr doch noch ein unendlicher Spielraum. Im Gegenteil, je natürlicher das Pferd erscheint, umso lebhafter arbeitet die Phantasie und verleiht dem Pferde außer der zum Spiel notwendigsten Eigenschaft, dem „Leben", noch Feurigkeit, Mut, Wildheit, Schnelligkeit, Kampfeslust, Gelehrigkeit und hundert andere Dinge mehr, von denen sich die Schulweisheit der Erwachsenen, die im

Schaukelpferd (Ende des 19. Jahrh.).

Kampfe des Lebens meist längst ihre Kindheitsideale vergessen haben, nichts mehr träumen läßt.

Die modernen Schaukelpferde, deren größte existierenden Exemplare richtigen Fohlen gleichen und auch mit Fohlenfell überzogen sind, sind so naturalistisch ausgeführt, daß das überglückliche Kind mit diesen teils militärisch, teils arabisch und teils türkisch gesattelten Pferdchen ein wirkliches Reitpferd zu erhalten glaubt.

Alle sind musterhaft gezäumt und die Schaukelvorrichtung

ist teils so vervollkommnet, daß bei dem schwingenden Pferd nicht einmal die Bewohner, die die Etage unter dem kleinen Reiter innehaben, durch die Schaukelei gestört werden.

Einzelne dieser prächtigen Reitpferde können auf Rollen fahren und im nächsten Augenblick durch Anschrauben auf einen Schaukelapparat in Schaukelpferde verwandelt werden.

Neben diesen teils kostbaren Pferden existieren auch noch niedrigere Holzwiegenpferde für kleine Kinder in einer praktischen Form, die den gerüsteten Ritterpferden ähnelt und bei denen in sehr naiver Weise der Sattel aufgemalt ist, bis zu den Klötzen, auf die das Kind die Füßchen stellt und welche Steigbügel darstellen.

Diese Form, die den Besuchern der Spielzeugausstellung in Berlin in diesem Sommer als eine neue Kunstoffenbarung erscheinen mochte und auch als solche bewundert wurde, wird bereits seit 50 Jahren von einer Spielzeughandwerkerfamilie in Berlin hergestellt.

Während aber das auf dieser Ausstellung befindlich gewesene Schaukelwiegenpferd für kleine Kinder noch durchaus annehmbar erscheint und auch eines künstlerischen Anstriches nicht entbehrt, ist ein in München hergestelltes Schaukelpferd mit kindlich sein sollenden steifen Bretterbeinen wohl eher ein Rückschritt als ein Fortschritt zu nennen.

Man möge doch dem Pferde nur nicht solche Dosen von Kunst eingeben, daß es seine ursprüngliche Gestalt zuletzt verliert. Die Kunst und die Spielzeugindustrie haben beide nicht die Aufgabe, aus dem gesamten Spielzeug der Kinder „übermodern“ empfundene Karikaturen zu machen.

* * *

Conrad Alberti schreibt: „Das Schaukelpferd löste mir außer der Freude an der körperlichen Bewegung den Drang aus, der Dinge Inneres zu erforschen, denn seinen roßhaargefüllten Bauch aufzuschlitzen schien mir verlockendstes Tun.“

Gustav Falke nennt am Schlusse der mit „drinnen“

bezeichneten Spiele auch das Schaukelpferd und sagt: „Auf dem Hausboden ein großes Schaukelpferd unsere Wonne.“

Wilhelm Hegeler schreibt, nachdem er erzählt, daß er am liebsten mit solchen Gegenständen gespielt habe, die eigentlich zu praktischem Gebrauche bestimmt waren: „So bin ich lieber auf einem Küchenstuhl umhergetrabt, von denen ich manchen zu Schanden geritten habe, als auf dem Schaukelpferd, denn da der Küchenstuhl in nichts eigentlich einem Pferde glich, so konnte ich mir unbehindert das herrlichste darunter vorstellen, während das Schaukelpferd mich stets daran erinnerte, daß es zwar ein Pferd sei, doch durchaus kein solches, wie ich es mir wünschte, nämlich ein großes, lebendiges. Und so ist es mir mit allen Dingen gegangen, die mich als Kind umgaben: je mehr etwas meine Phantasie festlegte, desto weniger wußte ich damit anzufangen.“

Thomas Mann erinnert sich, wie er schreibt, freudig „eines Schaukelpferdes, das, als es eines Jahres auf meinem Geburtstagstische stand, mir in seiner lebensvollen Größe wie ein schöner Traum erschien. Elegant gesattelt und gezäumt, hatte es das natürliche kindlich zottige Fell eines Fuchs-Ponys und die treuherzigsten Glasaugen von der Welt. Achill war sein Name, ich liebte es zärtlich . . .“

* * *

Im engsten Zusammenhange mit dem Reitsport steht der Fahrsport.

Seit den Anfängen der Geschichte begegnen uns die bereits erwähnten Streitwagen, und wir können ohne weiteres annehmen, daß es zu einer Zeit, wo gewaltige Riesenbauwerke, die noch heute stehen und dem Zahn der Zeit und der Zerstörungswut der Menschen Jahrtausende hindurch trotzten, errichtet wurden, es auch Lastwagen gegeben hat.

Welche glanzvolle Rolle der Wagensport bei den olympischen Festen gespielt hat, ist allgemein bekannt, und das Wagenrennen im alten Rom war von allen Schaustellungen, die man im Zirkus maximus veranstaltete, noch eine der edelsten.

Auch die Germanen kannten frühzeitig den Wagen. Auf dem mit Ziegenböcken bespannten Wagen fuhr der Donnerer einher, der holde Freyer dagegen spannte einen Eber vor den seinigen.

Die Wagenburg, die die Frauen während des Kampfes der Männer bewachten, mußte, wenn es den Feinden der Germanen gelang, sie zu besiegen, besonders erobert werden. Und im Mittelalter sowie in der Neuzeit war bis zur Erfindung und Einführung der Eisenbahn, der Wagen das

Griechischer Knabe mit Wägelchen.

wichtigste Beförderungs- und Reisemittel, an das uns, soweit sie überhaupt noch in Gebrauch ist, die Postkutsche erinnert.

Von den modernen Fahrsportarten sind dann noch der Fahrradsport und der Automobil-Sport zu nennen.

Entsprechend der allmählichen Vervollkommnung der wirklichen Wagen entwickelten sich auch die Spielzeugwagen der Kinder. Schon im alten indischen Drama (Vansantasena) ist Mritschhakati (mrit Ton und sakati Wägelchen) das Kinderwägelchen erwähnt.

Diese Kinderwägelchen bestanden im Altertum aus einem auf 2 Rädern rollenden, kleinen Wagen und einer Deichsel zum Ziehen, und im Griechenland der klassischen

Zeit bekam man solch ein Kinderfuhrwerk schon für einen Obolos = ca. $12^1/_2$ Pfennig.

Später erhielten auch diese Spielzeugwagen vier Räder, und im Mittelalter wurden kleine Miniaturwagen von Gold- und Silberschmieden angefertigt; freilich dienten diese nicht nur als Spielzeug für Fürstenkinder, sondern wanderten meist in die Raritätenkabinette der Könige und Fürsten, die sie hatten herstellen lassen.

König Ludwig XIII. erhielt 1603 und 1604 kleine Karossen, in denen sich niedliche Puppen befanden, und kleine Wagen und Kutschen aller Art waren schon seit dem 14. Jahrhundert in den Hauptländern Europas ein beliebtes Geschenk für Kinder.

Unsere modernen Kinderwagen zerfallen in drei Klassen von Wagen, nämlich in solche, in denen die Kinder gefahren werden, solange sie noch klein sind, die sogenannten Kinderwagen. In diesen sind sie meist mehr oder weniger unfreiwillige Fahrgäste, dann die kleinen Wagen, mit denen sie auf Tisch und Erde spielen, und die gewissermaßen nur Symbole des Fahrsports sind, und endlich die Wagen, mit denen sie selbst kutschieren, gleichviel, ob sie als Gespann oder als Kutscher figurieren. Unter diese gehören dann auch die Fahrräder und die Kinderautomobile.

* *
*

Die Kinder-Sportwagen werden teils aus Holz, teils aus Bambus und teils aus Korbgeflecht hergestellt und zwar sowohl einsitzig als auch zweisitzig und je nach der Qualität mit und ohne Gummiräder.

Einer der schönsten und neuesten Wagen dieser Art ist ein mit dem aufklappbaren, weißen Wachstuchverdeck ca. $1^1/_2$ Meter hoher, ganz weiß lackierter eleganter Korbwagen.

Derselbe hat 2 Sitze, deren Rücklehne wie bei den neuen elektrischen Wagen vor- und rückwärts geklappt werden kann, ferner kleine Fußtritte zum Aufstellen der

Beinchen und zwei kleine Vorderschutzräder, außer den großen Gummirädern.

Das Verdeck schützt gegen die Sonne, ohne daß aber durch dasselbe irgend wie der freie Luftzug, wie bei den Kinderwagen, beeinträchtigt werden kann.

Während diese Kinderwagen und Sportwagen das Kind fast immer in Gesellschaft der Mutter, älterer Geschwister oder der Kindermädchen erscheinen lassen, sind die kleinen Wagen, mit denen sie auf Tisch und Erde meist allein

Chaise (Mitte des 19. Jahrh.).

spielen, kein Spielzeug der Geselligkeit, dennoch erscheint ihre Behandlung im Zusammenhang mit den größeren Wagen, in denen sie selbst kutschieren, umsomehr hier am Platze, als diese verschiedenen Wagenspiele so ineinander greifen, daß ihre Trennung garnicht möglich ist.

Diese Gefährte, die meistens mit ein oder zwei kleinen Pferdchen bespannt sind, zerfallen in Luxuswagen, Lastwagen und öffentliche d. h. städtische und staatliche Fuhrwerke.

In Luxuswagen gibt es reizende kleine Landauer (mit aufklappbarem Verdeck), Coupés, Chaisen, Jagdwagen, Breaks, Dogcarts und sogar Schlitten mit vorgespannten Renntieren.

In Lastwagen existieren Rollwagen, Möbelwagen, Erntewagen, Bierwagen und sogar Bollesche Milchwagen.

Die reichste Auswahl findet sich aber unter den städtischen resp. staatlichen Fuhrwerken, so die Droschken I. und II. Klasse, die englischen Hansoms und Cabs, die Automobildroschken, die Postwagen, Sprengwagen, Feuerwehrwagen, Pferdebahnen und Omnibusse, nur der grüne Polizeiwagen

Postkutsche (Mitte des 19. Jahrh.).

scheint noch nicht gemacht worden zu sein, was natürlich kein Unglück ist.

Auch existiert glücklicherweise noch kein Koppscher Krankenwagen, trotzdem er in dem an Zerbrechlichkeitsunfällen so reichen Spielzeuglande vielleicht sehr am Platze wäre. Dagegen darf, soll dies Buch eine möglichst vollständige Übersicht über alles existierende Spielzeug geben, nicht vergessen werden, daß in Militärwagen beim Soldatenspiel alle Wagen, die es im Militärwesen gibt, vorhanden sind und daß auch die Sanitätswagen nicht fehlen, welche die kleinen Bleikrieger vom Schlachtfelde fahren müssen, wenn das verhängnisvolle „eine Kugel kam geflogen“ ihrem Weiterstürmen ein ruhmvolles Ende bereitete.

* * *

Paul Scheerbart schreibt: „Zweifellos erscheint mir das Spielzeug für die Phantasierichtung des Menschen von größter Bedeutung zu sein. Ich erinnere mich, als Kind eine Postkutsche von Blech besessen zu haben. Und ich hatte immer wieder die Neigung, in das Innere dieser kleinen Kutsche zu gelangen, was natürlich zur Folge hatte, daß das Spielzeug bald entzwei ging. Hiermit hängt aber vielleicht zusammen, daß mir später eine Fahrt im Innern einer Postkutsche sehr bedeutungsvoll wurde, ohne daß sich mit dieser ein Ereignis verknüpfte. Für meine Phantasierichtung war jedenfalls die kleine Postkutsche ein entscheidender Faktor.“

* * *

Zu den Fuhrwerken, mit denen unsere Kleinen spielen, gehören natürlich auch Pferdeställe und Wagenremisen.

Fast immer sind beide in einem und zwar sehr hübschen Holzbauwerk vereinigt.

Einzelne dieser Ställe sind wirklich architektonisch kleine Kunstbauten, wie wir sie in Wirklichkeit nicht immer antreffen, auch befindet sich oft über dem eigentlichen Stallraum eine sehr elegante Wohnung für den zierlichen Kutscher.

Im Stalle selbst leiden die Pferdchen keinen Mangel, sie haben jedes ihre eigne box, mit allem, was zu einer solchen gehört, und wir lesen an der Wand über den mit Heu gefüllten Krippen, daß hier in den 3 box Hans, Hektor und Peter stehen, Musterexemplare verschiedener Rassen, denen man ansieht, daß sie sehr gut gepflegt sein müssen.

Außer den Pferdeställen, die alle Geräte wie Krippen, Futtereimer, Stallkarren usw. enthalten, gibt es auch Kuhställe und sogar eine kleine Hufschmiede.

Die famosen kleinen Kavallerie-Ställe sind bei den Kasernen genauer beschrieben.

* * *

Die Kinderfuhrwerke, in denen die Kinder selbst sitzen können, zerfallen in die einfachen Kasten- und Leiterwagen, die die Gespielen selbst ziehen oder schieben, ferner in solche großen Kinderequipagen, Chaisen und Kabrioletts, die von Eseln, Ziegen oder Ponys gezogen werden und endlich in die

Pferdestall aus der ersten Hälfte des 19. Jahrhunderts.

Velozipede und Automobile, die das fahrende Kind selbsttätig fortbewegen kann.

Von den Wagen, die geschoben werden müssen, ist das Kabriolett mit vorgespanntem Fellpferd, das selbst auf einem Vorderrad läuft und vom Kind mittels Zügel gelenkt werden kann, eines der hübschesten und elegantesten kleinen Fuhrwerke. Die Sitze sind entweder mit Leder oder Plüschpolstern versehen. Die Räder haben Gummireifen, sodaß man diese Wägelchen auch im Zimmer benutzen kann.

* * *

Die Chaisen und Kutschen, die zum Vorspannen von Tieren bestimmt sind, sind natürlich, da sie nur zum Fahren im Freien auf Chausseen usw. benutzt werden, ganz fest gebaut, wie wirkliche Fuhrwerke, nur eben in kleinerem Format.

Wir sehen diese brillanten kleinen Pony-, Esel- und Ziegenfuhrwerke besonders in den großen Modebädern Süd-Englands, wo man viel mehr bestrebt ist, den Kindern Vergnügen zu bereiten als hier. In unseren ganz großen Bädern ist diese Sitte neuerdings auch adoptiert worden.

In den großen Wagen zum Ziehen und Schieben, die mit Pferden bespannt sind, sind auch alle unsere modernen Fuhrwerke konstruiert worden, so Droschken, Omnibusse, Feuerwehrwagen, Postwagen und andere Fahrzeuge mehr.

Sehr hübsch und ganz modern sind endlich die von Kindern selbst zu fahrenden Automobilwagen.

Dieselben sind genau den großen Modellen nachgebildet, haben vier Räder, Bremse, Steuerradlenkung, zwei Laternen und Motorsignal.

Der Wagen wird jedoch durch zwei Fahrradpedale von dem Kind selbst in Bewegung gesetzt, wodurch alle die Gefahren, die das Automobil für die Erwachsenen mit sich bringt, von vornherein ausgeschlossen sind.

In das Gebiet dieser Fahrzeuge gehören natürlich auch alle Velozipede, sowohl Zweiräder wie auch besonders Dreiräder, die für kleinere Kinder wegen der größeren Sicherheit wohl allgemein bevorzugt werden.

In diesen Fahrrädern wieder gibt es alle nur denkbaren Systeme, von denen die amüsantesten ein Veloziped-Pferd (also ein lenkbares Pferd auf 3 Rädern) und eine für Knaben wie für Mädchen mit Handhebeln zu bewegende 4 rädrige Draisine sind.

Ein ganz modernes, wirklich ganz reizendes Fahrzeug für Kinder ist ein auf dem Prinzip der Draisine konstruiertes ca. $1^1/_2$ m langes und ca. $^3/_4$ m breites Ruderboot, das auf vier von außen fast unsichtbaren Rädern läuft.

Das Kind, das in dem kleinen, in prächtigen Farben lackierten Boot sitzt, bewegt dasselbe durch die richtige Bewegung der Ruder fort, während es die Lenkung durch das Trittbrett, auf das die Füße meist vom Ruderer gestützt werden, erzielt, indem es mehr mit dem rechten oder mehr mit dem linken Fuß auftritt.

Daß dieser letzte ganz ungefährliche Rudersport außer der amüsanten Seite noch den Vorzug hat, durch die gesunde Bewegung des ganzen Körpers die Gesundheit der Kinder zu kräftigen, muß als besonders rühmenswert bei diesem Spielzeug hervorgehoben werden.

Daß sich vielleicht bei den Wagen, namentlich bei den kleineren Holzwagen, die künstlerische Ausschmückung in der Art der reich verzierten buntbemalten Maultierwagen (Carreto) der Sizilianer empfehlen würde, mag hier als eine Anregung im Interesse der künstlerischen Erziehung unserer Kinder noch erwähnt werden.

* * *

Ein Fahrzeug eigener Art, das eigentlich immer an ein und demselben Platze bleibt, oder nur von einer Seite zur anderen herüberschwankt, indem es immer wieder bestrebt ist, zum Ausgangspunkte der Bewegung zurückzukehren, ist die Schaukel.

Die Strickschaukel und der an vier Stricken hängende Schaukelstuhl waren im klassischen Altertum ebenso bekannt, wie die Brettschaukel, die auf einem Pflock lag und auf der Knaben und Mädchen durch Aufspringen wippten.

Schaukeln ist denn auch seit altersher ein sehr beliebtes Vergnügen der Kinder und Damen gewesen, aber der Humor eines altägyptischen Karikaturenzeichners zeigt uns sogar auf einem Papyros, wie ein Nilpferd sich der Lust des Schaukelns

Thomas. Lith. de Villain.

La Canosiena. Schaukelspiel im Jahre 1823.

hoch oben auf einem Baumzweige hingibt, während ein Rabe auf einer Leiter langsam zu ihm hinaufsteigt.

Von den Indern können wir übrigens lernen, wie man eine Schaukel künstlerisch ausstatten soll, sie besitzen reich verzierte, wirklich ganz entzückende Schaukeln, die unseren Fabrikanten als Vorbilder dienen können, und an denen man sich im Interesse der künstlerischen Erziehungsmethode überzeugen kann, wie schön sich auch ein praktischer Gegenstand ausgestalten läßt.

Die einfachsten Schaukeln sind die allgemein gebräuchlichen mit einem Sitzbrett, das an zwei verstellbaren Tauen befestigt ist; dagegen sind die für ganz kleine Kinder mit

Altägyptische Karikatur.

einem vollständig umgitterten Sicherheitssitz versehen, der an vier Stricken hängt.

Es gibt dann auch noch große Kinderschaukeln, die in einem Gerüst hängen und in denen mehrere Kinder sich schaukeln können.

* * *

Theodor Fontane sagt in seinem Werk „Meine Kinderjahre“*): „Schöner aber als alles das war, für mich wenigstens, eine zwischen zwei Holzpfeilern angebrachte, ziemlich baufällige Schaukel. Der quer überliegende Balken fing schon an morsch zu werden und die Haken, an denen das Gestell hing, saßen nicht allzu fest mehr. Und doch konnt'

---

*) Siehe benutzte Literatur.

ich grade von dieser Stelle nicht los und setzte meine Ehre darin, durch abwechselnd tiefes Kniebeugen und elastisches Wiederemporschnellen die Schaukel derartig in Gang zu bringen, daß sie mit ihren senkrechten Seitenbalken zuletzt in eine fast horizontale Lage kam. Dabei quietschten die rostigen Haken und alles drohte zusammen zu brechen. Aber das gerade war die Lust, denn es erfüllte mich mit dem wonnigen und allein das Leben bedeutenden Gefühle: dich trägt dein Glück."

* * *

Ein zwar komplizierteres, aber fast noch schöneres Vergnügen als das Schaukeln ist für die Kinder die Rutschbahn im Freien. Dieselbe besteht aus einem zusammensetzbaren Gestell von starken Holzschienen und kleinen handfesten Wägelchen, auf welche die Kinder sich setzen, um sich dann den in leichter Neigung herabgehenden Schienenweg herunterfahren zu lassen.

Als Kaiser Wilhelm II. und seine Geschwister noch klein waren, spielten die kaiserlichen Prinzen und Prinzessinnen im Beisein ihrer Eltern, des Kronprinzen, später Kaiser Friedrich und seiner Gemahlin, dies Spiel sehr oft auf der Pfaueninsel, und bei der Liebenswürdigkeit des Kronprinzen durften die Sonntagsausflügler aus nächster Nähe zuschauen, und manche von ihnen halfen die kleinen Wagen, in denen die Prinzen und Prinzessinnen herabfuhren, wieder hinaufschieben. Ein Tanz auf grünem Rasen endigte meist dieses Spiel der Fürstenkinder.

* * *

Von der Rutschbahn auf Schienen kommen wir zur natürlichen Rutschbahn auf Schnee und Eis. Der Eis- und Schneesport blüht nur in Gegenden, die dem Zentrum der Eisbildung, dem Pol nahe liegen, aber in diesen Zonen kennt man ihn, solange Menschen existieren. Die ältesten Schlittschuhe sind aus Holz und Knochen gewesen, erst später hat man sie aus Metall gefertigt, und bei Völkern, die wie die

Spiele für alle Jahreszeiten. Aus: Juvenile games for the four seasons. Edinburgh 1823. — Obere Reihe: Spiele im Frühling, links „Neun-Löcher-Spiel“, rechts „Diabolo“. Mittlere Reihe: Spiele im Sommer, rechts Dame-Spiel, links „Ball im Topf“. Untere Reihe: Spiele im Herbst, links „Katze“, rechts „Nußspiel“

Obere Reihe: Spiele im Winter, links Schlittern, rechts Hüpfen (Scotch-Hoppers). — Spiele im Wechsel der Jahreszeiten zeigt auch die Liedersammlung „National-Kinderlieder für die Zürchersche Jugend", Zürich 1784—1800. Die 17 Titelkupfer sind von Johann Heinrich Meyer, Freudweiler und Johann Rudolf Schellenberg. Hier das XV. Stück „Der Winter" (1798)

Eskimos fast im ewigen Eise leben, ist die Wertschätzung für alle Beförderungsmittel auf der Schnee- und Eisdecke so groß, daß man trotz der sonst geringen Kultur bei ihnen unter dem Kinderspielzeug sehr niedliche kleine Schlitten findet.

Die Länder, aus denen auch für uns eine Neubelebung des Schnee- und Eissports herübergekommen ist, sind Dänemark, Schweden und vor allem Norwegen. So wird denn bei uns in nicht zu milden Wintern jeder Sport auf dem Eise auch sehr gepflegt, und da die Bewegung in der reinen frischen Winterluft die Gesundheit der Kinder stählt und die oft nur zu sehr verweichlichten Stadtkinder abhärtet, so ist dieser Wintersport auf das angelegentlichste zu empfehlen.

Treffliche neue Schlittschuhe aller Systeme, Ski-Schuhe, der Rennwolf und vorzügliche Stuhl-, Sport- und Korbgeflechtschlitten dienen allen Arten unseres Wintersports, sodaß inbezug auf die Sportgeräte mehr als reichlich vorgesorgt ist, und es fehlt nur der Winter, der zwar nicht immer, aber doch meist zur Zufriedenheit unserer Jugend ausfällt.

* * *

Sind Schlitten und Schlittschuhe Sportgeräte für den Winter, so ist für den Herbst und auch für den Frühling, also immer dann, wenn die Stürme wehen, das Drachenspiel eines der größten Amüsements für unsere die Spiele im Freien liebende Jugend.

Dieses Spiel ist schon lange vor unserer Zeitrechnung in China ein nationales Spiel gewesen. Ursprünglich hat der Drachen wohl auch die Gestalt eines Drachen, d. h. eines vogelartigen Ungetüms gehabt, und da bei vielen Völkern die Drachensage vorkommt, so ist es nicht unwahrscheinlich, daß auch noch andere Völker das Drachenspiel besessen haben. Im klassischen Altertum z. B. soll dies Spiel auch bereits existiert haben.

In England hat man dem Drachen früher mancherlei Gestalt gegeben, sogar die eines Menschen, und nach John

Bates 1634 erschienenen Anweisungen benutzte man den Drachen zum Träger von Feuerwerk, das hoch in der Luft abgebrannt wurde.

Von Franklin und anderen Gelehrten wurde der Drache zu elektrischen Experimenten benutzt. Ende des 18. Jahrhunderts stellte man mit ihm Höhenmessungen an ägyptischen Bauwerken an und jetzt verwendet man ganz große Drachen zu meteorologischen Untersuchungen — (denn der Drachen steigt bei günstigen Verhältnissen bis zu 10 000 Fuß Höhe und mehr) — und zu militärischen Zwecken, nämlich zum Überbringen von Botschaften durch drahtlose Telegraphie.

Das Drachensteigenlassen ist in Japan ein allgemein beliebtes Neujahrsspiel der Kinder und bei uns sind schön bemalte Drachen mit Wimpeln und dem langen bunten Flitterschweif gerne gesehen für das immer wiederkehrende Lieblingsspiel der Jugend an schönen windreichen Herbsttagen.

Ein weiteres aeronautisches Spiel ist der Luftballon, den, soweit er nicht mit Gas gefüllt, sondern aus Seidenpapier gefertigt und mit erwärmter Luft in die Höhe getrieben wird, die Knaben sich ebenso wie den Drachen auch selbst anfertigen können. Kleine Fallschirme aus Papier und Stoff konstruierten sich übrigens schon die Kinder in der Empirezeit.

Aber die Hauptsache bei diesem Spiel ist nicht die Frage der Anfertigung, sondern die gesunde Bewegung in frischer, freier Luft und die Freude am Spiel.

* *
*

Das Spiel nun, das den Turnspielen mit Geräten am nächsten kommt, ohne aber ein Turngerätspiel zu sein, denn der Spielende trägt das Gerät im Lauf mit sich fort, ist das „Stelzenspiel". In der Großstadt ist es leider fast ganz verschwunden, während wir es bei den Kindern in kleinen Städten und auf dem Lande noch antreffen.

Das Spiel ist für einen geschickten, im Turnen gewandten Knaben ganz ungefährlich und es wird sich wohl dauernd erhalten, weil ihm ein eigener Reiz anhaftet, denn welches Kind gedächte nicht beim Anblick eines Stelzenläufers an die Schnelläufer und Siebenmeilenstiefel-Besitzer in unseren Kindermärchen.

Der Zauber des Riesenhaften ist dem Stelzenlaufen eigen, und nur wer jemals selbst auf Stelzen gelaufen ist, kann die Lust ermessen, die dieses eigenartige Spiel gewährt.

Bei den Volksfesten im Mittelalter führte die Jugend gelegentlich der Karnevalsfestlichkeiten große Kämpfe und Balgereien auf Stelzen auf und in Niutschwang in China finden am chinesischen Neujahrstage Stelzenläuferprozessionen statt. Die Stelzenläufer ziehen mit Fahnen und Trommeln umher, hüpfen auf einem Bein, drehen sich im Kreis und werden durch Gaben der Zuschauer entschädigt.

In Landes, in Südwest-Frankreich, benutzen die Schäfer und Schäferinnen noch jetzt Stelzen, die früher sehr notwendig waren, um etwa sich heranschleichende Wölfe rechtzeitig zu sehen und wegzutreiben, ehe sie die Schafe angreifen konnten.

Unsere modernen Stelzen sind, soweit sie nicht verstellbar sind, meist mit Doppeltritten in verschiedener Höhe versehen. Die verstellbaren Stelzen lassen sich auf 12 englische Zoll verstellen, je nach Wunsch des Kindes.

* * *

Über den Zweck des eigentlichen Gerätturnens nach alledem, was bereits über den Wert der Leibesübung hier gesagt ist, noch viel mehr zu sagen, hieße „Eulen nach Athen“ tragen. Unsere Schule hat mit Erfolg und sehr zum Wohle der Nation in der Turnerei den Weg eingeschlagen, den ihr Friedrich Ludwig Jahn gewiesen.

Unsere Volksschulen und Gymnasien sind wieder Stätten geworden, wo, wie einst in Griechenland, nicht nur der Geist, sondern auch der Körper ausgebildet wird, und die Bedeutung des Turnens für das Wohl der Kinder ist so stark in das Bewußtsein jedes einzelnen übergegangen, daß schon in sehr vielen Familien Zimmerturngeräte angetroffen werden, und wo ein Garten vorhanden ist, auch größere Gartenturngeräte.

Es erscheint daher nur im Interesse der Vollständigkeit des Werkes geboten, die vorhandenen Turnspielgeräte hier aufzuzählen.

Sämtliche modernen Turngeräte lassen sich fürs Zimmer und fürs Freie verwenden.

Zu diesen Turngeräten gehören die jedem aus seiner Schulzeit her bekannten Gegenstände Trapeze, Ringe mit Stricken und mit Schaukelbrett, Strickleitern, Knotentaue, Reckvorrichtung (die ohne die Tür zu beschädigen, zwischen dem Türrahmen befestigt werden kann), ferner Sprungständer, Rundläufe, Stangenklettergerüste, Barren, Springböcke und Springpferde. Außer diesen größeren Turnapparaten sind natürlich auch alle die für einfachere gymnastische Übungen, nämlich Turnstangen, Hanteln aus Eisen und Holz, Arm- und Bruststärker, Turnkeulen (sogenannte Indian-Klubs) und endlich auch alle Arten von Turnbällen für die gesundheitlichen Spiele der Kinder hergestellt worden.

Was die Ausführung der Turngeräte betrifft, so sind die meisten derselben aus vorzüglichem, glänzend poliertem Buchenholz gefertigt.

Die bei den besseren Apparaten vernickelten Eisenklammern und Ringe gewähren in ihrer soliden, massiven Ausführung die denkbar größte Sicherheit bei der Anbringung dieser Geräte, und die Stricke werden aus dem Manilla-Hanf gedreht, sodaß bei sorgfältiger Montierung jeder Unglücksfall ausgeschlossen erscheint.

* * *

Theodor Fontane*) sagt in „Meine Kinderjahre“: Es war zumeist meine natürliche Veranlagung für das Turne-

---

*) Siehe benutzte Literatur.

rische, was mich die gewöhnlichen Knabenspiele mit so viel Lust und Liebe spielen ließ."

Adolf Wilbrandt sagt in seinem Schreiben, daß er alle „Turnspiele als leidenschaftlicher Turner geliebt habe".

Das Leben draußen im Freien, in Garten, Hof und Feld, führt aber nicht nur zu Bewegungsspielen, sondern auch die Beschäftigungsspiele sind da draußen vertreten. In Wirklichkeit läßt sich natürlich fast jedes Zimmerspiel bei gutem Wetter ins Freie übertragen und daher ist es nur nötig, die Spiele noch zu erwähnen, die meist nur im Freien gespielt zu werden pflegen und die auf alle Fälle fürs Spiel im Freien bestimmt sind.

Der Sandformen ist bereits bei den plastischen Spielen gedacht, aber es sind außerdem auch kleine aus Holz geschnitzte und bemalte Dörfer hergestellt, die die Kinder mit Holzstäben in den Sand stecken können.

Bei vielen dieser Spielgeräte ist nicht zu verkennen, daß bei den Herstellern das Bestreben vorhanden ist, den Kindern künstlerisches Spielzeug zu liefern.

Die eben erwähnten „sogenannten Sanddörfer", die aus Kirchen, Häus'chen und Mühlen bestehen, sind ebenso hübsch geschnitzt wie schön und künstlerisch bemalt.

Zu den etwas komplizierteren, aber sehr hübschen Geräten für das Spiel im Freien gehören die Sandmühlen, die durch eingeworfenen Sand getrieben werden und ferner die Sandseilbahnen mit Kippwagen, von denen stets der abwärtsfahrende volle Sandwagen den leeren durch Schnursystem zur Aufladestelle heraufzieht.

Auch die Wind- und Drehmühlen sind so recht ein Spiel im Freien, das sehr alt ist und das wir schon auf Abbildungen, die vor 600 Jahren gemacht wurden, antreffen.

Mit Nadel, Papier und Stäbchen machen sich die Kinder die Drehwindmühlen selbst. Die großen Spielzeugwindmühlen aber gleichen den anderen Sand- und Wassermühlen.

Die Sandmühlen, die Windmühlen und Wassermühlen sind hübsche, teils recht künstlerisch wirkende Holzbauten und meist holländischen Modellen nachgebildet; es wäre eine recht dankenswerte Aufgabe für einen Fabrikanten solcher Mühlen, wenn er die historische Windmühle in Potsdam nachbilden würde, die gewiß einen großen Umsatz haben dürfte.

* * *

Theodor Fontane erzählt in seinem Werk „Meine Kinderjahre"*) von dem Spielzeug der Kinder des reichen Kommerzienrats Krause, die auf dem pittoresken Bodenflur des Krauseschen Hauses zu spielen pflegten: „Einmal befand sich unter den hinaufgeschafften Geschenken auch eine holländische Windmühle, die größer war als ich und lustig ihre Flügel drehte. Mir drehte sich dabei alles im Kopf, so benommen war ich von dieser Herrlichkeit."

* * *

Zu den Spielen im Garten gehören als untrennbar von ihnen auch die Gartenmöbel; ist doch in diesem Kapitel die Bezeichnung „Gesellschaftsspiele am Tische" gerade deshalb gewählt worden, weil fast alle diese Spiele ebenso gut draußen am Gartentische gespielt werden können als drinnen am Spiel- oder Salontische. Es gehören also Gartentisch und Gartenstühle ebenso sehr als notwendiges Beiwerk zu den Spielen am Tische, wie die Zelte untrennbar sind von den Freispielen, die als Kampf-, Kriegs- und Heldenspiele im nächsten Kapitel besonders behandelt werden sollen.

Der kleine Gartentisch und die Gartenstühle für die Kinder sind teils aus Holz, teils aus Eisen gefertigt und die Kinder bringen sie am liebsten in schönen aufstellbaren Zelten und vollständigen Kinderlauben unter, um in diesen kleinen Gartenheimen ein möglichst von der Außenwelt abgeschlossenes idyllisches und unbeobachtetes Leben führen zu können.

---

*) Siehe benutzte Literatur.

Diese Zelte sind namentlich für Knaben eine Quelle reicher Freude, hat doch die Industrie dafür gesorgt, daß richtige Indianer- und Negerzelte nicht fehlen, in denen sie ihre kühnsten Häuptlingstaten aussinnen und sich verbergen können, bis der Feind kommt und sie hinaus müssen zu Kampf und Sieg.

Auch Feldtische, Feldstühle und Feldbetten fehlen nicht für die kleinen Krieger oder auch für die kleinen Träumer und Träumerinnen, die am liebsten in Kinderhängematten, Schaukelstühlen oder am Strande in kleinen Strandkörben sich der sinnenden Freude an der Natur in süßem Nichtstun überlassen.

Die herrlichsten unter diesen kleinen Gartenbauwerken sind die entzückenden Pavillons, die teils so geräumig konstruiert sind, daß eine Kindergesellschaft von 6 bis 7 Kindern bequem darin am Tischchen sitzen und spielen kann.

VI. KAPITEL.

KAMPF-, KRIEGS-, SOLDATEN- UND HELDENSPIELE.

In der gesamten Natur bei Tieren und bei Pflanzen herrscht der Kampf, und soweit wir in der Geschichte der Menschen zurückgehen, finden wir auch bei diesen überall die Spuren des Kampfes, der um die Nahrung meist als Jagd, und um bessere Lebensbedingungen meist als Krieg schon von den Urbewohnern der Erde geführt wurde und bis zum Aufhören der Menschheit auf der Erde weitergeführt werden wird, wenn auch zu hoffen ist, daß die Art des Kampfes eine edlere und unserer hohen Zivilisation entsprechende werden möge.

Ob es möglich sein wird, den Krieg einst ganz abzuschaffen, ist eine Frage, die hier nicht behandelt zu werden braucht. Die nüchterne Praxis pflegt, wie wir in der jüngsten Zeitgeschichte wieder gesehen haben, der schönsten Theorie oft nur allzuschnell unrecht zu geben.

Eines steht aber fest, daß das, was auch am Kriege uns mit Bewunderung erfüllt, nämlich der heldenhafte Kampf, nie aufhören wird.

Um Leben, Liebe und Lust, um irdische, vergängliche und um geistige, unvergängliche Güter wird allezeit auf Erden gekämpft und gerungen werden, und in diesem Ringen um das, was jedem als das teuerste und heiligste Gut erscheint, liegt etwas Gewaltiges, etwas Hohes und Künstlerisches.

Verfolgen wir die Geschicke aller großen Künstler, die auf Erden gelebt haben, also die Geschicke der Menschen, die dem Irdischen am meisten abgewandt waren und dem ewig Göttlichen am nächsten standen, so finden wir, daß sie fast alle — die einen mehr, die anderen weniger — einen ungeheuren Kampf zur Erreichung oder Anbahnung ihrer künstlerischen Ideale kämpfen mußten.

Leiden und Entbehrungen aller Art waren aber nicht etwa die einzigen Kennzeichen dieses Kampfes der Größten der Erde, sondern ebenso oft erforderte der Kampf von ihnen höchste Gewandtheit in der Handhabung geistiger Waffen, größte Rücksichtslosigkeit im Bekämpfen der ihnen entgegentretenden Hindernisse und auch selbst List und Verschlagenheit, um den Fallen zu entgehen, die das ewig „kreuziget ihn" schreiende Philistertum ihnen zu stellen versuchte.

Es ist nicht schwer nachzuweisen, daß der geistige und der körperliche Kampf in nahen Beziehungen zu einander stehen, die sich keineswegs bloß auf einen Vergleich beschränken, sondern eine starke gegenseitige Beeinflussung und Wechselwirkung erkennen lassen.

Beim Kriege und ganz besonders beim modernen Kriege ist nicht die Anzahl der Soldaten und auch nicht die körperliche Kraft derselben allein ausschlaggebend, sondern die Genialität des Führers, die technische Vollendung der Waffen und vor allem auch der Geist, der die Truppen beseelt. Nicht die rohe, brutale Gewalt führt zum Sieg, sondern die Intelligenz.

Aber die Intelligenz allein kann uns andererseits auch nichts nützen. Wir bedürfen nicht nur im Kriege, sondern auch im Frieden neben geistigen Fähigkeiten eines guten Teils körperlicher Kraft und Gewandtheit, um die Arbeit zu leisten, die der Staat, die Gesellschaft und die Familie von uns verlangen.

Darum sind auch die im vorigen Kapitel behandelten

Sport-, Turn- und Freispiele ein so wichtiges Erziehungsmittel für unsere Jugend.

Aber nicht auf die Stählung der Kraft kommt es allein an, auch die richtige, intelligente Verwendung und Ausnutzung der Kraft muß geübt werden: die Unterordnung der körperlichen Stärke unter die ein bestimmtes Ziel verfolgende Intelligenz.

Zu diesem Zwecke sind die Kampf-, Kriegs-, Soldaten- und Heldenspiele der Kinder ein ganz vorzügliches Mittel.

Das Kriegs- und Soldatenspiel braucht nicht zur Roheit zu führen, es erzieht meist zu Männlichkeit und ritterlichen Tugenden. Heldenmut braucht man nicht nur in der Schlacht zu bewähren, sondern man hat manchmal im täglichen Leben zur Verteidigung eines Schwächeren oder zur Rettung eines in Lebensgefahr Schwebenden reiche Gelegenheit, Tapferkeit und Wagemut zu zeigen; auch basiert, solange der große Völkerfrieden nicht auf Erden einkehrt, die Existenz des Staates auf dem Mut, der Wehrhaftigkeit und der Kriegstüchtigkeit seiner Bürger; dieser Erkenntnis wird sich auch der begeistertste Friedensfreund nicht entziehen können.

Jedoch nicht alle Soldatenspiele haben diese erziehliche Wirkung in gleichem Maße. Zum Heroischen, zu Kühnheit und Tapferkeit leiten nur jene Kampf- und Kriegsspiele an, bei denen die kleinen Helden selbst die mehr oder weniger vollkommenen Waffen anlegen und sich untereinander im Indianer-, Räuber- oder Soldatenspiel draußen im Freien tummeln und bekämpfen, womit natürlich nicht gesagt sein soll, daß nicht auch im Raum eines Zimmers oder gar einer ganzen Wohnung oder eines Hauses höchst feudale Schlachten geschlagen werden können.

Eine andere Art dieser Spiele „Die Figurenspiele“ mit kleinen Soldaten aus Holz, Zinn und Blei, erfordern keinen besonderen Mut. Eine gut gezielte Erbse streckt unter Umständen eine ganze Reihe der nebeneinanderstehenden Infanteristen oder Kavalleristen nieder und eine Murmel wirft

Published by the Hakubunsha Ginza Tokyo.

Kriegsspiel japanischer Kinder.

sogar die Kanonen und Wagen der kleinen Metall-Artillerie über den Haufen. Aber auch diese Figurenspiele mit Soldaten haben ihren erzieherischen Wert, sie sind als historische und auch zeitgeschichtliche Anschauungsspiele für die Kinder von nicht zu unterschätzender Bedeutung, und wenn die Kinder älter werden und den Spielen mehr und mehr den Charakter des richtigen Kriegsspiels verleihen, dann können diese Figurenspiele gleich den im vorigen Kapitel behandelten intelligenten Brettspielen sogar mit dazu beitragen, den Verstand und die Gabe der Berechnung zu stärken.

Wir sehen jedenfalls bei den Kampf-, Kriegs-, Soldaten- und Heldenspielen, wie es bei so vielen Spielen der Fall ist — es sei z. B. an das bereits behandelte Pferdchenspiel und an das Theaterspiel erinnert —, daß auch bei ihnen neben dem Belebungsspiel plastischer Figuren das Spiel mit der eigenen Person nebenher geht.

* *
*

Da das letztere nicht nur das historisch ältere ist, sondern sich auch den Sport-, Turn- und Freispielen am besten anschließt, so mag es hier zuerst behandelt werden.

1. KAMPFSPIELE DER KINDER
UNTEREINANDER.

Was das Kriegs- und Kampfspiel vom Turn- und Freispiel, z. B. vom Ringen hauptsächlich unterscheidet, das ist die Anwendung der Waffe.

Der Kampf um die Nahrung und die Verteidigung gegen Feinde und wilde Tiere haben den Menschen seit Anbeginn gezwungen, zu Angriff und Verteidigung sich Waffen herzustellen. Mit dem starken Baumast als Schlag- und Stoßwaffe und mit dem Stein als Wurf- und Schleuderwaffe wurde begonnen. Aus der Verbindung beider entstand die Streitaxt, und in vielen Jahrtausenden entwickelten sich allmählich alle uns bekannten Waffen, wie Bogen, Blasrohr, Armbrust, Speer und Schwert, bis endlich in der Neuzeit, seit Erfindung des Pulvers, die modernen Schußwaffen entstanden.

* * *

Der moderne Krieg weist den Schießwaffen, dem Gewehr und der Kanone den ersten Rang unter den Waffen an, aber auch schon bei den alten Ägyptern und Assyrern und erst recht bei den Helden Homers standen die Schußwaffen, Bogen und Armbrust, in hohem Ansehen. Die Kinder der alten Perser mußten vor allem drei Tugenden üben, nämlich: die Wahrheit sagen, Reiten und „Bogenschießen“.

Die altägyptischen Knaben schossen mit dem Bogen nach einer Zielscheibe aus Tierhaut und die Kinder der Griechen und Römer besaßen kleine Köcher für ihre Pfeile, wie sich denn eines solchen auch der schelmische Amor bediente, wenn er nach den Herzen von Menschen und Göttern zielte.

Bei dem Chinesenvolke ist es ein aus grauer Vorzeit überkommener Gebrauch, bei der Geburt eines Mädchen ein Gürteltuch rechts vor die Türe zu legen, wird aber ein Knabe geboren, dann legt man zur Linken der Türe einen Bogen.

In Frankreich ist die Armbrust verbürgterweise seit dem 4. Jahrhundert in Gebrauch und das Bogen- und Armbrustschießen wurde 1369 von Karl V. zu einem Volksspiel erhoben, bei dem Preise für gutes Schießen ausgesetzt wurden. Frankreichs Herrscher folgte mit dieser Verordnung dem Beispiele Eduard III. von England, der 1337 bei Strafe jedes andere Spiel außer dem Bogen- und Armbrustschießen verbot, um die Wehrhaftigkeit der Nation zu heben.

So kann es denn nicht wunder nehmen, daß das Bogen- und Armbrustschießen im alten England bald zur Kindererziehung bei den Edelleuten gehörte, zumal in diesem Lande seit Alfred dem Großen, der schon im Alter von 12 Jahren demselben oblag, dasselbe zu den Hauptvergnügungen des Hofes und der Ritterschaft gehörte.

In Deutschland, Frankreich und der Schweiz wurde dann das Schießen durch die im 15. und 16. Jahrhundert aufkommenden Schützenfeste und die sich bildenden Schützengilden sehr gefördert. Besonders im Lande des Tell wurden auch die Knaben durch Aussetzen von Preisen zur Pflege des Armbrustschießens zum Zwecke der Ausbildung kriegerischer Tüchtigkeit angeregt.

Nebenher wurde auch das Blasrohrschießen geübt, denn schon zur Zeit der Minnesinger gingen die Knaben mit Blasrohren auf die Vogeljagd, und um 1500 herum bekam Friedlein, das Söhnchen des Michael Behaim in Nürnberg, der 9

Auf Kinderspiele und Kinderfeste der Vorzeit geht erstmals J. Scheible ein in „Die gute alte Zeit" (Stuttgart 1847). Oben: Holzschnitt nach dem Kupferstich in Jacob Cats, Houwelyk. Gravenhaage 1628. — Unten: nachgebildet dem Holzschnitt von Hans Burgkmair aus dem „Weißkunig" Kaiser Maximilians I. (1514)

Oben: Ausschneidebogen von Jean Papillon, 18. Jahrh. — Beispiel für Spielzeuge aus gekniffenem Papier. Im 19. Jahrh. wurden sogar ganze Bataillone Infanterie und Kavallerie aus Papier „vollplastisch" hergestellt. — Unten: „Die Sieben Schwaben". Lithographie von Franz Pocci, aus: Lustige Gesellschaft. München 1867

Jahre alt war, ein Blasrohr mit 300 Kugeln als Spielzeug geschenkt.

Schon damals war das Holzvogel- und Scheibenschießen sehr gebräuchlich und als die Pulverwaffen, das Gewehr und die Pistole aufkamen, wurde es noch mehr als zuvor gepflegt; so hat sich die Lust am Scheibenschießen auf großen Volksfesten, in Schießbuden auf Jahrmärkten und im Spielhof der Kinder bis auf den heutigen Tag erhalten.

Anfang des 17. Jahrhunderts waren die Büchse und die Pistole schon ein Kinderspielzeug, das zum Beispiel Ludwig XIII. als kleiner Knabe erhielt.

Die älteren Schießwaffen, Armbrust und Bogen, verschwanden aber trotz der Erfindung des Gewehrs nicht von der Bildfläche. Sie blieben bei uns beliebte Spielwaffen und bei vielen Völkerschaften wurden sie noch als Kriegswaffen nach wie vor weiter verwendet.

Bei den Japanern, die übrigens noch nicht allzulange moderne Kriegsausrüstungen haben, waren in alter Zeit sogar Pfeile in Gebrauch, die beim Fluge einen heulenden, pfeifenden Ton von sich gaben und dem Feinde Furcht einjagen sollten.

Die Indianerknaben jagen noch jetzt mit sehr hübschen gekerbten und in den Kerbvertiefungen bunt ausgemalten Bogen und Pfeilen. Bogen von reicher Ornamentierung haben die Papuas in Berlinhafen, die so künstlerisch sind, daß sie unseren Kinderwaffenfabrikanten als Vorbild dienen können, denn das ist zweifellos, daß wir den Geschmack der Kinder verbessern, wenn wir ihnen eben schöne Spielwaffen geben.

Die Qualität der modernen Schießwaffen für Kinder in bezug auf ihre praktische Ausführung ist mustergültig.

Die Armbrust, welche auch mit Kugeln, meist aber mit Bolzen geladen wird, ist als modernes Spielzeug sehr sorgfältig ausgebildet worden, sodaß die besseren Waffen dieser Art mit doppeltem Stahlbügel und ausgezeichneter Sehne versehen sind.

Trefflich sind auch die englischen Bogen mit vorzüglicher Spannung und langen Federpfeilen mit Stahlstift an der Spitze. Für diese Pfeile sind, damit sie haften bleiben, besondere Strohscheiben hergestellt.

Über das Blasrohr ist nicht viel zu sagen, es wird mit Bolzen oder Kugeln geladen, die dann in der Richtung des Ziels herausgepustet werden.

Für verständige Knaben, die nach der Scheibe schießen wollen, gibt es ganz ausgezeichnet gearbeitete Büchsen, aus denen mit Kugel und Bolzen geschossen werden kann.

Es gibt dann Mausergewehre mit aufsteckbarem Bajonett, die zum Exerzieren bestimmt sind und deren ganz ungefährliche Holzladung mit einem verhältnismäßig starken Knall herausfliegt.

Bei den Jagdflinten schießt man mit einem Ladestock oder knallt nur einfach mit Amorce-Blättchen.

Für ganz kleine Kinder hat man noch immer die beliebte alte Knallflinte, aus der einfach durch Luftdruck der Korken unter starkem Knall herausfliegt.

Die modernste und ungefährlichste Schießwaffe für Kinder ist das seit einigen Jahren sehr in Aufschwung gekommene Eureka-Gewehr, dessen Bolzen durch die sich am Ziel ansaugende breite Gummischeibe an demselben haften bleiben.

Alle die Techniken, die bei den Gewehren angewendet werden, existieren auch sämtlich bei den Pistolen.

Die Schießscheibe ist durch ihren Kontrast von Schwarz auf Weiß und durch ihre das Zentrum umkreisenden Rundlinien für das Auge des Kindes von vornherein ein Zielpunkt, die Freude am Treffen erhöht das Interesse für das Spiel, das besonders nützlich ist, wenn sich dem einfachen Zielen die Berechnung zugesellt, weshalb das Schießen nach tanzenden Kugeln und zwar bei größerer Übung aus freier Hand sehr zu empfehlen ist. Alle Spiele mit Schußwaffen sind nur für größere Kinder geeignet und auch diese sollten solange nur unter Aufsicht spielen, bis sie gelernt haben mit Schußwaffen vorsichtig umzugehen.

Die Schießscheiben zerfallen in solche, bei welchen der Pfeil oder Bolzen haften bleibt, und in solche, bei welchen durch Kugel oder Bolzen das Ziel herunter oder aus einem Gesamtbilde herausgeschossen wird.

Zu den letzteren gehören auch die Schießstände oder Schießbuden, die in ihrer Vollkommenheit den großen, bei jung und alt beliebten Schießbuden fast gleichkommen.

Es gibt dann auch noch Rundscheiben mit Uhrwerk, die sich drehen, wenn sie aufgezogen werden.

* * *

Die modernen Waffen, nämlich die Schlag-, Hieb-, Wurf- und Schutzwaffen, das Schwert (auch der Dolch, die Streitaxt), der Speer, die Lanze, der Schild, der Helm und der Harnisch sind sämtlich Waffen, die zur Ausrüstung des Ritters gehören.

Obgleich das Ritterwesen des Mittelalters sich nicht aus dem römischen Ritterstand entwickelt hat, sondern aus der Gefolgschaft um selbstgewählte Führer, so besitzt doch auch der Ritter des klassischen Altertums bereits die Hauptwaffen, die dem späteren Ritterstande eigen sind.

Für uns kommt beim Ritterspiel, als einem der schönsten und eben „ritterlichsten“ aller Kampfspiele der Kinder, viel weniger eine bestimmte Geschichtsepoche in Betracht, als die Ausrüstung, die der kleine Held erhalten oder auch sich selbst herstellen kann, soll er bei den Kampf- und Heldenspielen nach seiner Phantasie und seinen kindlichen Ansprüchen überhaupt als irgend einer der großen Helden auftreten, sei es nun als Achilleus oder als Odysseus, als Siegfried oder als Hermann der Befreier, als Wallenstein oder Großer Kurfürst, als Burengeneral oder als Indianerhäuptling.

Ein Helm, sei er auch nur aus Papier, ein Schwert, sei es auch nur aus Holz, und ein Schild, sei er auch nur aus Pappe, gehören immer zu den Dingen, ohne die auch der allerbescheidenste kleine Held nicht gut existieren kann.

Je schöner wir nun die durch die Tradition vorgeschriebene Ausrüstung für die historischen Kampfspiele ausgestalten, umso mehr Freude und auch Belehrung wird unsern Kindern zu teil werden.

Das historische Spielzeug, zum Beispiel eine Ritterrüstung, soll auch möglichst von historischer Treue sein, man soll aber dem Spielzeugfabrikanten dabei dasselbe Recht einräumen, wie dem Dichter, nämlich daß er im Interesse der Schönheit dem wesentlichen den Vorzug vor dem unwesentlichen geben darf. Bei der Rüstung eines Ritters aus der Kreuzfahrerzeit, die der Theaterregisseur die Pflicht hat, genau nachzubilden, braucht der, welcher für Kinder ein anregendes Spielzeug schaffen will, sich nicht an die häßliche, einem Topf gleichende Form des Helms aus dem 12. und 13. Jahrhundert zu halten, er kann die spätere gefälligere Form wählen und ohne seiner Phantasie zu weit die Zügel schießen zu lassen, doch eine Helmzier bilden, die sich all den schönen bekannten Formen, dem Walkürenhelm, dem Helm der Pallas Athene und auch nicht zu vergessen den Helmen unserer preußischen Gardekürassiere nähert und anschließt; denn unser Knabe, dem wir die Rüstung schenken, der will nicht nur ein Ritter, sondern er will ein schöner, ein herrlicher, ein prächtiger Ritter sein, solch ein Ritter, wie er ihm immer als Held der Turniere und Liebling der schönen und edlen Frauen geschildert ist. Auch die Gesundheitsfrage spielt hier eine Rolle. Dem Kenner der Geschichte ist es bekannt, daß so mancher tüchtige Ritter in seinem Panzer und Helm den Erstickungstod fand; es ist demnach die absolute historische Treue also mit Vorsicht beim historischen Spielzeug anzuwenden.

Wo der Metallhelm beim Kampfspiel fehlt, da muß an seiner Stelle der einfache, aus Papier gefaltete Helm, wie ihn übrigens die jungen Mädchen und Frauen auf den Mentaweiinseln aus Palmblättern gefertigt als tägliche Kopfbedeckung tragen, aushelfen, und ein tüchtiger Papierbüschel kennzeichnet dann gleich den General — aber ganz ohne Helm darf ein Krieger nicht bleiben.

Im Hause des Ritters galt die Geburt des erstgeborenen Knaben und Erben der Burg und der Lehensrechte als eins der freudigsten und am meisten zu feiernden Ereignisse.

Man überließ die Knaben bis zu ihrem siebenten Lebensjahre meist sich selbst und ließ sie spielen und sich körperlich austoben, mit dem vollendeten siebenten Jahre aber fing man an, sie in „höfischer Sitte" zu unterweisen und sie zu Rittern zu erziehen. Der Unterricht, den sie in den Wissenschaften erhielten, war sehr mäßig, aber im Fechten, Jagen, Reiten und Schießen brachte man ihnen jede nur denkbare Fertigkeit bei. Mit 12 Jahren wurde der Rittersohn dann meist Knappe oder Junker, bis endlich nach treuem und tapferem Dienst ihn der Ritterschlag oder die Schwertleite zum Ritter erhob.

Bei uns, wo die wissenschaftliche Ausbildung eine fast die Aufnahmefähigkeit der Kinder übersteigende ist, und wo umgekehrt wie beim Ritterknaben die Schulausbildung mindestens $^{9}/_{10}$ der Lehrstunden den Wissenschaften und höchstens $^{1}/_{10}$ den Turnspielen widmet, muß die praktisch künstlerische Ausbildung in Haus und Familie dafür sorgen, daß nicht alle Begriffe des Kindes theoretische bleiben.

Eine Ritterrüstung anhaben, in derselben kämpfen und sich einbilden, ein Ritter zu sein, d. h. wie ein Ritter denken und fühlen wollen, prägt den Begriff Ritter dem Kinde tiefer ein als alle Erklärungen.

So sehr von den Eltern oder Erziehern darauf zu achten sein wird, daß Kampf- und Kriegsspiele nicht einen unglücklichen Ausgang nehmen, was von den Sportspielen übrigens auch gilt, so sehr werden sich diese Spiele für mutlose, energielose Kinder empfehlen, damit sie mutiger werden und die Feigheit überwinden lernen.

Man soll solche Kinder natürlich nicht der Willkür starker und mutiger Kameraden beim Spiele aussetzen, aber man kann mit Fechtstunden allmählich die Scheu vor Schlag und Stich und vor dem Kampf überhaupt zu überwinden

Florettfechten im 18. Jahrhundert.

suchen, und allmählich und ohne Zwang den Sinn für die Tapferkeit ausbilden. Erspart man doch dem Knaben durch solche Erziehung schon während seiner Schulzeit, noch mehr aber während seiner Militärdienstzeit ungezählte Kränkungen, die ihm sonst unbedingt zuteil werden.

Der Fechtsport, der aus Stoßfechten und Hiebfechten besteht und zu den besten und edelsten gymnastischen Übungen gehört, die es überhaupt gibt, ist in der Tat eines der unfehlbarsten Mittel, die Mutlosigkeit zu besiegen. Die Fechtkunst ist wohl so alt wie das Schwert, mit dem gefochten wird. Die Römer waren Meister der Fechtkunst und das Ritter- und Turnierfechten entschied auch im Mittelalter über den Sieg. Als das Rittertum verschwand, nahmen sich die Universitäten des schönen Fechtsports an, und bei den Studenten ist dieser ritterliche Kampf bis auf den heutigen Tag beliebt geblieben. Die Spielzeugindustrie hat schon Anfang des 19. Jahrhunderts für kleine Rapiere sorgen müssen, da zu dieser Zeit bereits in Paris eine Fechtschule für Kinder bestand.

Das Fechten ist die Seele, der Kernpunkt des Kampfspiels und das Ritter-, Helden- und Kampfspiel sei hoch in Ehren gehalten, denn die Tapferkeit ziert einen jeden Mann, auch den friedlichsten.

Es tritt aber noch ein künstlerisches Moment hinzu: die Ritter- und Heldenrüstung hat etwas ungemein Poetisches, die Phantasie mächtig Anregendes, erinnern doch der leuchtende Helm, die glänzende Rüstung und die blitzenden Waffen an alle herrlichen und großen Kämpfer der Welt, an alle die unvergänglichen Ruhmestaten, die von den Helden Homers an bis heute ausgeführt worden sind und selbst Frauen die Heldinnen waren: eine Brunhild, eine Clorinde, eine Jungfrau von Orleans können wir uns nicht anders als in solch einer leuchtenden, kunstvoll gearbeiteten Rüstung vorstellen.

In den Ritterrüstungen mit Helm, Brustharnisch, Schild, Schwert, Lanze, Arm- und Beinschienen hat die moderne Spielzeugindustrie mit ebensoviel Sorgfalt wie Erfolg sich der historischen Treue befleißigt, das zeigt sich außer in der Rüstungen auch in den Landsknechtsarmaturen.

Abgesehen von diesen allgemeinen Rüstungen gibt es aber auch spezielle, die sowohl für das Kampfspiel als auch

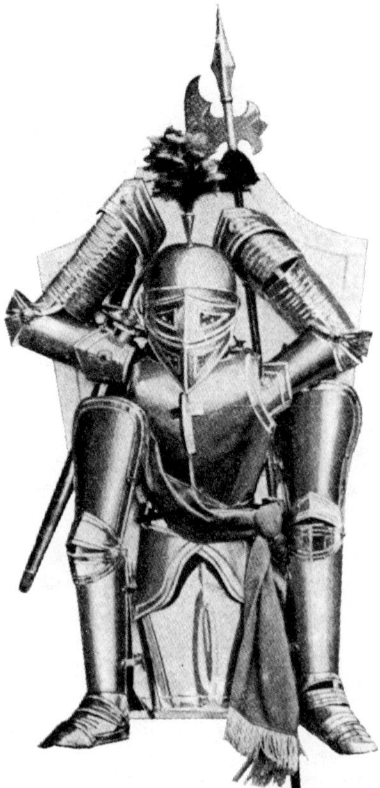

Ritterrüstung.

für das Kindertheater verwendet und von den Fabrikanten meist auf Bestellung angefertigt werden. Dazu gehören die Siegfried- und Lohengrin-Ausrüstung und für kampffrohe

Mädchen das Walküren-Kostüm und die Rüstung der Jungfrau von Orleans.

* *
*

Felix Dahn sagt an verschiedenen Stellen in „Erinnerungen“*): „So setzte sich denn unser Waffenbestand — allmählich — folgendermaßen zusammen: ich erhielt Helm, Brust- und Rückenbrünne und runden Schild von sehr starkem Stahl. Helm und Schild zeigten in der Mitte die ringshin Strahlen werfende Sonne — den „Sonnenritter“ nannten mich drum die Feinde.“ — —

‚An Trutzwaffen erhielt ich ein ganz herrliches Schwert aus allerbestem Stahl, doppelt geschliffen, zu Hieb und zu Stoß, vorn dreieckig zugespitzt: nie versagte die geliebte Waffe „Durendal“ (Rolands Schwert) in meiner Faust: unzählige Bohnenstangenspeere hab ich krachend damit zerschlagen.“ — „Ferner hatte ich zwei prächtige Turnierlanzen aus poliertem Holz mit streng richtiger Doppel-Tartsche zum Schutz der Hand erhalten, da sie aber gleich im ersten Gefecht entzweigehauen wurden, konnten nur die Vorderteile noch — als Wurfspeere — verwendet werden.“

„Ferner erhielt ich wiederholt Langbogen — wie sie im Abendland fast allein vorkamen, bis die Kreuzfahrer die Armbrust, den Kreuzbogen aus dem Morgenlande mitbrachten — länger als ich selbst, und armslange dünne Rohrpfeile, die unglaublich weit flogen; später dann eine prachtvolle Armbrust, deren Sehne nur mit Hebel und Winde zu spannen war, und einen zierlichen Lederköcher aus Birnbaumholz, gefüllt mit handlangen dicken Bolzpfeilen. Selbstverständlich waren beide Arten von Geschossen für das Gefecht vorn abgestumpft, aber doch war der Schmerz recht empfindlich, traf eines derselben einen ungepanzerten Körperteil.“

„Zu meiner Ausrüstung zählte noch ein Hifthorn, das jedoch so grauenhafte Töne hervorbrachte, daß es nur die

*) Siehe benutzte Literatur.

Germanen Armins verwenden konnten. Endlich aber ein prachtvolles, echt mittelalterliches Banner, viereckig, steifste Pappe, mit dunkelroter Seide überzogen, auf welche Herr Monten mit eigener Hand mein Wappenbild: die Sonne und einige andere Gebilde streng heraldisch in mehreren abgeteilten kleinen Feldern gemalt hatte.“

Über diese Ritterspiele im allgemeinen sagt er dann: „Dieses „Ritterspielen“, wie wir es gemeinhin nannten, war die größte Freude meiner Knabenzeit, — ja vielleicht die größte, reinste, weil am mindesten mit Widerstreit errungene meines Lebens.“

Und in seinem Briefe an den Verfasser schreibt Felix Dahn: „Die Angaben in den „Erinnerungen“ kann ich nur mit wenigem ergänzen. Das wichtigste für Ihr Werk — stelle ich mir vor — ist die Frage nach dem Verhältnis der einfachsten zu den künstlerisch- (ästhetisch-) schönen Spielsachen: ich mag erfreulicherweise versichern, daß die Freude an jenen durch diese bei mir nicht gelitten hat: neben den glänzenden, stilvollen Schutz- und Trutzwaffen der „Ritterspiele“ erfreuten mich und die Spielgenossen kaum weniger die höchst einfachen Speere, Keulen, Dolche, Schwerter, die wir uns selbst aus Bohnenstangen und Baumwurzeln herstellten.“

Thomas Mann schreibt: „Ich habe sehr schönes Spielzeug besessen; ich erinnere mich freudig einer vollkommenen Ritterrüstung aus eisenfarbener Pappe mit Turnierlanze und Schild“ und über das Heldenspiel sagt der Dichter: „Aus dem Namen, den ich meinem Schaukelpferde gab, sah man bereits meine frühe Beschäftigung mit der Ilias. In der Tat haben mir Homer und Vergil in der dankenswertesten Weise alle Indianergeschichten ersetzt, um die ich mich niemals bekümmert habe. In einem Buche, das schon meiner Mutter beim Mythologie-Unterricht gedient hatte (es trug eine Pallas-Athene auf dem Umschlag und gehörte zu denen, die wir Kinder dem Bücherschrank entlehnen durften), waren aus den Werken dieser beiden Dichter in deutscher Sprache packende Auszüge enthalten, die ich seitenweis auswendig wußte, und früh war ich vor Troja, auf Ithaka und dem Olympos so wohl zu Hause, wie meine Altersgenossen im Lande des Lederstrumpfes. Und was ich so begierig in mich aufgenommen, das wollte ich spielen, das wollte ich sein. Ich hüpfte als Hermes mit papiernen Flügelschuhen durch die Gemächer, ich balanzierte als Helios eine glanzgoldene Strahlenkrone auf dem ambrosischen Haupt, ich schleifte als Achilleus meine Schwester, die wohl oder übel den Hektor darstellte, unerbittlich dreimal um die Mauern von Ilion. Ich stand als Zeus auf einem kleinen rotlackierten Tisch, der als Götterberg diente und vergebens türmten die Titanen den Pelion auf den Ossa, so gräßlich blitzte ich mit einer roten Pferdeleine, an der sich oben drei Glöckchen befanden. . . .“

* * *

Für die Indianerkämpfe, die von unseren Knaben mit Vorliebe von allen Kriegsspielen gespielt werden, sowie für Buren-, Neger- und Herero-Schlachten hat die Spielzeugindustrie treffliche Ausrüstungen hergestellt, von denen der Indianeranzug mit Bogen, Beil, Federputz, Keule, Schild und Köcher sofort jeden Knaben in einen der wildesten und gefürchtetsten Häuptlinge verwandelt. Schwärmt einer durchaus für die Rüstung auch beim Indianerspiel, so kann er auch diese anlegen, tragen doch die Tlingit-Krieger bemalte und geschnitzte Holzrüstungen, Helm und Gesichtsmaske.

Auch für das Robinsonspiel gibt es eine besondere Ausrüstung, und endlich fehlt auch der Bomerang nicht als Wurfwaffe für die Kämpfe wilder Australierstämme.

* * *

Paul Oskar Höcker schreibt: „Zu unseren Spielen mußte Großmutters im Dunklen stehender Mahagonischrank herhalten, der „das schwarze Messer“ hieß und ein sehr gefürchteter Indianerhäuptling war, das Plättbrett, die Teufelsbrücke oder die „eiserne Squaw“, ein kleiner Ofen, der im Kinderzimmer stand. Die ganze Wohnung war uns ein einziger Spielzeugkasten. Unsere Phantasie belebte alle Gegenstände. Mamas Fußbänkchen machte unendliche Metamorphosen durch. Nur Papas Schreibtisch war uns heilig und das Klavier.“

A. Trinius schreibt: „Sonst aber hatte es mir die Freiheit angetan. Räuber, Robinsonleben in selbstgebauter Hütte am Ufer der Gera in Erfurt, Zigeunertreiben, Indianerspiel im angefertigten Kostüm, das war meine Welt. Da ließ es sich am besten dabei träumen und gestalten.“

* * *

Ein sehr beliebtes Spiel ist auch das Königsspiel. Dasselbe war schon in Persien, in Griechenland und im alten Rom bekannt und beliebt und wurde entweder ein Knabe durch das Los zum König gewählt, oder der, welcher bei einem Spiele gewann, wurde König. Da auch viele Erwachsene sich das „Königsein“ als etwas Schöneres vorstellen als es in Wirklichkeit sein dürfte, so ist es nicht zu verwundern, daß die Kinder sich gerne in die Rolle eines Königs versetzen, da ihnen ein König als der Inbegriff aller irdischen Machtvollkommenheit und alles Reichtums und alles Glanzes erscheint.

* * *

Thomas Mann schreibt: „Im ganzen jedoch gehörte ich zu den Kindern, die zu ihren Spielen eines Apparates nicht unbedingt bedürfen und die mit einer gewissen bewußten Genugtuung sich der unabhängigen Kraft ihrer Phantasie bewußt sind, welche nichts ihnen rauben kann.

Ich erwachte zum Beispiel eines Morgens mit dem Entschlusse, heute ein 18jähriger Prinz namens Carl zu sein. Ich kleidete mich in eine gewisse liebenswürdige Hoheit und ging umher, stolz und glücklich mit dem Geheimnis meiner Würde. Man konnte Unterricht haben, spazieren geführt werden oder sich Märchen vorlesen lassen, ohne daß dieses Spiel einen Augenblick unterbrochen zu werden brauchte, und das war das Praktische daran. Übrigens brauchte es nicht immer ein Prinz zu sein, meine Rollen wechselten häufig."

* * *

Das neuzeitliche Kriegsspiel ist das Soldatenspiel; die Hauptsache bei demselben für die Kinder ist die Uniform,

Husarenausrüstung.

und wenn sie auch nur aus einem verabredeten Abzeichen, einem schwarzweißroten Bändchen am Arm oder an Stelle der Achselklappen bestände. Der siebenjährige Krieg, die Freiheitskriege und der große deutsch-französische Krieg werden von den Knaben mit Begeisterung nachgefochten, aber ebenso sehr wird der Krieg zwischen Buren und Engländern und zwischen Russen und Japanern in den Kriegsspielen der Knaben aufgeführt, denn diese Spiele haben etwas ungemein Dramatisches an sich, sie sind Theateraufführungen, bei denen die kleinen Mitwirkenden so in ihren Rollen aufgehen, daß für sie der Schein zur Wirklichkeit wird; und das ist gerade das Glück der Jugend, daß sie das Spiel in Wahrheit und die Wahrheit in Spiel verwandeln kann, wodurch sie die Kämpfe leicht überwindet, die uns Erwachsenen so schwer fallen oder an denen wir auch zugrunde gehen.

In militärischen Ausrüstungen und Waffen für unsere Kinder existieren sämtliche Uniformen sämtlicher Waffengattungen und zwar die Helme und Militärmützen zu allen Kopfweiten passend.

Diese Ausrüstungen sind so sorgfältig und vorzüglich ausgeführt, daß sie nur durch das kleinere Format von richtigen Uniformen unterschieden werden können.

Es existieren dabei besondere Garnituren für Gemeine wie für Offiziere. Auch die Degen und Säbel und für die Gemeinen die Seitengewehre entsprechen genau denen der wirklichen Soldaten.

Die Marine ist dabei nicht vernachlässigt, der Marinedolch und Marinedegen sind ebenso genau nachgebildet wie der Kürassierpallasch und die Lanze.

Kleine Meisterwerke sind die Garde du Corps-Helme aus Tombak mit versilbertem Adler und mit der vergoldeten Krone und ebenso die dazu passenden Kürasse.

* * *

G u s t a v F a l k e erwähnt in seinem Schreiben unter den Spielen, die er mit „draußen“ bezeichnet, „Räuber und Soldat“.

* * *

R u d. v o n G o t t s c h a l l sagt in „Erinnerungen aus meiner Jugend“*): „Doch nicht immer waren unsere Spiele so friedlicher Art; der kriegerische Geist steckte uns im Blute und

---

*) Siehe benutzte Literatur.

besonders mir, dem Sohn eines Vaters, der sich das eiserne Kreuz erworben hatte. Der Herweghsche Vers:

„O fraget nicht, wo Feinde sind!
Die Feinde kommen mit dem Wind —“

hat besonders Geltung bei der kriegslustigen Jugend. Und wir hatten unsere Feinde. Die Wöllersgasse (in Coblenz) lag mit der benachbarten Weißgasse in fortwährendem Kampf. Über die Ursache hatt' ich nie nachgedacht — wir hatten einmal die Antipathie und sie hatten sie auch. Die Keckheit dieser Brut aus der Weißgasse ging aber so weit, daß sie bisweilen durch den Torweg in unseren Hof drang. Da ruhten wir nicht eher, als bis wir sie durch Steinwürfe wieder hinausgetrieben hatten. Das ging aber nicht so glatt ab, — wie oft kam ich mit blutendem Kopfe nach Hause. Meine Mutter war außer sich; doch mein Vater schmunzelte, er sah in mir den künftigen Krieger;“ und in seinem Briefe an den Verfasser schreibt der Dichter: „Später war mein Lieblingsspiel das Belagerungsspiel, wo die Festung von zwei tapferen „Roten“ gegen eine heranstürmende Menge von Blauen verteidigt wird.“

Rudolf Herzog schreibt, daß er „als Knabe mit größter Begeisterung dem Räuber- und Soldatenspiel huldigte“.

Thomas Mann erinnert sich, wie er schreibt, freudig „einer vollkommenen, vorschriftsmäßigen blauen Husarenuniform nebst allem Zubehör“.

Paul Remer schreibt: „Ich entsinne mich nur, daß ich später bei Räuber- und Soldatenspielen mit dabei gewesen bin (doch nicht als Anführer), und auch die Pfänderspiele des dann zum erstenmale verliebten Jungen glühen noch in meiner Erinnerung fort.“

Karl Torresani von Lanzenfeld schreibt: „Was insbesondere die Vorliebe für Spiel und Spielzeug betrifft, so war eine solche bei mir nur sehr einseitig vorhanden, da mich nur interessierte, was mit Soldaten- und Kriegsspiel zusammenhing.“

2. KAMPFSPIELE MIT SOLDATEN- UND HELDENFIGUREN.

Von allen Spielen der Knaben ist seit altersher das Spiel mit kleinen Soldatenfiguren am Tische oder auch wohl auf der Erde das beliebteste; was für das Mädchen die Puppe ist, das ist für den Knaben der Soldat.

Aber während das mehr häusliche Mädchen die Anzahl ihrer Puppen meist im Rahmen der Kinderanzahl einer Familie hält, so sucht der auf das Zusammenfassen vieler Kräfte und auf große Wirkungen hinstrebende Sinn des Knaben möglichst viel solcher kleinen Soldaten zusammenzubekommen.

Das Mädchen verwendet alle Sorgfalt auf die Pflege, Ausstattung, Sauberhaltung und Kleidung der Puppen, die sie besitzt, der Knabe dagegen treibt mit Soldaten einen Sammelsport.

Deshalb erfreuen wir die Knaben, obgleich es von uns erzieherisch unrichtig ist, mehr durch die Quantität, als durch die Qualität der kleinen Blei- und Zinnkrieger.

Es sammelt sich dann im Laufe der Jahre Infanterie, Kavallerie und Artillerie in den verschiedensten Regimentern an, und das gibt dann eine herrliche Parade, zumal bei möglichst viel Völkern, wie Deutschen, Engländern, Franzosen, Italienern, Österreichern, Russen, Buren und Japanern. Welche Bündnisse können nicht geschlossen, welche großartigen Schlachten nicht geschlagen werden.

Und es gibt in der Tat kaum eine bessere Anschauung historischer und kriegerischer Ereignisse, als die getreue Reproduktion von Soldaten, Feldherren und Schlachten, ob es sich nun um Griechen und Trojaner oder um Russen und Japaner handelt, und deshalb haben auch die Nürnberger Bleifigurenfabrikanten seit dem Vorgehen Hilperts im 18. Jahrhundert den Grundsatz befolgt, in Ausrüstung und Ausführung ihrer kleinen Bleigeschöpfe so gewissenhaft wie möglich vorzugehen, zumal Kinder oft viel schärfer sehen und beobachten, als Erwachsene.

Auch die Zinn- und Bleisoldaten so vollkommen und künstlerisch vollendet als möglich herzustellen, — soweit es eben die Kleinheit und die polychrome Behandlung gestatten — wird die vornehmste Aufgabe unserer Spielwaren-Industrie sein müssen.

Wir dürfen aber in der künstlerischen Behandlung nicht über das Ziel hinausgehen wollen, das die Anschauung des Kindes der Ausführung dieser Figuren der Kleinplastik setzt.

Die Spielzeugsoldaten, namentlich die aus Holz, haben nämlich in früherer Zeit wiederholt als Karikaturen zur Verhöhnung irgend eines verlierenden Heerführers herhalten müssen, dann erhält aber der Soldat für das Kind mehr den Charakter eines Harlekins oder Hampelmanns, welcher einst ebenso oft zur Karikatur diente.

Das Kind soll im Hector, der verliert, genau so einen Helden sehen, wie im Achilles, ist aber ein Soldat so feige, daß er nicht nur immer verliert, sondern auch immer davon rennt, so wird er für das Kind ebenso gut wie für uns Erwachsene entweder eine verächtliche oder eine komische Figur.

Die neuerdings in Berlin zur Ausstellung gelangten Spielsoldaten zu Pferde, die Karikaturen unserer Kavallerie sind, gehören in ein Witzblatt und sind für Kinder, die mit strammen, dem Ideal eines Soldaten entsprechenden Figuren spielen wollen, schon deshalb nicht geeignet, weil es nicht erzieherisch wirkt, dem Kinde gegenüber den Militarismus, in dem, trotz mancher Mängel, viel Gesundes, Kräftiges, Kernfestes und Männliches liegt, lächerlich zu machen. Immerhin ist der Versuch, Humor und Charakteristik in das Spielzeug zu legen, nicht von der Hand zu weisen, nur müßte die Bezeichnung eben lieber nicht „Soldaten“, sondern die „Löffelgarde zu Pferde“ oder wenigstens so lauten, daß das Kind erkennt, hier ist nicht der Typus eines Kavalleristen dargestellt wie er ist, sondern wie er nicht sein soll.

In einer Buschiade sind solche Darstellungen ganz ungefährlich, weil eben das Kind weiß, es sieht ein lustiges Buch an, in dem eben alle Erscheinungen des Lebens von der komischen Seite aufgefaßt sind, aber bei plastischen Soldaten ist das mißlich.

Spielen unsere Kinder mit ihren kleinen Soldaten Krieg, dann verliert meist immer die unbeliebtere Nation, aber trotzdem soll das Heer der verlierenden Partei kampftüchtig sein, sonst wäre es ja kein Gegner, den es sich verlohnte zu bekämpfen.

Ein Heer von Trottel- und Schlafmützen-Typen wird das Kind sich nie als Soldaten sammeln wollen; und jedes politisch satirische Spielzeug ist als für das Kind ungeeignet anzusehen.

* * *

Bleisoldaten sollen schon die Römer-Kinder gehabt haben, und in einem Grabe von Pesaro ist (nach d'Allemagne)*) ein kleiner Cäsar zu Pferde entdeckt worden.

Durch das von der Äbtissin Herrad von Landsberg herausgegebene bereits erwähnte Werk Hortus Deliciarum wissen wir, daß kleine kämpfende Ritterfiguren schon im frühen Mittelalter existiert haben.

---

*) Siehe benutzte Literatur.

Aus dem 14. Jahrhundert stammt ein kleiner, mit reicher Rüstung versehener Blei-Ritter, bei dem die Füße des Pferdes auf einer ornamental geschmückten Platte ruhen, während aus dem 15. Jahrhundert kleine Turnierritter erhalten sind, die auf Rollen liefen und sich mit ihren Lanzen bekämpfen konnten.

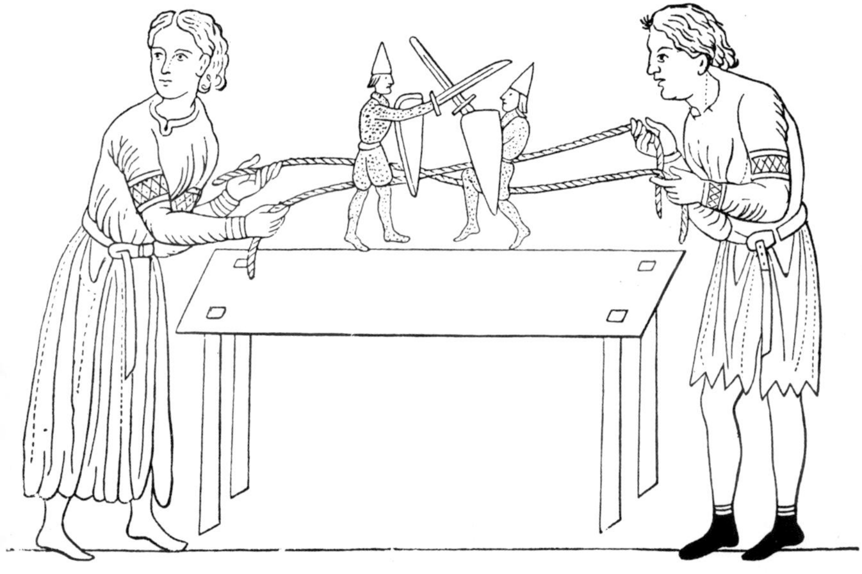

Ritterfigurenspiel aus dem Hortus Deliciarum.

Nach d'Allemagne*) sind zweimal für den französischen Hof große Armeen von kleinen Soldaten hergestellt worden und zwar 1650 eine Armee von kleinen, massiven Silbersoldaten für den 12 Jahre alten Ludwig XIV., die nicht weniger als 50 000 Taler kostete. Der Bildhauer Georges Chassel fertigte die Modelle, der Silberschmied N. Merlin

*) Siehe benutzte Literatur.

führte die Figuren aus. Der kleine Ludwig sollte an ihnen die Kunst des Kriegsspiels erlernen.

Als unter seiner Regierung dann für den 8jährigen Dauphin 1669—1670 20 Eskadrons Kavallerie und 10 Bataillone Infanterie bestellt wurden, ging man etwas vorsichtiger mit dem Gelde um und ließ diese zweite Armee aus Pappsoldaten herstellen. Die Nürnberger und Augsburger Spielzeughersteller waren an diesen Lieferungen für den französischen Hof, unter denen sich auch Bleisoldaten befanden, in hervorragender Weise beteiligt.

Im 18. Jahrhundert schuf Joh. Elias Ridinger treffliche Dragoner, Husaren und Kürassiere in Papier, und die Bleisoldatenfabrikation, die nur den flachen Typus damals herstellte, gelangte in Nürnberg zu hoher Blüte, zumal die Zietenhusaren und Seidlitzkürassiere, sowie die gesamte Armee des siegreichen Königs Friedrich II. fast überall bei den Kindern in Deutschland sehr beliebt wurden.

Johann Georg Hilpert war der bedeutendste und künstlerischste Fabrikant dieser Epoche.

Später wurden die Garden Napoleons I., und als diese nach dem Brande Moskaus aus Rußland flohen, die Kosaken als Bleisoldaten gerne gekauft, und der Straßburger Henri Gessey stellte 1810 sogar eine Armee von ca. 5000 Papiersoldaten her, in der er die Uniformen aller bedeutenden Regimenter der „grande armée“ festzuhalten suchte.

Unsere modernen Spielzeugsoldaten nun sind noch immer aus denselben Materialien wie einst, nämlich aus Papier, aus Holz und aus Zinn und Blei; die Zinn- und Bleisoldaten beherrschen aber den Weltmarkt und interessieren für unsere Betrachtung am meisten.

Während man aber in früheren Jahrhunderten die Soldaten 6 bis 11 cm hoch herstellte, haben nur noch Holz- und Papiersoldaten dieses Riesenformat, denn unsere Zinn- und Blei-Kämpfer sind meist nicht höher als 3 bis 6 cm, mit

Ausnahme einer Kavallerie-Abteilung, die später noch erwähnt werden wird.

Die Papiersoldaten gehören zu den Ausschneidebogen und eignen sich besser für Puppentheater als für die Feldschlacht, und nur die Holzkrieger verdienen noch einige Worte der Erwähnung, ehe wir uns den Zinn- und Bleisoldaten zuwenden.

Zinnsoldaten (erste Hälfte des 19. Jahrh.).

In den großen verheißungsvollen Holzschachteln liegen noch immer die hübschen, buntbemalten Holzsoldaten, mit denen die meisten von uns einmal als Kinder gespielt haben.

Sie stehen, noch wie damals, auf runden Stehhölzern, machen ein nicht übermäßig intelligentes Gesicht und verlieren manchmal ihre angeklebten Waffen, Holzgewehr, Tornister und Seitengewehr, die sich aber nach dem Kampfe bei einigem Geschick wieder anleimen lassen.

Es gibt Infanterie, aber auch Kavallerie und sehr hübsche Garde du Corps.

Die Zinn- und Bleifiguren sind nicht allein dem Soldatenspiel gewidmet, wenn demselben auch der Löwenanteil in diesem Fabrikationszweige zufällt.

Unter den flachen Zinnfiguren, die in Schachteln verpackt sind, finden sich Darstellungen von Haus und Hof, Feld und Wald, Märchen und Sagen und auch historische und geographische Zusammenstellungen.

Mit dem trojanischen Krieg beginnt dann der militärische Teil dieser hübschen Anschauungsfiguren. Ein Hintergrund mit der Burg von Troja gibt dem Spiel das richtige historische Kolorit, und die beigegebene Erklärung führt die noch in der Sage und Geschichte unkundigen Kinder in die geschichtlichen Ereignisse ein, zumal jeder Held: der herrliche Achilles auf dem Streitwagen und der bogenspannende Odysseus und alle die anderen Helden durch Nummern am Stehplättchen bezeichnet, und in der Erklärung genau beschrieben sind. Die Erstürmung Trojas in massiver Ausführung hat nur einen viel kleineren Teil an Figuren.

Diese aber sind dafür viel schöner und sorgfältiger ausgeführt und es ist in dieser Zusammenstellung außer den Bleifiguren der griechischen und trojanischen Helden auch das berühmte hohle Holzpferd vorhanden.

In derselben Weise sind in Flach- und Massiv-Figuren die Kreuzzüge mit Jerusalem als Hintergrund hergestellt.

Vor allem aber erscheinen in beiden Ausführungen, auch den geschichtlichen Ereignissen der Gegenwart folgend, immer die neuesten Schlachten der Weltgeschichte, so unsere Schlachten mit den Hereros und ferner japanisch-russische Schlachten und überhaupt die Soldaten aller Länder.

In den kleinen Nürnberger Holzschächtelchen, die wir alle aus unserer Jugendzeit kennen, sind z. B. alle Waffengattungen der deutschen Armee und zwar die Soldaten in sämtlichen Stellungen: Sturm, Feuer, Paradeschritt, durch Wasser watend, liegend, knieend, fallend, tot, per Rad und in jeder nur denkbaren Lage oder Bewegung vorhanden, und es stellen sich Knaben sowohl in- als auch ausländische Armeen nach und nach zu Paraden, Manövern und Schlachten durch Ankauf dieser im einzelnen sehr billigen Schächtelchen zusammen. Ja es kaufen sogar Offiziere diese Soldaten zum militärischen Anschauungsunterricht, war doch früher die Verwendung kleiner Zinnsoldaten zum Kriegsspiel allgemein gebräuchlich. Kaiser Alexander I. von Rußland war ein en-

Kronprinz Friedrich Wilhelm und Prinz Wilhelm mit Bleisoldaten spielend. (Silhouette 1802.)

thusiastischer Freund dieses Spiels, und auch in Frankreich waren die Soldats de démonstration im ganzen 19. Jahrhundert zum Kriegsspiel unbedingt notwendig.

Zeichnen sich die flachen Zinnfiguren durch Preiswürdigkeit aus und kommen daher der Sehnsucht nach unbeschränkter Quantität am besten entgegen, so haben die massiven vollen Figuren, die aus Bleikomposition bestehen, gegenüber den flachen Zinnfiguren den Vorteil größerer Haltbarkeit und vor allem den der größeren Lebenswahrheit.

Daher kommt es, daß in diesen massiven Figuren auch eine viel größere Auswahl und Mannigfaltigkeit existiert wie in den flachen Zinnarbeiten. Es sind darin vorhanden: Jagden, Kinderleben, Ritterkämpfe, Bauernhöfe, Märchen, Indianerleben, Schlachten und Soldatenspiele aus allen Zeitaltern. Bei allen diesen Zusammenstellungen sind alle Einzelheiten genau der Wirklichkeit abgelauscht; so ist z. B. bei der Elefanten-

Zinnaufstellung, Aufstand in Südwest-Afrika.

jagd sogar eine richtige Falle resp. Fallengrube vorhanden, in die der Elefant hineinstürzt, sobald er den täuschenden Grund betritt. Die Inder, die Palmen, die Hecken, alles entspricht genau der Wirklichkeit.

Die größten Soldaten sind die Gardes du Corps und Husaren zu Pferde von beinahe 20 cm Höhe; diese ganz massiven Bleisoldaten haben natürlich ein beträchtliches Gewicht.

Was von den flachen Zinnfiguren in bezug auf die Soldaten gilt, nämlich daß alle Waffengattungen in- und ausländischer Heere existieren, das gilt von den massiven Soldaten erst recht.

Sie haben aber auch Vorteile, die den flachen Figuren fehlen, und zwar zeichnen sie sich nicht nur durch größere Haltbarkeit aus, sondern auch vor allem durch ihre plastische Wirklichkeit. Bei ihnen ist es möglich, die kleinen Helme, Säbel, Tornister usw. aufzusetzen und abzunehmen, auch sind ihre Wagen richtige Fahrzeuge, die wirklich auf Rädern laufen.

Besondere Zusammenstellungen sind dem Soldatenleben gewidmet. So eine Kollektion für den Eisenbahn- und Brückenbau, die außer den Wagen, Schienen und Utensilien auch die Mannschaften und zwar in voller Tätigkeit zeigt.

Eine andere Sammlung enthält die Militär- und Motorwagen mit Mannschaft, die reizend konstruierten Wagen sind sämtlich mit Uhrwerk versehen.

Auch Fürstenfiguren aus Blei und zwar sämtlich zu Pferde und aufs herrlichste bemalt, genügen der Lust am Helden- und Königspiel mit Figuren. Wir sehen da den deutschen Kaiser, die Kaiserin, den Kronprinzen, Prinz Heinrich, Bismarck, Moltke und alle anderen in- und ausländischen Fürsten und großen Feldherren.

Vom künstlerischen Standpunkte aus muß die massive Figur als plastisches Kunstwerk im Spiele des Kindes der Flachfigur bei weitem vorgezogen werden, denn sie allein gibt die Realistik des Lebens, und so gut wie wir, die Erwachsenen das vollplastische Werk eines großen Bildhauers der Behandlung des gleichen Themas als Flachrelief vorziehen, so ziehen auch die Kinder volle Spielzeugfiguren den Flachfiguren vor, und wenn sie das vom vierten oder fünften Jahre an nicht tun sollten — denn mit dem dritten Jahre fangen sie erst an wirklich plastisch zu sehen —, nun so können wir sie es lehren. Da aber der Besitz von Spielzeug genau so eine Preisfrage ist wie der Besitz von Kunstwerken, so lassen sich hier keine Vorschriften machen. Der Knabe, der von seinem

Taschengeld Soldaten sammelt, der kauft eben doch lieber viele flache als wenige massive Figuren.

* * *

Carl Bleibtreu schreibt: „Ihre gefällige Anfrage kann ich nur dahin beantworten, daß ich als Kind besondere Vorliebe für Bleisoldaten hatte und zwar solche mit Uniformen der Napoleonischen Zeit. Einer sonstigen Liebhaberei für Spielzeug kann ich mich nicht erinnern."

Felix Dahn*) erzählt in seinen „Erinnerungen vom Weihnachtsabend": „Auf langen mit weißen Linnen überzogenen niedrigen Tischen standen und lagen da oben um das strahlende Baumwunder her die reichen Geschenke: immer ungezählte Bleisoldaten — ganze Armeekorps! — einmal eine klafterhohe Festung aus Holz und Pappe usw."

M. Eyth schreibt: „Früher hatte ich eine förmliche Abneigung gegen fabriziertes Spielzeug, mit Ausnahme von Bleisoldaten, und machte mir, was ich brauchte, selbst, allerdings mit Beihilfe einer lebhaften Phantasie, die für alle Fehler und Mängel der Ausführung eintrat."

Cäsar Flaischlen schreibt, er spielte „vor allem aber und am liebsten und andauerndsten mit Bleisoldaten, mit denen die ganzen Schlachten von 1870/71 nachgeschlagen wurden".

Otto Franz Gensichen schreibt: „Am liebsten spielte ich als Kind mit Bleisoldaten, — hatte doch der Vater meiner Mutter, der mit meinen Eltern in demselben Städtchen und zuletzt gar in demselben Hause wohnte, den Schillschen Feldzug 1809 als Husar und die Freiheitskriege von 1813 bis 1815 als Ulanenoffizier mitgemacht und uns oft genug aus seinen ruhmreichen Kriegserinnerungen erzählt."

Martin Greif schreibt: „Ich hatte in der Jugend am Spiele mit bleiernen Soldaten große Freude."

Paul Oskar Höcker schreibt: „Meine Jugend stand frühzeitig unter den Einflüssen, die der Doppelberuf meines

---

*) Siehe benutzte Literatur.

Vaters als Schauspieler-Jugendschriftsteller auf unser familiäres Leben ausübte. Ich erinnere mich zwar einer „Bleisoldaten-Epoche“, die jahrelang den Wunsch in mir wachhielt, Offizier zu werden, am liebsten Seeoffizier.“

Detlev von Liliencron erwähnt in seinem Schreiben als Spielzeug seiner Kindheit: „Blei- und Zinnsoldaten aus Nürnberg (Allgäuer hieß der Fabrikant, der ein Künstler gewesen sein muß).“

Thomas Mann schreibt: „Auch mit Bleisoldaten habe ich gespielt, aber ohne rechte Leidenschaft, obgleich ich außerordentlich schöne, fast fingerlange mein eigen nannte, die man vom Pferde herunternehmen konnte, wobei mich nur der dicke Zapfen störte, den sie zwischen den O-Beinen trugen.“

Adolf Wilbrandt erwähnt unter den Spielen, die er besonders geliebt hat, seine „Zinnsoldaten, für deren Reiche und Monarchen er eine Zeitlang auch eine Zeitung schrieb“.

* * *

Bei den Soldaten des modernen Heeres sind die Waffen ein ebenso wichtiger Bestandteil ihrer Ausrüstung wie bei den Landsknechten des Mittelalters und bei den Soldaten des klassischen Altertums, aber zu den Handwaffen ist seit Erfindung der großen Mörser noch das schwere, früher nicht transportable Geschütz hinzugetreten. Die Artillerie mit ihren schnellfahrenden Kanonen beherrscht heute das Schlachtfeld mehr als je und spielt im Kampfe eine ganz bedeutende Rolle.

Es ist daher nicht zu verwundern, daß auch die Kinder, namentlich die Kinder der Fürsten, schon bald nach dem Auftreten der ersten Rohrgeschütze solche in Miniaturformat besitzen wollten, und so erhielt Karl VI. von Frankreich, der 1380 mit 12 Jahren König geworden, im Alter von 15 Jahren eine kleine hölzerne Spielzeugkanone.

In den folgenden Jahrhunderten schossen die Kinder dann aus kleinen Kanonen mit Raketen und in der Empirezeit hatten die Spielzeugkanonen ungefähr schon dieselbe Gestalt, die sie heute haben.

Immerhin sind die Kinderkanonen im letzten Jahrhundert noch ganz wesentlich verbessert worden. Sie sind meist aus Metall und werden jetzt mit richtigen kleinen, natürlich ungefährlichen Geschossen geladen, nämlich mit Gummigranaten, die mit Amorcen abgeschossen werden, doch hat man auch Kanonen mit Kräkergeschossen.

Nebenbei existieren auch noch die mit Erbsen zu ladenden Kanonen und ganz große Holz- und Blechkanonen, bei denen Gummibälle die Geschosse bilden.

Diese großen Kanonen können auch für das Personen-Kampfspiel im Freien verwendet werden und wenn sie auch glücklicherweise keinerlei Schaden anrichten, so sind sie doch eine Bereicherung des Kampfspiels, denn wer von dem Gummiball getroffen wird, muß als kampfunfähig aus dem Spiele ausscheiden.

Auch für das Freie geeignet, trotzdem es ein Kampfmittel im Figurenspiel bildet, ist eine ganz moderne Erfindung, nämlich das Küstengeschütz mit Hinterlader.

Dasselbe steht auf einer drehbaren Scheibe, der Lauf der Kanone ist aus Stahl und das Geschütz wird mit Leuchtkugelbomben geladen.

Endlich sind auch noch die alten Mörserkanonen im Handel, die mit richtigem Pulver geladen zum Böllerschießen verwendet werden können.

* * *

Theodor Fontane schildert das Ricochette-Schießen in dem Werke: „Meine Kinderjahre“:*) „Es war nämlich ein Ricochette-Schießen, was im Prinzip etwa dasselbe bedeutet wie das „Butterstullenwerfen“ auf einem Teich. Die mächtige Kugel setzte in Entfernung von 300 oder 500 Schritt zum

---

*) Siehe benutzte Literatur.

erstenmal auf und trieb eine Wassersäule, ganz nach Art eines Springbrunnenstrahls in die Luft; dann folgte ein zweites und drittes Aufsetzen, bis die Wassersäulen immer kleiner wurden und schließlich die Kugel versank. Ich hätte stundenlang dem entzückenden Schauspiele zusehen können."

* * *

Der Wohnort und Aufenthaltsort des Soldaten, sein Heim, in dem er lebt, oder das Heim seines Herrn oder Führers, das er verteidigt, sind Burg, Festung und Kaserne.

Von diesen dreien sind die beiden befestigten und zu verteidigenden Orte, nämlich Burg und Festung, die für das Kind poetischsten, dennoch wird auch die Kaserne den auf das Wohl ihrer Zinn- und Bleitruppen bedachten Kindern als notwendig erscheinen, denn eine Kaserne ist immer nötig und sei es auch nur die Soldatenschachtel, in die die schlachtmüden Liliputaner nach dem Kampfe gepackt werden müssen, soll nicht das Staubtuch oder der Besen der Zimmerreinigerin oder gar die besitzfreudige Hand jüngerer Geschwister einen oder gar mehrere dieser Kämpfer als Schicksal ereilen.

* * *

Die vielen Einfälle feindlicher Völker boten bei den verschiedenen Nationen im Mittelalter den Anlaß zur Anlage der Festungen und Burgen, die die Bewohner „bergen" sollten. Es wurde beim Bau derselben der größte Wert auf Festigkeit und Uneinnehmbarkeit gelegt. Denn der Feind ging in alter Zeit bekanntlich mit den Verteidigern einer Festung nicht besonders glimpflich um, am wenigsten, wenn es sich um Raubritter handelte.

In großen Burgen legte man möglichst viel Befestigungen an und umgab sie mit hohen, oft mehrfachen Mauern, mit wenigen Eingängen, die man auch noch durch Zugbrücken sperren konnte. Alles überragte der Hauptturm, der meist in seinem tiefen Innern das dunkle Burgverließ barg. Eine

Burg, die die Kinder erfreuen und belehren soll, muß der ursprünglichen Bauart möglichst nachgebildet sein, damit in dem Kinde beim Anschauen derselben alle die herrlichen Ritter-, Kampf- und Eroberungsgeschichten wieder aufleben, die es in ungezählten Büchern geschildert gefunden hat.

Eine Burg oder Festung für die Kinder soll aber auch möglichst schön, möglichst romantisch sein, und je mehr die

Festung aus Holz.

Industrie darauf achten wird, unsere schönsten Burgruinen im Spielzeug zu rekonstruieren, um so mehr wird sie zur kulturgeschichtlichen und künstlerischen Erziehung unserer Kinder beitragen.

Die Festungen und Burgen sind meist aus Holz, mitunter auch aus Blech, besonders die Teile, die wie der Festungsgraben dazu bestimmt sind, Wasser aufzunehmen.

Ganz besonders hübsch sind auch die Festungen mit kleinen bunten Fenstern, die des Abends erleuchtet werden.

Aber auch für diejenigen Kinder, die Belagerung und Beschießung einer Seefestung, etwa Port Arthurs, spielen wollen, ist gesorgt. Es existiert ein Hafen mit Anlegeplatz, dessen großes Blechreservoir mit Wasser gefüllt werden kann.

Die Kinder können mit dieser reizenden Anlage, die mit einem breiten Rundgang um das Bassin versehen ist, sehr hübsche kleine Seegefechte und Landbeschießungen veranstalten.

* * *

Felix Dahn schreibt: „Gar schön und unablässig benützt, d. h. beschossen und verteidigt ward eine prachtvolle, wohl meterhohe Festung aus Holz und Pappe, mit Türmen, schließbaren Toren, Wall und tiefem Graben und Zugbrücke, die mehrere hundert Bleisoldaten zur Besatzung erheischte und noch mehr Belagerer."

* * *

Und endlich in Kasernen gibt es Infanterie-, Kavallerie-, Artillerie- und Train-Kasernen.

Es sind richtige Blechhäuser, die 2—3 Etagen hoch sind und die sich an der Seite öffnen lassen.

Wir sehen im Innern die Betträume — die Bettchen haben sogar richtige kleine Matratzen —, die Wohn- und Wachträume mit Bänken und Tischen, die Offizierszimmer, die Stallräume für die Pferde, dann die Wagenabteilungen und endlich die Bodenräume mit Winde für Futter und Heu.

Anders sieht es in einer wirklichen Kaserne auch nicht aus, aber diese kleinen Soldaten haben es viel besser wie die lebendigen und großen, denn sie werden abends ihrer Waffen, Säbel und Helme entkleidet, sorgsam ins Bett gelegt, zugedeckt und morgens wieder angezogen. Ja unsere Kinder übertreffen jede Militärverwaltung an Liebe und Sorgsamkeit für die Soldaten, und so mancher wirkliche Soldat wird wohl, wenn Dienst und Behandlung ihm gar zu schwer und hart erscheinen, bei sich denken: Ach, wäre ich doch lieber ein Zinnsoldat.

Zum Schlusse dieser Betrachtung der Soldaten-Figuren sei noch einer Figur Erwähnung getan, welche die kleinen

Kavalleriekaserne aus Blech.

Soldaten mit Recht für einen Riesen halten werden. Es ist das wohl der größte aller Spielzeugsoldaten, sofern wir die im Panoptikum vorkommenden eben ausschließen.

Auf dem denkbar größten Spielzeugpferd, das einem richtigen Pony gleicht, reitet ein entzückender kleiner Kavallerist in Größe eines 8—9 jährigen Knaben und zwar in vollständiger Garde du Corps-Ausrüstung mit Lanze, Küraß, Adler-Helm, Sporenstulpenstiefel, Kavalleriesäbel und Patronentasche. Der kleine Vaterlandsverteidiger, dessen Holzhände Gelenkfinger haben und dessen hübsches Gesichtchen aus Wachs ist, sitzt so elegant im Sattel und sein Rößlein schaut so mutig drein, daß ihn keiner unserer Kavalleristen an Schneidigkeit übertreffen dürfte. Aber man wird in der Annahme nicht fehl gehen, daß der Empfänger eines solchen feudalen Kriegers ihn gar bald aus dem Sattel heben, sich seine Uniform anziehen und sich selbst aufs Pferd setzen wird und daß die Gliederpuppe in einem ruhm- und tatenlosen Dasein ihre Tage beschließen wird, wenn nicht gar eines der Mädchen des Hauses Lust bekommt, gereizt durch das niedliche Milchgesicht des einstigen Kavalleristen, aus ihm eine Riesenpuppe herstellen zu lassen. Nicht unter dem Hufschlag seiner Pferde, wie es von Max Piccolomini heißt, sondern im Puppenwagen, angetan mit Mädchenkleidern, beschließt dann der kühne Reiter sein verfehltes Leben.

VII. KAPITEL.

FIGURENSPIELE, BESONDERS MIT TIEREN.

Wir haben in den vorhergehenden Kapiteln bereits wiederholt die Figurenspiele, das heißt die Spiele mit plastischen Nachbildungen von Menschen und Tieren, kennen gelernt, besonders beim Theaterspiel, beim Pferdchenspiel und beim Soldatenspiel; ja auch die Selbstanfertigung solcher Figuren seitens der Kinder haben wir bei den plastischen Spielen näher betrachtet.

Bei allen diesen Spielen tritt immer wieder das Streben des Kindes in die Erscheinung, die Spielzeugwelt, die es umgibt, seien es nun von Erwachsenen oder von den Kindern selbst angefertigte Dinge, zu beleben, das heißt, als lebend handeln zu lassen, und wir machen dabei die wunderbare Erfahrung, daß die Form der Dinge bei dieser Belebung der das Kind umgebenden Kleinplastik, besonders bei sehr kleinen Kindern, gar keine wesentliche Rolle spielt.

Das Kind nimmt eine Streichholzschachtel und fährt damit auf dem Tische umher und sagt, das ist mein Wagen, im nächsten Augenblick geht es zu einem anderen Spiel über, da wird dasselbe Schächtelchen ein Haus, bei einem dritten Spiel steht das Schächtelchen auf der Schmalseite, dann ist es ein Soldat und wird umgeschossen, und so können fast alle das Kind umgebenden Dinge, mögen sie eine Gestalt haben, welche sie wollen, zu irgend einem menschlichen Wesen, zu einem Tier oder zu einem Gegenstande durch die stets belebende, stets neues bildende Phantasie des Kindes umgeschaffen werden.

Ja, der Mensch wird sogar zum Tiere umgewandelt, denkt sich doch das Kind mit Vorliebe in die Rolle eines Tieres hinein, es galoppiert und dünkt sich ein Pferd zu sein, es miaut und muht und spielt Katze oder Kuh.

Aus diesen so wenig die äußere Form berücksichtigenden Phantasievorstellungen des Kindes hat man besonders in neuerer Zeit Rückschlüsse gezogen, die für die gesamte künstlerische Erziehung und für die Spielzeugindustrie besonders verhängnisvoll werden könnten, wenn sie sich weiter verbreiten würden.

Professor Dr. Konrad Lange sagt in seinem Werk „Die künstlerische Erziehung der deutschen Jugend“*): „Die einfachsten aus Holz geschnitzten Gegenstände, deren man habhaft werden kann und denen man nur grade ihre Bedeutung ansieht, genügen für den Anfang vollkommen. Entgehen doch dem Kinde, wenigstens in den ersten Jahren, tatsächlich auch bei der Beobachtung der Natur die meisten Einzelheiten der Form.“

Es soll die Richtigkeit dieser Ansicht, soweit es sich um die allerfrüheste Entwicklung des Kindes handelt, durchaus nicht bestritten werden, aber nur für diese allererste Entwicklungszeit darf das Wort „einfach“, soweit es sich auf Form und Farbe bezieht, Geltung haben.

Auch ist das Wort „einfach“ ein vielerlei Deutungen auszusetzendes Wort, man kann darunter nur allzuleicht auch „unvollkommen“, „unvollendet“, „skizzenhaft“, ja selbst „formlos“ verstehen und wenn das allgemein darunter verstanden werden würde, so würden wir anstatt einer „künstlerischen“ einer durchaus „unkünstlerischen“ Erziehungs-Epoche entgegen gehen.

---

*) Siehe benutzte Literatur.

Man betrachtet mit Recht die Fußbank als ein ideales Spielzeug der Kinder, weil sie der Phantasie des Kindes einen weiten Spielraum gewährt, denn sie wird von dem Kinde ebenso gut als ein vierfüßiges Tier, als ein Haus auf 4 Pfeilern und umgekehrt als ein Leiterwagen oder ein auf dem Rücken liegendes Tier angesehen und verwendet, wie es das Spiel nun eben grade erfordert.

Aber darum ist die Fußbank, deren eigentliche Bedeutung das Kind trotz aller Spiele mit derselben nie vergißt, nicht etwa ein geeignetes Geschenk als Figurenspiel, denn das eine wolle man doch nicht vergessen, daß es zwei ganz verschiedene Dinge sind, ob ein Kind einen Gegenstand aus eigenem Willen umschafft — sagen wir einmal einen Stock in einen Wolf — oder ob die Autorität des Vaters, der Mutter oder sonst eines Erziehers kommt und dem Kinde einen Stock gibt, und es im Ernste glauben machen will, daß dieser Stock die Nachbildung eines Wolfes sei. Denn das letztere ist eine Vergewaltigung der Phantasie des Kindes, wie sie schlimmer und unkünstlerischer garnicht gedacht werden kann.

So kann denn auch der bekannte neue Münchener Spielzeugdackel, dem seine humoristischen Qualitäten keineswegs abgesprochen werden sollen, nicht als eine solche Vereinfachung des Spielzeugs angesehen werden, wie sie im Interesse der künstlerischen Erziehung wünschenswert erscheint, denn diese Figur, die sich zu einem wirklichen Hunde verhält, wie ein Hampelmann zu einem Menschen, gibt der Phantasie des Kindes einen so weiten Spielraum in bezug auf die Form, daß sich die Anschauung des Kindes verwirrt, weil es Eidechse und Hund beinahe aus der gleichen Form herauskonstruieren kann.

Weit besser und für kleinste Kinder ohne weiteres verwendbar erscheinen die Tiere der von verschiedenen Künstlern neuerdings hergestellten Archen Noah's. Diese Archen sind originell erfunden, und auch die Tiere zeugen von guter Naturbeobachtung und feiner Charakteristik, aber was für die kleinsten Kinder gut oder auch vorzüglich ist, das ist darum durchaus noch nicht für ältere Kinder unbedingt geeignet.

Es wird als ein riesiger Vorteil allgemein gepriesen, daß diese Tierfiguren nur mit wenigen Schnitten ausgeführt, und fast monumental geschnitzt seien.

Das ist gerade für die älter und verständiger werdenden kleinen Kinder, die ihren Formensinn ausbilden sollen, ein großer Fehler.

Je unerfahrener Jemand in der Kunst ist, und das ist doch ein Kind weit mehr als ein Erwachsener, der schon viel gesehen hat, umso schwerer ist es für ihn, die skizzenhafte unausgeführte Technik zu verstehen.

Solch ein Tier dieser neuen Archen ist aber vom technischen Standpunkt aus nichts als eine zwar charakteristische, aber doch ganz skizzenhaft ausgeführte Arbeit der Holzbildhauerei. Wer daneben die massiven Holzpuppen der Ägypter, die aus Walroßzahn geschnitzten Eisbären der Eskimos oder auch die in den Formen weit ausgeführteren Tiere der Reimann-Kinderbildhauer-Schule betrachtet, der muß sagen, daß die meisten dieser Figuren all der neuen Archen zwar als plastische Tierskizzen volle Anerkennung verdienen, als Kinderspielzeug für ältere Kinder aber erst der technischen Ausführung bedürfen, und daß die Fertigstellung und vollkommene Ausführung eines jeden kleinen plastischen Spielkunstwerks für Kinder unentbehrlich ist. Ebenso wenig wie wir einem Kind die Schönheit eines Torsos ohne Kopf und ohne Arme erklären können, ebensowenig können wir ihm die Hochschätzung für eine plastische Skizze ohne besonderen Unterricht beibringen. Die jungen Griechenfrauen erquickten sich an der Schönheit und Vollkommenheit der plastischen Formen, und diese Formenfreude ging als Erbschaft auf die kommende Generation über. Sind wir da berechtigt, unsere junge Generation an der Unvollkommenheit der Formen sich bilden zu lassen, an Tier- und Menschenfiguren, bei denen statt edler Muskel- und Körperform das Messer des Schnitzers eine glatte Fläche erzeugt hat? Wollen wir uns so von aller Natur entfernen, daß wir statt der wirklichen dem Kinde stilisierte Formen geben? Ist es Wahrheit oder doch nur eine künstlerische Modetäuschung, daß das Kind statt der lebenden Nachbildung der Natur lieber Skizzen derselben sehen soll, damit seine Phantasie nicht beeinträchtigt werde?

Warum erzählen wir denn da dem Kinde ein ganzes vollständiges Märchen, ein in sich abgeschlossenes, formvollendetes kleines Kunstwerk, anstatt ihm lieber blos eine Skizze zu geben, etwa so: „Dunkler Wald. Eltern fortgegangen, Hänsel und Gretel allein gelassen. Beide aufgewacht, Eltern gesucht, geweint, im Walde umhergeirrt, zur Hexe gekommen, beinahe aufgegessen, Hexe selbst gebraten, davon gelaufen, mit Schätzen zu Eltern zurückgekommen“, oder warum hängen wir nicht Studien von Händen und Füßen ins Kinderzimmer, statt Bilder mit vollständigen Szenen und Figuren? —

Man glaube doch nicht, daß bei realistischer, vollendeter Formengebung eines Spielzeugs der Phantasie des Kindes kein Spielraum mehr bleibe. Im Gegenteil, es bleibt noch immer ein weites Feld für die Betätigung der Phantasie übrig.

Das schönste Schaukelpferd ist nicht lebendig und solch einen gewaltigen Flug die Phantasie des Erwachsenen bei einer Darstellung in der Kunst nehmen muß, um dem Geschauten Natur und Leben einzuflößen, solchen weiten Flug hat die Phantasie des Kindes zu durcheilen, soll das kleine plastische Kunstwerk, und sei es noch so vollendet, ein Symbol wirklich warm pulsierendes Lebens werden.

Ganz andere Forderungen werden für das Figurenspiel vom künstlerischen Standpunkte aus aufgestellt werden müssen als die Forderung von Einfachheit.

Je schöner und je mehr den Formen der Wirklichkeit entsprechend wir eine Figur bilden, desto mehr befruchten wir die Anschauung der Kinder und desto eher befriedigen wir ihre Phantasie. Es ist nicht unsere Aufgabe, die Phantasie der Kinder immer möglichst unbefriedigt zu lassen, sondern sie schon frühzeitig die vollendete Form schätzen und lieben zu lehren.

Nicht eine „Dackel"-Karikatur ist für unsere Jugend erzieherisch und bildsam, sondern eine solche Dackel-Figur, wie sie, um nur ein Beispiel herauszugreifen, ein Meister wie der Bildhauer Richard Rusche zu gestalten versteht, das heißt ein Kunstwerk, das der Form und dem klugen Instinkt und Leben des Tieres gerecht wird.

Auch sehe man sich doch ein solches Werk einmal genauer an und beachte, mit welchem unendlichen, nur dem Meister in einer Kunst eigenen Fleiße, in dem der Wirklichkeit fremden Material alle Einzelheiten des Felles und der Haut des Tieres so naturalistisch nachgebildet sind, daß man eben das Material vergißt und die wirkliche Erscheinung des Tieres in voller Naturwahrheit vor sich zu sehen glaubt.

Die Meisterwerke der Tierbildhauerei aller Zeiten könnten als Vorbilder für die Herstellung von Figurenspielen dieser Art dienen.

Aber auch eine Neigung des Kindes darf nicht unberücksichtigt bleiben, das ist die, daß das Kind sein kleines Kunstwerk realistischer gestaltet zu sehen wünscht als wir. Für uns soll das plastische Bildwerk aus einem Wind und Wetter trotzenden Material sein, wir wollen das edle Kunstwerk eines großen Meisters gewissermaßen für die Ewigkeit gebildet sehen in Marmor oder Bronze und so verzichten wir bei der hohen Kunst in Farbe und Material auf jene Realistik des Wachsfigurenkabinetts, die uns unkünstlerisch erscheint.

Anders empfindet das Kind; abgesehen davon, daß der Besuch eines Wachsfigurenkabinetts für das Kind äußerst amüsant ist, besonders wenn es Darstellungen aus Märchen dort findet, bevorzugt das Kind ein Kunstwerk, das wenigstens an der Oberfläche auch im Material der Wirklichkeit möglichst entspricht, und so finden wir denn neben den aus Holz geschnitzten und aus Papier-maché hergestellten Tieren auch solche in der Spielzeugbranche, die mit Haut oder Fell überzogen sind. Wenn ein Kind ein Felltier garnicht kennt und darum nur mit dem Holztier sehr gerne spielt, so ist das kein Beweis, daß es das Felltier nicht mag.

Im allgemeinen kann als Regel gelten, daß die wahre Gestalt einer Figur in der Spielzeugplastik wichtiger für die Erziehung ist als das Material, aus dem sie gebildet ist, daß aber das Material sich am besten den Zwecken des Kindes anpasse, welche die Figur beim Spielen zu erfüllen hat.

Der beste Spielsoldat ist der massive Bleisoldat, weil er trotz noch so vieler Kugeln, Püffe, Stöße und im Kriege unvermeidlicher Maltraitierungen nicht entzwei geht, das beste Tier dürfte das Felltier sein, denn sein weiches Fell läßt sich vom Kinde streicheln und liebkosen wie das Fell eines wirklichen Tieres.

* * *

Was von den vollplastischen Figuren nun in bezug auf die zu verlangende Vollendung der Form gesagt ist, das gilt keineswegs für die Flachfiguren.

Für die allerkleinsten Kinder ist es überhaupt nicht wesentlich, ob die Figur vollplastisch oder flach ist, aber für die größeren, denen man aus Preisrücksichten oder aus Rücksichten auf die größere Auswahl, wie wir bei den Theaterfiguren gesehen haben, flache Figuren statt voller Figuren gibt, ist die flache Figur ein ohne weiteres Bedenken zu akzeptierender Ersatz für die Vollfigur, soweit nur das Flächenbild oder Flachrelief in Farbe und Linienführung der Natur entspricht.

Das Kind betrachtet unbewußt die Flachfigur wie ein im Raume stehendes ausgeschnittenes Bild und nicht wie ein plastisches Kunstwerk, darum sind auch an die Flachfigur weit weniger Ansprüche zu stellen. Sie ist der Formgestalt nach eigentlich weniger eine Figur als eine plastisch verstärkte Silhouette im Raume.

Ob die neuen, in ihrer Charakteristik oft trefflichen und für uns Erwachsenen künstlerisch interessanten Entwürfe solcher Flachfiguren von verschiedenen Künstlern, die als Umrißausschnitte aus der Natur gedacht und dem Leben teilweise durch scharfe Beobachtung abgelauscht sind, für die Kinder zur künstlerischen Erziehung auch wirklich geeignet sind, das müßte erst durch längere Versuche festgestellt werden und ist nicht ohne weiteres zu bejahen.

Die Flachfigur des Zinnsoldaten ist auf beiden Seiten reliefartig behandelt; die als Bild ausgeführte Flachfigur des Puppentheaters zeigt eine Gemäldefigur mit Perspektive, Farbe, Licht und Schatten, und so kommen denn die besprochenen künstlerischen Entwürfe den Figuren des Schattentheaters am nächsten, zumal wenn man sich diese anstatt in „schwarz" in einer Farbe oder in einigen wenigen Farben ohne jedwede Schattierung — Farbenfläche an Farbenfläche gestellt, also im Plakatstil bemalt — denkt.

Tiere, die zwei Beine haben, erhalten bei dieser Art der Behandlung eins, und Tiere, die vier Beine haben, erhalten nur zwei, und bei aller Hochschätzung vor dem guten Willen der reformierenden Maler kann man sich der Empfindung nicht erwehren, daß diese flächig behandelten Entwürfe besser in das Bilderbuch passen, das sowieso aus lauter Papierflächen zusammengebunden ist und in dem dem Kinde eben die flächige Behandlung ganz natürlich erscheint.

Im Spielzeug, das plastisch ist, ist die vollplastische Form das beste, wo wir aber den Kindern Flachfiguren geben, da möge, wie es bei Soldaten- und Theaterfiguren eben der Fall ist, die Reliefbehandlung oder die dreidimensionale perspektivische Behandlung unser Streben, mit der Figur vollplastisch wirken zu wollen, wenigstens andeuten.

Je früher wir unsere Kinder „plastisch" sehen lehren, je früher lehren wir sie „künstlerisch" sehen. Freude an der Plastik ist die Grundlage der künstlerischen Erziehung. Nicht nur von Malern, sondern auch vor allem von Bildhauern sollte unser neues, künstlerisches Spielzeug entworfen werden. Nur wenn die Herstellung der Figurenspiele ein Gebiet der Kleinplastik wird, werden diese Spiele ihre kunsterzieherische Aufgabe erfüllen. Die wertvolle Mitarbeit der Maler wird darum immer noch geschätzt werden, und zwar bei vielen Spielen, ganz besonders beim Bilderbuch, bei dem sie unentbehrlich ist.

Sind aber die neueren künstlerischen Entwürfe und Experimente als Beweise für ein Streben zu den Zielen, durch die die künstlerische Erziehung erreicht werden soll, auch dann freudig zu begrüßen, wenn sich selbst nicht alle diese Versuche als „glückliche", das heißt, als wirklich „erzieherische" herausstellen sollten, so ist die Nutzanwendung, die weite Kreise aus den „künstlerischen Tierfiguren", von denen so manche „Übertiere" sind, gezogen haben, aufs energischste zu bekämpfen.

Man ist allmählich zu der Meinung gekommen, künstlerisches Spielzeug oder modernes Spielzeug seien nur solche Tierfiguren und Menschenfiguren, wie sie in diesen von Malern entworfenen Schäfereien, Förstereien und Archen Noahs auftreten. Das ist doch aber ein Trugschluß sondergleichen. Der Inhalt einer Arche Noah ist nur für kleinere Kinder ein passendes Spielzeug und der größte Fehler, den die Aussteller dieses Spielzeugs machen können, besteht darin, daß sie ihre Schaustellung „Ausstellung von künstlerischem Spielzeug" anstatt „Ausstellung von künstlerischem Spielzeug für kleine Kinder" nennen. Wer alle Kapitel dieses Buches auch nur flüchtig durchsieht, der wird erkennen, daß die kleinen Holztiere und Holzmenschen doch nur einen winzig kleinen Teil des Spielzeuggebietes ausmachen.

Wenige werden sich wohl der Ansicht verschließen, daß die Arche Noah oder die Schäferei doch nicht vom ersten bis vierzehnten Lebensjahre das Hauptspielzeug des Kindes bilden darf.

Immer nur einen Holzesel, einen Holzhammel und ein Holzschaf sehen, das heißt immer nur mit den einfachsten Spielzeuggegenständen spielen, befördert den Heerdentrieb, jene große Einfältigkeit, die sich nie im Leben über einen engen kleinen Gesichtskreis hinauszuversetzen versteht.

Und wenn dies Buch überhaupt einen Zweck erfüllen soll, so ist es der, das gesamte große Gebiet der Spiele und des Spielzeugs in den Dienst der künstlerischen Erziehung zu stellen und die Ansicht zu bekämpfen, daß dieses hohe Ziel durch einseitige künstlerische Behandlung grade desjenigen Spielzeugs erreicht werden kann, das doch nur die kleinsten zu kritischer Beurteilung über künstlerische Werte noch unfähigen Kinder interessiert und belustigt.

* * *

Schon in den ältesten Zeiten bildete man Tiere, die man oft göttlich verehrte, so in Ägypten die Katze, den

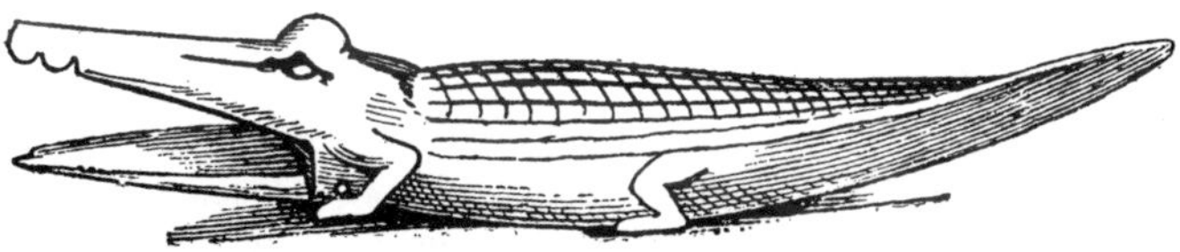

Leyden, ein ähnliches in Berlin.

Altägyptisches Holzkrokodil mit beweglichem Rachen.

Stier, den Vogel Phönix, den Schakal, die Löwin und die Kuh. Als Kinderspielzeug waren besonders kleine Holzkrokodile sehr beliebt. Ein solches befindet sich im Berliner Museum. Es kann den Rachen öffnen und schließen, da der Unterrachen in einer kleinen Walze hängt, die Zähne des ca. 20 cm langen Untierchens sind aus kleinen Metallstiften.

Die altägyptischen Bäcker sollen übrigens die Brote, die sie ihren Kunden zusandten, teils auch in Form von Tierfiguren gebacken haben.

Daß solche gebackenen Tier- und Menschenfiguren besonders beliebt bei den Kindern sind, beweisen die Münchener und Dresdener Lebkuchen mit ihren äußerst humorvollen Darstellungen, auch gibt es Tierbrote noch heute in Hameln.

* * *

Marx Möller schreibt: „Ich brachte kürzlich aus Hameln ein paar Bröte in Rattenform, wie man sie dort backt, mit; ich mußte noch 2 Dutzend nachkommen lassen, denn die Kinder, und zwar bis 12, 13 Jahren, waren wie närrisch darauf begierig; immer wieder wurde ich darum angegangen, ob ich nicht noch eine Ratte hätte. Da sah man wieder, wie wenig ein Kind sieht auf äußeres Raffinement, seine schaffende Phantasie verklärt das Rattenbrot zum Kunstwerk."

* * *

Von den Tontieren der Griechen und Römer sind bekannt: Vögel, Schildkröten, Frösche, Hasen, Schlangen und Affen, und wie bei uns die zahmen und wilden Tiere in einer Arche Noah stecken, so sollen nach Dr. W. Richters*) Angaben auch die Griechenkinder ihre Arche gehabt haben, aber sie hatte die Gestalt des hohlen trojanischen Pferdes, und barg im Innern keine Tiere, sondern die Figuren von Soldaten und Feldherren. Spielzeugtiere aus Kupfer haben sich auf Island gefunden, doch kann man annehmen, daß es sich um importiertes Spielzeug gehandelt hat, dagegen sind die mit Klappersteinen gefüllten Ton- und Holztiere der Germanen wohl eigenes Fabrikat gewesen. Der Holzvogel, der später beim Scheibenschießen eine nicht unwichtige Rolle spielte, ist als Spielzeugvogel in schöner, bunter Bemalung schon zur Zeit der Minnesänger bekannt gewesen.

Im Jahre 1544 schenkte die Äbtissin des Klosters Gnadenberg den Kindern des Patriziers Christoph Fürer in Nürnberg eine Schachtel mit einem sehr hübschen Garten

*) Siehe benutzte Literatur.

darin, was hier nicht unerwähnt bleiben soll, weil viele moderne Spielzeugschachteln außer den Tieren auch Bäume, Gartenzäune und kleine Gartengeräte enthalten.

Im 16. Jahrhundert kamen auch die Krippenfigurenspiele sehr in Aufnahme. Sie hatten sich in den vorhergehenden beiden Jahrhunderten aus den Wiegen des Kindlein Jesu entwickelt und bildeten eine Mittelgattung zwischen Puppenspiel und religiösem Kultus. Unter den sechs üblichen Hauptdarstellungen boten viele, so die Hirten mit der Schafherde auf dem Felde und der Reitesel bei der Flucht nach Ägypten, den geschickten Holzschnitzern reiche Gelegenheit, sich auch im Schnitzen von Tierfiguren zu betätigen. Die uns noch heute mit Namen bekannten berühmten Krippenschnitzer Roman Anton Boos, Andr. Barsam, Joh. Berger, Ludwig, Reiner, Habenschaden, Giuseppe Sammartino, Giuseppe Gori, Lov Mosca, Nicola Vasallo, Nicola Somma, Giuseppe Capiello und Matera aus Sicilien, von denen einzelne erst Anfang des 19. Jahrhunderts wirkten, waren gewissermaßen die Spielzeugfabrikanten in früherer Zeit.

Anfang des 17. Jahrhunderts erhielt Ludwig XIII. als Kind eine richtige Arche Noah. Dieselbe enthielt Tiere aus Glas, Ton, Elfenbein und Holz und es befand sich darunter auch eine Meute von 40 Jagdhunden. Für den Anschauungsunterricht schuf der berühmte Nürnberger Zinngießer Hilpert Tiere als Lehrmittel. Diese Zinntiere trugen auf den Plättchen, auf denen sie standen, den lateinischen Namen in Zinnguß und waren sehr naturgetreu.

Andere Tiere, die im 18. Jahrhundert geschaffen wurden, waren aus Tannenholz von solchen Herstellern gemacht, die mehr auf einen phantastischen Eindruck als auf Naturtreue Wert legten, zumal die Schnitzer die ausländischen Tiere, die sie arbeiteten, nur aus Abbildungen kannten. So erhielten alle einen drohenden blutbefleckten Rachen, zwei fürchterlich rollende Augen, vier schreckliche Tatzen mit langen Krallen und vor allem einen mächtigen drohenden Schweif. Man konnte diese Gebilde ebenso gut für Löwen und Tiger wie für Hunde und Katzen halten. Vielleicht wollten die Hersteller schon damals die Phantasie der Kinder nicht beeinträchtigen und es ihnen freistellen, sich jedes nur denkbare Tier unter diesen Fratzen vorzustellen.

Kurze Zeit später stellte man sprechende Tiere her, nämlich Hunde, die bellten, und Katzen, die miauten, wenn man an einem Griff zog, auch wurde der Hautbezug allgemeiner.

Nürnberger Menagerie aus dem Anfang des 19. Jahrhunderts.

Auch am Anfang des 19. Jahrhunderts war es nicht immer so leicht, die Spielzeugtiere von einander zu unterscheiden. Sobald die Schnitzer des Schwarzwalds Pferde, Schafe, Ochsen, Hunde und andere Haustiere porträtierten, wurden die Tiere sehr ähnlich, kam aber ein wildes ausländisches Tier an die Reihe, dann ließ die Naturtreue recht viel zu wünschen übrig.

Um die Mitte des Jahrhunderts kamen die behaarten Tiere auf, die teils mit einem Uhr- und Musikwerk versehen wurden und dann als „mechanische Tiere" zu Weihnachten eine Attraktion der Schaufenster der Spielzeugläden bildeten.

Die Inder fertigen für ihre Kinder höchst originelle Spielzeugelefanten, die auf Holzbrettchen stehen und weiß, rot, schwarz und gelb bemalt sind, ferner Elefanten und Kamele mit Reitern, und Elefanten aus Ton mit Glimmerbemalung. Katzen aus Bambus und Papier, sowie solche auf Rädern erfreuen sich bei ihnen großer Beliebtheit, wie sich denn auch Holzschildkröten auf Rädern laufend als Kinderspielzeug in Indien vorfinden. Auch buntbemalte Schlangen sind ein beliebtes Spielwerk. Spielzeug-Tierfiguren aus schwarzem Wachs, so zum Beispiel der Jaguar, das Schwein und die Taube, treffen wir in Brasilien an.

In Siam, dem Lande des Spielzeugs, fertigt man für die Kinder reizende kleine Eidechsen mit beweglichen Gliedern.

Die Eskimos schnitzen teils aus Holz, teils aus Wallroßzahn Eisbären, Seerobben und menschliche Figuren aller Art als Spielzeug, und diese Arbeiten sind oft naturwahrer als die, welche wir unsern Kindern geben.

Figurenspiele, das heißt Menschen- und Tierfiguren, werden wie zur Zeit Hilperts auch heute noch in Zinn und Blei ausgeführt, und eine der schönsten dieser Zusammenstellungen heißt: Frühling, Sommer, Herbst und Winter.

Es zeigen uns diese Arrangements in großen Schachteln Leben, Spiel und Beschäftigung der Kinder in den einzelnen Jahreszeiten.

Der Frühling zeigt uns Kinder im Spiel mit Reifen, Bällen, Schmetterlingskäscher, Botanisiertrommel, sowie sich greifende und Versteck spielende Kinder; der Sommer zeigt die Kinder in der Schwimmanstalt, auf der Schaukel am Baum, beim Pferdspiel und Ringel-Ringel-Reihen-Tanz; der Herbst zeigt die Kinder beim Drachensteigen, beim Baumschütteln, Stelzen laufend und Huckepack tragend und der Winter endlich zeigt die Kinder sich schneeballend, Schlitten fahrend,

Schlittschuh laufend, Schnee schippend und jeden Wintersport treibend.

Jede dieser vier Zusammenstellungen hat einen Untergrund und zwar den schönsten hat der Winter, nämlich einen Boden aus imitierten Schneekristallen.

Andere dieser Darstellungen in Zinn und Blei haben wir bereits bei den Soldatenspielen kennen gelernt.

Das Lieblingsmaterial für die Tierfiguren ist das Holz.

In Holzschachteln, großen Kästen und Archen Noahs aller Formate befinden sich alle jene teils bunt lackierten, teils in weiß Naturholz geschnitzten Menschen- und Tierfiguren, welche das Spielzeugreich unserer kleinen Kinder beleben, denn ehe diese in das Metall-, d. h. Zinn- und Bleifigurenalter kommen, werden sie gewöhnlich mit Holzfiguren spielen.

Diese meist in Hausindustrie von armen Holzschnitzern gefertigten Arbeiten haben selbst da, wo ihnen Unvollkommenheiten anhaften, etwas Persönliches und Individuelles, und es gibt darunter auch so trefflich gearbeitete Figuren, daß man wünschen würde, den Bildner derselben zu kennen.

Wenn unsere Künstler danach streben, daß diese Holzfiguren ganz künstlerisch gestaltet werden, so ist das sehr lobenswert, aber nicht immer durchführbar.

Grade der kleine Bürgerstand, aus dem sich doch die meisten aller Spielzeugkäufer rekrutieren, würde von ersten Holzbildhauern geschnitzte Tiere und Menschenfiguren gar nicht bezahlen können, und alle Bewegungen dieser Art, die die persönliche, d. h. nicht maschinelle und nicht fabrikmäßige Herstellung von Spielzeug betreffen, werden einfach an der Preisfrage scheitern.

Wenn in einer ganz hübsch bemalten Arche 2 Dutzend Tiere enthalten sind, und das ganze Spielzeug kostet 50 Pfennig, dann kann man nicht noch hochkünstlerische Tiere verlangen; das muß aber zur Ehre unserer Schnitzer gesagt werden, sie leisten für den geringen Verdienst, den sie haben, ganz Vorzügliches.

Otto Franz Gensichen schreibt: „Nächst den Bleisoldaten bevorzugte ich besonders die aus Holz geschnitzten Tiere der sogenannten „Arche Noahs", — war ich doch in meinem fast ländlichen Heimatstädtchen von klein auf mit der Tierwelt sehr vertraut geworden."

Carmen Sylva schreibt: „Arche Noah und Schäfereien bleiben ideale Spielzeuge, eine Menagerie, ein Meierhof, Soldaten. . . ."

Meierei.

Enthalten nun die Archen alle Tiere in je 2 Exemplaren — übrigens gibt es auch ganz kostbare und große Archen von ca. $1/_2$ m Höhe — so sind „spezielle Holztiere", z. B. die Haustiere in einer Meierei, die Jagdtiere in einer Jagd, die Heerdentiere in einer Schäferei und endlich die wilden Tiere in einer Menagerie zusammengestellt.

Entsprechen diese teils bemalten, teils unbemalten Holzfiguren mehr oder weniger gut ausgeführten, plastischen

Kunstwerken, so erhalten sie doch für das Kind einen noch höheren Reiz durch einen der Wirklichkeit entsprechenden Haut- oder Fellüberzug.

Dackel mit Fell.

Die reizenden kleinen Schäfchen mit einem wirklichen Fell aus weißer Wolle, das sich auch so hübsch weich anfühlt, mit dem kleinen Glöckchen um den Hals, das zwar

Ente aus Stoff.

nur leise, aber in der Zartheit des Tones der Kleinheit der Schäfchen entsprechend läutet oder schellt, die sind für das etwas verständigere Kind im Vergleich zu dem reinen nicht wolligen Holzschaf erst wirkliche Schäfchen.

Für sie ist das Holzschäfchen eine Skizze, das Wollschäfchen ein Kunstwerk selbst in dem Falle, daß das Holzschaf nach unseren Begriffen künstlerischer ausgeführt sein sollte.

Viele kleine Holztiere, wie Pferde, Ziegen und Esel, sind mit einem Fell überzogen, das dem Tastgefühl der

Bären aus Plüsch.

Kinder die richtige Vorstellung vom richtigen Felle dieser Tiere vermittelt und in der Farbe auch ganz naturgetreu ist.

* * *

Die Tiere mit Tuch, Plüsch, Wolle, Leder und Fellüberzug zerfallen in die kleinen Tiere, mit denen die Kinder auf dem Tische spielen und in die größeren, die sie an der Erde ziehen oder auf denen sie sogar reiten und deren

Inneres dann im Interesse der größeren Sicherheit aus einem Eisengestell besteht.

Viele dieser teils vorzüglich ausgeführten Tiere stehen auf einem Brett mit Rollen, bei einem großen Teil derselben befinden sich aber die Räder oder Rollen direkt an den Füßen.

Für ganz kleine Kinder sind die am Kinderwagen zu befestigenden Tuchtiere, besonders Plüschaffen, bestimmt, die

Schaf mit Wolle.

an einem Gummibande hängen und während der Fahrt des Wagens die lustigsten Sprünge ausführen.

Auch die mit Plüsch überzogenen großen Glieder-Bären, -Affen und -Hunde bereiten den Kleinen viele Freude.

Können die Kinder erst selbst laufen, so muß der niedliche rollende Wollpudel, der Lederdackel, das Wollschaf oder der Tuchesel ihnen folgen, und es dauert nicht lange, so besteigen sie dann die größten dieser Tiere, den Elefanten, das Kamel, und nicht zu vergessen das Pferd, den Esel und die Ziege.

Alle die unzähligen Spieltiere in allen Materialien und Ausstattungen anzuführen, würde unmöglich sein; erwähnt sei nur noch, daß auch das Federvieh teils mit natürlichen Federn, teils mit Federn aus weißem oder buntem Tuch nicht fehlt und daß von den einzelnen Tieren, z. B. bei den Hunden alle Arten, wie Pudel, Seidenspitze, Möpse, Dackel, Terriers, Pinscher, Windhunde, Jagdhunde und Doggen existieren.

Kuh mit Lederbezug.

Daß es auch Esel, Schafe und Kühe gibt, die, wenn man ihnen auf den Kopf drückt, „mäh" und „muh" schreien, ist eines jener naturalistischen Momente in der Spielzeugindustrie, die den aufrichtigen, durch nichts zu trübenden Jubel jedes Kindes, ob arm oder reich, erregen, und könnten die Spielesel, was unser lebender nicht kann, gleich Bileams Esel auch sprechen, unsere Kinder würden selbst diese Unnatur als eine märchenhafte Erscheinung oder als einen köstlichen Spaß ohne Widerspruch sich gefallen lassen.

* * *

Das Material, was am meisten berufen erscheint, künstlerischen Neuerungen in den Figurenspielen wirklich Ausdruck zu verleihen, ohne daß die Preise ins Ungemessene steigen, ist Papiermaché.

Büffel aus Papiermaché.

Was den Papiermaché-Tieren, da sie nicht mit der Hand, sondern in Formen mechanisch gearbeitet werden, an Indi-

Nashorn aus Papiermaché.

vidualität fehlt, das ersetzen sie reichlich durch ihre mehr naturalistischen Formen, die nach den von Künstlern gearbeiteten Modellen teils so vorzüglich gebildet sind, daß man sie sogar als sogenannte Schultiere in $^1/_7$ natürlicher Größe für den Anschauungsunterricht in den Schulen verwendet; die Dickhäuter z. B. kommen in der reinen, grau bemalten Papiermaché-Masse ganz natürlich zur Darstellung und den Felltieren, wie Hirsch, Giraffe, Affe, Bär usw. hat man durch eine in richtiger Färbung gehaltene Wollschurauflage, die bei der Fabrikation über die Papiermaché-Masse gestreut ist, ein naturgetreues Aussehen und eine fellartige Griffigkeit verliehen.

Außer diesen Schultieren sind alle zahmen und wilden Tiere als Spielzeug in Papiermaché hergestellt und Schwimmtiere auch in dem leichten Zelluloid.

VIII. KAPITEL

DAS PUPPEN- ODER KINDERFIGUREN-SPIEL.

Von allen Spielen ist das Puppenspiel dasjenige, welches bei seiner Ausgestaltung die meiste Betätigung seitens des Kindes erfordert und darum ist das Puppenspiel nicht nur eines der besten und lehrreichsten Spiele, sondern auch dasjenige Spiel, auf das wir Erwachsene im Interesse der künstlerischen Erziehung unserer Kinder die allergrößte Sorgfalt verwenden müssen, soll es eben dazu beitragen, besonders unsere Mädchen auch mit zur Kunst erziehen zu helfen.

Professor Dr. Konrad Lange*) sagt in seinem Werke „Die künstlerische Erziehung der Jugend": „Die Puppe verdankt ihre hohe pädagogische Bedeutung dem Umstande, daß sie Abbild des Menschen ist. In ihr sieht das Kind Vater und Mutter, Geschwister und Dienstmädchen, Freunde und Bekannte, endlich auch sich selbst. Es denkt sich in die Rolle der Mutter hinein und betrachtet die Puppe als sein Kind. Es kleidet sie an und aus, kämmt und wäscht sie, legt sie ins Bett und nimmt sie wieder auf, füttert sie und läßt sie spazieren gehen oder fahren. Kurz das dramatische Spiel, das ursprünglich nur am eigenen Körper oder an dem der Geschwister oder Gespielen geübt wurde, wird nun auf ein totes Objekt, eine Nachahmung der Natur übertragen. Das ist ein wesentlicher

---

*) Benutzte Literatur.

Schritt zum Verständnis der Kunst, speziell der bildenden Kunst." Und in bezug auf die Verkehrtheit, die darin besteht, daß man Mädchen frühzeitig vom Puppenspiel zu entwöhnen sucht, sagt er: „Man vernichtet damit geradezu ihre ästhetische Illusionsfähigkeit, die doch für die spätere Kunstbildung sowohl wie für die Erziehung der Kinder so notwendig ist. Eine Mutter, die ihre Tochter im 13. oder 14. Jahr vom Puppenspiel abhält oder ihr vorredet, ein so großes Mädchen müsse sich schämen mit Puppen zu spielen, versündigt sich an der Zukunft ihres Kindes. Frauen, die in der Kindheit wenig mit Puppen gespielt haben, werden sich in reiferem Alter durch geringen Kunstsinn, meistens sogar durch wenig Gefühl auszeichnen. Sie werden schwerlich Mütter bedeutender Künstler werden, ja was noch wichtiger ist, sie werden nicht im Stande sein, ihre Kinder richtig künstlerisch zu erziehen. Die Generation, die ihrer Pflege anvertraut ist, wird eine altkluge, nüchterne, verständige, kurz eine künstlerisch tote werden."

Ja Eltern und Erzieher haben die schöne Pflicht, den inneren Drang des kleinen Mädchens, der es dazu treibt, sich in der Liebe für das Püppchen auf die spätere Liebe zum Kinde vorzubereiten, auf die einstige Seligkeit der Mutterliebe: „des Gebens ohne zu empfangen, des Sorgens ohne Ende" in jeder Weise zu fördern. Wo alles Denken und Fühlen des Kindes sich auf die Puppe als Gegenstand der Liebe richtet, hat der Erzieher leichtes Spiel, denn da ist tiefes Gemüt, wahre Herzensbildung und die Empfänglichkeit für die Kunst im Keime vorhanden.

Umso schwieriger ist es, den richtigen Weg zu finden, um treffliche im Kinde ruhende Eigenschaften auch zur Entfaltung zu bringen.

Die Puppe ist eine plastische Figur, sie soll das herrlichste darstellen, was es auf Erden gibt, das unschuldsvolle, süße reine Kind; aber würde auch einer der größten Bildhauer der Welt ein solches Puppenkind für unsere kleinen Mädchen bilden, sie würden mit einer solchen Puppe nicht zufrieden sein, wenn sie ihnen nicht zugleich Gelegenheit geben würde, Sorgfalt und Liebe für das Püppchen in der Tätigkeit zu bekunden, die wir mit „Bemuttern" so treffend bezeichnen und die eben ein dauerndes Schaffen und Wirken voraussetzt.

In diesem dauernden Schaffen und Wirken liegt die erzieherische Kraft des Puppenspiels und wir werden finden, daß je mehr wir der Puppe alle die Eigenschaften und Bedürfnisse verleihen, die das „Puppenmütterchen", nämlich das mit der Puppe spielende Kind, auch besitzt, umsomehr wird die Schaffenskraft des Kindes sich entwickeln, und umso reicher wird die Phantasie sich beim Spiele betätigen können.

Man hört immer wieder von allen möglichen Seiten, daß die Puppe ohne Kopf oder mit halbem Kopf das Kind ebenso sehr erfreue, wie eine vollständige Puppe. Das Kind drücke auch die halb zerbrochene Puppe zärtlich an sich, und es käme nicht darauf an, wie das Spielzeug sei, sondern wie es dem Kind erscheine und was es sich darunter denke und vorstelle.

Daß auch das Kind die verstümmelte Puppe noch liebt und liebkost, ist sehr richtig, denn auch die Mutter liebt noch ihr durch Krankheit oder durch einen Unglücksfall entstelltes Kind. Ferner kommt es tagtäglich besonders bei Kindern auf dem Lande und noch mehr bei den Kindern wilder Völkerschaften vor, daß das Kind den ersten besten Gegenstand zu seiner Puppe macht und ihn streichelt und sogar zärtlich küßt. Aber das beweist doch keineswegs, daß wir Erwachsene, die wir unsere Kinder künstlerisch erziehen wollen, ihnen als Abbild des Menschen die verzerrte Fratze einer Puppe mit zerbrochenem Kopf als Spiel darreichen dürfen, denn es gibt nichts ästhetisch Abscheulicheres als zum Beispiel eine Puppe mit ausgebrochener Mundpartie.

Und was ferner der Phantasie des Kindes erlaubt ist, nämlich den einfachsten Bauklotz zum Menschenbild zu erheben, das dürfen wir Erwachsenen als Spielspender und Geschenkgeber uns noch lange nicht erlauben.

Das Kind ist noch frei; kühn und unbegrenzt in seinem Wünschen greift es mit der Phantasie bis in den Äther hinein und spielt mit den Riesenwolken, die am Himmel stehen und vielleicht gerade die Figur eines Tieres ihm zu bilden scheinen, uns aber sieht das Kind unter dem Zwange leben, den unser Beruf, das heißt von anderen uns vorgeschriebenes Wirken oder selbst freiwillig geschaffene Pflichten uns auferlegen. Wir müssen, soll das Kind Vertrauen und Achtung für uns haben, stille, ruhige, ernste und gesetzmäßige Wege in der Erziehung wandeln, und in allem, was wir dem Kinde darbieten, muß es erkennen, daß die Darbietung mit unserer Kultur, mit unserer Bildung und mit unseren ethischen und ästhetischen Anschauungen übereinstimmt.

Von uns wird es daher erwarten, daß wir die zerbrochene Puppe heilen, das heißt reparieren lassen, und daß wir ihm nicht einen Bauklotz als Puppe darbieten werden, sondern eine nach unserer Auffassung schöne und menschenähnliche Puppe.

Schönheit, aber auch Naturwahrheit wird das Kind bei einer Puppe verlangen.

Wer die naturalistische Ausführung der Puppen bekämpft, insbesondere die beweglichen Gelenke und Augen, die natürlichen Haare und die schönen Kleider, der vergißt ganz, daß alle diese die Wirklichkeit nachahmenden Eigenschaften die höchste Wonne des Kindes ausmachen. Denn grade diese Eigenschaften gestatten ihm seine Phantasie aufs kräftigste zu betätigen, sein Bemuttern des Puppenkindes in Arbeitsspiel umzusetzen.

Hat die Puppe natürliches Haar, so kann sie doch wirklich gekämmt werden, was schon die altägyptischen Puppenfabrikanten einsahen, die sogar die Köpfe der Flachpuppen mit Tonperlensträhnen versahen.

Hat die Puppe gelenkige Arme und Beine, nun so kann sie eben laufen und gehen lernen und das Puppenmütterchen umarmen, wie es die Gliederpuppen schon vor tausenden von Jahren getan haben, als kleine Ägypter-Mädchen am Nil und Griechenkinder am ewig blauen Meere saßen und mit ihren reizenden Gliederpüppchen spielten.

Und nun die Augen: Daß unsere modernen Puppen auch die Augen auf und zuklappen, d. h. schlafen und wachen können, das ist eine herrliche Erfindung, die dem Puppenspiel eine früher nie gekannte Würze gegeben hat, eine Lebendigkeit, durch die die Starrheit der stets offenen Puppenaugen aufs angenehmste überwunden ist. Dieses Augenspiel hat etwas Dramatisches an sich, es ist viel mehr als das Sprechen der Puppen ein künstlerisches Moment in diesem Spiel. Und die Kleider? Ja, wer sein Püppchen lieb hat, der kleidet es so schön, als es ihm seine Mittel erlauben, denn das kleine Mädchen ahmt in ihrer Liebe zur Puppe die Mutterliebe nach, und wer freute sich nicht, wenn er einfache Leute am Sonntag mit hübsch und schmuck geputzten sauberen Kindern gehn sieht, da hat eben die Mutterliebe freundlich gewaltet und aus Eitelkeit oder vielleicht sogar aus Freude am Schönen manches entbehrt, um nur die Kinder hübsch zu kleiden. Warum soll nun das arme Kind, das vielleicht nie ein schönes Kleidchen anzieht, sein Püppchen immer wie Aschenbrödel am Kochherd kleiden; lassen wir ihm doch die Freude, wenigstens sein Püppchen, mit dem es sich im Spiel identifiziert, einmal recht recht schön zu kleiden, so wie Aschenbrödel im Schloß ausgesehen haben muß, und lassen wir ihm im engen Rahmen der Kindheit den Traum auf eine schöne herrliche Zukunft, auf den Prinzen, der es einst heimführt, dann wird es auch so aussehen wie sein kostbar gekleidetes Püppchen.

Freude am Kostüm und an schöner Tracht gehört auch zu der Erziehung zur Kunst.

Bei den Puppen der Indianer, die nach unseren Begriffen durchaus nicht schön sind, da die Gesichter meist recht fratzenhaft wirken, ist die Kleidung und Tracht der Puppen teils eine recht sorgfältige, und wenn man bedenkt, daß sogar die Puppenhemden dieser Indianerpüppchen mit Handstickerei versehen sind, so kann man nicht sagen, daß wir die Indianer in dieser Beziehung an Luxus oder Kunstsinn übertreffen, auch haben die meisten dieser Puppen richtiges Menschenhaar.

In Ungarn, dessen Puppen, was die Gesichter und allgemeine Ausführung anbetrifft, noch hinter den Indianerpuppen weit zurückstehen, wird auf Tracht aber auch Wert gelegt, und besonders wird die in jeder Gegend gebräuchliche Frisur in dem natürlichen Menschenhaar der Puppen aufs sorgfältigste nachgeahmt.*)

Die Puppe dient besonders bei den beiden eben genannten Völkern übrigens keineswegs immer dem Spiele der Kinder.

Die Indianerfrauen tun in die Wiege des verstorbenen Kindes schwarze Federn, Haupthaar des Kindes, Spielsachen und Kleider und tragen diese solange umher, bis sie glauben, daß das Kind erwachsen genug sei, um sich in einer anderen Welt fortzuhelfen.

Und in Ungarn dient die primitive Holzpuppe jungen, von ihrem Bräutigam verlassenen Mädchen zur Beschwörung und sogar Verfluchung des Ungetreuen, also als Rachepuppe, wie solche auch in Schottland aus Ton und in Japan aus Papier, letztere als Rache gegen Diebe gefertigt werden.

Wohl die primitivsten Puppen auf der Welt finden sich, wie wir im Berliner Völkerkunde-Museum sehen können, bei den Boreró-Indianern in Südamerika. Die männlichen Puppen bestehen einfach aus schmalen, rechteckig zusammengelegten Palmblattstreifen, während die weiblichen Puppen aus etwas breiteren Streifen gefaltet sind, die mit einem

---

*) Nach Franz von Gabnays Angaben im Globus, s. benutzte Literatur.

schwarzen Holzband und etwas rotem Zeug umwickelt wurden. Die Puppen haben kein Gesicht, keine Arme, keine Beine, auch keinerlei Zeichnung und sind eben nichts als rechteckige Streifen.

Weit besser sind schon die Holzpuppen Ostgrönlands ausgeführt, wenngleich sie keine Füße haben und die Köpfe nur runde Kugeln sind.

Keinen Kopf, keine Arme und keine Beine, aber eine Vertiefung zur Andeutung des Mundes und Form der Büste haben die schwarzen Wachspuppen der Karaya-Indianer.

Die Betrachtung dieser rohen Spielzeug-Produkte von Völkern, die auf einer tief unter unserer Kultur stehenden Entwicklungsstufe sich befinden, ist notwendig, um festzustellen, daß das Spielzeug ein trefflicher Wertmesser für die Kultur eines Volkes ist, daß andererseits aber die neueren Richtungen, die nicht nur der Einfachheit, sondern der technischen Unvollkommenheit und inhaltlichen Einfältigkeit im Spielzeug das Wort reden, kunst- und kulturfeindlich sind, weil sie das geistige Niveau unserer Kinder auf eine Beschränktheit herabzustimmen suchen, die mit unserer ganzen Kultur in direktem Widerspruche steht; darum macht auch vieles „Überspielzeug“ den Eindruck unwiderstehlicher Komik. Vor nichts müssen wir uns so sehr hüten, als vor der affektierten Nachahmung kindlicher Phantasiegestaltung, die den einfachsten Klotz zum Schiffe, zum Mann, zum Tier, zur Bank, zum Haus gestaltet. Solche Nachahmung seitens Erwachsener ist den Kindern ebenso unerträglich, als wenn man ihnen ihre kindliche unbeholfene Sprache, d. h. ihre Fehler beim Aussprechen nachahmt. Das Kind will nachahmen, es will irgend einen Gegenstand durch seine Phantasie beleben, weil es grade augenblicklich Lust hat, mit einer Puppe oder mit einem Pferd zu spielen, aber gibt der Erwachsene dem Kinde eine Puppe oder ein Pferd, die gewissermaßen kindlich nachempfunden sind, so wird das Kind, wenn der Erwachsene mitlacht, die Hampelpuppe oder das

Zerrbild von einem Pferde als plastischen Humor willig hinnehmen; wehe aber dem Erwachsenen, der solches „Überspielzeug" mit heiligem Erzieherernst darbietet, es könnte leicht passieren, daß er dem Kinde komischer vorkommt als das Spielzeug, und das wollen wir doch auf alle Fälle vermeiden.

Die künstlerische Vervollkommnung der Puppen, deren Gesichter meist sehr niedlich, oft aber etwas zu süßlich sind, deren Körperformen aber beim Auskleiden der Papiermaché- und Tuchstoffkörper einen oft durch das Arrangement der Gelenke bedingten sehr unschönen Eindruck machen, sollte unausgesetzt von der Industrie angestrebt werden.

Die Wachspuppe ist, was den Körper anbetrifft, am vollendetsten, aber sie ist fast noch zerbrechlicher als Porzellan, und waschen läßt sie sich auch nicht, und bei dem Puppenspiel ist, wie wir es auch bei anderen Spielen gesehen haben, der Zweck des Spiels oft für das Material Ausschlag gebend, darum wird die Badepuppe auch immer aus Porzellan oder Zelluloid hergestellt.

Inbezug auf die Nacktheit der Puppen und Menschenfiguren wird übrigens als Regel gelten können, daß die Anwendung der Nacktheit im Spielzeug überall da am Platze ist, wo sie uns, wie bei Badepuppen, dann bei den Figuren der Bade- und Schwimmanstalt, und bei Negerkriegern auch im gewöhnlichen Leben entgegentritt.

1. PUPPEN.

Das Puppenspiel gehört zu den historisch ältesten Spielen. Die Puppen der alten Ägypter waren teils Flachfiguren, teils vollplastische Gelenkpuppen. In der ägyptischen Abteilung des Berliner Museums sind beide Gattungen vertreten.

Die Flachpuppe zeigt ein unten abgerundetes, ca. 15 cm langes Holzbrettchen mit Andeutung der Arme und mit plastischen Tonperlen als Haarschmuck des Kopfes. Da diese einfacheren Puppen wohl für die kleineren Kinder bestimmt waren, so zeigte auch der Körper eine einst gewiß leuchtend gewesene Bemalung in weiß, schwarz und rot.

Brit. Museum, eine ähnliche in Berlin.

Altägyptische flache Holzpuppe in Form unserer „Stechkissenkinder" mit langen Haaren aus Tonperlen.

Die andere Puppe ist eine regelrechte, ganz plastische, aus Holz geschnitzte weibliche Gelenkpuppe. In dem kleinen ca. 10 cm hohen Figürchen, dessen Unterbeine und Arme fehlen, sind die Löcher, an denen die Arme und Unterbeine saßen, vorhanden. Der Körper von mehreren Zentimetern Umfang ist sehr sorgfältig gedrechselt. Im Spezialkatalog ist diese Puppe unter No. 12413 als Mädchen aus braunem Holz, das bewegliche Arme und Beine hatte, bezeichnet.

Man geht wohl kaum in der Annahme fehl, daß solche besseren Puppen für größere Kinder oder auch für besseren Kasten angehörende Kinder als Spielzeug bestimmt gewesen sind.

Bei den Griechen und Römern wurden die Puppen teils aus Wachs, teils aus Ton gefertigt und teilweise bunt bemalt, ihre Anfertigung war ein besonderer Erwerbszweig, und die Gliederpuppe erfreute sich bei den Kindern des klassischen Altertums ganz besonderer Beliebtheit. Bei den Saturnalien erhielten die Kinder kleine gebrannte Terrakottapuppen oder solche aus Elfenbein mit beweglichen Gliedern, und wie gerne die römischen Mädchen mit Puppen gespielt haben müssen, geht daraus hervor, daß sie erst Abschied von ihnen nahmen, wenn sie erwachsen und heiratsfähig wurden, und es war eine sinnige Sitte, die ihnen vorschrieb, das Lieblingsspielzeug der Kindheit, die Puppe, vor Schließung der Ehe der Venus zu opfern.

Aus dem German. Museum.

Nürnberger Tonpuppe aus dem 14. Jahrhundert.

Neben der weiblichen Puppe hat die männliche Menschenfigur auch im Altertum und zwar als Held, Ritter und Soldat existiert, aber die männliche Puppe tritt doch erst im Mittelalter als „Dockenhansl" auf.

Das Docken- oder Puppenmachen war im 14. Jahrhundert in Nürnberg schon ein blühendes Handwerk und um 1400 wirkte dort ein Meister Ott und um 1465 ein Meister H. Meß auf diesem Gebiete.

Zu derselben Zeit kam man auch schon auf den Gedanken, die angekleideten Puppen als Modefiguren zu verwenden, denn die Puppen, welche Königin Isabella von Bayern im Jahre 1391 an die Königin von England sandte, scheinen dazu bestimmt gewesen zu sein, am englischen Hofe die Moden zu veranschaulichen, die Isabella am französischen Hofe eingeführt hatte. Diese Sitte, Puppen sowohl als Geschenke für die Kinder als auch als Mode-Vorbilder für deren Mutter zu verwenden, erhielt sich bis ins 18. Jahrhundert hinein.

Auch Puppen zu Pferde hat es schon gegeben, denn eine solche erhielt 1455 die kleine Madeleine, Tochter des Königs Karl VII. von Frankreich.

Französische Puppe des 17. Jahrhunderts.

Eine mit der Brautkrone gezierte Puppe in der prächtigen Kleidung der Nürnberger Patrizierinnen hieß „Kronbraut“ und um eine solche bat die jugendliche Margaretha Schleicher 1584 als Reisepräsent.

Mit dem 16. Jahrhundert beginnt überhaupt der Luxus im Puppenspiel. Die Puppen aus dieser Zeit zeigen einen Reichtum und einen Luxus in der Kleidung, der dem unserer Zeit durchaus nicht nachsteht, sondern ihn eher übertrifft. So existiert noch aus der Renaissancezeit eine $^3/_4$ Meter hohe Puppe, deren Kleid ganz mit kostbarer Stickerei bedeckt ist. Das Kleid selbst ist aus grüner mit Silber durchwirkter Seide, und der Kragen ist aus prachtvoller Spitzenarbeit. Der Kopf dieser Puppe zeigt, daß ganz tüchtige Bildhauer es damals nicht verschmähten, für die Kinder Puppen zu arbeiten.

Noch weit mehr stieg der Luxus aber im 17. und 18. Jahrhundert.

Louis d'Epernon zahlte im 17. Jahrhundert ca. 10 000 Francs, die Herzogin von Orleans im Jahre 1722 ca. 20 000 Francs für eine Puppe mit Ausstattung. Die letztgenannte erhielt die kleine Prinzessin von Frankreich.

Da das Geld damals einen weit höheren Wert hatte als heute, so ist selbst die große Wachspuppe, die die Pariser den kleinen Töchtern des russischen Kaisers vor einigen Jahren überreichten und deren Kleider Tausende Francs kosteten, nicht an Wert mit den kostbarsten Puppen zu vergleichen, die unter Ludwig XIV., Ludwig XV. und Ludwig XVI. am französischen Hofe als Geschenke für die Königskinder hergestellt wurden.

Eine große Puppenliebhaberin, wenngleich durchaus keine verschwenderische, war als Kind die Königin Viktoria von England, die Großmutter Kaiser Wilhelm II. Frances H. Low*) erzählt, daß die Königin als Kind Puppen über alles geliebt und mit ihnen bis zu ihrem 14. Jahre gespielt habe.

Ihre Lieblingspuppen waren kleine Holz-Anziehpuppen, welche ein besonderes Haus hatten.

„Keins der Kinder der Königin liebte Puppen so wie sie, aber ihre Kinder hatten auch Spielgefährtinnen, die sie niemals gehabt hatte."

Das kleine Königsfräulein führte genau über ihre Puppen Buch. In das Verzeichnis der Puppen trug sie den Namen jeder Puppe ein, von wem sie angezogen war und wen sie darstellte. Sobald die Puppe eine Schauspielerin darstellte, ist Datum und Name des Balletts genau angegeben.

---

*) Siehe benutzte Literatur.

Von den 132 erhaltenen Puppen kleidete die Königin 32 selbst an, und dies ist ein Zeichen für die Geschicklichkeit einer 12jährigen Prinzessin.

Besonders die Theaterfiguren und Hofdamen kleidete die Königin mit Vorliebe an.

Obgleich die Puppen in den verschiedenen Größen fast alle dasselbe Gesicht haben und auch der Typus desselben durchaus nicht intelligent genannt werden kann, so ist die Kostümierung doch bewundernswert, und diese Püppchen haben sogar kleine Taschentücher von ca. $1/2$ Zoll Größe mit gestickten roten Initialen.

Wir finden in der Sammlung Graf und Gräfin Leicester, Königin Elisabeth, eine kleine Bernerin Ernestine, dann viele Tänzer und Tänzerinnen, darunter die berühmte Marie Taglioni.

* * *

Im ersten Viertel des 19. Jahrhunderts lernten die Puppen sprechen und nach d'Allemagne*) soll ihnen der Mechaniker Maëlzel, Paris, zur Sprache verholfen haben; hob man den rechten Arm, riefen sie Mama, bewegte man den linken, den dem Herzen am nächsten sitzenden Arm, so sagten sie Papa.

Man sieht daraus, daß diese Puppenkinder auch den Vater sehr geschätzt haben.

Im zweiten Viertel desselben Jahrhunderts lernten sie dann gehen und die Augen auf- und zumachen, und nach Verleihung dieser Eigenschaften oder Fähigkeiten besaßen denn die Puppen so ungefähr alles, was man so zum Leben braucht.

Aber nicht nur bei uns in Europa werden die Puppen sehr geschätzt, sondern fast mehr noch in Japan, wo den Puppen sogar ein besonderes Fest gewidmet ist.

Das Puppenfest ist in Japan das Fest, an welchem die jungen Mädchen gewissermaßen mündig erklärt werden; es entspricht unserer Einsegnung. Es wird am dritten Tag des

*) Siehe benutzte Literatur.

Oben: Lithographie von Otto Speckter zu „Puppe und Püppchen", aus Funfzig Fabeln für Kinder, gedichtet von Wilhelm Hey (1833). Unten: „La charmante Catin". Radierung von Bouchardon um 1750

Oben: Vorführung von Modepuppen (eine Variation zu „Puppe und Püppchen"). Französischer Holzschnitt um 1830. — Unten: Aus „Kinder der Straße" von Heinrich Zille, Berlin 1908. Der Text dazu: „Mensch! Mit die Meechens laß dir nich in de Friedrichstraße seh'n"

dritten Monats gefeiert. Das schönste Zimmer des Hauses wird mit Blumen geschmückt und umgeben von einem Blumenarrangement werden die Puppen, die das junge Mädchen empfangen hat, ausgestellt.

Den Puppen wird ein kleines Gastmahl vorgesetzt, das das junge Mädchen selbst bereiten muß und das des Abends unter Scherz von der Familie und den Gratulanten verzehrt wird.

Solche Puppen im japanischen Genre sind übrigens zuerst in der Mitte des vorigen Jahrhunderts auf dem europäischen Spielzeugmarkte erschienen.

Die kleinen siamesischen Mädchen spielen auch sehr gerne mit ihren Puppen, die teils aus bemaltem Ton sind, teils richtige Kostüme tragen; aber sie zeigen eine sitzende Stellung und haben als Zeichen der Geschmeidigkeit ihrer Glieder einwärts gebogene Arme.

Die bemalten Holzpuppen der Indianer stellen die Tanzgötter dar, und zur Zeit der Feste werden diese fratzenhaften Puppen an die Kinder verteilt; es gibt aber darunter auch den Kindern höchst unsympathische Götter, so zum Beispiel den Dämon, der die Kinder prügelt.

Bei den Eskimos und ihnen verwandten Völkerschaften kommen kleine, aus Renntiergeweih geschnitzte, aber auch technisch sehr vollendete Gliederpuppen vor.

Wohl die kleinsten, 1—2 cm hohen, reizend bekleideten Puppenfigürchen und Tierfiguren von $^1/_2$—$^3/_4$ cm Höhe befinden sich im Berliner Völkermuseum und stammen aus Guatemala. Etwas Reizenderes und Zierlicheres hat wohl keine Puppenindustrie je hervorgebracht.

Wie stark aber bei allen Völkern der Drang der Mädchen ist, mit Puppen zu spielen, das beweist so recht der Umstand, daß die Vorschriften des Koran, die den Anhängern des Islam die Darstellung menschlicher Figuren verbieten, die Püppchen und die Puppenliebe bei den Kindern der Mohamedaner nicht haben vernichten können, denn wo dieselbe fehlt, wird eben ein einfacher Klotz als Püppchen ausstaffiert und geliebkost und bemuttert.

Unsere heutigen modernen Puppen erfreuen sich dank der Strebsamkeit unserer Industrie einer solchen Vielseitigkeit in dem Material, aus dem sie hergestellt sind, daß dem Puppenkäufer schon die Wahl der unangekleideten Puppen schwer

fällt, während natürlich die bereits kostümierten in ihrer Reichhaltigkeit alles übertreffen, trotzdem von dem Luxus, wie er in früherer Zeit in dem Puppentresor herrschte, heute fast garnicht mehr gesprochen werden kann. So gibt es Puppen aus Holz, Papiermaché, Porzellan, Tuchstoff, Gummi, Zelluloid, Leder und aus Wachs.

Und diese verschiedenen Arten von Material werden so kombiniert, daß z. B. auf einem Leder- oder Papiermaché-Körper ein Porzellankopf sitzt, und ein Papiermachékopf wieder auf einem Stoffkörper.

Die Eigenschaften dieser Puppen sind auch die mannigfaltigsten. Die einen haben einen unzerbrechlichen Kopf, die anderen können Papa und Mama sagen, wieder andere haben bewegliche Gelenke, andere machen die Augen auf und zu oder sehen nach rechts und links, und die, in deren Innern

ein geheimes Uhrwerk sich befindet, können sogar selbständig laufen.

Alle besseren Puppen haben Haarperrücken und sehen überhaupt sehr gebildet aus. Solange sie noch nicht angezogen sind, kann man auch die niedlichen Formen der Ärmchen und Beinchen bewundern, doch schickt sich das dauernde Negligée ebensowenig für eine ordentliche Puppe wie für eine wirkliche Dame, und sogar die Badepuppen aus Porzellan und

Zelluloid, die doch ein unbedingtes Recht auf Unangezogenheit haben, kleiden sich, wie wir sehen werden, in zierliche Badekostüme und Bademäntelchen, sobald sie nicht im Wasser sind.

Von der Puppe, die dem kleinen Mädchen das Kind ersetzt, verlangt man mit Recht, daß sowohl ihr Gesichtchen als auch ihre Kleidung möglichst kindlich sei, und daher haben alle jenen unter dem Namen „Puppengesicht“ bekannten stereotypen Ausdruck, der aber bei den französischen Puppen, deren Arme und Beine auch nicht immer hübsch genug modelliert sind, oft etwas Starres hat.

Auch in den Toiletten und Kostümen verlangt man möglichste Kindlichkeit, womit man aber nicht unbedingt Einfachheit meint, denn es gibt doch reiche und arme Puppenkinder, sondern man bezeichnet damit die Machart des Kostüms, welches zum Beispiel in England, dem Lande der mustergültigen Kindertracht, den Kate - Greenaway Zuschnitt hat.

Doch es ist in Deutschland, dem Vaterlande fast aller guten Puppen, die über den Erdkreis verbreitet sind, dafür Sorge getragen, daß fast jede Art von Kinderkleidchen in Wolle, Waschstoffen und Seide und in jedem nur vorkommenden Modeschnitt, also mit Plisséfältchen und Säumchen, mit Crêpe-Chiffon, Spitzen- und Bandgarnierung, mit Puffärmeln und Pelerinenkragen, bald mit Taillengürtel, also matrosenartig, bald in Reformschnitt als Hänger, bald mit Kinderschürzchen als Haustracht, bald mit Mäntelchen und Hütchen bekleidet als Straßenkostüm hergestellt ist, denn den Puppenbabys, also den Kindern unserer Kinder, darf nichts fehlen, was ein Kind an Kleidung, Toiletten und Spielgegenständen besitzt.

Die Puppen haben auch ihr Alter genau so wie die Kinder. Die jüngsten liegen aufs zarteste in weiche Spitzenwäsche gekleidet, mit geschlossenen Äuglein auf dem Tragkissen oder im Steckkissen, die älteren gehen schon zur

Schule und haben ein Schulkleidchen an und Mäppchen und Täfelchen umgeschnallt und die ältesten, die Staats- und Gesellschaftspuppen, paradieren in eleganten Kostümen, unter denen wir beim Auskleiden all die schöne Leibwäsche entdecken, die auch ein Kind wohlhabender Eltern besitzt.

Die Puppen kann man, wenn man will, auch nach ihrer Größe einteilen, anfangend von einer kleinen ca. $1^1/_2$ cm

hohen, in Ostereiern noch im Handel befindlichen, mit Gliedern versehenen kleinsten Puppe der Welt bis zu den großen Puppen in Kindergröße.

Dazwischen befinden sich unzählige Größenvariationen, von denen eine im Format kleine, sonst aber sehr ansehnliche Schar zur Bevölkerung der Puppenstuben bestimmt ist.

Die Ansicht, daß es übrigens nur weibliche Puppen gibt, ist eine irrige, auch das starke Geschlecht ist dem schönen im Puppenlande zur Seite gestellt, und diesen herzigen kleinen meist in Matrosenanzüge und englische Kittel gekleideten Puppenknaben kann man mindestens ebenso gut sein wie den Puppenmädchen.

Außer den eigentlichen Puppenkindern gibt es die bereits erwähnten kleinen, ca. 10—15 cm hohen Bewohner von Puppenstuben und Wohnungen.

Da gibt es höchst würdige Papas und Mamas und zwar Papas verschiedener Berufsklassen: Offiziere, Förster, Seeleute, Sportsmänner und dann den Gesellschaftspapa im schwarzen Gehrock mit weißer Weste, Binde und Handschuhen und frisch gebügeltem Zylinder.

Die Mamas stehen an Vornehmheit und Ansehen den Papas nicht nach.

Wir sehen sie im Hauskleid mit eleganter Spitzenschürze, im Gesellschaftsanzuge und im Straßenkleid mit schmuckem Hut aufs würdigste den Mamatypus repräsentieren.

Da fehlt im Puppenstubenreiche weder die Braut noch der Bräutigam, ja sogar Großmamachen und Großpapachen, letzterer im Schlafrock, sind vorhanden, ferner Puppenkinder, Ammen, Dienstmädchen und Köche und für die Puppenschule der Lehrer mit Brille und Musikmappe.

Eine besondere Stellung im Reiche der Puppen nehmen die sogenannten Kostümpuppen ein, welche die Nationaltrachten zur Anschauung bringen.

Es gibt wohl keine Tracht, zu der sich nicht eine mit ihr bekleidete Puppe fände, sei es der fernste Norden (Skandinavien, Rußland) oder der tiefste Süden (Neapel, Sizilien, Deutsch-Ostafrika), sei es der fernste Osten (Japan, China), oder fernste Westen (Amerika).

Von vorhandenen deutschen Volkstrachtentypen seien erwähnt die Tirolerinnen, die Vierländerinnen, die Altenburgerinnen, die Elsässerinnen und nicht zu vergessen die Spreewälderinnen mit dem Baby auf dem Arm.

* * *

Georg Ebers*) sagt in „Geschichte meines Lebens“: „In unserem Bekanntenkreise ereignete sich der niedliche Vorfall, daß ein kleines Mädchen, das einer Besucherin seine Puppe zeigen sollte, an deren Bette es eben saß, in bittere Tränen ausbrach und, von der Mutter deswegen gescholten, schluchzend ausrief: „Meine Nelly hat das Scharlachfieber, und sie war eben etwas eingeschlafen, als ich sie aus dem Bett nehmen sollte.“

---

*) Siehe benutzte Literatur.

Clara Eysell-Kilburger sagt in ihrem Schreiben, nachdem sie erzählt hat, daß ihr nur eine von ihrer Mutter in Volkstracht als Bauersfrau angekleidete Puppe Freude bereitet habe, folgendes: „Wirklich interessant waren mir nur die Puppen, an denen ich etwas von Lebensfunktionen witterte, die Papa und Mama sagen konnten, die Arme und Beine bewegten und gar gefühlvoll ihre großen dummen Blauaugen auf- und zuklappten. Lebte das nun? Muß das auch sterben? Woran wohl? Und wozu? — — — Gar gerne hätte ich diese geheime Lebensmaschinerie beobachtet, aber meine Achtung vor allem Lebendigen war schon damals so stark, daß ich kein wissenschaftliches Zerstörungswerk unternahm. Fügte es dann ein böser Zufall, daß das komplizierte Puppenwesen verunglückte, so war das eine atemlose, mit Grauen gemischte Freude, zu sehen, daß nichts als ein Drahtbügel mit ein paar Bleikugeln den sinnigen Augenaufschlag bewirkte, nichts als ein paar Kugeln die Drehung der Gelenke. Zugleich freilich eine Enttäuschung. So einfach also war das Leben.“

A. Fitger schreibt: „Ich spiele, obwohl ich nun ein alter Junggeselle bin, täglich mit Kindern; das ist meine einzige Erholung. Ich sehe die Kinder aber nur dann vergnügt, wenn sie ihre Phantasie walten lassen können. Ich gehe oft mit einem kleinen dreijährigen Mädchen aus, um für ihren Vater, wenn er seines Gartens pflegt, eine Flasche Bier zu holen. Sobald die Kleine die Flasche im Arm hat, drapiert sie sie mit ihrer Schürze, singt ihr etwas vor, gibt ihr zärtliche Klapse, spricht mit ihr wie mit ihrem Baby; diese Art zu spielen scheint mir die schönste. Von fertigen Spielsachen und seien sie auch noch so bewunderungswürdig konstruiert, halte ich nicht viel.“

Cäsar Flaischlen schreibt: „Womit ich als Kind spielte? Mit allem sozusagen, was mir in die Hände kam. Zuerst natürlich mit Puppen bis zum vierten oder fünften Jahr.“

Carmen Sylva schreibt: „Da ist ein altes Kissen besser als die schönste Puppe, die gräßlich Papa und Mama blökt oder einen Phonographen im Magen trägt. „Du sollst nicht auf meinem Kinde stehen“, sagte ich ganz wütend zur Königin Elisabeth, umfaßte ihre Füße, stellte sie auf die Erde und entführte entrüstet und liebreich tröstend ihren Fußschemel. Oft hat mir meine Mutter diese Szene erzählt und wie meine Patin nicht erlaubte, daß sie mir wehrte, sondern ihre Freude an der frühen Mutterliebe hatte.“

2. PUPPEN, TOILETTEN- UND SCHMUCKGEGENSTÄNDE.

In Gebrauchs-Toiletten und Schmuckgegenständen für die Puppen gibt es nun eine solche Auswahl, daß manche Dame, die sich nicht alles das in Wirklichkeit leisten kann, was die Puppe in Miniatur besitzt, wirklich nicht mit Unrecht ausrufen könnte: „Ach hätte ich es doch so gut wie die Puppen!“

Bei den kleinsten Baby-Puppen handelt es sich ja nur um Wärmfläschchen, Saugpfröpfchen, Klappern, Badethermometer, Kämmchen, Bürstchen und Schwämmchen, aber die älteren Puppen, die treiben einen Luxus, daß es den eingefleischten Moralisten und Enthaltsamkeitspredigern im Puppenlande schlimm werden kann.

Schon allein der elegante Toilettentisch, was erfordert er nicht alles bei einer modernen Puppe.

Das ganz mit kostbaren Spitzen garnierte Möbel enthält außer dem Spiegel und dem feinen Porzellangeschirr alle intimsten Toilettensachen, so Puderquaste, Eau de Cologne, Zerstäuber, Brennmaschine mit Brennschere, Handspiegel, alle Arten Frisierkämme, Zahnbürsten, Nagelbürsten, moderne Einsteckkämme.

Nicht minder reichhaltig ist die Schmucksammlung solch einer Puppe unserer Tage; sie besitzt Fächer, Uhren mit moderner langer Kette, die richtig gehen, Armbänder, Broschen, Ohrringe, Halsketten und Stillorgnetten: und die praktischen Bekleidungsgegenstände, wie Sonn- und Regenschirm, Hüte, Hausschuhe, Gummischuhe, Schlittschuhe sind in allen Fassons der Wirklichkeit genau nachgebildet.

Auch für die Puppen mit literarischen Neigungen ist gesorgt. Abgesehen von der Schulmappe mit Heften, Tafel und Atlas, Diarium, Herbarium usw. gibt es ganz kleine Puppenbibliotheken mit den Ausgaben der Klassiker; auch die Musik liebenden Püppchen finden Noten und Musikmappen zu ihrer Verfügung.

Daß es auch Puppenbotanisiertrommeln, Reiseköfferchen, Hutschachteln und Kartenspiele für Puppen gibt, beweist, daß für sie in jeder Hinsicht gesorgt ist.

3. PUPPENHAUS, PUPPENSTUBE

UND PUPPENMÖBEL.

Nicht viel weniger wichtig als die Puppe selbst, ist ihr Heim und ihre Umgebung. Die ein Kind darstellende Puppe, namentlich die große Puppe, teilt wohl mit dem Kinde die Heimstätte und wohnt mit ihm im Kinderzimmer, aber die kleinen Puppen, insbesondere jene Vater, Mutter, Verwandte und Dienstboten darstellende Püppchen verlangen unbedingt ihr eigenes, kleines, gemütliches Heim, denn sie fühlen sich in dem ihnen übermächtig groß erscheinenden Raume des Kinderzimmers oder Wohnzimmers der Familie durchaus nicht wohl. Wandeln sie doch wie Liliputaner in den Wohnstätten von Riesen.

Darum ist man schon in alten Zeiten darauf bedacht gewesen, für die Kinder und Spielgefährten unserer Kinder Wohnungen, Möbel und Geräte in solchen Größenverhältnissen zu schaffen, wie sie eben für diese kleinen Figürchen passen. Hippodameia, die spätere Gemahlin des Pelops, soll als Kind schon ein mit Elfenbein verziertes kleines Bettchen für ihr Püppchen besessen haben, und Puppengerät und Geschirr wenig zivilisierter Völkerschaften berechtigen uns zu der Annahme, daß die Kinder schon weit früher in grauer Vorzeit ihren Puppen kleine Heime oder Schlafstätten errichteten oder solche von Erwachsenen fertig erhielten.

Die eigentliche Puppenstubenindustrie, wie sie noch heute existiert, beginnt aber erst mit den in Nürnberg und Augsburg hergestellten Dockenhäusern.

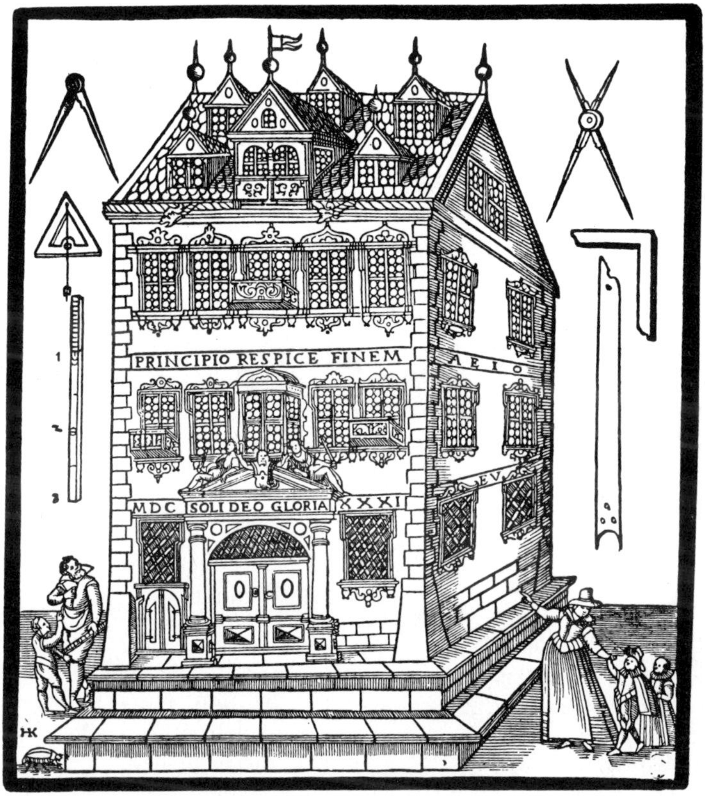

Holzschnitt von H. Käfer. Sammlung Gustav Freytag, Frankfurt, Stadtbibliothek.

Das Puppenhaus der Anna Käferlin, Nürnberg 1631.

Für die Tendenz dieses Werkes ist das interessanteste Dockenhaus das, welches die Jungfer Anna Käferlin in Nürnberg im Jahre 1631 zu erziehlichen Zwecken herstellen und öffentlich ausstellen ließ.

Sie wollte mit diesem Hause das Vorbild für eine vorzügliche Haushaltung und Hauseinrichtung geben.

„Dass, wenn ihr dermaleins zu Haus
Kommt, und euch Gott tut geben
Eigenen Herd, dass ihrs voraus,
Bei all eurem Leib und Leben
Ordentlich und nach der Gebühr,
In euerem Haus haltet,
Richtet und ordnet . . . .“

Dieses Haus enthielt übrigens außer allen übrigen Räumen Bibliothek und Rüstkammer und besonders viele Musikinstrumente und es sagt das Flugblatt vom Inhalt:

„Dass, wenn ich sollt erzählen all's
Was darinnen zu sehen,
Dieses Papier wäre gleichfalls
Zu weng, muss selbst gestehen.“

Es ist außer Frage, daß, wenn auch nicht jedes Kind gleich ein ganzes Puppenhaus bekommen kann, doch eine Puppenstube und eine Puppenküche zu den im Verlaufe der Kindheit erreichbaren Idealen der meisten Kinder gehören, und die erziehliche Wirkung solcher Puppenwohn- und Arbeitsräume liegt klar auf der Hand.

Nicht nur der Ordnungssinn und die Freude an der Sauberkeit kann mit diesen Puppenheimen bei den Kindern gefördert werden, sondern der Sinn für ein schönes Heim überhaupt.

Das Streben aller unserer angewandten Kunst geht heute dahin, in der Wohnung, in dem Heime, darin wir leben, alle Handwerkskünste zu einer künstlerischen Gesamtwirkung beitragen zu lassen, und abgesehen von den Kunstzeitschriften „Kunstwart“, „Kunst und Künstler“, „Kunst für Alle“, „Moderne Kunst“, „Kunst“, „Kunsthalle“ u. a. m., die sich auch mit der Innendekoration beschäftigen, widmen sich die Zeitschriften „Deutsche Kunst und Dekoration“, „Dekorative Kunst“ und „Kunst und Handwerk“ und die „Zeitschrift für Innendekoration“ fast ausschließlich der künstlerischen Ausgestaltung unseres

Heimes und all der uns umgebenden Möbel, Geräte, sowie auch der Tracht und den diese zierenden Schmucksachen.

Dieser Schönheitsdurst und -Drang, unser Heim zu schmücken, unser Leben edler und schöner zu gestalten, der nicht unbedingt vom Reichtum abhängt, da Luxus oft die Kunst erstickt, der sollte auch schon bei den Kindern und ganz besonders bei den Mädchen in der Miniaturausstattung der Puppenzimmer erweckt und gefördert werden.

Es ist keineswegs nötig, daß nur die fertig fabrizierte Puppenstube dargeboten werde, ist doch bei den Handwerksspielen gezeigt, wie der Schaffensdrang der Kinder sich grade bei Ausstattung von Theater und Puppenstube betätigen kann.

* * *

Carmen Sylva schreibt: „Man muß seinen Kindern spielen helfen, indem man ihnen frühzeitig darstellbare Märchen und Stücke Geschichte erzählt, aus alten Spielkarten ihnen mehrstöckige Häuser baut und dieselben möbliert. Ich besitze ein solches Haus, das nun mehr als 50 Jahre alt ist, und gedenke noch mit Entzücken an die Abende, da es meine Mutter machte und wir uns einbildeten, ihr dabei zu helfen, indem wir immer mehr haben wollten."

* * *

Wo aber die fertige Puppenstube dem Kinde dargeboten wird, da zeige sie nicht Luxus, aber Geschmack, nicht Überladenheit, aber einen Sinn für künstlerischen einheitlichen Stil.

Die Dürftigkeit und langweilige Leere einer Puppenstube ist nicht für die Kinder gut genug und ausreichend; wenn wir ihnen im Puppenzimmer das Modell eines Wohnraumes geben, so darf dieser Raum in seinem Aussehen und seiner Einrichtung nicht in krassem Widerspruche stehen zu der Art, wie wir, die Spender, einen großen Raum für Erwachsene ausstatten würden.

Menschen, die frühzeitig, von Kindheit an gute Kunstwerke und schöne Einrichtungen gesehen haben, bildeten so trefflich ihren Geschmack, daß sie, wollen sie sich selbst einrichten, nicht das Urteil anderer bedürfen, um zu erfahren, was denn nun überhaupt schön und künstlerisch sei.

Und wenn wir unsern Kindern schöne Puppenheime schaffen und sobald die Mittel es erlauben, ihnen auch ein freundliches Kinderzimmer geben, so spenden wir ihnen im Raume unserer großen Welt eine kleine Welt, darin sie Herrscher sind und darin sie glücklich leben, die aber, ohne daß sie sich dessen bewußt werden, sie vorbildet für einen späteren wahren Lebensgenuß, der darin besteht, daß sie die Freuden des Lebens und alle Kunstdarbietungen durch ihren geläuterten Geschmack und durch das Verstehen der tiefsten Absichten der Künstler bis auf die Neige auskosten und genießen können.

* * *

Außer dem erwähnten Puppenhaus der Anna Käferlin sind noch viele andere kostbare Dockenhäuser im Mittelalter geschaffen worden. Besonders prächtig war das des Herzogs Albrecht V. von Bayern, das außer allen anderen Räumen einen Tiergarten, ein Ballhaus und eine Kapelle besaß und das er wegen seines Wertes seiner hervorragenden Kunstkammer einverleibte.

Auf die Einrichtung dieser Puppenstuben ist eine solche Sorgfalt in früheren Zeiten verwendet worden, daß auch die späteren Empire- und Direktoire-Puppenstuben heute direkt als Vorlagen von dem Theaterdekorateur verwendet werden können, wenn er ein Stück aus jener Zeit auszustatten hat, auch wurden im 18. Jahrhundert die teuersten und seltensten Hölzer zur Herstellung der Puppenstuben verarbeitet.

Vielleicht wären heute die Puppenstuben in genau derselben Weise von den Kunsttischlern als Modelle zu verwenden, wie einst die Puppen als Kostümmodelle benutzt wurden; dann würden wir kleine Meisterwerke in Puppenstuben erhalten, die nicht nur zur Geschmacksbildung der Kinder, sondern auch der Erwachsenen beitragen würden.

Die am genialsten erfundenen Innenräume verschwinden ungesehen in den Villen und Palästen reicher Kunstfreunde, und wie schön wäre es, würden diese prächtigen Räume wenigstens in kleinen Modellen bewundert werden können, denn es gibt darunter solche, die sich durchaus nicht durch Luxus, sondern durch die schöne Linie und Farbe auszeichnen und es verdienen, plastisch reproduziert und weiter bekannt gemacht zu werden.

Das Puppenhaus mit mehreren Etagen, Balkons und Veranden, sowie mit Mansardenstübchen, entspricht unseren modernen Wohnhäusern und Villen.

Ein solches Wohnhaus, dessen Fassade sich nach beiden Seiten zurückklappen läßt, zeigt uns im Innern alle Hauptwohnräume, nämlich außer dem Treppenflur und Korridor, Salon, Eßzimmer, Wohnzimmer, Herrenzimmer, Schlafzimmer, Kinderzimmer, Damenboudoir, Fremden- und Dienstbotenzimmer, Küche mit Speisekammer und Badezimmer.

Alle diese einzelnen Räume sind nun aufs reichhaltigste und in allen nur existierenden Stilarten ausgestattet.

Der Salon hat entweder eine kleine Plüschgarnitur, eine Goldlackgarnitur oder Nußbaum-, rot Mahagoni- oder Eichenmöbel, oder auch Möbel mit weißer Lackierung und Goldlackierung, dann auch Rokoko-Seidenmöbel mit Malerei.

In diesem Salon fehlt nichts, was der moderne, vornehme Haushalt für die Einrichtung des Gesellschafts- und Empfangszimmers vorschreibt, so finden sich: Kronen mit elektrischer Anlage, moderne Stehlampen mit seidenen Flatterschirmen, Vasen, Armleuchter, Kandelaber, Etageren-Tischchen, Steh- und Hängespiegel und Bilder moderner Meister, Kamine und der mit wirklicher Musik versehene Flügel, falls derselbe nicht in einem besonderen Musikzimmer untergebracht ist.

Das Wohnzimmer zeigt uns außer den teils auch im Salon vorhandenen Möbeln: Wand- und Standuhren, den bequemen Schaukelstuhl, den Nähtisch, einen wärmespendenden

Ofen mit Ofenvorsetzer und Kohlenkasten, die kleine Nähmaschine, den Blumentisch mit niedlichem Blumentopf, das Vogelbauer, den Arbeits- und Schlüsselkorb, die Hängelampe und den Bücherschrank, falls derselbe nicht in einem besonderen Bibliothekszimmer untergebracht ist.

Das Speisezimmer, das man jetzt äußerst stilgerecht einrichtet, meist in Eiche, besitzt einen ausziehbaren Tisch, ein Büffett mit ausziehbaren Klappen, ein Ecksofa, eine sogenannte Trinkecke, einen Anrichtetisch, einen Serviertisch und dann alles, was an Service und Besteck, Gläsern, Gedecken und Speisen zum Eßzimmer gehört. Die niedlichen Service sind teils aus lackiertem Holz, porzellanartig bemaltem Zinn, aus Porzellan und aus versilbertem Zinn, und die Speisen sind aus unschädlichem, bemaltem Tragant und so natürlich hergestellt, daß jedenfalls die Puppen, die an der reichen Tafel sitzen, Lust bekommen müssen, hineinzubeißen.

Das Schlafzimmer, das teils ganz sezessionistisch, z. B. grau Holz mit lila Tuchverkleidung, eingerichtet, teils mit englischen Metallreformbetten, natürlich mit Matratzen und Bett versehen ist, aber auch einfache Kienholzmöbel hat, besitzt außer den Betten einen dreiteiligen Kleiderschrank mit Spiegeleinlage, ein Chaiselongue mit Fell, zwei Waschtoiletten, zwei Nachttischchen, ein Paravent, einen Toilettentisch, mehrere Stühle, eine Ampel, die Nachtleuchter mit Kerze, eine Uhr, Bettvorleger, dann das Geschirr, Handtücher, Bettdecken, Schwamm, Pantoffeln und alles, was zur Toilette gehört.

Das Kinderzimmer enthält Kinderbettchen, Wiege, Kinderwagen, Sportwagen, den verstellbaren Kinderstuhl, Kinderwaschtoilette, Kinderschränkchen und alles Kinderspielzeug, so z. B. ganz kleine Schaukelpferdchen, und nicht zu vergessen Püppchen für die Puppenkinder; daß auch die Kinderzimmer der Puppen mit Friesen und mit Wandschmuck im Sinne „die Kunst im Leben der Puppen“ geschmückt werden, wird wohl auch nicht ausbleiben, denn man denke doch, welches Manko in der Erziehung, wenn die Puppen unserer Kinder nicht auch schon künstlerisch erzogen werden sollten!

Das Badezimmer enthält heizbaren Ofen, Badewanne, Douche, Ruhebett, Wellenbadschaukel, Badeteppiche, Frottier-, Badetücher und Mäntel.

Die Küche mit Wasserleitung umfaßt den Kochherd mit Brat- und Backofen, Küchenschrank mit allem Service, den Küchentisch, den Besen- und Eimerschrank, die Küchenrahmen mit Geräten, wie Sieb, Quirl, Trichter, Reibeisen und Speiseform, die Kochtöpfe, Kessel, Fleischblock, Eismaschine und andere Küchenutensilien mehr.

Auf dem Korridor befindet sich der Garderobe- und Schirmständer, die Fußbürste zum Abtreten, der Läufer und die übrige Flurgarderobe.

Alle Räume im Puppenhause sind mit Stores, Übergardinen, Portieren und Teppichen ausgestattet, soweit dies der Charakter der einzelnen Räume erfordert.

* * *

Jedes Zimmer des Puppenhauses ist auch als einzelne Puppenstube hergestellt worden, deren Einrichtung genau dem Charakter des betr. Wohnraumes entspricht, wie derselbe bei den Räumen des Puppenhauses beschrieben ist. Viele dieser Puppenstuben bestehen aus zwei Räumen, entweder Wohnzimmer und Schlafzimmer, oder Stube und Küche. Manche dieser Stuben sind mit einem ausgebauten Erker versehen.

In derselben Weise wie die Puppenstuben, die fast sämtlich nur Diele, Seitenwände und Rückwand besitzen, also den freien Einblick in einen vorn und oben offenen Raum gewähren, sind die Verkaufsläden für die verschiedenen Berufsklassen eingerichtet. Es gibt da zunächst den bekannten Materialwarenladen mit seinen vielen Schubläden, Zuckerhüten mit Kist'chen, Büchsen, mit Ladentisch und Wiegeschale, sogar kleine Düten mit Aufschrift „fürs Leckermäulchen“ sind zum Einpacken von all den Herrlichkeiten wie roter Zucker, Schokoladenpulver und süße Mandeln vorh nden. Außerdem existieren ein Mehlverkaufsläden, ein Delikateßladen, ein Markt- und Blumenstand, ein Putzladen, ein Wechselkontor, eine Konditorei, ein Küchenmagazin, eine Wildprethandlung, eine American-Bar, eine Topfbude, eine Obstbude, eine Böttcherbude, eine Fischbude, eine Fleischbude, eine Manufakturbude und sogar eine Spielzeugbude, wie sie sich auf dem Weihnachtsmarkt befindet.

* * *

Clara Eysell-Kilburger schreibt: „Mehr Freude als die Küche machte mir ein großer Kaufladen, weniger der geschäftliche Betrieb als das dekorative Element, die Auslage der Waren, z. B. kleine, aus dem Seebade mitgebrachte Muscheln als Behälter für Gries, Graupen und Rosinen."

Thomas Mann erinnert sich, wie er schreibt, „eines wohlausgestatteten Kaufmannsladens in Puppenformat".

* * *

Außer den Puppenhäusern und Puppenstuben, in denen die Puppen wohnen können, und den Verkaufsläden, in denen sie oder ihre Besitzer all die kleinen, fürs Leben notwendigen Einkäufe besorgen können, gibt es noch Puppen-Bade- und Schwimmanstalten, Puppengärtnereien, Puppengärten mit Lauben und Zelten, und Puppenwäschetrockenplätze. Solch eine Bade- und Schwimmanstalt sieht ähnlich wie ein Familienbad in unseren großen Seebadeorten aus. Außer dem Hauptgebäude mit Schalter- und Billettkasse, und mit Uhr in dem kuppelförmigen Dach, haben die Seitenflügel nicht nur Badezellen, sondern eine untere und obere Promenade, ferner befinden sich Treppen, Sprungbretter für Schwimmer und Nichtschwimmer, Rettungsgürtel, Bademäntel und Wäsche und auch eine Douche in diesem ausgezeichneten Institut. Das ganze Gebäude wie das Bassin sind aus Blech, und es braucht wohl kaum noch gesagt zu werden, daß die kleinen Badepuppen hier in wirklichem Wasser schwimmen und baden.

Außer diesen großen Anstalten gibt es aber auch viele einzelne Puppenbadewannen auf Ständer mit Ablaßhahn, Ausgußeimer und mit sämtlichen Badeutensilien, auch höchst vollendete Douchen für Kalt- und Warmbad sind hergestellt worden.

Reichen für die liliputartigen Bewohner der Puppenhäuser und Puppenstuben alle die Möbel und Geräte aus, die den Größenverhältnissen derselben entsprechen und in diesen Wohnräumen untergebracht sind, so verlangen die Puppen größeren Formats, die nicht in die Puppenstube hineingehen, sondern mit den Kindern im großen Wohnzimmer oder im aufstellbaren Kinderhaus, das oben offen ist und aus Wänden besteht, zusammen wohnen, ihre eigenen Betten, Wiegen, Puppenwagen, Möbel, ihr eignes Geschirr, ihre Wäsche und sonstigen Gebrauchsgegenstände und Geräte.

Von allen diesen Gegenständen für große Puppen ist fast nicht mehr zu sagen als über die kleinen Möbel und Geräte der Puppenstube, jedoch gestattet das große Format auch größeren Luxus und sorgfältigere Ausführung.

Solch großes Puppenbaby hat es wirklich gut, denn in solch einer Schaukel-Wiege, mit Spitzen garniert auf blauer Seide und mit prächtigem Baldachin läßt es sich gut ruhen, und man könnte es manchem armen Kinde nicht verdenken, wenn es beim Anblick solcher Wiege lieber ein Puppenbaby als ein Menschenkind sein möchte.

Ja, damit die kleine Puppenlady auch außerhalb der Wiege sich schaukeln kann, besitzt sie sogar ihre besondere Puppenschaukel.

* * *

Paul Oskar Höcker schreibt: „Einmal erhielt ich von einer Tante ein teures Spielgeschenk: eine Puppenschaukel, auf der zwei Clowns saßen. Man konnte damit nicht viel anfangen. Tipp — man stieß es an, dann schaukelte das Ding ein Weilchen. Das war alles. In meinem Zorn richtete ich es absichtlich zugrunde und es setzte dafür „Keile“, aber ich war doch wie erlöst.“

4. DER HAMPELMANN.

Eine der lustigsten und für das Kind amüsantesten Menschenfiguren ist der mit der beweglichen Marionette stark verwandte Hampelmann. Während aber die Theaterfigur mit Ausnahme der Kasperlefiguren und kleinen Komiker ernste dramatische Pflichten zu erfüllen hat, ist der Hampelmann — übrigens gab es einst auch sehr nette Hampelmädchen — der außerhalb der Bühne den Spaßmacher spielt, ein allezeit lustiger Geselle.

Für die kleinen Kinder ist der hampelnde Mann ein höchst interessanter kleiner Herr, bedarf es doch nur eines kleinen Ruckes am Fädchen, und Arme und Beine des kleinen Pappgeschöpfes fliegen auf Kommando in die Höhe. Für die Kinder gibt es nichts Amüsanteres, als ein kleines, sowieso schon drolliges Wesen nach ihrem Wunsche lustige, an einen Bauerntanz erinnernde Sprünge ausführen zu lassen. Unglücklichen Kindern, deren Eltern aus Modetorheit jede hübsche bewegliche Puppe verdammen, sollte man wenigstens einen Hampelmann gönnen.

Das Hampeln liegt namentlich den etwas lebhafteren Kindern so im Blut, daß für sie die Sprünge des Hampelmannes keineswegs etwas Unnatürliches haben, und es ist nicht unwahrscheinlich, daß der Hampelmann weit älter ist, als wir seine Geschichte verfolgen können.

Die altägyptischen Kinder kannten bereits die Hampelfigur, nur hatte sie damals eine andere Form. So stellt ein altägyptisches Spielwerk eine Korn zerquetschende Sklavin

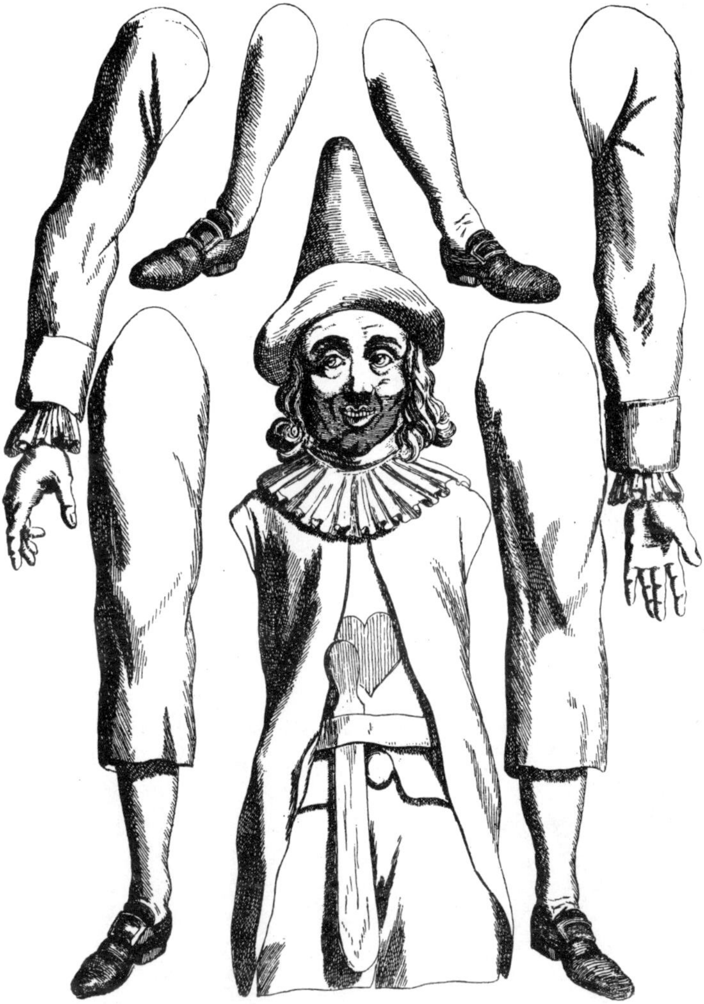

Hampelmann, 18. Jahrhundert.

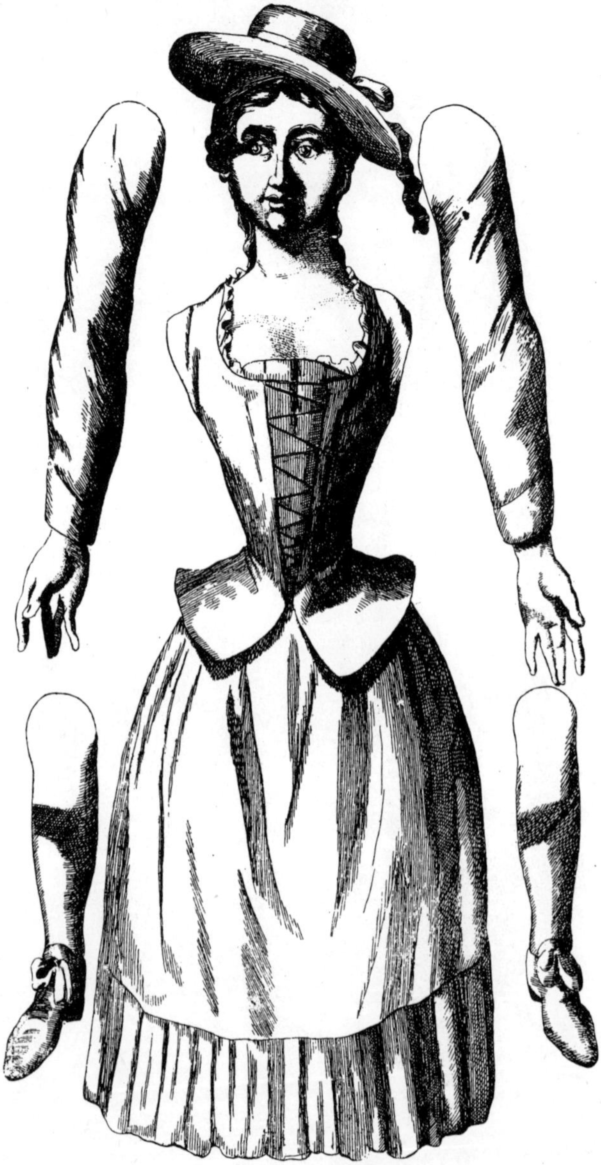

Hampelmädchen, 18. Jahrhundert.

Nach einem Kupferstich.

Hampelmann, 18. Jahrhundert.

vor, die an einer Schnur gezogen wurde und einen Stein auf einem Brette zum Zermahlen immer hin- und herzieht.

Nach einer Lithographie.

Hampelmänner im Jahre 1830.

Tiens! ma bonne qui donne aussi dans la bosse.

Im Mittelalter kamen dann die zu ziehenden Fechtmännchen auf und im 17. und 18. Jahrhundert gab es bereits die in Stich und Schnitt auf Bogen gedruckten Hampelmänner, zum Aufkleben auf Pappe und zum Ziehen, wie die unserigen. Diese Hampelmänner waren teils ganz vorzüglich und besser ausgeführt wie heute, denn erste Meister der Malerei hielten es im 18. Jahrhundert nicht unter ihrer Würde, Hampelmänner zu zeichnen oder in Kupfer zu stechen und auszumalen. Spielte doch der Hampelmann zu jener Zeit eine wichtige Rolle als Karikatur, und die unbeliebte Persönlichkeiten darstellenden Hampelmänner waren von 1750 bis 1850 sehr in Mode. Heute kann man sich kaum mehr vorstellen, daß Damen der Gesellschaft einst Juwelen und Garderobe verkaufen konnten, um recht viele schöne Hampelmänner zu besitzen.

Leydener Museum.
Altägyptische mechanische Figur (kornzerquetschende Sklavin darstellend).

Unsere heutigen einfachen Hampelmänner sind aus Pappe. Die kultivierteren sind aus lackiertem Holz und die elegantesten haben Tuch- und Seidenkostüme und hören es auch nicht gerne, wenn man sie Hampelmänner nennt, sondern lassen sich mit Vorliebe Bajazzo titulieren.

* * *

Georg Ebers*) sagt in „Geschichte meines Lebens“: „Was mir von der Reise nach Holland (er war 4 Jahre alt) nicht als Mitteilungsgut, sondern als echte eigene Erinnerung zurückblieb, ist das Einsteigen in den Reisewagen, ist ein kleiner, grün, rot und weiß gekleideter lederner Bajazzo, der mir von einer Verwandten, und die Schachtel mit Süßigkeiten, die mir von einem Freunde des mütterlichen Hauses mit auf den Weg gegeben worden war.“

*) Siehe benutzte Literatur.

IX. KAPITEL.

DAS KINDERZIMMER.

Unsere fortschreitende Kultur hat zur Gründung von Baugesellschaften geführt, die es sich zur Aufgabe machen, in den Großstädten kleine gesunde Wohnungen für billige Mietspreise herzustellen.

Es besitzen diese Wohnungen von zwei, ja sogar von einem Zimmer, einen Baderaum, und genügen so trotz ihrer Kleinheit einem dringenden, hygienischen Bedürfnis.

Aber die Baukunst der Zukunft wird dem Baderaum noch einen Spielraum für die Kinder hinzufügen und ebenso wird ein ganz, ganz kleines Fleckchen Erde auch zur kleinsten Wohnung gehören müssen, zum mindesten aber ein Balkon, auf dem die Kinder ihre Blumen pflanzen und pflegen und bei warmem Wetter sich selbst im Freien aufhalten können.

Diese Forderung nach einem gesunden Raum „drinnen" und nach einem Raume „draußen" für die Kinder, auch für die allerärmsten, wird nicht wieder von der Tagesordnung verschwinden, als bis sie erfüllt ist. Denn das ruhige, ungestörte Spielen der Kinder, die auch in großen Wohnungen, wo kein Kinderzimmer ist, jetzt leider oft von einem Zimmer ins andere gejagt werden (bald ist Besuch, dann wieder leiden die Salonmöbel, dann wieder ist die Schneiderin im Wohnzimmer usw.), ist die Grundbedingung für eine gute Erziehung. Können die Kinder eben nicht ruhig und ungestört spielen, so wird schon in früher Jugend der Keim zu Rast- und Ruhe-

Oben: Knaben beim Kegelspiel, unter den Augen der Mutter. Lithographie Anfang 19. Jahrh. Unten: Das Spielzimmer, aus: Zwölf Blätter Kinder-Bilder zur Unterhaltung und mündlichen Belehrung. Heft für Mädchen. Augsburg um 1820

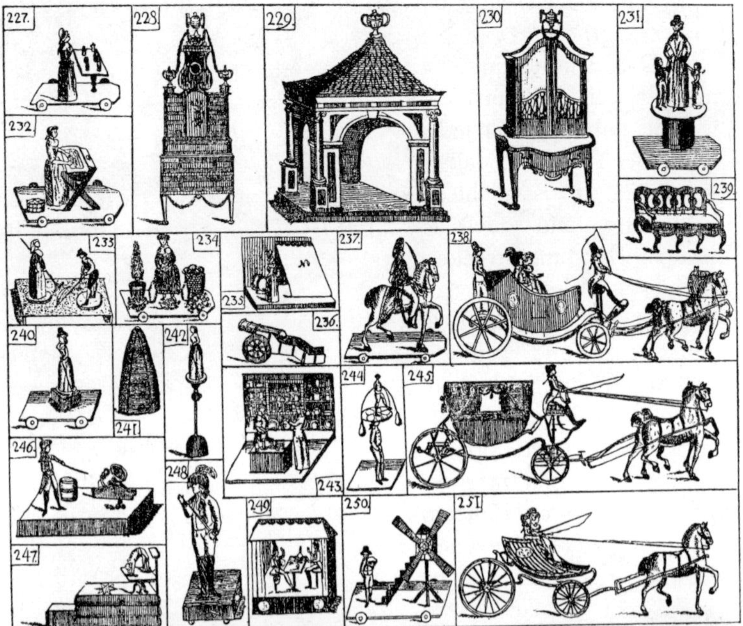

Seit dem frühen 19. Jahrh. wenden sich die Spielzeugspezialgeschäfte direkt an ihr Publikum. So heißt es im Katalog des Nürnberger Händlers Bestelmeier, der über 1200 verschiedene Nummern enthält: „Die in diesem pädagogischen Magazin enthaltenen Artikel sind von denen hiesigen geschicktesten Künstlern mit der größten Accuratesse und Schönheit verfertigt ...“

losigkeit und zu einer das ganze Leben zerrüttenden Nervosität gelegt.

Das Kinderzimmer ist also ein Raum, den die Baumeister, die Heimstätten für moderne Menschen bauen wollen, unbedingt in jeden Bauplan aufnehmen müssen.

Der Einwand, daß es ja früher auch ohne Kinderzimmer gegangen ist, ist nicht stichhaltig; es ging früher auch ohne Eisenbahn, und doch ist heute die Postkutsche auf den Hauptverbindungsstrecken fast nirgends mehr bei uns in Gebrauch.

Früher war das Leben der Erwachsenen noch ruhiger, behaglicher und gemütlicher, es hatte nicht den hastigen Charakter, der sich heute auch auf die Kinder überträgt. Aber unser Eisenbahnverkehr, die Telegraphie, das Telephon und alle Industriefortschritte haben neue Verhältnisse geschaffen, und mit rasender Geschwindigkeit müssen wir selbst mitleben und im Existenzkampfe mitkämpfen. Die dadurch bei schwächeren Personen hervorgerufene Gereiztheit in der Stimmung darf aber nicht auf die Kinder übergehen.

Nicht gegen das harmlose Spielen mit kleinen Spielzeugeisenbahnen und Maschinen muß sich die Bewegung der Kinderfreunde richten, sondern gegen das Spielen im Wohn- und Arbeitsraume der Erwachsenen, die mit ihrer Nervosität, mit ihren Sorgen und mit ihrem fortwährenden Eingreifen in das Spiel der Kinder die gesunde Entwickelung der Kinder stören.

Das Kind braucht einen Raum, wo es ganz ungestört spielen und seinen Phantasien leben kann. Es muß auch ausgelassen sein können und lustig toben und schreien dürfen, das gehört auch mitunter zum Spiel, und im Zimmer der Erwachsenen, da soll es laut sein und mit den Großen sprechen, wenn es stille die Wolken am Himmel betrachten möchte, da soll es ruhig und stille sein, wenn es jubeln und helle Lebensfreude so recht von Herzen von sich geben will.

Was Schulinspektor Dr. von Gizycki auf dem Kunsterziehungstage in Dresden vom Schulgebäude*) sagte, nämlich: „Für das Schulhaus spielen die historischen Formen des Gebäudes garnicht die erste Rolle. Das allerwichtigste für uns sind die hygienischen Einrichtungen.“ Das gilt auch für das Kinderzimmer, denn die erste Forderung an dasselbe ist, daß es ein gesundes und helles, aber nicht ein feuchtes, dunkles oder dumpfiges Zimmer sei, und dann sei es auch freundlich, es sei nicht dunkel tapeziert oder gestrichen, sondern in einem zwar nicht grellen aber helleren Farbentone gehalten, und gleich vom Kinderzimmer müßte es auf einen kleinen Balkon führen und wo es irgend geht, auf eine Veranda oder in einen kleinen Garten. Fehlen aber diese freien Räume, so ziere wenigstens ein Blumenbrett das Fenster, sodaß, wenn die Kinder zum Fenster schauen, sie wenigstens im Sommer immer in Blumen und in blühendes Leben hineinsehen mögen.

Was die innere Einrichtung anbetrifft, so ist wohl Einfachheit das für die Kinder dienlichste, aber dieselbe darf nicht in Nüchternheit ausarten und soll nicht in einem unbegründeten Widerspruche zu der übrigen Einrichtung der Wohnung stehen. Der einzige Widerspruch, der immer gestattet sein mag, ist der, daß, wenn alle anderen Räume mehr nüchtern wirken oder durch geschmacklosen Überluxus verdorben sind, sich das Kinderzimmer durch eine künstlerische Einrichtung und Anordnung auszeichnen darf.

Es lassen sich für die Ausstattung des Kinderzimmers nur ganz allgemein gehaltene Anregungen geben. Denn jeder Kinderfreund, jeder Kunstfreund und jeder Architekt werden, sobald sie überhaupt selbständig denkende und handelnde Persönlichkeiten sind, ihre eigenen Wege hierin wandeln.

Außer Kindertisch und Kinderstuhl dürfte der Spielzeugschrank, soweit nicht Gelasse für das fortzuräumende

---

*) Siehe benutzte Literatur.

Spielzeug in der Wand eingebaut sind oder sich unter aufklappbaren Sitzen an der Wand befinden, ein nicht zu entbehrendes Möbel sein, denn mag es beim Spiele noch so wild hergehen und noch so bunt aussehen, aufgeräumt muß doch werden und zwar nicht von der Mutter oder einem Dienstmädchen, sondern vom Kinde selbst. Frühe Gewöhnung an Ordnung und Sauberkeit erweist sich bei jedem Menschen als eine Wohltat fürs ganze spätere Leben.

Elisabeth Schellbach hatte kürzlich eine reizende Spielzeugtruhe ausgestellt, die auf Rollen geht und mit der die Kinder im Zimmer hin- und herfahren können; solch ein Möbel ist trefflich, reicht aber natürlich nicht zum Aufbewahren von vielem Spielzeug aus; und daß das Spielzeug nicht herumstehe und dauernd einstaube, gebietet sich nicht nur aus Rücksichten der Ordnung, sondern auch der Hygiene.

Andere Rollgefährte für die Kinder, so besonders Laufstühle und Laufkörbe, in die die Kinder hineingestellt wurden, um gehen zu lernen, ohne zu fallen, hat es schon im Mittelalter gegeben, und wohl sogar schon zur Zeit der römischen Kaiser.

In grauer Vorzeit aber traf man auch schon Vorkehrungen zum Schutze der Kinder gegen das Fallen, denn die Pfahlbauern banden die Kinder mit einem Seile am Fuße fest, damit sie nicht ins Wasser fielen.

Einen Kindertisch und zwei Bänke ließ 1493 Michael Behaim für seine Kindlein anfertigen.

* * *

Aber alle Einrichtungs- und Möbelfragen werden nicht eine so wichtige Rolle spielen, als die Frage nach einem Kinderzimmer überhaupt. Die rumpligste Kammer als Spielzimmer, sofern sie nur gesund ist, ist immer noch besser als kein Spielzimmer, aber je schöner wir das Kinderzimmer nach unseren Mitteln gestalten können, desto besser wird es natürlich für die Erziehung unserer Kinder sein. Ein gesunder Raum zum Spielen ist eine Grundbedingung, ein Fundament, auf dem sich die Erziehung durch das Spielzeug erst aufbaut.

Ellen Key*) sagt in „Das Jahrhundert des Kindes“: „Das Kind nicht in Frieden zu lassen, das ist das größte Verbrechen der gegenwärtigen Erziehung gegen das Kind. Dahingegen wird eine im äußeren sowie im inneren Sinne schöne Welt zu schaffen, in der das Kind wachsen kann, es sich darin frei bewegen zu lassen, bis es an die unerschütterliche Grenze des Rechts anderer stößt, das Ziel der zukünftigen Erziehung sein.“

* * *

Marx Möller sagt am Anfang seines Schreibens: „Mit den Spielzeugen wird jetzt sehr gesündigt: die Kinder kriegen zuviel, das junge Hirn wird von einer Aufregung in die andere gehetzt, das Kind braucht schon deshalb nicht so viel geschenkt zu bekommen, weil es ja doch alles als sein eigen betrachtet, was es sieht, das Bewußtsein rechtlichen Besitzes ist ihm fremd.“ Und am Schluß des Briefes heißt es: „Es wird jetzt zuviel Wesens mit den Kindern gemacht. Kinder soll man wie Blumen ruhig wachsen lassen; wenn ich Kinder hätte, würde ein großes Plakat im Zimmer den Besuchern verbieten: 1. Geschenke im Werte von über 50 Pf. zu bringen und 2. sich soviel mit den Kindern, ihrem Äußeren usw. abzugeben. Heutzutage sagt man den Kindern Komplimente, die mich verlegen und ängstlich gemacht hätten, und überfüttert sie in jeder Weise.“

Carmen Sylva schreibt: „Man sollte den Kindern ein Spielzimmer geben und es ihnen ganz überlassen, wie sie dasselbe ausschmücken, und ist es auch nur ein kleiner Verschlag, auf dem Speicher oder unter der Treppe, das Kind wird es schön finden, sobald es frei darin hausen kann.“

* * *

---

*) Siehe benutzte Literatur.

Auf dem Kunsterziehungstage in Dresden*) ist über die Kinderstube und über den Wandschmuck für die Kinder in Haus und Schule sehr viel Beherzigenswertes gesagt worden, was denn auch nicht verfehlt hat, inzwischen bereits Früchte zu tragen.

Geh. Oberregierungsrat Brandi sagte: „Das Kind soll von der Kinderstube an umgeben sein von Dingen, von Zimmerschmuck, von Spielsachen, an denen es seinen Geschmack allmählich heranbilden kann, ohne belehrt zu werden." Und ferner sagte er: „Nur die Forderung steht auch hier an der Spitze, alles, womit wir das Kind umgeben, von der Puppe bis zum schönen Bilderbuch, muß mit Takt, mit Geschmack nach ästhetischen Grundsätzen ausgewählt werden."

Auch dem Material der Innenausstattung der Räume für Kinder wandte ein Redner, Bauamtmann Professor Th. Fischer, München, in seinem Bericht: „Das Schulgebäude" besonderes Interesse zu. Was er von der Schule sagt, hat auch für das Kinderzimmer seine Bedeutung: „Es ist ein Krebsschaden der heutigen Kunstbildung in fast allen Kreisen, daß man mehr scheinen lassen will als da ist, daß man Gips bronziert und Fichtenholz mit Eichenholzmaser bemalt. Das sind Sünden der schlimmsten Art, die im Schulhaus so verpönt sein sollten wie jede gesprochene Lüge. Wenn die Kinder nie die Verleugnung des Materials zu sehen bekommen, wenn sie nie etwas loben hören deshalb, weil es reich aussieht, sondern nur wenn das Werk ehrlich ist nach Zweckbestimmung und Materialbehandlung, dann sollte man meinen, daß allmählich jene unheilvolle Sucht nach äußerlicher Vornehmheit, die unserem Streben das schwerste Hindernis ist, vergehen müßte."

* * *

Was nun das Thema des Wandschmucks im Kinderzimmer anbetrifft, so ist es eines der schwierigsten.

Ein Dichter oder Literaturfreund wird wahrscheinlich in seinen Kindern schon frühzeitig Schätzung für die Ritter des

*) Siehe benutzte Literatur.

Geistes durch Darstellungen aus Dichterwerken oder auch direkt durch Aufhängen von Dichter-Porträts erwecken wollen.

Der Offizier oder Landedelmann, in dessen Familie durch Generationen hindurch kriegerische Traditionen herrschen, wird für diese durch Helden- und Kampfdarstellungen seine Kinder auch interessieren wollen.

Und so wird ein jeder leicht geneigt sein, die idealen Seiten seines Berufes bei der Kindererziehung als vorbildlich hinzustellen.

Ob es unbedingt nötig ist, bei den vielen Bildern, die unsere anderen Räume zieren und die das Interesse des heranwachsenden Kindes oft mehr anregen als wir glauben, auch das Kinderzimmer überreich mit Bildern zu schmücken, soll hier nicht entschieden werden.

Vielleicht ist ein heller einfarbiger Grund mit einem hübschen künstlerischen Bilderfries als Abschluß nach der Decke zu ein beruhigenderer und stimmungsvollerer Hintergrund für die leuchtende Farbenpracht all der herrlichen Kleinplastik, die das Kind mit seinem Spielzeug im Zimmer aufbaut, als eine buntbemalte oder mit bunten Bildern reich geschmückte Wand.

Wo aber nach Lage und Ausstattung des Raumes schon im Interesse der Aufhebung und Überwindung einer gewissen Öde und Leere das Kinderzimmer mit Wandschmuck versehen wird, da achte man doch ja darauf, den kleinen Kindern im Kinderzimmer nur solche Bilder als Wandschmuck darzubieten, die so klar verständlich sind, daß sie ebenso wenig einer Erklärung bedürfen, wie das Schaukelpferd oder die Puppe, die man ihnen gibt.

Und in bezug auf das Sujet und die Darstellung, die man darbieten soll, gelte das, was Professor Dr. Lichtwark*) so treffend ausgesprochen hat: „Wir brauchen uns nur zu erinnern, was uns Freude gemacht hat, was uns angezogen hat,

*) Kunsterziehung siehe benutzte Literatur.

als wir Kinder waren. Es war immer nur das Werk des dichtenden und nie das des lediglich abschreibenden Künstlers. Eine bloße Studie, eine bloße Abschrift der Natur, eine noch so feine und künstlerische Skizze hat für das Kind absolut keine Anziehungskraft."

Im klassischen Griechenland, wo die Kinder gleich den Erwachsenen einst wie noch heute einen großen Teil ihres Lebens im Freien draußen auf der Straße zubrachten, da zeigte der malerische und besonders der plastische Wandschmuck Darstellungen aus den Sagen und Mythen des Volkes, und das Märchen und die Sage bilden denn auch noch heute den trefflichsten Stoff für den Wandschmuck im Kinderzimmer, daneben wird die einfache Stimmungslandschaft besondere Berücksichtigung finden können.

Eine ideale Einrichtung wäre ein in vorgezogener Wand eingebauter, um das Zimmer herumlaufender Fries aus Bilderrahmen, in die von Zeit zu Zeit neue Bilder aus der Kinderbildermappe eingefügt werden könnten.

Wer nicht Bilder kaufen will, könnte sie aus unseren illustrierten Journalen selbst sammeln und den Kindern dadurch eine Fülle von Anregung ohne sonderliche Belehrung geben.

Zu Weihnachten — das liegt am nächsten — würden die Darstellungen aus der Weihnachtszeit hinter diese Rahmen gespannt werden und zu Ostern die, die sich auf das Osterfest beziehen. Im Winter, wenn es schneit und friert, kommen die Eissport- und Schlittenfahrtbilder an die Reihe, und im Sommer die Erntebilder, der Rudersport und das Schwimmen und Baden — diese letzteren Bilder natürlich nur in sorgsamster Auswahl —, ferner Blumenstilleben und Sommerblumen. Im Herbst erscheinen die Früchte und die Obsternte, die Jagd und die Darstellungen des Drachenspiels.

Ist ein nationaler Ehren- oder Erinnerungstag, so werden die Porträts und Darstellungen aus dem Leben der gefeierten Helden und Fürsten eingefügt: ist Hochzeitstag der Eltern, also ein Familienehrentag, nun so kann man durch Darbietung der vielen schönen Hochzeitsbilder, die es gibt, den Kindern Ernst und Weihe der einstigen Feier veranschaulichen.

Kurzum man könnte sich selbst zur Freude und den Kindern zur Belustigung und Belehrung in diesen Rahmen, die den Wechselrahmen der Aquarellausstellungen gleichen müßten, das ganze Leben in ein Bilderbuch verwandeln, das wie ein Panorama langsam, ganz langsam — denn einen Tag oder einige Tage würde doch jeder Bilderzyklus an der Wand bleiben — im Kinderzimmer an dem Auge der Kleinen vorüberzieht.

* * *

Das meiste, was auf dem Kunsterziehungstage*) über den Wandschmuck in der Schule gesagt worden ist, das gilt auch für den Wandschmuck im Kinderzimmer.

Professor Dr. von Oechelhäuser-Karlsruhe forderte vor allem farbige Bilder: „Vor allen Dingen möchte ich aber auch für farbige Bilder eintreten. Wir müssen die Kinder an Farbenfreudigkeit gewöhnen, wir müssen sie gewöhnen, farbige Bilder zu sehen, und zwar ohne jede Erklärung“ usw. — „Die Dinge in der Welt sind doch nun mal bunt.“ — usw. „Wir müssen also schon bei dem Klassenwandschmucke die Kinder an die Farbenfreudigkeit gewöhnen, ohne die wir garnicht auskommen.“

Für Bilder aus dem realen Leben trat Rektor Köhler aus Breslau ein: „Damit kommen wir in unserer Schule nicht durch, daß wir den Kindern allegorische Bilder hinhängen; unsere deutschen Kinder wollen Tatsachen, die wollen etwas Aktuelles, wenn man aber erst lange erklären und auch noch Poesie hineinpumpen muß, dann kommt man nicht zum Ziel; geben wir unseren Kindern nur Bilder aus der lebendigen Wirklichkeit.“

---

*) Kunsterziehungstag siehe benutzte Literatur.

Dem Märchen, der Sage und dem Geschichtsbild redet Professor Dr. Rein aus Jena das Wort: „Schon vom ersten Schuljahre ab treten wir in die Pflege des Sehens ein. Wenn eine Erzählung gegeben worden ist, z. B. ein deutsches Volksmärchen, so wird dann ein Bild dieses Märchens aufgehängt. Dabei spricht nicht der Lehrer zuerst, sondern die Kinder werden veranlaßt, über das Bild mit dem Lehrer sich zu unterhalten, ähnlich wie etwa die Mutter, nachdem sie erzählt hat, auch ein Bild vorweist und mit dem Kinde in harmloser Weise dieses Bild bespricht." usw.

„Im dritten Schuljahre behandeln wir die Thüringer Sagen. Nach der Behandlung der Ludwigs-Sagen wird ein Zyklus von Schwindschen Zeichnungen aufgehängt. Den Kindern wird Zeit gewährt, diesen Zyklus durchzugehen, und nachdem sie ihn eingehend betrachtet haben, tritt der Lehrer ebenfalls in eine zwanglose Unterhaltung ein." usw.

„Auf einer höheren Stufe behandeln wir dann z. B. die Geschichte des verlorenen Sohnes mit den wundervollen Zeichnungen von Führich, die Geschichte Karls des Großen mit den Wandgemälden von Rethel."

Den Stoffen, die sich aus den lokalen Verhältnissen und Erscheinungen sowie aus den Sagen einer Provinz ergeben gibt Geh. Regierungsrat Dr. von Seidlitz-Dresden den Vorzug: „Die Gegenstände, die in solcher Weise verarbeitet werden, sind natürlich sehr wichtig. Man wird — darüber ist man einig — von der nächsten Umgebung, vom Bekannten auszugehen haben. Also hier ist der Boden für eine Heimatskunst von selbst gegeben, die Tiere, die Pflanzenwelt, die Märchen und Lieder und sonstigen Stoffe der Provinz — das ist das nächstliegende. Nur ist festzuhalten, daß es sich dabei, dem Bedürfnis der Kinderseele entsprechend, nicht um eine prosaische, lehrhafte Schilderung handeln darf, sondern durchaus um poetische Gestaltung des Stoffes. Das ist das, wonach das Kind sich sehnt, was auf seine Anlagen fördernd wirkt und was ihm nicht vorenthalten werden darf, und das gehört auch zu den Zwecken der Schule."

Und in nicht genug zu schätzender Weise treten die beiden bei den plastischen Spielen schon erwähnten Freunde der Plastik, Direktor Dr. Deneken-Krefeld und Professor Dr. A. G. Meyer-Berlin, für die Verwendung der Skulptur als Zimmerschmuck zur künstlerischen Erziehung der Kinder ein.

Direktor Dr. Deneken-Krefeld sagt: „Auch die monumentale Kunst, und zwar nicht nur die Malerei, sondern auch die Plastik, die ich für ganz außerordentlich erzieherisch halte, sollte ihren Einzug halten in die Räume der Schule."

Prof. Dr. A. G. Meyer-Berlin sagt: „Ich möchte aus der Reihe der Stoffe, die für den Wandschmuck gewählt werden, doch die Plastik nicht ganz ausschließen, wie das vorhin gewünscht wurde: Gute Reproduktionen — nicht etwa Gipsabgüsse! — von Statuen, Gruppen, Denkmälern und Büsten dürfen nicht fehlen, wenn man im Sinne des Herrn Dr. Cornelius das Schönheitsgefühl des Kindes anregen will. Die Schwierigkeiten, plastische Gebilde in geeigneter Weise wiederzugeben, lassen sich überwinden."

* * *

Nachdem nun in vorstehendem für die Leser besonders durch die Anführung der Ansichten und Meinungen so vieler hervorragender Autoritäten in bezug auf den Wandschmuck wesentliche Anhaltspunkte gegeben sind, möge noch ein Thema kurz behandelt werden, das im engsten Zusammenhange mit der Kinderstube steht, aber auf das meist von Eltern und Erziehern zu wenig geachtet wird. Es ist dies die Spielkleiderfrage. Lili Droescher*) sagt in ihrem Aufsatz „Spiel und Spielzeug": Im ganzen sei die Kleidung lose und bequem; leinene Kittelschürzen mit aufknöpfbaren Ärmeln, auch Lederschürzen sind für Spiele in Haus und Garten zu

*) Kunst im Leben des Kindes, siehe benutzte Literatur.

empfehlen. Die Kinder können, so ausgerüstet, mit Sand bauen oder Puppenwäsche halten, in Ton modellieren, leimen und kleben, ohne daß ihre Sachen größeren Schaden leiden, als ins Wasser gesteckt zu werden."

Ja man sollte den Kindern, besonders den kleinen, Spielkleider aus möglichst festem, unzerreißbaren Stoffe anziehen, damit sie sich darin austoben können, dagegen kann man sie mit Recht daran gewöhnen, ihre guten Sonntagskleider, in denen sie mit den Eltern spazieren gehen, zu schonen. Bei Kindergesellschaften, bei denen der mütterliche Ehrgeiz die Kinder oft nur zu stark aufputzt, sollte den Kindern eine das ganze Gesellschaftskleidchen bedeckende Spielschürze mitgegeben werden, denn beim Spiel können leicht Risse oder auch beim Schokoladetrinken Flecke in das gute Kleid kommen und da soll die Spielschürze dem Kinde dazu verhelfen, das Spiel und die Gesellschaft nach Herzenslust zu genießen, was bei dem Gedanken: wird auch mein Kleid oder Anzug nicht leiden und wie wird dann Mama böse sein, garnicht möglich ist.

So hat das Spielkleid oder der Spielkittel eine wichtige Rolle im Leben des Kindes; denn wo der richtige Spielanzug fehlt, wird, ach nur zu oft, Lust und Freude der Kinderstube in Leid und Tränen verwandelt werden.

* * *

Nachfolgend seien die modernen Kindermöbel, die die Spielzeugindustrie herstellt, der Vollständigkeit des Werkes wegen sämtlich angeführt, ohne daß damit etwa eine Richtschnur für eine bestimmte Einrichtung gegeben werden soll, zumal ebenso, wie bei den aus gleichem Grunde geschilderten Servicen der Kindergesellschaft, auch Kindermöbel ein Luxus sind, den sich nicht jeder gestatten kann und den auch, selbst wenn dies der Fall, darum noch lange nicht jeder gutheißt.

Das Kinderzimmer, wie es die Spielzeugindustrie ausstattet, enthält fast alle unsere Möbel, Dekorationen und Geräte in den der Größe der Kinder entsprechenden Miniatur-Dimensionen.

Das beliebteste und allgemein vertretene Kindermöbel ist der Kinderstuhl und das Kindertischchen, an dem der oder die Lieblinge des Hauses nicht nur spielen, sondern auch essen wollen, und sie sind selig, wenn ihnen an ihrem eigenen Tischchen gedeckt wird; daß natürlich zu diesen Mahlzeiten der Kleinen auch kleine Tellerchen und Messerchen, Gabeln und sonstiges Miniaturgeschirr gehören, das weiß jeder aus der Beschreibung der Tafel der 7 Zwerge, bei denen Schneewittchen logierte. Kleine Leute brauchen kleines Geschirr, kleine Bettchen, kleine Schränkchen und alles, was es im Reiche der Kinderwelt sonst noch an kleinen Gegenständen gibt.

Die moderne Spielzeugindustrie und Kindermöbeltischlerei hat aber auch noch viele, viele Gegenstände und Möbel geschaffen, die in den Märchenbüchern nicht beschrieben sind. So die Nähtischchen (sogar gefüllt mit allem, was dazu gehört), die kleinen Waschservice mit Toilettenspiegelchen, kleine entzückende, in echten Hölzern ausgeführte, reich ornamentierte Büfetts zur Aufbewahrung des Geschirrs für Kindergesellschaften, kleine Bücherschränke mit Glastüren für die Kinderbibliothek, kleine Garderobenständer, kleine Kommoden, Kleiderschränke, ferner Kinderschreibtische und Schreibpulte, sowie Kinderschaukelstühle, ganze Polstergarnituren, Etageren, Blumentische und sogar einen Musikstuhl, der mehrere Stücke spielt, sobald das Kind sich darauf setzt.

Die Ausführung aller dieser Möbel für das Kinderzimmer ist fast ebenso vielseitig, wie die Ausstattung unserer Einrichtungen, in denen der Tischler und Tapezierer sich nach unserem Geschmacke und nach unserem Portemonnaie richtet.

Sehr schön und freundlich sind die weiß und blau und die chamois und hellgrün lackierten Möbel, sowie die in

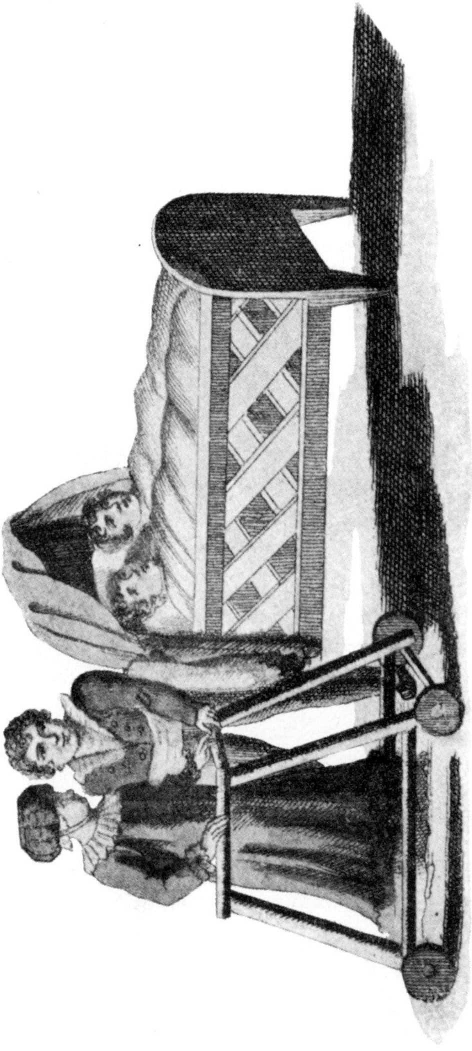

Nach einem kolorierten Stich.

Laufstuhl um 1810.

echten Hölzern, Eiche, Mahagoni und Nußbaum, ausgeführten Möbel; da das Bestreben aller Kinderfreunde dahin geht, in dem Kinde die Freude am Wahren und Echten wachzurufen, so erfreuen sich diese in echten Holzarten ausgeführten Möbel großer Beliebtheit.

Es darf nicht unerwähnt bleiben, daß es für die Kinder, die kein eigenes Kinderzimmer haben, kleine Kinderstuben

Nach einem Kupferstich aus: J. W. Zinkgreff, Emblemata. Frankfurt, Merian 1614.

Kind im Laufstuhl.

gibt, die aus mit Fenstern und Türen versehenen Wänden im Zimmer oder im Freien aufgebaut werden können, auch ist für ganz kleine Kinder die Kinderbox, ein kleiner, aus Holzgitter zusammenstellbarer, nach oben offener Kasten, in dem das Kind gefahrlos spielt, geschaffen, sowie der Laufstuhl, der seine alther gebrachte Form seit Jahrhunderten bis auf den heutigen Tag nicht verändert hat. Die meisten dieser Kinderstühle für die Kleinsten sind mit Rücksicht auf die schnellwechselnden Größenverhältnisse verstellbar.

* * *

Theodor Fontane sagt in dem Werk „Meine Kinderjahre“*): „Ja, häßlich, eng und vernachlässigt war alles, am vernachlässigtsten aber war die Kinderstube, drin grad' in der Mitte ein großes Stück Diele fehlte, sodaß der Dünensand, darauf das Haus ohne Untermauerung stand, zum Vorschein kam. Später söhnte ich mich mit diesem Dielenloch freilich aus, denn grade diese Sandstelle wurde, wenn wir bei schlechtem Wetter nicht hinauskonnten, zum bevorzugten Spielplatz für uns Kinder, wo wir mit vier würfelförmigen Steinen unser Lieblingsspiel spielten.“

---

* Siehe benutzte Literatur.

X. KAPITEL.

BILDERBÜCHER, MÄRCHEN, SAGEN UND ERZÄHLUNGEN.

Das Bilderbuch ist für das kleine Kind ein Spielzeug wie jedes andere, und da es auch die gleiche Behandlung seitens des Kindes genießt, das heißt, der Lust am Entzweimachen oder Zerreißen ausgesetzt ist, so kam man seinerzeit auf die Idee, die „unzerreißbaren Bilderbücher“ herzustellen; doch auch an diesen „rütteln“ unsere „Kleinsten“ mächtig, und wenn man das Bilderbuch vor allen Unfällen schützen will, so muß man seinen Inhalt, wie es auch vielfach geschieht, als Fries an die Wand malen oder gleich den alten Schweizern die Ofenkacheln mit bunten Glasurbildern schmücken, wie wir sie an den alten Winterthurer Öfen sehen können.

Die Frage der Haltbarkeit eines Bilderbuches ist aber durchaus nebensächlich und nur hier am Anfange gleich deshalb erwähnt, um das Bilderbuch durch die Hindeutung auf das Material und die Widerstandskraft desselben auch als das zu kennzeichnen, was es ist, nämlich als Spielzeug.

Wie nun jedes Spielzeug für die allerkleinsten Kinder leuchtend, glänzend und farbenprächtig sein soll, so muß in derjenigen Entwickelungsstufe des Kindes, in der es nur für das Bild, das heißt für die Nachbildung der Erscheinungen in Natur und Leben Interesse hat, ohne den Text zu verstehen oder zu beachten, auch das Bild im Bilderbuche bunt sein.

Eine französische Märchen-Großmutter. Aus: Märchen nach Perrault, neu erzählt von Moriz Hartmann, illustriert von Gustave Doré. Stuttgart um 1865 (das französische Original war 1862 erschienen)

Märchen-Erzählerin. Titelholzschnitt von Ludwig Richter zu: Deutsches Märchenbuch. Herausgegeben von Ludwig Bechstein. Leipzig 1845. — Im Gegensatz zur Doré'schen Darstellung hat keins der Kinder sein Spielzeug bei sich; alle lauschen wie gebannt

Gustav Pauli*) sagt: „Dem Kinde farblose Bilderbücher geben heißt ihm einen Genuß mehr beim Schauen vorenthalten". Ja wenn wir unsere Kinder zur Farbenfreudigkeit erziehen wollen und zum Genießen der Erscheinungen der Welt, die sich dem Auge alle mehr oder weniger bunt darstellen, so müssen wir beim Bilderbuche, dessen Bildern sowieso schon die Plastik der modernen Spielzeugdinge fehlt, verlangen, daß es wenigstens durch Farben der Darstellung der bunten Welt gerecht werde. Die Bilder des schwarzweiß illustrierten Bilderbuchs werden erst dann die Kinder interessieren, wenn sie anfangen, dem begleitenden Text, der ihnen vorgelesen wird oder den sie selbst lesen, mehr Aufmerksamkeit zu widmen, und auch dann noch wird das bunte Bild immer noch beliebter sein als das schwarz-weiße. Ganz kleine Kinder werden sich bei schwarz-weißen Bildern sogar langweilen, und wenn Gustav Pauli sagt: „Was hülfe uns ein Bilderbuch von der Hand des größten Meisters, wenn es die Kinder langweilig finden", so trifft das auf schwarz-weiße Bilderbücher für kleine Kinder ganz bestimmt zu.

Es sei übrigens bemerkt, daß hier natürlich nicht an so kleine Kinder gedacht ist, die überhaupt die Farben noch nicht unterscheiden können oder das Bilderbuch nur als Fall- oder Wurfobjekt betrachten, sondern an solche, die wenigstens schon in Gemeinschaft mit der Mutter Bild für Bild wirklich ansehen.

Da die Farblosigkeit nicht der Realität der Dinge entspricht, so ist das farblose Bilderbuch auch für das kleine Kind in bezug auf den Anschauungsunterricht, der durch dasselbe auf alle Fälle, ob beabsichtigt oder unbeabsichtigt gegeben wird, ein ungeeignetes und unvollständiges Bildungsmittel, da es die dargestellten Dinge ohne Farbe nicht so leicht erkennt als in bunter Ausführung.

Dagegen ist für ältere Kinder, sobald sie sich eben, wie

*) Siehe benutzte Literatur.

gesagt, für den Text mehr interessieren und eben zugleich damit auf eine höhere Stufe der Entwickelung gelangt sind, die schwarz-weiße Illustration ein wertvoller Faktor für die künstlerische Erziehung. Die ganze Welt in ihrer strahlenden Buntheit wird im farblosen Bilde einzig und allein in den Abstufungen vom hellweißen Licht bis zur tiefschwarzen Finsternis wiedergegeben.

Erfolgte bereits mit der Nachbildung der plastischen Form auf der Fläche die erste künstlerische Übertragung, durch die die Phantasie des Kindes angeregt wird, sich dadurch zu betätigen, daß sie dies Flachbild wieder zur plastischen Wirklichkeit rundet, so ist der Ersatz der bunten Farben durch schwarz und weiß der zweite künstlerische Prozeß, durch den eine noch weitere Entfernung von der Wirklichkeit erfolgt, wodurch auch das Kind noch weit mehr mit seiner Phantasie arbeiten muß, um die Realität der Dinge, denen nun außer der plastischen Form auch die Farbe fehlt, in seiner Vorstellung wieder zu konstruieren.

Das schwarz-weiße Bild hat aber noch einen anderen Vorzug, das Fehlen der Farbe läßt das Kind, wenn auch ihm unbewußt, weit mehr auf die Linien und Formen achten und auf Licht und Schatten als das bunte Bild, bei dem die Freude an der Farbe die Details der Zeichnung leichter übersehen läßt, und so wird das schwarz-weiße Bild ein treffliches Anschauungsmittel, das eine wertvolle Ergänzung zu der schaffenden zeichnerischen Tätigkeit des Kindes mit Bleistift, Kohle, Kreide und Feder bildet.

Daß das Bilderbuch, ob bunt oder schwarz-weiß, nur von ersten Künstlern der Malerei und Zeichenkunst herrühren soll, darüber sind sich fast alle Erzieher und Kunstfreunde einig.

Aber in bezug auf die malerische Behandlung, nämlich ob die Bilder mehr in Umrissen und nur leicht koloriert gehalten sein sollen, oder ob einer in die Tiefe gehenden, mit Licht, Schatten und Perspektive arbeitenden Darstellung der Vorzug zu geben ist, darüber gehen die Meinungen auseinander, wenn auch für die erstgenannte Auffassung sich weit mehr Anhänger gefunden haben.

Über die Kunst, für Kinder zu illustrieren, lassen sich ebensowenig Regeln aufstellen wie über die Kunst, Märchen zu dichten.

Ein großer genialer Künstler bedarf keines Systems und keines Rezeptbuchs in bezug auf die technischen Mittel seines Schaffens, wenn er zu der Seele des Kindes sprechen will; er wird es allezeit verstehen, in dies unschuldsvolle Heiligtum vorzudringen, ob er nun die einfachste oder die schwerste Technik anwende.

Es ist der Vorzug fast eines jeden großen Meisterwerkes, daß es sich in seiner äußeren Schönheit auch dem Kinde offenbart, daß es eben allgemein verständlich ist, wenngleich seine tiefe innere Schönheit nur die erkennen, die überhaupt in die Seele eines Kunstwerks einzudringen verstehen.

So soll auch die von den Illustratoren angewendete meist leichtere, gewissermaßen über die Fläche hinschwebende „Technik“ in diesem Werk eben nicht als die Hauptsache betrachtet werden, auf die es ankommt, sondern den Hauptwert wollen wir auf die Kraft und die Innigkeit der Sprache legen, mit welcher der Künstler zum Kinde redet.

* * *

Daß es hier zu weit führen würde, auf die einzelnen Bilderbücher näher einzugehen, ergibt sich wohl daraus, daß das kritische Verzeichnis, das Wilhelm Spohr in der Zeitschrift „Die Vereinigung die Kunst im Leben des Kindes“*) (Band 1902, Seite 114 u. ff.) von 132 künstlerischen Bilderbüchern und illustrierten Werken für die Jugend angefertigt hat und auf das hiermit verwiesen sei, 40 Seiten umfaßt.

Auch die Aufsätze „Das Bilderbuch“**) von Gustav Pauli

---

*) Siehe benutzte Literatur.

**) Dekorative Kunst. Band X.

und „Das Moderne englische Bilderbuch"*) von Anna Muthesius Trippenbach sind recht umfangreiche Arbeiten, die zeigen, daß sich die Bilderbuchfrage, sobald man auf die einzelnen Werke eingeht, zu einem sehr umfassenden Thema gestaltet, das hier nicht mehr behandelt werden kann.

So soll hier denn nur noch die Frage, ob und inwieweit Karikatur und Humor im Bilderbuch und im Spielzeug Verwendung finden sollen, erörtert werden.

Wilhelm Spohr sagt in seiner Abhandlung „Künstlerische Bilderbücher"*): „Viele Eltern sehen die Charakteristik anstrebende Kunst der Busch, Meggendorfer, Oberländer, Kreidolf mit einer gewissen prüde-ethischen Befangenheit an, und mit dem Worte „Karikatur" wird dies ausgeschaltet. Was ist aber diese Kunst anders als eine hervorhebende, mit starken Lichtern arbeitende, scharf charakterisierende Kunst? Das Kind sieht garnicht die Übertreibung so sehr wie wir, es hat sie in gewissem Grade nötig, damit es erfasse, was es erfassen soll. Aus diesem Grunde werden verständige Pädagogen die Zeichnung Busch's würdigen und auch seine Verse, die die gleiche Charakteristik erreichen. Sie werden natürlich sorgsam auswählen. Und sie werden mit solcher Kunst dem Kinde die wunderbare und notwendige Überlegenheit des Humors schenken."

Ob das Kind die Übertreibung nicht sieht oder vielleicht gar noch mehr sieht wie wir Erwachsenen, das mag dahingestellt bleiben, jedenfalls ist der Humor die Würze von Kunst und Leben und hat im Spielzeug und noch mehr im Bilderbuch eine unbedingte Daseinsberechtigung.

Aber es wird gerade darauf ankommen, daß das Kind eben die Übertreibung in der Karikatur erkennt, denn wenn dies nicht der Fall wäre, so würde ja einerseits das humoristische Element, das, worüber das Kind eben lacht, ausgeschaltet werden; andererseits würde die Anschauung des

---

*) Kunst im Leben des Kindes, s. benutzte Literatur.

Kindes von den Erscheinungen der Welt leiden, hielte es die Übertreibung für Natur.

Das Kind soll, wofern es das nicht selbst sieht, auf alle Fälle darüber belehrt werden, wenn ein Spielzeug oder ein Buch statt der genauen Reproduktion der Dinge solche in humorvoll karikierter Weise darstellt.

Geschieht dies, das heißt, wird es davor bewahrt, die Unnatur oder den Ausnahmefall für Natur und Regel anzusehen, dann kann der Humor und die Karikatur, sofern sie nicht gegen dem Kinde heilige Begriffe oder gegen die Sittlichkeit sich richten, ihm nichts schaden, sondern sie werden das Kind belustigen, seinen Geschmack läutern und in ihm die Lust zur Kritik wachrufen, welche die Grundlage für alles „Bessererkennen“ auf dem Gebiete der Kunst bildet.

* * *

Fräulein Doris Sagel, die Jugendgespielin Freiligraths, berichtet über den kleinen Ferdinand und seine Spiele*): „Er hatte ein schönes Bilderbuch, in welchem vielerlei ausländische Tiere abgebildet waren; dies beschäftigte seinen Geist so sehr, daß er stundenlang bei dem Buche zubrachte; dasselbe mag wohl manchen Stoff zu seinen späteren Gedichten geliefert haben.“

* * *

Märchen und Sagen sind die ersten epischen Dichtungen, welche sowohl die Kindheit der Völker wie die Kindheit des einzelnen Menschen verschönen und deren Reiz darin besteht, daß sie eine kindliche, nach Wundern verlangende und Wunder glaubende Phantasie einigermaßen befriedigen, und daß sie den Durst nach sichtbaren Offenbarungen überirdischer Gewalten und Kräfte stillen.

Würde man das Märchen abschaffen und den Kindern keinerlei Wunderspeise mehr reichen, so würde nach Durchführung dieses Grundsatzes durch viele Geschlechter eine

*) Siehe benutzte Literatur.

allen Idealen abholde, höchst nüchterne und poesielos empfindende Generation aufwachsen, aus der keine Dichter und Denker, aber auch keine Erfinder und Entdecker mehr hervorgehen würden.

Die Behauptung, daß das Märchen nicht wahr sei, ist ein schwächliches Argument. Kein Kunstwerk ist wahr in dem banalen Sinne. Der Krieg auf der Bühne ist kein Krieg in Wirklichkeit und die Statue der Plastik ist kein menschliches Wesen, sondern nur Stein; aber unsere Phantasie macht den Schein zur Wahrheit, und dieser Schein, diese Täuschung, durch welche uns die Künstler die höchste reinste Wahrheit des Lebens spenden und die wir Kunst nennen, ist die edelste Freude und der höchste Genuß des Lebens überhaupt.

Genau dieser Freude, genau dieser Kunst bedarf das Kind, nur noch in viel höherem Maße wie wir. Sein Spielzeug ist sein Kunstwerk, es ist ihm wahr, wirklich und, soweit es sich um Figuren handelt, lebendig, sein Märchen und seine Erzählung aber — ja das ist das, was für uns der Roman, die Zeitung, die Begebenheit und Neuigkeit ist — es ist die geistige Nahrung, aus der wie bei uns Erwachsenen „Lust zu neuem Wirken“, eben für das Kind „Lust zu neuem Spielen“ entspringt.

Das Märchen, die Heldensagen, die Indianergeschichten, kurzum alle Erzählungen, die das Kind hört oder liest, werden von ihm in Spiel umgesetzt, sei es nun, wie wir gesehen haben, in Figurenspiel oder in Personenspiel.

Wenn es aber selbst nicht Gelegenheit hat, Märchen und Erzählung im Spiel zu verwenden, so spielt es das alles doch schon beim Hören oder Lesen, wenn auch nur in der Phantasie.

Professor Dr. Konrad Lange sagt in seinem oft zitierten Werk „Die künstlerische Erziehung der deutschen Jugend“*):

*) Siehe benutzte Literatur.

„Durch das Märchen wird das Kind in eine fremde Welt versetzt und darin durch eine ästhetische Täuschung erhalten. Es ist ja selbstverständlich, daß es sich mit dem Helden oder der Heldin des Märchens identifiziert. Seine Illusion ist so lebhaft, daß es alles selbst zu erleben glaubt, was der Held erlebt", und in demselben Werke gibt er eine treffliche Definition von „Märchen und Erzählung", die klar erkennen läßt, von wie hohem Werte beide für die künstlerische Erziehung unserer Jugend sind.

„Märchen und Erzählung sind in derselben Weise Vorstufen des Kunstgenusses wie dramatische Spiele und plastisches Spielzeug. So wie die beiden letzteren auf das Verständnis der Schauspielkunst und Plastik vorbereiten, so führen die beiden ersteren in den Genuß der epischen Poesie, des Romans und der Novelle ein. Wenn man das Erzählen der Regel nach nicht zu den Spielen rechnet, so geschieht das nur, weil das Kind dabei nicht selber tätig ist. Seinem innersten Wesen nach gehört es durchaus zu den Kunstspielen."

Man hat nun darüber geklagt, daß das Märchen die Kinder nervös und furchtsam mache.

Furchtsamkeit ist aber teils Charakteranlage, teils auch Folge schlechter Erziehung.

Wer jemals aufmerksam durch einen öffentlichen Park wandelt und beobachtet, in wie liebloser, grausamer, roher Weise die Kindermädchen die Kinder behandeln, wie sie sie in Furcht zu versetzen suchen, wenn ein kleines harmloses Hündchen über den Weg läuft, wie sie sie zerren und reißen, sie mit dem Parkwächter oder Schutzmann ängstigen und ihnen mit allem möglichen, besonders mit dem immer wiederkehrenden „aber das werde ich der Mama erzählen" drohen, der wird begreifen, daß die schönen Märchen nicht die Schuld an der Furchtsamkeit dieser armen Kinder haben.

In einem schönen Parke in Kopenhagen ist ein Denkmal errichtet, das zeigt den Märchendichter Andersen, wie er auf einem Sessel sitzt und den Kindern seine Märchen erzählt, rings um das Denkmal stehen blühende duftende Blumen und Kinder, deren Mütter auf den Bänken des von den Parkbäumen eingeschlossenen freien Platzes sitzen, spielen auf dem grünen Rasen. Das ist mitten in dem Getriebe einer großen Stadt eine poetische, dem Kunstsinn der Kopenhagener alle Ehre machende Gedenkstätte eines der großen Märchenerzähler der Welt. Von diesen Meistern und Barden allen, von denen die einen den Kindern Märchen und die andern den Völkern ihre Sagen erzählen, von Homer angefangen bis auf Richard Wagner, Wilhelm Jordan und Felix Dahn, lernen unsere Kinder gewiß keine Furcht, sondern nur Tapferkeit, Mut und Entschlossenheit, und mit den reinen Kinder- und Hausmärchen steht es nicht anders. Wie standhaft und geduldig ist nicht das Aschenbrödel, wie gut und vertrauensselig das Schneewittchen, wie hilfbereit das Rotkäppchen und wie mutig und beherzt das die Hexe in den Ofen steckende und ihren Bruder Hänsel befreiende Gretel, und sogar das Dornröschen fürchtet sich nicht vor dem alten Turm, in den es hinaufsteigt, und sie alle werden für ihren Mut, ihre Ausdauer, ihre Güte oder ihre sonstigen Tugenden belohnt.

Und selbst die Märchen, die, wie Ritter Blaubart, in der Tat etwas Unheimliches und Unsympathisches haben, trotzdem die Kinder solche Märchen oft am liebsten hören, wirken nicht im entferntesten so furchterregend auf ein Kind, wie die Mitteilung über einen in der Stadt oder auf dem Lande passierten Mord, über den das Kind meist gegen unseren Willen durch Dienstboten oder sonstwie alle Einzelheiten erfährt.

Eines wird strengstens durchgeführt werden müssen, sollen die Kinder nicht das Fürchten lernen, daß die Kindermädchen, die leider schon im alten Griechenland die Kindchen mit den medusenköpfigen Unholdinnen Akko, Mormo, Lamia und Empusa ängstigten, ihres unheilvollen Einflusses auf unsere Kindererziehung enthoben werden.

Und dann wird dem Märchenerzählen nicht etwa alle freie Zeit gewidmet werden dürfen, im Gegenteil, das Spiel mit dem plastischen realistischen Spielzeug muß die Hauptsache bleiben, denn es ist tätige Handarbeit.

Wie wir Erwachsenen auch den Tag über arbeiten und in der realen Welt leben und nur zur Erholung und Orientierung Romane und Tagesneuigkeiten lesen, so soll das Kind in der Welt des Spiels und des Spielzeugs die seine körperliche Betätigung verlangen, leben, und nur ein kleiner Teil des Tages darf, eben um jede Nervenüberreizung zu vermeiden, dem Märchen und der Erzählung gewidmet sein.

Zum Schlusse dieser Betrachtung möge ein tief gemütvoller Brief*) des Dr. Martin Luther, den er von der Veste Coburg seinem vierjährigen Söhnchen Häns'chen schrieb, hier zum Abdruck gelangen, weil er erstens zeigt, welchen Wert der berühmte Reformator auf eine märchenhafte Darstellung legte, weil er dann aber auch eine köstliche Schilderung alles dessen enthält, was damals für einen Knaben an schönem Spielzeug begehrenswert erschien.

Dr. Martin Luther schrieb von der Veste Coburg seinem vierjährigen Söhnchen Hänschen folgenden Brief: „Gnad und Fried in Christo, mein liebes Söhnchen. Ich sehe gerne, daß du wohl lernest und fleißig betest. Thu also, mein Söhnchen, und fahre fort; wenn ich heimkomme, will ich dir ein schön Jahrmarkt mitbringen. Ich weiß einen hübschen, lustigen Garten, da gehen viel Kinder innen, haben güldene Röcklein an und lesen schöne Äpfel unter den Bäumen und Birnen, Kirschen, Spilling und Pflaumen, singen, springen und sind fröhlich, haben auch schöne kleine Pferdlin mit gülden Zäumen und silbernen Sätteln. Da fragt ich den Mann, deß

*) Der Brief ist auch abgedruckt in Hans Bösch, Kinderleben aus der deutschen Vergangenheit, siehe benutzte Literatur.

der Garten ist: weß die Kinder wären? Da sprach er: es sind die Kinder, die gern beten, lernen und fromm sind. Da sprach ich: Lieber Mann, ich habe auch einen Sohn, heißet Hänschen Luther, möcht er nicht auch in den Garten kommen, daß er auch solche schöne Äpfel und Birnen essen möchte und solche feine Pferdlin reiten und mit diesen Kindern spielen? Da sprach der Mann: wenn er gern betet, lernet und fromm ist, so soll er auch in den Garten kommen, Lippus und Jost auch, und wenn sie alle zusammen kommen, so werden sie auch Pfeifen, Pauken, Lauten und allerlei Saitenspiel haben, auch tanzen und mit kleinen Armbrüsten schießen. Und er zeigt mir dort eine feine Wiese im Garten, zum Tanzen zugericht, da hingen eitel güldene Pfeifen, Pauken und feine silberne Armbrüste. Aber es war noch frühe, daß die Kinder noch nicht gessen hatten, darum konnt ich des Tanzes nicht erharren und sprach zu dem Mann: Ach, lieber Herr, ich will flugs hingehen und das Alles meinem lieben Söhnlein Hänschen schreiben, daß er ja fleißig bete und wohl lerne und fromm sei, auf daß er auch in diesen Garten komme; aber er hat eine Muhme Lehne, die muß er mitbringen. Da sprach der Mann: Es soll ja sein, gehe hin und schreibe ihm also. Darum, liebes Söhnlein Hänschen, lerne und bete ja getrost und sage es Lippus und Josten auch, daß sie auch lernen und beten: so werdet ihr miteinander in den Garten kommen. Hiemit bis dem allmächtigen Gott befohlen und grüße Muhmen Lehnen und gib ihr einen Kuß von meinetwegen. Dein lieber Vater Martinus Luther."

* * *

Nach diesem Briefe Martin Luthers und nach dem auf Seite 51—53 abgedruckten Märchenstück von Goethe werden sich weder die Gegner des Märchens noch die Feinde des Spielzeugs auf diese beiden deutschen Geistesritter berufen können, und es ist durchaus nicht bloß Zufall, daß beide in ihren Märchen das Spielzeug behandeln, denn „Spielzeug" und

„Märchen" sind die leuchtenden Edelsteine in der ewig goldenen Krone der Kindheit, und beide gehören zusammen und ergänzen sich.

* * *

Georg Ebers sagt in „Die Geschichte meines Lebens":*) „Wie verkehrt und ungerecht ist es auch, das Märchen aus dem Leben des Kindes zu verbannen, weil die Hingabe an seinen Zauber ihm als erwachsenen Menschen vielleicht zum Nachteil gereichen könnte! Hat denn nicht jenes die gleiche Rücksicht zu fordern, wie dieser? Auch kindliches Spiel steht dem Manne nicht an, und wer möchte es den Kleinen verkümmern oder gar vorenthalten, um den Mann vor Vergeudung der Zeit und den Ernst seiner Lebensführung vor Beeinträchtigung zu bewahren?" und an anderer Stelle sagt er: „Den Gegnern des Märchens aber lege ich die Frage vor, ob sie sich für berechtigt halten, der Kindheit etwas des Allerherrlichsten zu rauben, wofür es im späteren Leben keinerlei Ersatz gibt, ja, dem der ganze spätere Bildungsgang des einzelnen Menschen feindlich in den Weg tritt."

Ferdinand von Saar schreibt: „Ich habe sehr früh zu lesen begonnen, und die deutschen Volksbücher Till Eulenspiegel, Robinson Crusoe und die Märchen aus tausend und einer Nacht waren meine liebste Unterhaltung."

Carmen Sylva schreibt: „Märchen erzählen, Märchen spielen, Märchen erleben, das ist Labsal für jedes Kindergemüt. Das Spielzeug soll nur der Träger des Märchens sein, die ganze Natur gibt so unendlich reiches Spielzeug in Hülle und Fülle her und verwöhnt ihre Kinder, wie es kaum eine Mutter kann."

---

*) Siehe benutzte Literatur.

Nach einem Kupferstich von Rosenberg, Berlin, Kgl. Bibliothek.

Berliner Spielwarenverkäufer 1796.

XI. KAPITEL.

FESTE.

Von hervorragender Bedeutung für die Kinder sind die Feste, denn fast ein jedes Fest bietet den Eltern, den Verwandten und Bekannten Gelegenheit, die Kinder zum Feste zu beschenken, wobei neben meist unvermeidlichen Süßigkeiten die Spielzeuggeschenke eine Hauptrolle spielen.

1. FAMILIENFESTE UND DIE FESTE DES JAHRES.

Das erste Fest im Leben eines jeden Menschen ist der Geburtstag, der dann das ganze Leben hindurch von ihm und denen, die ihm nahe stehen, gefeiert wird.

Den ersten Geburtstag feiern nur die Eltern und Angehörigen, denn das Kind selbst hat von der Freude, die sein Erscheinen auf der Welt in der Familie verursacht hat, noch keine Ahnung; aber für die älteren Geschwister ist der Geburtstag des kleinen Brüderchens oder Schwesterchens schon ein sehr bedeutungsvolles und in der Erinnerung haften bleibendes Fest, hat es doch — wie die Eltern erzählen — jene Düten mit Süßigkeiten für sie mitgebracht, die gar trefflich munden und den kleinen Eindringling überaus schnell beliebt machen.

Eine schöne alte Sitte, die sich heute aber nur noch auf dem Lande durchführen läßt, war es einst, daß der Vater für jedes ihm geborene Kind einen Lebensbaum pflanzte und zwar für die Knaben Apfelbäume und für die Mädchen Birnbäume.

Alle kommenden Gedenktage des ersten Geburtstages feiert dann das Kind schon selbst mit, und außer den Gaben und Geschenken, die es erhält, pflegen kleine brennende Lichter, deren Anzahl den Altersjahren entspricht, und auch eine Guirlande mit so vielen Rosen, als das Kind Jahre zählt, den Geburtstagstisch zu schmücken.

Schon bei den Römern ist übrigens dies alljährliche Feiern des Geburtstages unter Gratulation und Darbietung von Geschenken ein sehr beliebter Gebrauch gewesen.

Bei Griechen und Römern, sowie auch bei anderen Völkern folgte auf den Tag der Geburt nach 8—9 Tagen der Tag der Namensgebung, und wir haben bei Behandlung der Geräuschspiele im I. Kapitel gesehen, daß außer anderen Spielwaren dem Kinde besonders Kinderklappern zu diesem Feste von den Verwandten geschenkt wurden.

Bei uns vertritt das Tauffest das Fest der Namensgebung. Im Mittelalter schenkten die Paten den Kindern Gebäck in Hasenform und auch Spielsachen, während heute teils recht wertvolle Geschenke, silberne und goldene Taufbecher und Kinderbestecke den Täuflingen gewidmet werden; aber ebenso wie einst machen auch jetzt die Patengeschenke den Kindern zu der Zeit, wo sie dieselben erhalten, noch gar keine Freude, denn sie sind eben noch zu klein; dennoch haben die dem Kinde teils aus Aberglauben, teils aus Lust am Schmücken schon im zartesten Alter um Hälschen und Ärmchen gelegten Korallenschnüre gewiß schon oft zum Spielen gedient, und wenn man im 16. Jahrhundert glaubte, daß die Korallen das Kind artig und brav erhalten, so lag in diesem Aberglauben doch auch ein Fünkchen Wahrheit verborgen.

Ein weiteres Spielzeug für die Allerkleinsten bilden die Knochen- und Elfenbeinringe, welche die Kinder beim Zahnen erhalten, und die bereits ausführlich beschriebenen, weichen Plüschmusikbälle und Quietschgummipuppen werden auch schon frühzeitig zur Unterhaltung der Wiegenkinder benutzt. Jedenfalls ist das Erscheinen des ersten Zahnes beim Säugling in der Familie ein freudiges Ereignis und wenn das „Kleinste“ nach Jahren die ersten Zähnchen verliert, so nimmt wohl mancher gute Ehemann Gelegenheit, aus diesem Ereignis wiederum eine Geschenkgelegenheit zu machen, indem er das Zähnchen in einen Ring fassen läßt und diesen der Mutter des Kindes verehrt.

Die verschiedenen religiösen Feste und Jahreszeitenfeste beginnen der Zeit nach mit dem Neujahrsfeste, dem Anfange des Jahres. In früheren Zeiten beschenkte man sich nicht zu Weihnachten, sondern zu Neujahr, und in Japan ist das Neujahrsfest seit altersher das Hauptfest des ganzen Jahres.

Für unsere Kinder ist das Bleigießen in der Neujahrsnacht eines der Hauptamüsements, durch die der Anfang des neuen

Nach einem kolorierten Stich.

Spielzeugbude um 1820.

Jahres eingeleitet wird; nebenher geht als nicht minder wichtiger Bestandteil dieses Festes der Pfannkuchen und der verdünnte, möglichst süße Neujahrspunsch.

Die Sitte der alten Römer, sich am Neujahrstage gegenseitig mit Gold beklebten Früchten zu beschenken, ist auf unser Weihnachtsfest übergegangen, aber bei den Römern waren es Datteln und Feigen und bei uns sind es vergoldete und versilberte Äpfel und Nüsse, die wir an den Weihnachtsbaum hängen.

Das Fest der heiligen drei Könige ist ein Fest der Anbetung und der Darbringung von Gaben an Gold, Weihrauch und Myrrhen, die die heiligen 3 Könige dem Christkinde spenden. Dies Epiphanienfest fällt auf den 6. Januar und

Um 1810.

nach demselben war am Montag im alten England eine der drei großen Spielzeiten, nämlich das sogenannte „Montagsspiel".

* * *

Die patriotischen Feste, wie der Geburtstag des Kaisers, und die nationalen Gedenktage bringen auch für die Kinder diesen Festen entsprechende Gaben, ganz besonders kleine Landesfahnen und Reichsflaggen, und das ist schon ein sehr alter Brauch, denn als im Jahre 1471 der große Kinderfreund Kaiser Friedrich nach Nürnberg kam, da empfingen ihn alle Schüler mit Fähnlein an den Toren der Stadt.

In Japan gibt es sogar ein besonderes Flaggenfest Nobori-no-sekku genannt, das am fünften Tage des fünften Monats gefeiert wird und gewissermaßen das Weihnachtsfest der Knaben ist, denn an diesem Tage erhalten sie Waffen, Soldatenfiguren, Pferde, Rüstungen und besonders Flaggen geschenkt, also lauter Geschenke, die den kriegerischen Sinn beleben und zur Tapferkeit anspornen sollen.

* * *

Vom heiligen Dreikönigstage ab bis zum Dienstag vor Aschermittwoch ist der Karneval, eine Festzeit für die Erwachsenen (in katholischen Ländern), bei der aber auch die Kinder nicht leer ausgehen, und namentlich in den letzten Hauptfesttagen mehr als genug Freude und Vergnügen finden.

Dies Fastnachtsfest, das früher durch die Fastnachtsspiele gefeiert wurde, bildet den Abschluß für den Fasching oder die Faxenmacherei. Die Kinder hatten einst das Recht, zu Fastnacht Eltern, Paten und andere Verwandte solange mit Ruten zu schlagen, bis sie Kuchen oder Bretzeln für die Kinder hergaben, eine Sitte, die so mancher kleine „Max" oder „Moritz" heute auch noch ganz gerne ausüben würde.

Direktor Hans Bösch erzählt in seinem Werke „Kinderleben aus der deutschen Vergangenheit"*): „Die Stadt Feldkirch lud zu Fastnacht 1539 die männliche Jugend des ganzen Landes zum Hirsebrei ein. Es erschienen nicht weniger als 2000 Buben, die mit hölzernen Waffen und Fähnlein gerüstet waren. Dreizehn Kessel Hirsebrei und an drei Saum Milch verzehrten die Kinder."

* * *

*) Siehe benutzte Literatur.

Kupferstich von J. J Mettenleiter, 18. Jahrhundert (München, Kupferstich-Kabinet).

Der faule Schüler auf dem Holzesel.

In der Reihe der Feste folgt nun der Palmsonntag als der letzte Sonntag, an dem gefastet wird und als ein Vorfest der Ostertage. In früherer Zeit war es in Deutschland Sitte, daß man am Palmsonntag einen hölzernen Esel unter Gesang in feierlicher Prozession durch die Straßen rollte, und in der Spielzeugstadt Augsburg erhielten die Kinder zum Palmsonntag kleine Palmeselchen aus Holz geschenkt. Diese hübsche Sitte sollten wir wieder aufnehmen und sollten überhaupt uns keine Gelegenheit entgehen lassen, unsere Lieblinge zu erfreuen. Solche Palmesel, die als Schaukelesel, Schreiesel oder als archeartige, hohle Esel (in Art des trojanischen Pferdes) den Kindern geschenkt werden würden, dürften sich des Beifalls unserer Kinder gewiß erfreuen, zumal der Holzesel, auf dem früher unartige und faule Kinder in der Schule Platz nehmen mußten, diese unangenehme Seite als Strafbank längst nicht mehr besitzt.

* * *

Das Osterfest, dessen Name und dessen Gebräuche von dem germanischen Frühlingsfest der Göttin Ostara abgeleitet sind, dessen religiöse Bedeutung aber jüdisch-christlichen Ursprungs ist, ist bei uns das einzige Fest, dem in der Spielzeugindustrie besondere Arten von Spielzeug gewidmet sind. Zum Geburtstag und zu Weihnachten, unserem Hauptgeschenksfeste, kann man jedes Spielzeug für die Kinder verwenden, nur das Osterfest verlangt auch beim Spielzeug noch die an die altheidnischen Vorstellungen anknüpfenden Formen und Gestalten. Der eierlegende Osterhase war der Frühlingsgöttin heilig und vieles, was an das entstehende, keimende und aufblühende Leben erinnert, wurde nach und nach im Spielzeug als zum Osterfeste passendes Geschenk geschaffen.

Das wichtigste und historisch älteste Oster- und Frühlingsgeschenk ist das Ei, das in bunter Bemalung schon in alter Zeit als eine keimendes Leben kündende Gabe zur Feier der Tag- und Nachtgleiche verwendet wurde.

Daher kommt es, daß auch beim Osterspielzeug das Ei noch heute die Hauptrolle spielt, denn das Christentum hat nicht vermocht, die Gebräuche der heidnischen Vorzeit im germanischen Volke vollständig auszurotten; es hat sie teils übernehmen und für seine Zwecke und Feste verwenden müssen.

Was nur überhaupt in ein Osterei, dessen Format immer größer wird, sich an Spielzeug hineinlegen läßt, das können wir zu Ostern bestimmt darin liegen sehen. So befinden sich in demselben Gesellschaftsspiele aller Art, Soldaten aller Länder, auch Hereros, Japaner und Russen, Schiffe, Eisenbahnen, Musikinstrumente und Puppen, Badepuppen, Puppenfamilien und vollständige Ausstattungen für Puppen.

Im Wald, wo im Frühling neues Leben erwacht, regt es sich auch und es wird darin für das Kind alles lebendig.

Osterhäschen feiert Hochzeit im Walde*): „Bräutigam Hase mit Frack und weißer Binde und Brauthäschen im weißen Seidenschleppkleid und mit Myrthenkranz geschmückt, und die urkomischen Hasenbrauteltern bilden die Hauptattraktion des Hochzeitszuges, den die dicke Hasenwirtin vom Gasthof „Zum lustigen Lampe" empfängt. Außer den genannten tummeln sich aber noch viele andere ganz reizende Spielzeugwesen im Walde umher, die sich alle trefflich als Ostergeschenke für unsere Kleinen eignen, so Hasengigerl, grüne Waldhäschen, lustige Hasenmusikanten, entzückende Babys mit Hasenöhrchen, Hasenlaufpuppen, ja es fehlen auch nicht Herr Hahn, Frau Henne und Meister Storch."

Wer könnte alle die Herrlichkeiten aufzählen, die das Osterfest an Spielzeug den Kindern bringt, denn unendlich zahlreich und mannigfaltig sind die Gaben für dieses in der Gestaltung dieser Geschenke so charakteristische Fest. Es seien daher mit der Absicht, eine ganz allgemeine Übersicht zu geben, nur noch die Osterspielsachen erwähnt, die sich besonderer Beliebtheit bei den Kindern erfreuen. Das sind Häschen, Küchelchen, Kaninchen aus weißem Plüsch und

*) Entnommen aus einem in verschiedenen Berliner Zeitungen Ostern 1904 erschienenen Bericht des Verfassers.

Tuch, kleine Kaninchenställe, Atrappen und Körbchen mit Eiern und Häschen, Osterbücher, Schaukeln mit Osterpüppchen, Kiepen mit Osterhäschen, Wippen mit Hühnern und Hasen, Osterkartons mit Fröbelschen Beschäftigungsspielen, Hühner auf Rädern und endlich sogar Kegelspiele mit Fröschen und Hasen.

Außer den nächsten Verwandten des Kindes, die sich ohne Ostergabe bei den Kindern nicht sehen lassen dürfen, wollen sie die Gunst der Kleinen sich nicht unbedingt verscherzen, haben auch die Paten seit alter Zeit, da sie bemalte Eier mitbringen mußten, auch jetzt die schöne Pflicht, Geschenkgeber zu spielen. Sogar die Freundin der Mutter stiftete einst dem Baby ein Ei, das man ihm vor den Mund hielt, damit es rasch sprechen lerne; dieses Ei hatte denn auch einen sehr zutreffenden Namen, es hieß nämlich das „Plapperei".

Die bemalten Eier waren zur Zeit der Minnesinger so beliebt, daß ein Kind sich lieber ein bemaltes Ei als zwei unbemalte schenken ließ, und in Skandinavien waren in der Vorzeit Muscheln und Eier die wertvollsten Geschenke, die man überhaupt einem Kinde machen konnte.

In Altengland wurde Ostern durch Osterspiele gefeiert; als Hauptpersonen figurierten in diesen Spielen der St. Georg, der Narr, der Kämpfer, der Doktor, der König von Ägypten und seine Tochter und Beelzebub.

* * *

Die Maifeste der alten Zeit haben sich in manchen Gebräuchen bei uns in einzelnen Gegenden erhalten, aber zu Geschenksfesten sind sie ebenso wenig geworden wie das Pfingstfest, spendet doch der Sommer eine solche Fülle an Gaben blühenden Lebens, daß es der Geschenke kaum bedarf.

Dennoch ist durch den Verkehr und die Reiselust der Anfang der Schulferien bei uns zu einer Geschenkgelegenheit geworden, bei dem die Kinder alle jene Geräte und Spiele erhalten, welche unter „Sport-, Turn- und Freispiele" eingehend besprochen worden sind, insbesondere sind der Spaten, die Gießkanne und die Karre jene wichtigen Utensilien, die fast unbedingt zur Ausrüstung eines kleinen Sommerreisenden gehören. Das ist jedenfalls sicher, daß für alle nicht gerade blasierten Kinder die Abreise aufs Land, ins Gebirge oder an die See eines der größten und schönsten Feste ist, das glücklicherweise durch die Ferienkolonien, die weit, weit größere Unterstützung und Förderung in allen Kreisen des Volkes verdienten, auch die armen Kinder feiern können.

In die freie, herrliche Natur zu kommen, die Lehrmeisterin aller Kunst, die Spenderin aller Gesundheit von Angesicht zu Angesicht zu schauen und ihre Seefrische, ihren Waldesduft einatmen zu können, das ist für die Kinder ein Fest ohnegleichen, das jedem, auch dem ärmsten Kinde, sei es auch nur einmal im Jahre, und sei es auch nur auf kurze Zeit, bereitet werden sollte.

* * *

M. Eyth schreibt: „Selbst heute noch, als anjetzt 70jähriger, spiele ich am liebsten um Berge, Wälder, Wiesen, Gletscher und Felsspitzen, das war auch als kleiner Junge mein liebstes Spielen.“

A. Fitger schreibt: „Ich bin mit 12 Geschwistern in einem sehr großen ackerbürgerlichen Haushalt aufgewachsen, und wir Kinder hatten in Garten, Feld und Wald, in Ställen und Bodenkammern soviel Tummelplätze, daß wir eigentlichen Spielzeuges nie bedurft haben.“

Paul Remer schreibt, daß er sich eines besonderen Lieblingsspielzeugs nicht erinnern kann, und also wohl keinerlei Spielzeug einen besonders tiefen Eindruck auf ihn gemacht haben kann; er sagt: „Seine Erklärung mag es darin haben, daß ich meine erste Jugend bei meinen Großeltern (mecklenburgischen Bauersleuten) verbracht habe und daß dort Spielzeug rar gewesen ist. Sobald es meine geistigen Fähigkeiten erlaubten, mußte ich die Schafe hüten und später (erster Fortschritt) die Kühe. Da habe ich wohl mancherlei zurecht getträumt und mit dem Spielzeug gespielt, das Gott selber einem in die Hände gibt: mit Bäumen und Blumen, Bächen und Wäldern, Sternen und der Sonne."

* * *

Der Sommer ist auch die Zeit der schönen Sommernachtfeste, der Kremser- und Dampferpartien mit Lampionsfackelzügen, Illuminationen und Feuerwerk.

Alle diese Vergnügungen erinnern an die alten Johannis- und Sonnenwendfeuer der Germanen und scheinen ganz besonders von den Angelsachsen gepflegt worden zu sein.

In Alt-England bestanden zwar in alter Zeit die Illuminationen wie bei uns nur in Freudenfeuern, Fackellaternen und Öllampen, aber mit der zunehmenden Zivilisation wurden dort diese einfachen Beleuchtungsmittel vervollkommnet und nach Joseph Strutt*) scheint sich schon 1533 bei der Krönungsfeier der Anna Boleyn ein Schiff mit feuerspeienden Drachen und Männern im Wasserfestzug befunden zu haben.

Von dem ersten wirklichen Feuerwerk wird zur Zeit der Königin Elisabeth berichtet, als sie 1575 auf Schloß Kenilworth residierte. Es wird von den Zeitgenossen von brennenden Pfeilen, vom Flug und Schuß von Donnerkeilen, von Raketen, von Feuerrädern und von Sprühfeuer, das im Wasser brannte, erzählt.

Auch die Straßen von London wurden zu jener Zeit zum Johannisfest illuminiert und zwar mit Lampions, in denen Öllampen brannten.

Einen feurigen Drachen beschreibt der Engländer John Bate in seinem 1634 erschienenen Bande „The composing of all manner of Fier Works for Triumph and Recreation". Dieser Feuerwerksartikel bestand aus einem Papierdrachen, der an der Schnur in die Luft flog und an dessen Schwanzende sich Schwärmer entluden.

---

*) Siehe benutzte Literatur.

Die Länder, in denen die Beleuchtung und das Umherziehen mit Lampions seit alter Zeit heimisch sind, sind Japan und China, wo bis auf den heutigen Tag Feste immer mit Illumination gefeiert werden, und unsere Kindersommerfeste verdanken einen großen Teil ihres Reizes den leuchtenden bunten Lampions auf Fackelstäben, die sich denn auch zu einem bei keinem Nachtfeste fehlenden Spielzeug entwickelt haben.

* * *

In früheren Zeiten war auch der Martinstag, das einstige Dankherbstfest der alten Germanen, ein Tag, an dem außer der Freude an einer guten gebratenen Gans die Kinder das Vergnügen hatten, von einem vermummten Martinsmann Geschenke aller Art zu erhalten, aber diese hübsche Sitte ist verschwunden und die neuen Schulbücher zum Herbstsemester dürften von unseren Kindern eher als Danaergeschenke wie als Martinsgaben angesehen werden — die ganz fleißigen Kinder natürlich ausgenommen!

* * *

Das schönste Fest der Kinder im ganzen Jahre ist das Weihnachtsfest, weil bei diesem die Liebe der Eltern zu den Kindern oder die Liebe derer, die den Kindern Vater- oder Mutterstelle vertreten, im Schenken von Gaben und ganz besonders von Spielzeug ihren reichsten Ausdruck findet.

Die Weihnachtsfeierlichkeiten begannen einst schon frühzeitig. So war es in England zum Beispiel bereits im 14. Jahrhundert gebräuchlich, alljährlich zu Weihnachten und zwar bereits am 5. Dezember eines jeden Jahres einen Knaben-Bischof zu ernennen. Es wurde der würdigste Schüler dazu gewählt, er erhielt ein Ornat und hielt in London in der St. Pauls-Kirche Predigt ab, auch zog er mit seinen Genossen umher und sammelte Gaben wie unsere Kurrendeknaben. Sein Episkopat dauerte bis zum 28. Dezember. Erst 1542 schaffte Heinrich VIII. diese Sitte durch Erlaß ab.

Solche geistlichen Kinderspiele fanden auch in Deutschland statt. D. Chodowiecki schildert uns ein solches in seinem Bildchen „Kinderpredigt". Diese Sitte stammte daher, daß die Kinder im Mittelalter zum Andenken an Papst Gregor

Kupferstich von D. Berger nach D. Chodowiecki (Nürnberg, Germ. Museum).

Kinderpredigt.

den Großen in einem Schulfest unter Wahl eines Kindergeistlichen unter sich eine Predigt abhielten. Dieses Fest hieß Gregorifest und endigte mit Kuchen- und Bretzelessen. Es erhielt sich diese Sitte bis zur Mitte des 18. Jahrhunderts.

* * *

Fräulein Doris Sagel, die Jugendgespielin Ferdinand Freiligraths*), berichtet von dem kleinen Ferdinand und seinen Spielen: „Bisweilen lief er in die Küche, holte sich eine Schürze, band sie um seinen Hals auf dem Rücken fest, stieg auf einen Stuhl und fing an zu predigen allerlei Zeug, was ich heute nicht mehr weiß; aber soviel kann ich mich noch erinnern, daß seine Eltern und ich sehr darüber lachen mußten, denn er phantasierte allerlei zusammen, unsinniges Zeug, das sich aber reimte. Wenn ich ihn dann fragte, meinte er: Ich will einmal Prediger werden!"

* *
*

Auch in den eigentlichen Weihnachtsfeiertagen wurden einst erst geistliche, dann mehr und mehr weltliche Festspiele veranstaltet, die heute in die schöne Sitte der Weihnachtsnachmittagsaufführungen in unseren modernen Theatern übergegangen sind.

Mit dem Weihnachtsfest sind vielerlei teils aus heidnischer Zeit stammende Sagen und Gebräuche verbunden, so der Glaube der kleinen Kinder an den Weihnachtsmann, an Knecht Rupprecht und den heiligen Nikolaus.

Direktor Hans Bösch gibt in seinem oft zitierten Werke „Kinderleben aus der deutschen Vergangenheit*) ein köstliches Verhör des heiligen Nicolaus wieder, das Abraham a Santa Clara erzählt:

„Fragt der Nicola: „Wie sich die Kinder das Jahr hindurch erhalten haben? Ob sie gern beten? Denen Eltern und Praeceptoribus gehorsam sein?

Ob zum Exempel der Hanserl und der Paul nicht zu faul?
Ob der Michel und der Six vielleicht gelernt nix?
Ob die Cätherl gern bei dem Räderl?
Ob die Sabindl gern bei der Spindl!
Ob die Liserl und Thereserl nicht etwan zwei junge Eserl?

Diss alles fragt der Nicola."

*) Siehe benutzte Literatur.

Die Spielzeugindustrie hat außer Christbaumspielzeugbehang denn auch die Gestalt des Knecht Rupprecht mit dickem Winterwams, Gabensack und Rute in allen Größen hergestellt, ebenso Weihnachtsengel und vor allem Krippen, die schon erwähnt wurden.

Auch der Weihnachtsmarkt und die Spielzeugbuden desselben sind, wie bei den Puppenstuben und Kaufläden schon angegeben wurde, in kleinen Modellen ausgeführt oder auch aus Modellierbogen zusammenzusetzen. Im übrigen gibt es aber keine besonderen Geschenke für Weihnachten, denn das gesamte Spielzeugreich ohne Ausnahme muß diesem einen schönen Feste dienen.

* * *

Georg Ebers erzählt in „Geschichte meines Lebens" vom Weihnachtsmarkt: „Welcher Freudenquell war er einst für die Kinder! Wie reiche Nahrung bot sich da ihrem Gemüte! Die Christbäume und Pyramiden an der Stechbahn (in Berlin), die bunten Waren, die Pfefferkuchen und das Spielzeug in den Buden boten keineswegs den höchsten Reiz. Anziehender erschienen schon die Jungen mit den brummenden Waldteufeln, Knarren und Fahnen, denn ihnen mußte etwas abgekauft werden, und dabei gab es immer schlechte Witze — das sind die schönsten — zu hören, und welchen Spaß bot es, den „Walddeibel" mit der eigenen kleinen Hand zu schwingen. Fror es sie beim Drehen, so fühlte man es nicht; denn es war, als brumme', wie mitten im Sommer, eine Bremsenschar um uns her."

Oben: Ostereier suchen. Titelkupfer J. R. Schellenberg 1789 zum VI. Stück Der Osterhase, oder am Oster-Dienstag zu singen (National-Kinderlieder für die Zürchersche Jugend, Zürich 1784—1800). Unten: Der Kindlasmarkt in Nürnberg. Kupferstich Nürnberg 1834

Familie um den Spielzeugtisch. Aus: Lebenslust und Lebenslehre in Wort und Bild für die liebe Jugend. Esslingen 1853. Lithographie nach einem Kupferstich von Chr. Geissler

2. WEIHNACHTSABEND UND SCHLUSS.

Weihnachten selbst ist das Fest der Kinder und das Fest der Erfüllung ihrer Träume und Wünsche. Der hellstrahlende Tannenbaum verleiht ihm eine himmlische Weihe. Der Gedanke an die Geburt des Kindleins von Betlehem macht es zu einer Feier, welche alle Kinder glauben läßt: „Weihnachten ist unser Fest, uns, den Kindlein, ist es gewidmet."

Und in der Tat ist es ein Fest, das ohne Kinder ernst und still wird, das aber mit Kindern, die wir erfreuen und beglücken können, ein Fest von solchem Jubel und solcher unsagbaren Freude wird, daß auch die Geber ein Glück in ihrem Herzen empfinden, das in der kurzen Stunde des Weihnachtsabends sie jedes Leid und jeden Kummer vergessen läßt.

Schiller, der göttliche Dichter unserer Jugend und unserer Ideale, preist in dem Lied „An die Freude" den, der:

„auch nur eine Seele
sein nennt auf dem Erdenrund"

und wenn man diesem herrlichen Worte eine besondere Auslegung in bezug auf das Weihnachtsfest geben will, so kann man sagen, daß, wer niemanden, wer keine Seele mehr auf dem Erdenrund sein nennt, sich doch noch nicht weinend aus dem Bunde der Seligen und Glücklichen herauszustehlen braucht, wenn er nur ein einziges armes, sei es auch ein ihm ganz fremdes Kind durch eine winzige, kleine Gabe zum Christfest glücklich zu machen versteht.

Und nur dann, wenn unsere Liebe zum eigenen Kinde sich entwickelt, zu einer freien, edlen, umfassenden Liebe zu allen Kindern, zu der kommenden Generation der neuen

Menschheit, nur dann haben wir die Aussicht, so gute Erzieher zu werden, daß wir unsere Kinder zur Kunst erziehen können, denn wie könnten unsere Kinder einst das Schaffen aller der Künstler, Erfinder und Entdecker, die ihr Herzblut, ihre ganze Seele zum Wohle der Menschheit hingegeben haben und hingeben, wohl verstehen und begreifen, wenn wir sie nicht an unserem Handeln lehrten, daß ein jedes Leben durch Vervollkommnung von Herz und Geist und durch Hingeben unserer besten Kraft für die großen Ziele der Menschheit zu einem Kunstwerk gestaltet werden muß.

Da aber unser gesamtes Wirken und Schaffen, ob wir es nun wollen oder nicht, doch den Kommenden, die jetzt noch Kinder sind, zugute kommt und ihr Erbteil wird, so soll unsere Kinderliebe auch einen sichtbaren Ausdruck erhalten, damit man uns nicht einst nachsage, daß wir garnicht gewußt haben, wofür wir eigentlich lebten und schafften.

Und dieser sichtbare Ausdruck unserer Liebe für die Kinder sei, je nach ihrer Veranlagung und Neigung, die Darbietung, des fertigen plastischen Spielzeugs oder der Mittel zur Selbstanfertigung desselben, damit unsere Kinder von einer ihnen lieben Welt kleiner Kunstwerke, in denen unsere große Welt sich abspiegelt, umgeben seien, von einem Reiche der Lust und kindlichen Freude, von dem sie wissen, daß sie es unserer Liebe verdanken.

Gelingt es uns dann, ohne daß wir die Kinder unsere Absicht merken lassen und ihre stillen Kreise stören, mit dieser kleinen Kunst- und Spielzeugwelt ihren Schönheitssinn zu veredeln, die in ihnen schlummernden Talente zu wecken und sie vielleicht sogar auf einen ihren Neigungen entsprechenden Beruf aufmerksam zu machen, und gelingt es ferner, sie frühzeitig künstlerisch empfinden und genießen zu lehren, so wird das Spielzeug im Leben des Kindes seine hohe, erzieherische Aufgabe erfüllen.

BENUTZTE LITERATUR.

Henry René d'Allemagne, Sports et Jeux d'Adresse. Librairie Hachette & Co., Paris.

Henry Réné d'Allemagne, Histoire des Jouets. Librairie Hachette & Co., Paris.

Karl Aug. Baumeister, Denkmäler des klassischen Altertums. R. Oldenbourg, München.

H. Blümner, Leben und Sitten der Griechen. G. Freytag, Leipzig, Prag.

Hans Boesch, Kinderleben in der deutschen Vergangenheit. Eugen Diederichs, Leipzig.

E. W. Bredt, Künstlerische Holzspielsachen. „Dekorative Kunst", VI. Jahrgang. Verlagsanstalt F. Bruckmann, München.

Wilhelm Buchner, Ferdinand Freiligrath. Ein Dichterleben in Briefen. Moritz Schaumburg, Lahr.

Léo Claretie, Les Jouets Histoire Fabrikation. Ancienne Maison Quantin, Paris.

A Collection of Childrens Sports. Published by the Hakubunsha Ginza, Tokyo, Japan.

Felix Dahn, Erinnerungen. Breitkopf & Härtel, Leipzig.

Georg Ebers, Die Geschichte meines Lebens. Deutsche Verlagsanstalt, Stuttgart.

Adolf Ermann, Ägypten und ägyptisches Leben im Altertum. Lauppsche Buchhandlung, Tübingen.

Theodor Fontane, Meine Kinderjahre. F. Fontane & Co., Berlin.

Ferdinand Freiligrath, s. Wilhelm Buchner.

„Globus“. Die benutzten Autoren sind im Werk einzeln angeführt. Verlag Friedr. Vieweg & Sohn, Braunschweig.

Goethe, Aus meinem Leben, Wahrheit und Dichtung.

Rudolf v. Gottschall, Erinnerungen aus meiner Jugend. Gebr. Paetel, Berlin.

Theodor Hampe, Fahrende Leute in der deutschen Vergangenheit. Eugen Diederichs, Leipzig.

W. Heine, Japan, Beiträge zur Kenntnis des Landes und seiner Bewohner in Wort und Bild. Selbstverlag des Verfassers, Dresden.

Robert Hessen, Geschichte des Theaters und der Schauspielkunst. Das Goldene Buch des Theaters. W. Spemann, Berlin-Stuttgart.

Jul. Jung, Leben und Sitten der Römer der Kaiserzeit. G. Freytag, Leipzig.

Ellen Key, Das Jahrhundert des Kindes. S. Fischer Verlag, Berlin.

Kulturbilder aus dem klassischen Altertum. Bd. II: Richter, Spiele der Griechen und Römer. Bd. VI: Richter, Das häusliche Leben der Griechen und Römer. E. A. Seemann, Leipzig.

Kunsterziehung, Ergebnisse und Anregung des Kunsterziehungstages in Dresden. 1901. R. Voigtländer, Leipzig.

Die Kunst im Leben des Kindes. Bd. 1 und Bd. 2. Georg Reimer, Berlin.

„Kunstwart“, herausgegeben von Ferdinand Avenarius. Verlag Georg D. W. Callwey in München.

Paul Lacroix Moeurs, Usages et Costumes au Moyen Age, à l’époque de la renaissance. Librairie de Firmin Didot et Co., Paris.

Konrad Lange, Die künstlerische Erziehung der deutschen Jugend. Arnold Bergsträsser, Darmstadt.

Frances H. Low, Queen Victoria’s Dolls. George Newnes, Limit., London.

Joachim Marquardt, Das Privatleben der Römer. S. Hirzel, Leipzig.

Hans Merian, Hermann Heiberg, Die moderne Literatur in Einzeldarstellungen. Wilhelm Friedrich, Leipzig.

Anna Muthesius Trippenbach. Das moderne englische Bilderbuch. „Dekorative Kunst“, Bd. X. Verlagsanstalt F. Bruckmann. München.

C. Netto, Papier-Schmetterlinge aus Japan. T. O. Weigel, Leipzig.

F. von Ostini, Eine Krippensammlung. Aufsatz in Velhagen & Klasings Monatsheften 1900/1901. Berlin, Leipzig.

Gustav Pauli, Das Bilderbuch. Aufsatz aus „Dekorative Kunst", Bd. X. Verlagsanstalt F. Bruckmann, München.

„Die Plastik", Illustr. Kunstzeitschrift für originale und reproduzierende Bildhauerkunst. Akt.-Ges. vorm. H. Gladenbeck & Sohn, Berlin.

Plato, Über die Gesetze, Buch 1. Deutsch von Ed. Eyth, Klassiker-Bibliothek. Langenscheidt'sche Verlagsbuchhandlung, Berlin SW.

Emil Reicke, Lehrer und Unterrichtswesen in der deutschen Vergangenheit. Eugen Diederichs, Leipzig.

Henne am Rhyn, Handbuch der Kulturgeschichte. O. Wigand, Leipzig.

Alwin Schultz, Das höfische Leben zur Zeit der Minnesinger. S. Hirzel, Leipzig.

Alwin Schultz, Deutsches Leben im XIV. und XV. Jahrhundert. F. Tempky, Prag.

Heinrich Seidel, Von Perlin nach Berlin. Aus meinem Leben. Verlag J. G. Cottasche Buchhandlung Nachf. G. m. b. H., Stuttgart.

Joseph Strutt. The Sports and Pastimes of the People of England. New Edition by J. Charles Cox, Methuen & Co., London.

J. L. Tadd, Neue Wege zur künstlerischen Erziehung. Voigtländer, Leipzig.

Henry van de Velde, Renaissance im Kunstgewerbe. Bruno Cassirer, Berlin.

Henry van de Velde, Kunstgewerbliche Laienpredigten. Hermann Seemann Nachf., Leipzig.

Karl Weinhold, Altnordisches Leben. Weidmannsche Buchhandlung, Berlin.

G. Weisstein, Die kleinen dramatischen Künste. Spemanns goldenes Buch des Theaters. W. Spemann, Berlin-Stuttgart.

Sir J. Gardener Wilkinson, The Manners and Customes of the Ancient Egyptians. John Murray, London.

Zeitschrift für Pädagogik, Psychologie, Pathologie und Hygiene. Hermann Walter, G. m. b. H., Berlin.

Ferner wurden zum Studium benutzt die Sammlungen der verschiedenen Berliner Museen, insbesondere: die

des Völkerkunde-Museums, Berlin,

„ Ägyptischen Museums, Berlin,

der Freiherrlich v. Lipperheideschen Kostümbibliothek, Berlin,

„ Bibliothek des Kunstgewerbe-Museums, Berlin, und endlich

verschiedene Spielzeugkataloge des Germanischen Museums in Nürnberg.

Die Herren Direktoren und Direktorialassistenten der genannten Institute haben den Verfasser in der liebenswürdigsten Weise bei seinem Werke unterstützt.

ALPHABETISCHES REGISTER.

Hans Boesch

Kinderleben

in der deutschen Vergangenheit

Verlegt bei Eugen Diederichs